KB143781

지적장애학생의 중등이후교육 대학을 생각하다

박승희, 김유리, 이효정, 이희연, 최하영 옮김

Meg Grigal & Debra Hart 지음

Translated by

Seung Hee Park, Yu-Ri Kim, Hyo Jung Lee, Heeyeon Lee, & Hayoung Choi

Σ 시그마프레스

지적장애학생의 중등이후교육: 대학을 생각하다

발행일 | 2015년 2월 17일 1쇄 발행

저자 | Meg Grigal & Debra Hart
역자 | 박승희, 김유리, 이효정, 이희연, 최하영
발행인 | 강학경
발행처 | (주)시그마프레스
디자인 | 우주연
편집 | 문수진

등록번호 제10−2642호
주소 서울특별시 영등포구 양평로 22길 21 선유도코오롱디지털타워 A401~403호
전자우편 sigma@spress.co.kr
홈페이지 http://www.sigmapress.co.kr
전화 (02)323−4845, (02)2062−5184~8
팩스 (02)323−4197

ISBN 978-89-6866-197-6

THINK COLLEGE: Postsecondary Education Options For
Students With Intellectual Disabilities by Meg Grigal Ph.D., and
Debra Hart M.Ed.

Copyright ⓒ 2010 by Paul H. Brookes Publishing Co., Inc.

All rights reserved.

This Korean edition was published by Sigma Press, Inc. in 2015 by arrange-
ment with Paul H. Brookes Publishing Co., Inc. through KCC(Korea
Copyright Center Inc.), Seoul.

이 책은 (주)한국저작권센터(KCC)를 통한 저작권자와의 독점계약으로
(주)시그마프레스에서 출간되었습니다. 저작권법에 의해 한국 내에서 보호를 받
는 저작물이므로 무단전재와 복제를 금합니다.

＊책값은 책 뒤표지에 있습니다.
＊이 도서의 국립중앙도서관 출판시도서목록(CIP)은 서지정보유통지원시스템 홈페이지(http://
seoji.nl.go.kr)와 국가자료공동목록시스템(http://www.nl.go.kr/kolisnet)에서 이용하실 수 있
습니다. (CIP제어번호: CIP2015001405)

아직 '중등이후교육' 기회를 가지지 못한 세계의 많은 지적장애인들이,
특히 우리나라의 지적장애, 자폐성장애를 포함한 발달장애인들이
다양한 중등이후교육 기회를 선택할 수 있는 날이 가까운 미래에 오길 고대하며
이 번역서를 바칩니다.

중등이후교육, 왜 쟁점인가?

전 세계적으로 나라마다 큰 차이가 없이 시각장애, 청각장애, 혹은 단순 지체장애를 가진 고등학생들이 아닌 지적장애 혹은 자폐성장애를 가진 발달장애 고등학생들의 경우, 고등학교를 졸업한 이후의 '중등이후교육' 시스템이 현재까지는 미흡한 것이 공통적이다. 그러나 최근 들어서는 이 발달장애학생들이 고등학교를 졸업하고 체계적인 교육을 받기를 원하게 되었고, 중등이후교육의 다양한 환경들 중 선호되는 환경이 바로 '대학교 환경'이 되기에 이르렀다. 이 번역서는 바로 이 주제를 담고 있다. 즉 이 번역서는 지적장애 혹은 자폐성장애를 가진 개인의 '중등이후교육'의 다양한 옵션들을 논하면서 특히 대학교 환경에서의 중등이후교육 프로그램을 선도적으로 실시하며 얻은 지혜와 미진한 과제에 대한 고민을 토로하며, 지역학교체계 관점 및 대학교 관점과 관련된 쟁점들과 현재까지의 문제해결 방안을 논한다. 또한 중등이후교육과 고용 및 지역사회 참여와의 연계의 중요성을 지적하면서 미래 발전 방향성을 제시한다.

발달장애학생을 위한 교육의 역사를 모두 논할 수는 없을지라도 전 세계적으로 장애학생 교육 진보에 가장 중요한 한 획이 되었던 1975년 미국의 전장애아교육법(P.L. 94-142)의 공표는 그야말로 장애의 유형과 경중에 상관없이 '모든' 장애학생의 무상의 적합한 공교육을 보장하게 되는 역사의 시작이었다 이 법 이후에 여러 나라들에서 유사한 법이 통과되어 장애학생의 '학령기'나 '학령전기 교육'이 법적으로 보장되고 실시되는 긍정적 변화가 뒤를 이었고, 그중 한 나라가 우리나라로 '특수교육진흥법'과 '장애인 등에 대한 특수교육법'의 제정 및 시행으로 현재까지 특수교육의 발전을 도모하고 있다. 또한 1975년 전장애아교육법 이후 현재까지 통합교육의 확대와 내실화는 전 세계적으로 공통적 과제이다. 동시에 1980년대

이후에는 장애학생을 위한 기능적 교육과정의 강조와 1990년대 이후의 전환교육의 필요성과 중요성이 특별히 쟁점화되어 상당한 발전을 이룩하였고, 이러한 진전은 발달장애학생들의 지역사회 참여와 지원고용 및 경쟁고용으로 연결되는 성과를 산출하는 데 기여를 하였다.

그런데 통합교육의 지속적 진전과 직업교육과 전환교육의 진보는 장애학생 본인과 그 가족에게 또 다른 희망을 가지게 하는 맥락을 제공하였다. 통합교육의 확대로 일반학교에서 학령기 내내 함께 학교생활을 한 비장애 친구들이 고등학교 졸업 후 대학에 진학하는 것을 장애학생들이 가까이에서 목도하게 되었고 대학 진학을 꿈꾸게 되었다. 발달장애학생의 경우는 특히나 고등학교 졸업 이후의 진로를 '직업세계'로만 한정하는 경향이 있었는데 그 직업을 '유일한' 진로로 생각하여왔던 고정된 추세가 흔들리기 시작하였다. 학령기 동안의 통합교육의 진전은 중등이후의 삶에 대한 다양성을 추구하게 하는 데 긍정적 추진력으로 작용하게 된 것이고, 사회에서는 장애인 인권을 보장하고 차별을 금지하는 법률들이 제정되고 장애인의 전 생애에 걸친 교육과 다양한 서비스와 지원을 보장하는 제도의 정비가 이루어지고 있었다.

또한 여러 나라에서 전환교육에 대한 많은 지원과 연구가 활성화되면서 학교에서 '성인기'로의 성공적 전환에 대해 많은 관심이 모아졌고 활발한 연구 결과들이 집대성되었다. 전환교육의 실행이 진전되면서 학교에서 성인기로의 '다양한 전환' 과제는 자연스럽게 쟁점화되었다. 고등학교를 졸업한 발달장애인의 경우 직업 이외에 더 다양한 진로들이 탐색되었는데 그것의 주류가 고등학교 이후에 '계속적 교육'을 더 받는 옵션이었다. 발달장애인을 위한 고등학교 이후의 다양한 교육 프로그램들과 기회들이 융합되어 담긴 것이 바로 '중등이후교육'이란 용어와 그 새로운 영역의 탄생이었다.

이 책의 저자들은 중등이후교육을 "지적장애인을 위한 The Next Frontier"로 표현하였고, 역자들은 그것을 "지적장애인을 위한 최첨단 영역"으로 번역하였다. 분명한 것은 중등이후교육은 이제까지 특수교육 분야에서 체계적으로 다루지 않았던 새로운 영역임에는 틀림이 없다. 이제 우리가 발달장애학생의 중등이후교육을 논할 수 있는 장이 마련되었다는 것 자체가 그간의 특수교육의 발전 역정에 힘을 입은 것이고 장애인의 권리와 옹호가 신장되었고, 학령기뿐 아니라 전 생애의 '삶의 질'을 논할 수 있다는 것을 말하고 있다. 전 세계적으로 대부분의 발달장애인의 경우 고등학교를 졸업하고는 직업이 없이 집에 있거나, 장애인복지관의 프로그램에 참여하거나, 보호작업장이나 주간보호센터에 나가거나, 그 외 소수가 의미 있는 직업을 가지고 일을 할 수 있었다. 직업을 가진 경우에도 통합고용 환경이 아닌 장애인 근로자끼리만 일을 하는 분리고용 형태가 많으며 그 직업 유지 기간은 우울할 정도로 짧은 것이 보편적이다.

그런데 이 전통적인 옵션들이 이제는 전부가 아니다. 지적장애나 자폐성장애를 가진 청년들이 고등학교 졸업 이후에도 대학교 환경을 포함한 지역사회의 다양한 기관과 장소에서 성인기에 필요한 다양한 교육내용을 배울 수 있는 중등이후교육이 산발적이지만 이미 전 세계적으로 진행되고 있고, 우리나라에서도 소수의 프로그램이지만 시작되고 있다. "지적장애인에게 대학교 환경에서의 교육이 무슨 의미가 있는가?"를 의아해하던 사람들의 사고가 서서히 확장되는 변화를 맞고 있다. 물론 이 중등이후교육이 아직은 법적인 체계나 적절한 정책이나 제도로 지원받는 데는 부족하고, 운영 주체가 모호하며, 교육과정 개발이나 프로그램 운영 방안에서도 초보적이고, 재정적 자원 조달 문제는 미해결 상태로 현재 시스템을 만들어 가는 과정에 놓여 있다.

이 번역서는 발달장애인을 위한 중등이후교육 기회 제공을 옹호하는 맥락에서 중등이후교육에 대해 다양한 쟁점들이 밝혀지고 있는 가운데 그 해결 방안을 모색하는 많은 학자들과 현장 전문가들과 부모들에게 최신의 유용한 정보를 제공한다. 비록 미국이라는 맥락에서 저술된 책이지만 저자들이 실제로 수행한 중등이후교육 프로젝트의 다양하고 충분한 경험과 국가 및 주 차원의 광범위한 연구들, 수집한 최신의 현장 정보들과 여러 지침과 논의는 중등이후교육에 관심이 있는 우리나라 독자들에게도 충분히 유익한 정보를 제공한다.

이 번역서는 발달장애인의 교육과 서비스에서 새로운 영역인 '중등이후교육'에 대한 전반적인 정보와 더불어 '대학교 환경'에서 이루어지는 중등이후교육에 대한 상세한 정보를 10개의 장을 통하여 제공한다. 각 장의 내용을 소개하면 다음과 같다.

1장은 중등이후교육을 지적장애인을 위한 최첨단 영역으로 지적하며, 중등이후교육의 정의를 제공하고, 중등이후교육이 출현하게 된 배경을 안내하고, 중등이후교육에의 접근성이 어떻게 변화되어왔는지 설명하고, 중등이후교육에 대한 현재 및 지속되는 연구를 소개한다.

2장은 지적장애인을 위한 중등이후교육 기회를 촉진하는 데 있어서의 입법, 옹호 및 시스템 변화의 역할에 대해 논의한다.

3장은 중등이후교육의 모델과 중등이후교육을 받고 있는 지적장애학생을 지원하기 위한 서비스 전달 모델에 대해 논의한다.

4장은 지적장애학생을 위해 고등학교에서 중등이후교육 경험을 체계적으로 제공하는 방법과 관련 쟁점에 대해 설명하고 이를 위한 전략을 제공하고 있다. 특히 중등이후교육 성과를 증진하기 위해 전환 모델을 실행하려는 학교에게 유용한 제언을 함께 담고 있다.

5장은 지적장애인이 가장 적합한 중등이후교육 기관을 선택할 수 있도록 대학의 관점에서 제공가능한 다양한 기회와 지원들 및 행정적 문제들을 논의한다.

6장은 고등교육과정을 이미 경험한 지적장애학생과 가족의 관점에서 장애학생의 진로, 대학진학 동기, 대학경험의 이점 및 장벽, 가족의 역할 등에 대해 안내한다.

7장은 지적장애학생이 중등이후교육 서비스를 받도록 계획을 세우고 계획을 실행하면서 알게 된 핵심적인 요소에 대하여 논의한다.

8장은 중등이후교육의 중요한 성과 중 하나인 유급 고용과 이직에 관하여 다룬다.

9장은 다양한 직무기반 경험의 유형과 의미있는 직무 경험을 개발하기 위한 전략을 탐색하고, 중등이후교육과 지역사회 서비스의 연계를 통한 지역사회 참여에 대하여 논의한다.

10장은 최종적으로 중등이후교육과 관련한 주요 쟁점들을 종합적으로 살펴보고, 지적장애학생 및 현장에 주는 시사점 및 후속 연구과제에 대해 논의한다.

끝으로 이 번역서는 발달장애인을 위한 중등이후교육, 직업교육, 전환교육, 평생교육, 성인교육, 대학교육, 고등교육, 성인기로의 전환, 지원고용, 경쟁고용, 성인기 서비스, 통합교육, 지역사회통합 및 지역사회기반 여가 및 주거 서비스 주제를 연구하는 연구자들에게 최신의 학술서로서 기여할 수 있고, 특수교육을 전공하는 학부 및 대학원 학생들의 교재로 활용될 수 있다. 이 번역서는 중등이후교육이라는 주제에 대해 처음으로 우리나라에 소개하는 '첫 번역서'이기에 5명 공역자들의 번역 책무감과 어려움은 다른 책보다 더 심했다. 우리나라 특수교육 관련 용어집합체에 '새로운 용어들'을 처음으로 번역하여 추가하는 것이어서 그 중압감은 컸지만 그 무게만큼 잘된 것인지는 염려로 남는다. 아무쪼록 독자들의 번역에 대한 조언 및 지도편달을 겸허히 기대하며, 인쇄를 거듭하며 번역 용어와 문장들을 더 잘 다듬어 가겠다는 다짐을 약속드리고 싶다.

이 번역 원고의 탈고까지 그 긴 여정을 잘 감내하며 한 작품을 만들어주신 공역자 교수님들(김유리 교수님, 이효정 교수님, 이희연 교수님, 최하영 교수님-가나다순), 시그마프레스의 여러 선생님들, 특히 문수진 선생님께 감사를 드린다. 또한 2001년 우리나라에서 최초로 시작된 발달장애인을 위한 '중등이후교육' 프로그램인 이화여자대학교 평생교육원의 '발달장애인 지역사회생활 아카데미'(E-ACOLA)의 수강생들, 강사들 및 자원활동 학생들에게 그들의 사진을 이 번역서의 겉표지로 사용할 수 있도록 허락해주신 것에 대해 감사를 드린다.

무엇보다 이 번역서의 출판이, 고등학교 졸업 이후 성인기에 필요한 교육을 더 지속적으로 받고자 하는 많은 지적장애인과 자폐성장애인들에게 유익하고 흥미로운 다양한 중등이후교육 기회들을 지역사회기반으로 제공하고자 하는 노력에 한 '불씨'가 될 수 있다면 큰 보람과 기쁨이 될 것 같다. 이 작은 불씨가 중등이후교육 정책입안자와 실행자, 대학교 관리자, 특수교육 및 관련 전문가들, 옹호자들 및 부모들 모두의 관심에 불을 지펴서 발달장애인들에게 꼭 필요한 양질의 중등이후교육 기회가 대학교 환경을 포함한 지역사회의 다양한 교육기관에서 풍성하게 주어지길 고대한다.

2015년 1월
책임역자 박승희

추천 서문

지적장애학생을 위한 중등이후교육의 출현은 기념을 할 필요가 있다. 그 개념이 지적장애인, 그 가족들 및 고등교육기관의 상상력을 담아낸 개념이란 것에는 의심의 여지가 없다. 이것은 이 개념이 학생들이 중등이후교육에 접근해야 하고 그 결과 고용과 독립적 생활 기회를 다른 비장애 동료들이 가진 것과 똑같이 가져야 한다는 공유된 깊은 신념에 기초한다는 사실에 부분적으로 기인한다. 2009년에는 31개 주에서 150개 중등이후 프로그램들이 장애인을 위한 진보와 성취의 흥분되는 새로운 시대의 서막을 나타냈다.

지난 30년간 대중의 태도, 교육, 교육학, 기술 및 의료에서 우리 사회가 이루어 낸 성공과 진전은 이러한 중등이후 혁신을 가능하도록 했다. 개인적 수준에서, 이러한 성공은 부모들과 가족들이 그들의 자녀들이 복잡한 세계에서 기능하도록 하기 위해서 매일 그들을 양육하고 준비한 인내, 사랑, 용기에서 나온 것이다. 이러한 성공은 이해하고 치유하고 또 가르치기 위해 매일 일하는 전문가, 교사, 연구자, 의사, 치료사의 칠전팔기의 정신, 창의성 및 용기로부터 나온다.

21세기가 시작되면서 등장한 이러한 중등이후교육 혁신은 매우 시의적절하다. 새로운 아이디어는 20세기에 시작한 장애인을 위한 사회적 혁신을 완결하는 데 필수적이다. 중등이후교육에서 혜택을 받은 학생들은 현재의 실제를 나타내는 부정적인 통계를 반박하는 미래(연구는 중등이후교육 환경에서 한 강좌라도 수강한 것은 더 나은 성과로 이끈다는 것을 보여줌)를 학수고대할 수 있다. 자료들은 지적장애인의 90%가 고용이 되지 않았다는 것; 15% 미만이 중등이후교육에 참여하였다는 것; 700,000명이 넘는 지적장애인들이 60세 혹은 그 이상인 부모와 함께 살고 있다는 것을 나타낸다.

지적장애인들의 고용에서 진보의 결여를 설명하는 주요 기여 요소 중 하나는 국민 대다수가 이러한 개인들의 역량을 이해하는 데서 실패한다는 것이다. 미국에서 지적장인에 대한 대중의 태도 조사는 미국 사람들이 장애인에 대해 관용적이고 지원하기를 원한다고 나타나나, 지적장애인에 대해 무능력을 추정하는 것이 나타났다. "R"(역주: R은 지체를 의미함) 단어의 만연한 사용은 문제를 더욱 심각하게 만들 뿐이다; 그것은 정서적으로 상처를 줄 뿐만 아니라 무능력에 대한 추정을 강화하고 고용에 심각한 방해를 가져온다 — 낙인을 퍼붓는 많은 사람들의 눈으로 지적장애인을 폄하하게 한다.

지적장애인의 실업과 독립심의 부족에 기여하는 또 다른 요소는 사회와 장애인 간에 존재하는 결함이 있는 사회적 계약에 있다. 이 계약의 평범한 이해는 지원을 필요로 하는 장애인은 공적 부조를 제공받아야 한다는 것이다. 그러나 공적 부조의 교환에 있어서, 장애인은 강요된 빈곤의 삶과 자유의 부재에 만족해야만 한다; 특정 공적 혜택의 수혜를 위해 결정적으로 중요한 요구사항은 수혜자가 자산을 2,000달러 이상 가지지 않는다는 것이다. 지적장애인을 위한 대통령위원회의 2004년 보고서는 대통령에게 "이것은 모든 당사자들, 지적장애인, 그 가족 및 미국 시민들이 그 조치에 대해 실패한 거래이다."라고 표명했다.

많은 이유에서 중등이후교육은 장애인들의 새로운 현실을 만드는 가장 중요한 열쇠이다. 이것은 낮은 기대, 할 수 없는 것, 해서는 안 되는 것들에 기초한 것이 아니라 생산성에 대한 높은 기대 그리고 개인적 및 경제적 자유에 기초한 미래를 창출할 신나는 잠재력을 가진 것이다. 이것은 우리가 어린 학생들이 고용이 되도록 준비시키는 방식에서의 개선을 이끌고 기술 개발을 교육과정, 교수, 직업 훈련 및 경험으로 체계화하도록 하는 흥미로운 잠재력을 가진다. 이것은 성인 서비스 제공자들로부터 변화를 요구하고 그래서 어린 학생들이 안내되고 고용과 독립성으로 인도하는 프로그램들 사이에서 효율적으로 지원받게 하는 잠재력이 있다. 마지막으로, 중등이후교육은 지적장애인에 대한 지각을, 우리가 그렇게 되리라고 알 듯이, 유능하고 능력있고 생산적인 시민으로 근본적으로 변화시키는 잠재력을 가지고 있다.

Madeleine Will

전미다운증후군협회(NDSS) 전미정책센터장

저자 서문

무엇이 쟁점인가?

최근에 나는 한 국가적 행사에 지적장애학생의 중등이후교육 옵션들에 대해 한 "전문가"로서 참여할 것을 요청받았다. 나는 다양한 집단의 사람들을 만났고, 그들 주(state)들에서 지적장애학생을 위한 중등이후교육 접근성을 어떻게 실행하거나 향상시킬 것인지 그 방법에 대한 질문들에 답했다. 한 남성은 내게 "그래요, 저는 학생들이 왜 근력 운동이나 유산소 운동 강좌를 수강하는지는 이해합니다. 그러나 이 같은 학생이 미술사 강좌를 수강해서 얻어낼 것은 무엇입니까? 왜 우리가 그것을 시작하려고 시간을 낭비해야만 합니까?"

이것은 일상적인 질문이다. … 사실, 이것은 지적장애학생들에게 중등이후교육을 접하도록 기회를 제공하는 이유에 관한 대화를 나눌 때, 대화를 시작할 최적의 시작점이라 할 만하다. 그렇다면 쟁점은 무엇인가? 지적장애가 있는 대부분의 학생들은 학위를 취득하기 위해 대학에 가지 않을 것이다. 대부분까지는 아니더라도 많은 학생들이 고등학교 졸업장도 받지 못하게 될 것이다. 그렇다면 우리는 왜 이러한 학생들에게 대학 과정에 다닐 기회를 주는 데 "우리의 시간을 낭비할 것인가"—특히 미술사처럼 심오한 주제에 대해서라면?

이 질문에 대한 답은 지적장애 학생들에게 중등이후교육을 제공하는 목적이 단순히 학생을 교실에 들어가게 하는 것이거나 학생으로 하여금 그 과목의 내용을 배우게끔 하는 것 이상이라는 것이다. 이 두 가지 요소가 모두 중요하긴 하지만, 보다 중요한 것은 학생들이 수강하는 강좌 그 자체보다는, 지적장애학생들이 대학 경험에 접근할 기회가 주어졌을 때 가능한 성과와 더욱 관련이 있다. 그리고 대학 경험에 의하면, 단지 대학에서 수업을 듣는 것만을 말하는 것은 아니다. 대학에서의 경험은 광범위한 가능한 경험들로 구성되는데; 약간은 사회적이고, 약간은 학문적이고, 약간은 고용과 관련된다. 이러한 경험들은 대학에 다니는 모든 개인에게 독특하다. 이것을 하기 위한 하나의 방식은 없다. 한 학생의 경험은 그들의 개인적 요구와 목표들을 반영할 것이다. 어떤 학생들은 수업을 많이 들을 것이고, 반면 다른 학생들은 시간제로 다닐 것을 선택한다. 어떤 학생들은 고용으로 이어질 기술을 배우는 것을 희망하는 한편, 다른 학생들은 개인적인 호기심의 새로운 영역을 탐구하기를 원할지도 모른다. 바로 이것이 대부분의 지적장애학생들이 공립학교에 있는 동안에 제공되지 않았던 광범위한 경험, 즉 성인 학습, 고용 및 사회적 연계와 관련된 개인적 목표들을 탐구하고 정의하고 재정의할 기회를 대학 환경이 제공한다는 측면을 말한다.

지적장애가 있는 학생이나 없는 학생이나 규정된 교육과정을 이수하며 초등학교와 중등학교를 거친다. 고등학교는 학생들이 과목이나 선택강좌를 고를 수 있는 다소 제한된 기회를 제공하지만, 심지어 이러한 선택강좌 수업들도 젊은 성인 학습자를 대상으로 계획된 것으로 여기서 학생들은 수동적인 반응자일 뿐이다. 지적장애학생들은 교육과정 선택권 측면에서, 장애가 없거나 다른 장애가 있는 동급생보다 거의 선택을 하지 못하게 될 가능성이 크다. 그들은 다양한 일반교육과정에 포함될 수는 있겠지만, 어떤 것에 참여할 것인지는 많은 선택을 하지 못할 수 있다. 그들은 학교지역구에서 상당한 지원 요구를 가진 학생들에게 제공하는 생활기술 혹은 기능적 학업 과목들로 제한될지도 모른다. 그들이 출석하는 과목들의 유형에 관계없이, 고등학교 옵션들은 모두 일련의 엄격한 지침들을 동반한다. 그것들은 고등학교 환경에서 언제 수업에 가고 언제 나가고 하는 것을 학생에게 알리는 벨 소리와 함께 제공된다. 교사는 일련의 기대되는 성과들을 제공하고, 대부분의 경우에, 학생들의 어떤 의견이나 요청 없이 필요한 모든 수정 혹은 조정을 하게 될 것이다. 이것이 지적장애 고등학생이 배울 것이라 기대되는 방식이다.

지적장애학생들의 고용 경험은 종종 교사가 지시하는 대로 이루어진다. 대부분의 학생들은 학생들의 수업활동, 흥미, 기술 또는 가장 중요하게, 그들이 얻고자 노력하는 소득이 있는 직장과도 상관이 없는 순환근무를 하는 현장실습이나 직업교육활동에 참여한다. 이와 같은 고용 준비 경험은 성인 고용 경험에 대해서 학생들을 준비시키고 그들의 고등학교 준비 경험들은 그들이 대학에 가는 것을 준비시킨다. 지적장애학생들의 전통적인 전환의 경험이 훗날 성인기가 되었을 때 아주 좋은 성과를 가져온다고 입증된 적은 없다. 그러나 기회, 접근, 지원을 가정한다면, 대학 환경에서 전환 서비스를 받은 지적장애학생들은 훌륭한 성과를 낼 수 있다. 대학 캠퍼스를 교육의 플랫폼으로 사용하면서, 학생들은 성인으로서 교육에 접근하는 법, 이 교육을 돈을 벌 수 있는 직업과 연결하는 법, 그리고 모든 성인들처럼 직업들 사이에서 길을 찾는 법을 배울 수 있다. 지적장애학생들에게 중등이후교육의 선택권은 궁극적으로 좋은 전환계획이라 할 수 있다. 이것은 학생들로 하여금 지원과 안내의 맥락에서 성인 학습과 직업 환경에 관여할 수 있도록 한다. 이것은 또한 학생들이 성인으로서 삶을 살아가며, 배움에 접근하는 것을 지속하기 위해 필요한 기술을 획득하는 초석을 마련하게 한다.

현재의 공립 특수교육 체제에서, 지적장애학생들(그리고 그들의 부모들)은 고등학교를 떠난 후에도 성인 학습에 접근하는 것을 계속해야 할 것이라는 기대를 받지 못한다. 대부분의 경우에 지적장애학생들은 대학 또는 어떤 종류의 중등이후교육—학업적, 평생교육, 또는 다른 어떤 것—에 참여할 수 있다는 가능성을 소개받지 못해왔다. 일반적으로 대학으로의 안내자 역할을 하는 고등학교의 직원은 대부분 진로상담사이다. 그러나 지적장애학생들은 거의 진로상담사와 만나지 못한다. 결과적으로 지적장애학생들이 그들의 지역사회에서 잠재적인 중등이후교육 기회에 대한 정보를 제공받지 못하게 될 가능성이 크다.

대신에, IEP의 전환 구성요소로 중등이후교육의 목표하에서는 "해당되지 않음"이라고 씌여질 것 같다. 지적장애학생들과 그들의 가족들은 주 직업재활센터, 혹은 주 발달장애기관에 의뢰될 것이다. 만약 그 학생이 행운아라면, 그 또는 그녀는 지역사회 내에서 그들에게 직업을 찾아줄 성인 서비스 제공자에게 배정될 것이다. 그러나 지적장애 젊은이들의 전환 결과에 대한 최근의 통계가 시사하듯이, 대부분의 젊은이들이 실직 상태거나 능력 이하의 일을 하는 상태에 있게 될 것이다. 그리고 대부분은 대학에서든 지역사회의 성인 교육 환경에서든 어떤 종류의 성인 학습에도 참여하지 못할 것이다.

현재 우리의 교육 체계에서, 지적장애가 있는 사람들은 21세의 성숙한 나이가 되면 공식적인 배움이 멈출 것이라 예상된다. 말하자면, 여러분이 고등학교 이후로 배움을 멈추었다고 상상해보라. 대학 수업도 없고, 교사연수도 없고, 워크숍이나 학회도 없다. 우리는 종종 지적장애학생들의 졸업 후 낮은 성과를 한탄한다. 그러나 우리는 이 문제를 체계가 지적장애학생들이 고등학교를 떠난 후에 어떠한 것을 배우도록 지지하지 않는다는 것과는 연관시키지 않는 것 같다.

만약 모든 배움이 고등학교 후에 끝난다면 일반 대중은 얼마나 성공적이겠는가? 오늘날 고등학교를 졸업한 사람들의 실업률은 대학을 졸업한 사람들의 2배이다. 그리고 대학에 가는 것은 항상 더 높은 고용률 및 임금과 관련되곤 한다. 지적장애학생들에게 기회가 주어지고 성과를 기록할 수단이 주어진다면, 그들도 이러한 추세를 반영할 가능성이 크다.

지적장애학생들로 하여금 중등이후교육을 접하게 하는 목적은 그들에게 아마도 인생에 있어 첫 번째로, 그들이 고등학교를 졸업한 후에도 배울 수 있다는 기대와 배움을 선택할 기회를 제공하는 것이다. 고등학교의 특성과 구조 때문에 지적장애학생들은 그들이 배우고 싶은 것을 선택할 기회를 거의 제공받지 못했다. 또한 그들은 성인으로서의 지식을 접하는 방법에 대해 지도받지 못했다. 무언가 배우기를 선택하는 것은 어떤 기술을 획득하는 과정이다. 먼저, 개인은 무언가를 배우고 싶다는 것이 무슨 느낌인지 판별해야만 하고, 그 지식을 찾을 수 있는 곳이 있다는 것을 알아야만 한다. 대학은 여러분이 무엇에 흥미가 있는지, 그리고 다양한 주제에 관해 배울 수 있는 수업의 종류를 찾을 수 있는 최적의 장소이다. 그러나 무엇이 있는지를 아는 것만으로는 충분치 않다. 여러분은 그것에 접근하는 방법을 알아야 할 필요가 있다.

여러분은 성인 학습 환경에 어떻게 접근하는가? 그것들은 모두 같은가? 커뮤니티 칼리지에서 기초 수학 강좌에 등록하는 과정이 여러분의 지역 공원이나 오락부서에서 수중 에어로빅 강습을 등록하는 것과 같은가? 대학 환경의 유연성은 지적장애학생들이 다양한 성인 교육의 유형과 그 각각을 접할 수 있는 수단에 대해 배울 기회를 제공한다. 지적장애학생들은 대학에서 청강을 위해 또는 학점을 위해 수업에 등록할 수 있다. 또는 평생교육을 받을 수도 있고, 카운티나 시 프로그램을 통하거나 홈디포(Home Depot)나 마이클즈 아트 & 크래프트(Michaels Arts and Crafts)와 같은 지역 주거개선 상점을 통해 지역사회에서 들을 수 있는 많은 성인 강좌 중 하나에 등록할 수도 있다. 대학 캠퍼스에 있는 프로그램에 참여하는 학생들이 그 대학의 수업을 수강하는 것에만 제한되지 않는다는 것을 인식하는 것은 중요하다.

마지막으로, 배운 것을 여러분의 삶에 적용하는 것이 중요하다. 수업에서 배운 기술들이 여러분과 여러분의 직업에 유용했는가? 그것들이 여러분이 더 좋은 직업을 얻을 수 있도록 도울 것인가? 여러분은 수업을 통해 보다 잘 듣고, 쓰고, 또 생각하는 사람이 되는 법을 배우고 있는가? 또는 아마도 그 수업은 새로운 흥미 분야를 개척했을 수 있다. 여러분은 여전히 그 주제에 흥미가 있는가? 여러분은 더 많이 배우고 싶은가? 어떤 다른 기회들이 이것을 하기 위해 실재하는가? 누군가가 바라는 교육의 유형에 판단을 맡기지 않는 것이 나는 특히 중요하다고 생각한다. 만약 여러분이 프랑스어를 배우고 싶다면, 좋다. 만약 여러분이 욕실 바닥에 타일 까는 법을 배우고 싶다면, 좋다. 여러분은 어디에서 이 기술들을 배울 수 있는지 아는가? 그리고 여러분의 삶에 그것을 적용할 수 있는가? 이는 성공적인 학습자가 취하는 방법이다. 많은 이들이 "글쎄요, 그들이 실패하면 어쩌죠?" 또는 "지적장애가 있는 학생들은 대학 수업에서 잘하지 못할 거예요."라고 대답할지도 모른다. 그리고 경우에 따라 사실 이것은 옳을 것이다. 어떤 학생들은 실패할 것이다. 그러나 우리가 실패할 때보다 스스로에 대해 더 많이 배울 수 있는 때가 언제인가? 나는 지금 이 책을 읽고 있는 모든 이들이 무언가에 실패해본 경험이 있을 것이라 확신한다. 아마도 많은 것에서 그랬을 것이다. 그러나 여러분은 가까스로 회복하고, 배운 교훈을 희망적으로 적용하고, 그리고 새로운 일로 넘어간다. Oscar Wilde가 말하였듯이, "경험이란 그저 우리가 우리의 실수에 부여하는 이름이다." 그리고 우리에게 무엇인가를 가르쳐준 대학에서의 많은 "경험"을 우리 모두는 가지고 있다고 확신한다.

그리고 우리는 한 친구의 질문인, "쟁점은 무엇인가?"로 다시 가보자. 핵심은 배움을 희망하는 지적장애학생들에게 그렇게 할 수 있는 기술과 기대를 주는 것이다. 그리고 그들의 일생 동안에 그것을 지속케 하는 것이다. 평생학습자라는 용어는 꽤 자주 사람들의 입에 오르내린다. 그러나 그것은 무엇을 의미하는가? 평생학습자가 되는 것? 이것은 당신이 어떤 주제에 대하여 원하는 지식에 접근하는 방법을 안다는 것을 의미한다. 지적장애학생들이 평생학습자가 되는 것을 돕기 위해 우리는 그들이 원하는 지식에 접근하는 기술을 터득하게끔 해야 한다. 또한 우리는 그들이 25, 30, 35, 또는 40세가 되었을 때에 이러한 기술들을 연습할 수 있는 경험들을 제공해야 하고, 그들이 무엇을 배우고 싶은지, 무엇을 알고 있는지를 결정해야 한다. 우리는 학생과 그 가족을 위해 중등이후교육에 대한 기대를 조기에 한다. 우리는 대학의 전망과 다른 형태의 성인 교육에 대해서 이야기하고 그들이 이용할 수 있는 기회에는 어떠한 종류가 있는지를 결정한다.

그렇다면 왜 우리는 지적장애가 있는 젊은이가 미술사를 듣도록 하는 데 우리 시간을 낭비해야만 하는가? 지적장애가 있는 젊은 여성이 미술사를 듣는 데 필요한 정보들을 되새겨보자:

지역사회의 어느 곳에서 미술사 수업을 제공하는가?

그녀는 어떻게 수업에 등록하는가?

수업료 담당은 어떻게 되는가?

선수요건이 있는가?

수업 일정은 어떠한가?

그것은 그녀의 업무 일정과 겹치지 않는가?

어떻게 수업까지 오고 갈 것인가?

그녀가 수업에 성공적으로 참여하기 위해 어떤 종류의 도움을 필요로 하는가?

그러나 배우게 되는 내용은 수업에 접근하는 데 필요한 것에 한정되지 않는다. 미술사 수업에 등록하는 것은 이 젊은 여성에게 목표를 설정할 기회, 한 대학교수나 어쩌면 고용주에게 자신을 옹호할 기회를 제공할 것이다. 그녀는 개인적 성취를 맛볼 수 있는 그 수업에 몰두할 것이다. 그녀는 그 주제에 관심이 있는 또 다른 사람들을 만날 것이고, 친구가 아니더라도 공동의 관심사를 갖는 지인을 만들 것이다. 그녀는 그 과목의 내용이 자신에게 맞는지뿐 아니라 그 내용을 배우는 방식이 맞는지도 결정하게 될 것이다. 이러한 지식은 그녀가 훗날 듣게 될 과목의 유형에도 영향을 미칠 수 있을 것이다. 그녀는 대학에서 학습량의 변동, 대학 과목 강의의 리듬에 노출될 것이고, 언제 질문을 하는 것이 괜찮은 것인지, 언제 그리고 어떻게 필기를 해야 하는지, 또는 친구나 교수에게 필기 사본을 부탁하는 방법을 익히게 될 것이다. 이 모든 기술들은 궁극적으로 그녀가 사회로 나아갈 때, 일과 친구들과의 관계를 비롯한 모든 다른 영역들에서 보다 성공적일 수 있도록 도울 것이다.

성인 학습 기회에 접근하기 위해 필요한 많은 기술들이 있다. 그렇지만 지적장애학생들이 고등학교에서 또는 성인으로서 이 기술들을 배울 수 있는 기회는 거의 없다. 전환서비스는 수년 동안 거의 주로 고용에 관련된 것 그리고 학교에서 직장으로의 전환으로만 한정되어왔다. 그리고 이것은 전환의 필수적인 측면이기도 하다. 우리 모두는 학생들의 아주 성공적인 성과로서 지역사회 통합고용의 힘을 믿는다. 그러나 만약 그 학생이 한 번도 현장실습, 직업교육, 직업 세계에 대한 어떤 경험을 한 적이 없다면, 누구도 학교를 졸업한 그에게 혜택이 있는 보수를 받는 직업을 기대하지는 않는다. 그렇다면 만약 우리가 지금껏 지적장애학생에게 성인 학습이 무엇인지에 대해 알아볼 기회를 주지 않았다면, 어떻게 그들이 어떤 종류의 성인 학습 옵션들에의 접근법을 알 것이라고 기대할 수 있겠는가?

우리가 지원과 안내를 제공하는 위치에 있는 동안 지적장애학생들은 성인 교육을 경험할 기회를 제공받는 것을 필요로 하고 있다. 우리의 전환 성과들이 "이 학생들이 직업을 가졌는가?" 그리고 "그들이 성인 서비스 제공자에 연결되는가?"에 한정될 필요는 없다. 우리의 목표는 "만약 학생들이 원한다면, 그들의 지역사회에서 성인 학습 옵션들에 접근할 수 있는가?"와 같은 질문을 포함할 수 있다. 우리가 그들에게 직업을 얻고 유지하는 과정이나 직업을 바꾸는 데 필요한 절차를 가르치는 것처럼, 우리는 그들이 성숙함에 따라 학습의 요구와 소망이 바뀔 수도 있다는 것 그리고 그들이 학습에 접근하는 기술이 평생 동안 사용할 수 있는 것임을 가르쳐야만 한다. 나는 대학이 지적장애학생들에게만 어떤 특별한 것을 준다고 생각하지는 않는다. 대신에 대학은 다른 사람들이 대학에 가서 얻는 그 무엇을 그들에게 준다고 생각한다. 즉 자기 자신에 대해 배우고, 더 좋은 직업을 얻고, 조금이라도 성장하는 기회를 가지는 것처럼 대학에 가는 다른 모든 이가 얻는 것을 그들도 얻을 것이라 생각한다.

미술사 수업이 이렇게 많은 것을 제공한다는 것을 누가 알았겠는가?

저자의 감사 글

이 책은 여러 해 동안 프로젝트들을 통해 얻은 지식의 축적물이다. 이 책은 많은 분들의 지적, 영감적 공헌의 산물이다. 이 책이 나오게 하는 데 PERC 프로젝트를 함께한 동료이자 친구인 Amy Dwyre의 공헌과 노력에 깊은 감사를 보낸다. Micah Fialka-Feldman의 우정과 그의 경험을 기꺼이 나누고자 하는 마음, 그리고 자신과 타인들이 최선을 다하도록 움직이는 리더십에 감사를 보낸다. 물론, 긍정적인 정신과 부드러운 강점을 지닌 Micah의 어머니 Janice를 어떻게 만나게 되었는지는 나에게 왜 이 모든 노력이 가치 있는지를 상기시켜주기에 나는 Micah에게 더 없는 감사를 느낀다. Janice의 격려와 친절한 피드백은 항상 지속적인 영감의 원천이다.

이 책을 쓸 수 있도록 나에게 안내와 지원, 우정을 제공한 TransCen Inc.의 동료들―George Tilson, Christy Stuart, Kelli Crane, Maggie Leedy, Lisa Stern, Jose Diaz, Susie Farrington, Monica Simonsen, LaVerne Buchanan, Becca Smith, Marion Vessels―에게도 많은 빚을 지고 있다. 원고를 준비하는 데 많은 어려움 속에서도 항상 만면에 웃음과 함께 도움을 준 Barbara Van Dyke에게도 감사를 보낸다. 물론, 이 프로젝트를 지원하고 그의 시간과 전문성을 기꺼이 나누어준 TransCen, Inc.의 대표인 Richard Luecking에게도 나의 마음을 다한 감사를 드린다.

메릴랜드 주의 지적장애학생을 위한 대학 프로그램의 발전을 위해 쉬지 않고 일한 메릴랜드 주의 교육 전문가들에게도 감사함을 전하고 싶다. 우리는 이 여행을 우리의 첫 OCO 포럼을 통해 1998년에 처음 시작했었고, 여러분의 지속적인 지원에 힘입어 우리는 이 일을 계속할 수 있었다. 특히 몽고메리 카운티 공립학교의 Ann Lindsey, Kathy Kolan, Joy Camp, Mary Jo Bastacky, Helen Brunetta,

Susan Overbey, Frank Schneider와 Donna MacDonald에게 고마움을 전하고 싶다. 양질의 전환서비스에 대한 이 분들의 헌신은 우리 주의 모델이 되었다. 기꺼이 더 높은 기준을 세우고 그 기준에 도달하기 위해 열심히 일했던 코네티컷에 있는 나의 동료들에게도 감사함을 전하고 싶다. 이 책이 나오기까지 Rich Emmett, Joyce Emmett, Jennifer Perri의 공헌이 매우 컸다. 또한 지적장애인을 위한 중등이후교육 서비스와 성과를 향상시키기 위해서 헌신하고 있는 Karen Halliday(전 코네티컷 교육부); 컨설턴트이자 주 교육자료센터(State Education Resource Center, SERC) Karen Stigliano; 전환 전문가, 코네티컷 주 교육부, Pat Anderson에게도 감사를 전한다.

마지막으로 나를 끊임없이 믿어주시고, 내가 나의 열정을 바칠 수 있도록 도와주신 나의 어머니 Eileen Bransfield에게도 감사하다. 무엇보다도 결코 흔들림 없이 나를 지원해준 나의 남편 Marc Meklir와 내가 언제 일을 멈추고 그들과 함께할 시간이 언제인지를 기억하도록 도와준 나의 두 아이들 Sarah와 Sean에게도 감사를 전하고 싶다.

－Meg Grigal

나에게보다는 지적장애 청년들이 중등이후교육에 접근할 수 있도록 고등교육기관과 교육청과 끊임없이 일한 지역사회통합연구소(Institute for Community Inclusion, ICI)의 교육과 전환에 헌신적인 전문가들에게 공로가 돌아가야 할 것이다. Maria Paiewonsky, Nancy Hurley, Stel Gragoudas, Cate Weir, Molly Boyle이 그 동료들이다. 지적장애 청년을 위한 중등이후교육이 가능하게 한 3명의 과거 팀원들에게도 감사를 전하고 싶다. 레슬리 대학(Leslie College)의 Karen Zimbrich, 서퍽 대학교(Suffolk University)의 Kirsten Behling, 그리고 World Education의 Cynthia Zafft가 그들이다.

덧붙여, 지적장애 청년을 위한 중등이후교육 선택을 지원한 ICI의 디렉터인 Bill Kiernan의 리더십에도 감사를 전하고 싶다.

또한 주 전체의 지적장애 청년을 위한 중등이후교육의 선택이 성장할 수 있도록 나와 함께 일하고 노력했던 다른 전문가들에게도 감사하고 싶다. 우스터

(Worcester) 공립학교의 Jerri Roach, 매사추세츠 Advocates for Children의 Julia Landau, 주 대표인 Tom Sannicandro, 초중등교육부의 Madeline Levine이 그들이다. 그들의 모든 노력을 쏟아 중등이후교육 옵션들이 더욱 개발될 수 있도록 한 주 전체의 고등교육기관과 교육청으로 구성된 6개의 Inclusive Concurrent Enrollment 파트너십의 모든 전문가, 학생, 가족들에게 감사를 전한다. 나의 동료이며 친구인 National Service Inclusion Project의 디렉터인 Paula Sotnik에게 특별히 감사하다. 그녀의 지적장애학생을 위한 중등이후교육과 국가 서비스 관계에 대한 공헌은 이 책과 더불어 주목할 만하다.

당시에는 도달할 수 없을 것만 같았던 나의 꿈을 추구할 수 있도록 항상 격려해주신 나의 부모님 Irene Goldstein과 Michael Hart에게 내가 얼마나 큰 빚을 지고 있는지 모른다. 그분들의 정신과 안내가 없었다면 나는 이 영역에 감히 발을 들여놓지 못했을 것이다.

마지막으로 지적장애학생을 위한 중등이후교육에 접근할 수 있는 전략을 판별해 내는 나의 일을 시작할 수 있도록 영감과 지속적인 지원을 제공한 2명의 청년들과 그들의 어머님들께 가장 큰 감사를 드리고 싶다. 그리고 Katie와 Paulette Apostolides, Micha Fialka Feldman과 Janice Fialka에게도 큰 감사를 전한다.

—Debra Hart

기고자들에게도 우리의 깊은 감사와 고마움을 전하고 싶다. 그분들의 하염없는 지식, 경험, 시간, 그리고 노력 없이는 이 책이 나오기 어려웠기 때문이다. 우리의 작업은 많은 분들의 비전과 리더십에 의지하고 있다. 그중에는 전미다운증후군협회의 정책센터장인 Madeleine Will이 포함된다. Madeleine의 통찰력 있는 리더십은 이 운동을 위한 장을 마련하였다. 체제 변화를 위해 어떻게 안내하고 영향을 끼칠지에 대한 그녀의 뛰어난 이해력은 우리가 지적장애인을 위해 중등이후교육을 확장해야 하는 너무나 많은 현재의 기회를 우리에게 제공하였다. OSEP에서 그녀의 리더십을 통해 중등이후교육 옵션에 관한 현재의 연구를 가능하게 한 전미다운증후군협회의 상임 정책 고문인 Stephanie Smith Lee에게도 고마움의 빚을 지고 있다. 국가 차원의 선두 위치에서 그녀의 옹호 노력은 지적장애학생을 위한 더 나은 성과를 축적할 수 있을 우리의 모든 노력을 확실히 하기 위해 돕는 것이다. 또한 이 분야에서 우리의 일과 소명에 변함없는 지원을 제공한 존경하는 Office of Special Education Program의 이전 프로젝트 임원인 Debra Price-Ellingstad 에게도 감사를 전하고 싶다. 또한 메릴랜드 대학교의 Sherril Moon과 Debra Neubert의 수고에도 존경을 표하고 싶다. 두 분은 지적장애학생을 위한 다음 단계 가 대학이라는 것을 초창기부터 깨달았고, 그들의 공헌은 이 분야에서 지대하였다. 또한 지적장애학생을 위한 중등이후교육에의 접근을 위해 지원을 확장하도록 노력 하는 전국의 우리 동료들에게 감사함을 전하고 싶다.

이 책의 표지에 사용된 "대학을 생각하다!" 로고를 만들어 준 Institute for Community Inclusion의 David Temelini의 재능에도 감사를 전하고 싶다.

변함없는 지원과 진정한 관심, 무한한 인내로 우리가 이 과정을 탐색할 수 있 도록 도와준 우리의 뛰어난 편집장인 Rebecca Lazo에게도 특별한 감사를 전한다.

–Meg Grigal과 Debra Hart

차례

중등이후교육: 지적장애인을 위한 최첨단 영역

Meg Grigal, Debra Hart, & Maria Paiewonsky

이 장은 이 책이 관심을 둔 학생들과 중등이후교육(postsecondary educa-tion, PSE) 서비스에 대한 묘사, 그리고 지적장애학생들이 왜 중등이후 기회들을 원하게 되었는지 그 역사적·철학적 기초, 그리고 이러한 바람으로 이끌게 된 특수교육에서 일어났던 변화들에 대한 묘사를 독자들에게 제공한다.

정의에 대한 쟁점

지적장애학생을 위한 중등이후교육을 논의할 때, 우리가 현재 관심을 두는 학생 인구뿐 아니라 이 학생들이 접근성을 가질 중등이후 경험, 서비스 및 지원에 대해 명확하게 정의하는 것은 중요하다. 처음으로 이 집단의 학생들을 위한 중등이후교육 서비스가 실시되었을 때 이 분야의 전문가들은 이 학생들의 장애를 묘사하기 위해 중도(severe), 인지적(cognitive) 및 심각한(significant)이라는 용어를 사용하였다. 정의들이 다소 애매모호하고 아주 다른 종류의 능력을 가진 학생들을 묘사하는 데에도 사용될 수 있음에 따라 이러한 용어들은 종종 혼란을 야기하였다.

1973년 재활법(The Rehabilitation Act of 1973, PL 93-112)은 심각한 장애(significant disability)에 대해 다음과 같이 정의한다:

재활법 Section 7(21), 심각한 장애를 가진 개인

(A) 일반적으로 하위문단 (B) 혹은 (C)에 제시되듯이, "심각한 장애를 가진 개인(individual with a significant disability)"이라는 용어는 다음과 같은 장애를 가진 개인을 의미한다 —

(i) 고용 성과 측면에서 한 가지 혹은 그 이상의 기능적 능력(이동성, 의사소통, 자기돌봄[self-care], 자기지시, 대인관계 기술, 직무 지구력, 혹은 직무기술)을 심각하게 제한하는 중도의 신체적 혹은 정신적 손상;

(ii) 개인의 직업재활이 장기간에 걸쳐서 다중적인 직업재활 서비스를 요구하는 것으로 기대되는 경우; 그리고

(iii) 질적인 기능적 제한성을 야기하는 문단 (2)의 하위문단 (A)와 (B)에 묘사된 적격성과 직업재활 요구를 결정하기 위한 진단평가에 기초해서 결정되는 절단, 관절염, 자폐증, 시각장애, 화상, 암, 뇌성마비, 낭성섬유증, 청각장애, 머리 손상, 심장병, 편마비, 혈우병, 호흡기 혹은 폐기능 장애, 정신지체, 정신병, 다발경화증, 근육퇴행위축, 근골격성 장애, 신경계 질환(뇌졸중, 간질 포함), 양측마비, 사지마비, 그리고 기타 척추 문제, 겸상적혈구빈혈증, 특정 학습장애, 말기 신질환, 혹은 다른 장애 혹은 장애들의 병합으로부터 초래된 한 가지 혹은 그 이상의 신체적 혹은 정신적 장애를 가진 사람.

이 정의는, 필요에 의해서, 아주 광범위하고, 특정 학습장애학생들을 포함한다. 학습장애를 가진 것으로 표찰된 학생들은 대학 환경에 접근하고 성공하기 위해 조정(accommodation)을 종종 요구하는데, 그들은 일반전형 지원 및 입학 절차를 통하여 대학에 접근성을 가질 수 있다. 한편, 정신지체 혹은 지적장애를 가진 것으로 표찰된 학생들은 중등이후교육을 위해 종종 대안적 방법이 필요하다. 심각한 장애라는 용어의 사용은 문헌에서 줄어들기 시작했다. 비슷하게, 정신지체라는 용어 또한 덜 나타나고 지적장애라는 용어가 더 자주 사용되고 있다. 예를 들면 미국정신지체학회(AAMR)는 용어에서 이러한 변화를 반영하기 위해 학회의 이름을 미국

지적장애 및 발달장애학회(AAIDD)로 최근에 변경하였다. AAIDD는 **지적장애**를 다음과 같이 정의한다.

> 지적장애는 지적 기능성과 개념적, 사회적 및 실제적 적응기술로서 표현되는 적응행동 양 영역에서 유의한 제한성을 가진 것으로 특징지어진다. 이 장애는 18세 이전에 시작한다.
>
> **지적장애**라는 용어는 이전에 정신지체로 진단된 개인들과 수, 종류, 수준 및 장애의 기간, 그리고 개별화된 서비스와 지원에 대해 이 장애를 가진 사람들의 요구 측면에서 동일한 인구를 포함한다. 나아가 정신지체 진단에 적격성이 있는 혹은 있었던 모든 개인은 지적장애 진단에 적격성이 있다. (AAIDD, 2009)

또한 **지적장애**라는 용어는 연구와 훈련에 관련된 연방정부의 다양한 연구비 우선순위에서도 사용되어왔다. 미국 교육부의 특수교육 및 재활 서비스국 산하에 있는 특수교육 프로그램과(Office of Special Education Programs, 2004)와 국립장애재활연구소(National Institute on Disability Rehabilitation Research, 2008) 양 기관은 다양한 연구 우선순위와 연구비 연구계획서 공모에 이 용어를 포함해왔다.

가장 최근에 **지적장애** 용어의 아마도 가장 중요한 사용은 2008년 고등교육기회법(Higher Education Opportunity Act, HEOA, PL 110-315)의 재승인에서 나타났다. 2008년 8월 14일에 George W. Bush 대통령에 의해 이 법이 승인되었는데 지적장애학생을 위한 중등이후교육 기회를 확장하는 수정 조항들을 포함하였다. 이 수정 조항들은 지적장애학생들이 펠 기금(Pell grants), 보충적 교육 기회기금(Supplemental Educational Opportunity grants), 연방 근로학습 프로그램(Federal Work-Study Program)에 처음으로 적격하도록 고안된 고등교육 프로그램에 출석하는 것을 가능하게 하였다. 덧붙여 그것은 양질의, 통합모델, 종합적인 전환 및 중등이후 프로그램의 개발과 확장을 정식으로 허가하였다. 결국 이러한 수정 조항들은 새로운 모델을 위한 시범 프로그램들을 위한 일종의 협응 센터의 수립에 대비하는 것이다. 이 센터는 중등이후 프로그램, 가족 및 예비 학생들에게 아웃리치(outreach)와 정보 유포뿐 아니라 기술적 도움, 평가 및 모델 공인 기준(model accreditation standards)을 위한 권고사항 개발을 제공할 것이다(2008년 고등교육기회법 수정 조항에 대한 종합적인 논의를 위해서는 2장 참조).

2008년 고등교육기회법에서 지적장애학생의 정의는 다음과 같다:

(2) "지적장애학생"이라는 용어는 다음과 같은 학생을 의미한다.

　(A) 정신지체 혹은 인지적 손상을 가진 자로서, 다음과 같은 면에서 심각한 제한성으로 특징지어진다 —

　(i) 지적, 인지적 기능성; 그리고

　(ii) 개념적, 사회적 및 실제적 적응 기술로 표현되는 적응행동; 그리고

　(B) 장애인교육법(IDEA)하에서 무상의 적합한 공교육에 현재 혹은 이전에 적격한 적이 있었던 사람

이 정의가 아주 더 구체적임에도 불구하고, 해석이 다양할 수 있고, 다양한 다른 장애 표찰을 가진 학생들에게 도전이 될 수 있다. 이 정의는 이것이 나타내는 학생 인구를 한층 더 정교히 묘사하기 위해 2009년 봄에 시작된 협상이 가능한 규칙 수립과정이 되기 쉽다. 이 정의에서 명료화는 매우 중요할 것이며 자폐범주성 장애를 가진 학생들, 어느 경우엔 대학에 가기 위해 대안적 방법을 찾는 심각한 학습장애를 가진 학생들과 같이 다양한 장애 표찰을 가진 학생들에게 그 정의가 적용되는 것에 영향력을 가질 수 있을 것이다.

이 책에서 관심을 둔 목표 학생 인구를 정의하는 쟁점을 한층 더 혼동시키는 것은 발달장애로 표찰된 개인들이다. **발달장애**(developmental disability)라는 용어는 그 정의상 발달장애로 표찰된 사람들 중 가장 큰 부분을 차지하는 지적장애인도 포함한다. 이것은 종종 혼동을 일으킬 수 있는데, 그 용어는 정확하든 혹은 부정확하든 간에 종종 상호교환적으로 사용된다. 동일한 인구를 목표로 삼는 다른 법들과 단체들을 망라해 정의에서 일관성의 결여는 우리가 **지적장애**라는 용어를 사용할 때 우리가 의미하는 대상을 명료하게 정의하는 것이 얼마나 복잡한 일인지를 잘 보여준다. 또한 그것은 모든 법들이 제휴하는 공통적 정의를 가질 필요성을 강조한다.

가족, 전문가 및 다른 사람들과 함께 일하는 데 있어서, 법적인 정의들을 좀 떠나서 이러한 학생들의 경험 혹은 다른 특성을 묘사하는 일종의 기능적 정의를 제공하는 것이 자주 유용하다. 다음에 제시되는 기능적 정의는 1990년대 이후 개발된 것으로 지적장애를 가진 학생들의 중등이후교육 서비스의 개발 혹은 실시를 지원하는 데 참여하였던 부모들과 전문가들의 도움으로 개발된 것이다.

지적장애를 가진 학생들은

- 대부분의 주에서 21세가 될 때까지(미시간[Michigan] 주에서는 26세) 2004년 장애인교육개선법(Individuals with Disabilities Education Improvement Act [IDEA], PL 108-446)하에서 서비스를 제공받는 데 자격이 되는 자
- 고등학교에서 주의 대안적 평가(alternative assessment)를 받았을 확률이 높은 (그러나 항상 그런 것은 아닌) 자
- 많은 주에서 중등교육을 전형적인 고등학교 졸업장(diploma) 대신에 개별화교육프로그램(IEP) 졸업장 혹은 출석수료증명서(certificate of attendance)와 같은 대안적 졸업장을 가지고 졸업한 자
- 전형적인 방법으로는 중등이후교육 체계에 접근하지 못하고, 그 접근성을 가지기 위해 심각한 계획과 협력을 요구하는 자.

이 정의하에서 전문가들과 가족들은 학생에 대한 일련의 특성에 대해 제공받고, 그들의 참조 관점은 더 세부 그룹의 학생들로 구분되어 반영될 수 있다. 지적장애학생들은 보통은 대학에 갈 잠재력이 있는 것으로서 간주되지 않았고 고등학교 이후의 중등이후교육 혹은 성인 학습 기회에 접근하는 데 필요한 지원에 대한 정보가 거의 주어지지 않는다.

이 책의 목적을 위해, 우리는 중등이후교육을 고등학교 이후의 학생에게 유용한 모든 학습 선택을 포함하는 것으로 정의한다. 이것은 커뮤니티 칼리지(community college)와 4년제 대학과 기관, 직업기술 대학(vocational-technical colleges), 그리고 다른 형태의 성인교육에서 학점 및 비학점 혹은 평생교육 강좌를

포함한다. 이러한 방식으로 정의된 교육적 옵션들(options)의 범위는 또한 다음을 포함한다. 지방, 지역 및 주 공원과 레크리에이션과들(local, regional, and state park and recreation departments)을 통해 지역사회에서 제공되는 성인 수업; YMCA와 같은 지역사회 프로그램; 주 교육부를 통해 제공되는 성인 기초 교육 프로그램; 건축자재업(Home Depot, Michaels)과 같은 소매업체와 국가적 체인을 통해 제공되는 개인적 학습 클리닉과 워크숍; 체력단련 혹은 건강증진센터에서 제공되는 개인적 발달 수업(personal development classes); 그리고 성인에게 유용한 모든 다른 학습 기회들을 포함한다.

중등이후교육의 이러한 광범위한 정의는 지적장애학생과 가족들에게 가장 광범위한 선택을 제공하고 중등이후교육이 반드시 대학에 가는 것을 의미하지 않는 것을 보여준다. 그것은 한 학생의 개인적 혹은 전문적 목표들을 충족시키는 지역사회 내에서 유용한 성인 학습 선택들에 접근할 기회를 갖는 것을 의미할 수 있고 그것을 의미해야 한다.

또 다른 용어로 논의할 필요가 있는 것은 **이중등록**(dual enrollment)이다. Hart, Mele-McCarthy, Pasternack, Zimbich와 Parker(2004)는 지적장애학생을 "이중등록" 접근을 통해 지원한다는 것은 학생들이 고등학교와 중등이후교육기관에 동시에 등록된 것을 의미한다. 이러한 학생들은 대개 18~21세에 해당되며, 중등이후교육 환경에서 특수교육 전환서비스로 그들의 마지막 3년을 보내는 것이다. 이 용어는 원래는 비장애학생이 그들의 고등학교 2학년 혹은 3학년을 완수할 때 대학 수업을 수강하는 것을 묘사할 때 사용되었다. 전통적인 이중등록 프로그램은 고등학교 졸업과 대학입학률, 대학 성적 평점 및 대학 수료를 향한 진보에 긍정적인 성과와 연관되어왔다(Karp, Calcagno, Hughes, Jeong, & Bailey, 2007). 지적장애학생을 위한 이중등록은 연구 보고서와 요약문들(Dolyniuk et al., 2002; Grigal, Dwyre, & Davis, 2006; Neubert, Moon, & Grigal, 2004; Neubert & Redd, 2008), 프로그램 설명들(Dolyniuk, Kamens, Corman, DiNardo, Totaro, & Rockoff, 2002; Eskow & Fisher, 2004; Grigal, Neubert, & Moon, 2001; Hall, Kleinert, & Kearns, 2000; Hamill, 2003); 그리고 가장 최근에는 고등교육기회법(HEOA)의 수정 사항에 분명하게 나타나 있다. 그러나 이중등록 프로그램 참여와 지적장애학생의 향상된 성과 사이의 연관성에 대해 증명된 것은 없다.

가중되는 요구의 출현

미국에서 특수교육 서비스를 제공받는 지적장애학생들이 그 어느 때보다 많다. 이러한 서비스는 지적장애학생이 졸업장을 가지고 졸업하는 때 혹은 출석수료증명서를 가지고 21세(혹은 미시간 주는 26세)에 "나이가 다 차서" 졸업을 할 때까지 제공된다. 18~21세 사이의 "정신지체"라는 표찰을 가진 총 69,532명의 학생이 장애인교육법(IDEA)의 Part B하에서 2006년에 특수교육 서비스를 제공받았다(U.S. Department of Education, 2007a). 이 학생들 중에서 17,005명이 졸업장을 받고 2006년에 졸업을 하였고, 16,453명이 고등학교 수료증을 가지고 학교 체계를 떠났다(U.S. Department of Education, 2007b).

1970년대에 이래로 지적장애를 가진 중등학생들은 기능적 혹은 생활 기술 프로그램과 고용, 지역사회 이동, 여가 및 일상생활에서 지역사회중심 교수에 참여해 왔다(Billingsley & Albertson, 1999). 1980년대 중반에 시작된 이러한 프로그램들은 중등 시기(14~17세)와 전환 시기(18~21세) 동안 통합적인 학업 및 사회적 활동을 포함하도록 확장되었다(Agran, Snow, & Swaner, 1999; Tashie, Malloy, & Lichtenstein, 1998). 중등 수준에서 이러한 프로그램 측면에서의 변화가 있었음에도 불구하고, 지적장애학생들은 자주 대안적 졸업장을 가지고 공교육을 떠났고(Johnson & Thurlow, 2003), 성인 지적장애인을 지원하는 기관들의 대기자가 되었다.

지적장애학생의 성과는 역사적으로 장애인 집단들 중에서 미약한 수준이다. 전미전환서비스종단연구-2(National Longitudinal Transition Survey-2)를 분석하는 연구자들은 공교육으로부터 성인기 삶으로 전환하는 지적장애 청소년이 고등학교를 떠나면서 직업을 갖는 비율이 저조하다는 것을 밝혔다(Wagner, Newman, Cameto, Garza, & Levine, 2005). 많은 경우에, 학교를 떠나는 지적장애학생들은 직업 서비스를 받지 못했고 독립생활 기회를 제공받은 경우도 거의 없었다(Noyes & Sax, 2004). 직업을 가졌던 지적장애학생들은 급료의 인상을 경험하지 못했던 유일한 장애 집단이었다. 나아가 지적장애 청소년은 장애 집단 중 중등이후 학교에 출석을 가장 덜하는 집단이고, 그럴 것으로도 가장 덜 기대되는 집단이다.

발달장애인을 위한 주간 및 고용 서비스에 대한 국가적 조사는 단지 22%만이 통합 고용에 참여하고 있고, 57%가 기관기반 환경에서 서비스를 받고 있다고 지적하였다(Winsor & Butterworth, 2007). 2006년 6월 기준 지역사회주거(community living)의 경우에는 국가 전체로 볼 때 거의 85,000명의 지적장애인 및 발달장애인이 주거 서비스를 위해 대기자 명단에 있었다(Bruininks et al., 2007).

지적장애인의 빈약한 고용 및 지역사회주거 성과는 18세 혹은 그 이상 연령의 학생을 위해 제공되는 고등학교의 기존 서비스에 대해 불만족이 증가하는 것과 더불어(Grigal et al., 2001; Stodden, Jones, & Chang, 2005), 그리고 유치원부터 12학년(K-12)의 통합교육 확장과 성공은 지적장애학생을 위해 고등학교 이후에 무엇이 가능한지에 대해 가중된 기대를 하도록 이끌었다. 많은 부모들, 연구자들 및 현장전문가들은 고등학교 환경에서 지적장애학생들에게 가장 어리게는 14세 학생들과 함께 서비스를 제공하는 것이 연령에 적합한지 여부에 대해 의구심을 가졌고, 이 학생들이 장애가 없는 그들의 동년배들이 경험하는 것과 유사한 환경에서 교수를 받는 것을 옹호하였다(Fisher & Sax, 1999; Moon & Inge, 2000; Smith & Puccini, 1995; Tashie et al., 1998).

지적장애학생의 부모는 그들의 자녀가 고등학교 이후에도 계속 교육을 받기를 점차적으로 더 기대하게 되었다. 장애학생들(지적장애 포함)의 부모에 대한 한 연구에서, 학생의 장애와 상관없이 대학은 가장 원하는 성과로 밝혀졌고(Grigal & Neubert, 2004); 저발생 장애학생의 부모 중 57%는 그들이 바라는 성과로 2년제 혹은 4년제 대학을 선택하였다. 학생들 자신들은 장애가 없는 그들의 동료나 형제자매들과 같이 대학에 가고자 하는 바람을 표현하였다.

또한 18~21세의 지적장애학생들을 위한 다른 교육과 전환서비스에 대한 필요성은 보고서나 입장 보고서들에서 강조되어왔다(National Council on Disability,

2000; Schmidt, 2005; Smith & Puccini, 1995). 지적장애인을 위한 대통령위원회(President's Committee for People with Intellectual Disabilities)는 "지적장애학생들이 2년제 대학 혹은 4년제 대학에 위치한 다양한 전환 프로그램에 참여하거나 혹은 통합된 지역사회기반 환경에서 직업교육 및 전환 프로그램에 참여하도록 하는 새로 출현하는 기회들"(2004, p. 25)을 위한 지원을 권고하였다.

최근에 다수의 지적장애학생들이 다양한 형태의 중등이후교육에 접근성을 가졌다(Getzel & Wehman, 2005; Hart, Grigal, Sax, Martinez, & Will, 2006). 이전에는 중등이후교육에 접근 기회를 제공받지 못하였던 지적장애학생들이 지금은 대학 및 다른 성인 학습 기회를 직접적으로 경험하도록 하는 다양한 중등이후교육 기회에 참여하고 있다. 자기옹호자, 부모 및 장애 옹호자들은 중등 및 중등이후교육자들이 지적장애 청소년과 청년을 위한 중등이후교육 기회에서 다양성을 증진시키고 접근성을 향상시키는 것에 협력하였다. 중등이후교육 선택으로는 커뮤니티 칼리지, 4년제 대학 및 고등교육기관, 직업기술 대학, 그리고 성인 교육의 다양한 형태들을 포함할 수 있다(Hart & Grigal, 2008). 이러한 국가적 추세는 중등이후교육 경험이 일반적으로 고용 기회의 증가와 더 높은 급료와 같은 더 나은 성과로 이끈다는 것을 나타내는 연구에 의해 힘을 받았다(Migliore, Butterworth, & Hart, 2009).

앞에서 참조한 학생들의 수는 중등이후교육 기회에 대해 출현하는 요구의 단지 4분의 1만을 나타내며; 12~17세 사이의 다른 280,470명의 지적장애학생들이 2006년에 서비스를 받았는데, 이 학생들과 가족들은 중등이후교육에 대해 더 많이 접근성을 추구할 것으로 본다. 국가 전체로 고등교육기관, 학교 체계 및 성인 서비스 제공자들은 이 청소년들이 중등이후교육의 잠재적 혜택을 받도록 기회들을 창출함으로써 더 높아진 기대에 반응하기 시작하였다. 이것은 지적장애를 가진 청소년을 위한 이중등록 그리고/혹은 성인 중등이후교육을 개발하는 국가적 경향의 증가를 가져왔고, 그 결과 이들은 아마 그들의 비장애 동료들과 동일한 기회를 가질 수 있을 것이다.

변화를 위한 동력

지적장애학생을 위한 중등이후교육에 접근성을 창출하기 위한 동기는 다양한 요소로부터 나왔다. 중등이후교육에 접근성을 추구하는 주요한 이유 중 하나는 지적장애학생이 고등학교에서 보내는 시간의 양과 관련이 있다. 특수교육 체계를 통해 지원을 받는 많은 지적장애학생들은 그들이 21세가 될 때까지 고등학교에 남겨진다; 미시간 주에서는 이것이 26세까지도 확장 가능하다. 장애가 없는 그들의 동료들과의 연령 차이는 학생들과 그 가족들이 7년 동안 고등학교에 재학해야만 하는 좌절과 함께, 대안적 교육 환경에 대한 접근성을 창출하는 데 주요한 동력이 되었다. Thomas Edison은 "활동 성과 불만족은 진보를 위한 첫 번째의 필수불가결한 요소이다."라고 하였다; 중등이후 환경에서의 가장 초기의 많은 프로그램들은 7년의 고등학교 경력에 대한 대안들을 창출하고자 하는 가족 구성원 혹은 교사들의 기초적인 노력의 결과였다(Neubert, Moon, & Grigal, 2002).

변화를 위한 또 다른 동력은 통합 운동의 기대하지 않은 성과의 하나로서 나타났는데, 그것은 초등학교, 중학교 및 고등학교를 통하여 동년배 비장애 동료들과 함께 교육을 받아온 지적장애학생들의 세대로서 그들의 동료가 대학으로 떠날 때 그들의 동료들과 함께하기를 희망하였다. 지적장애학생들은 비장애 동료들과 같은 사회적 경험이 계속되기를 원하는 그들의 바람에 영향을 받은 듯하다. 지적장애학생들의 부모들 또한 그들의 지적장애 자녀들이 대학에 출석하는 바람을 보고하였고, 학교 체계가 대학과 지역사회 환경에서 지적장애학생들에게 전환서비스를 제공하는 것을 고려할 것을 점점 더 요청하기에 이르렀다(Moon, Grigal, & Neubert, 2001).

마지막으로, 학교지역구가 지적장애학생들을 위한 새로운 전환 및 중등이후교육 옵션들을 개발하도록 동기유발하는 많은 요소들이 있었다. 그러한 요소들에는 "결과 지향적" 전환계획을 요구하는 연방 명령, 전환 및 중등이후 성과를 위한 새로운 책무성, 전환 관련 소송, 그리고 21세기 노동력을 위해 청소년을 준비시킬 필요성이 포함된다.

전환을 위한 연방 명령

연방 명령은 장애학생을 위한 목표 지향적 전환과 지속되는 중등이후교육을 지지한다. 2001년 아동낙오방지법(No Child Left Behind, NCLB, PL 107-110)은 학교가 장애학생을 포함한 모든 학생들의 학업적 성취를 적절히 교육하고 접근하는 것에 책임이 있다고 지적한다. 2004년 장애인교육법은 장애 아동은 미래 고용과 독립적인 지역사회 생활을 위해서 교육되는 것뿐 아니라 결과 지향적이고 측정가능한 용어로 윤곽이 잡히는 지속되는 평생학습에 대한 기대를 위해서도 교육된다는 것을 특별히 함축한다[20 U.S.C. A, §§ 601(d)(1)(A)]. 나아가 1990년 미국장애인법(PL 101-336)과 1973년 재활법 504조항(PL 93-112)은 평생학습과 중등이후교육에 동등한 접근성을 촉진함으로써 장애인의 시민권리 보호를 명시하였다. 삶의 다른 영역들 중에서 중등이후교육 기회에 접근성을 지원하기 위하여 1998년의 보조공학법(PL 105-394)과 같은 법률은 주들이 장애 시민의 보조공학 요구를 다루기 위해서 연방 자원을 제공할 수 있다. 그래서 장애 시민이 장치 혹은 서비스를 사용하기 위해 이러한 자원을 사용할 수 있다(2장에서 추가적인 법과 발의안이 논의된다.)

전환과 중등이후 성과 책무성

2004년 장애인교육법(IDEA)의 재승인과 관련하여 미국 교육부는 특수교육 프로그램과를 통하여 주들이 20개 지표에 기초하여 주의 수행계획을 개발하고 매년 그것에 의거하여 데이터를 보고할 것을 요구하였다(National Secondary Transition Technical Assistance Center, 2007). 이 지표들 중에서 2개가 전환에 직접적으로 연관된다. 지표 13은 구체적으로 "학생이 중등이후 목표에 합리적으로 도달하도록 하는 목표와 전환서비스를 포함하는 개별화교육프로그램(IEP)을 가진 16세 이상의 청소년의 비율"에 대한 데이터를 요구한다[20 U.S.C. 1416(a)(3)(B)]. 이러한 데이터는 팀이 한 학생의 중등이후 목표들을 성취하기 위해서 학교 수업, 고용 경험 및 독립생활 요구를 어떻게 다룰 것인지와 성인 서비스기관 대표가 이 계획에 포함될지 여부를 반영해야 한다(National Secondary Transition

Technical Assistance Center, 2006). 지표 14는 IEP를 가졌었는데 이제 더 이상 중등학교에 있지 않은(졸업 혹은 연령이 다 되어서 나간) 청년 비율에 대한 데이터, 고등학교를 떠난 지 1년 안에 경쟁고용되어 있는 청년의 데이터, 어떤 형태의 중등이후교육에 출석하는 청년의 데이터, 혹은 이 둘 모두에 참여하는 청년의 데이터를 요구한다[20 U.S.C. 1416(a)(3)(B)]. 어떤 학교 체계로 하여금 이중등록 프로그램을 창출하거나 확장하도록 한 추진력은 이러한 새로운 요구 사항에 대한 한 반응이었을 수 있다.

전환 관련 소송

새로운 프로그램과 서비스의 창출로 이끈 또 다른 요소는 자녀의 중등이후 목표들의 성취를 지원하는 전환계획과 서비스의 결여에 대해 특별히 염려한 부모들의 불만족에 의해 발생한 소송의 증가이다. 전환에 대한 청문회, 지방법원 및 항소법원으로부터 나온 36개의 출판된 판결에 대한 한 분석에서, Etscheidt(2006)는 법원에 제기된 5가지 전환 관련 쟁점을 요약했다. 그것은 다음을 포함한다:

1. 학교지역구가 전환서비스를 제공하거나 그 서비스의 비용을 지불하는 기관들을 초청하기 위한 노력을 하는 정도
2. 팀들이 얼마나 효과적으로 학생들의 선호도 및 흥미를 이끌어내는지와 팀들이 그것을 의무적으로 지지하는 정도
3. 학교지역구가 학생들의 요구에 기초하여 전환서비스를 개별화하는 노력
4. 학교지역구가 적합하고 성실한 전환 지원과 서비스를 제공해야 하는 의무
5. 전환계획 자체의 적합성

전환 명령이 복잡하긴 하지만, 부모들은 전환을 우선순위에 두지 않고 명령된 과정을 단지 최소한으로만 고수하는 학교들에 대해 점점 더 좌절한다.

21세기 노동력을 위한 준비

학교들로 하여금 지적장애학생을 포함하여 모든 학생을 위한 중등이후교육 선택들

을 개발하도록 하는 또 다른 동기는 중등과 중등이후 정책들이 합류되기 위해 더 많은 것들이 이루어질 필요가 있고, 그래서 젊은 성인들이 21세기 노동 시장에서 의미 있는 직업들을 추구하도록 준비되어야 하는 것에 대한 증가된 증거로부터 나온다(Kirst & Venezia, 2004). 연구들은 현재 중등교육 실제는 학생들이 직업에서 성공하도록 준비시키는 데 충분하지 않다는 것을 지적하는데, 특히 역사적으로 중등교육 서비스를 잘 제공하지 못하였던 지역사회들이 그러하다(Cassner-Lotto & Barrington, 2006; National Center on Education and the Economy, 2006). 기초 학업 기술에 더하여, 고용주들은 팀워크, 비판적 사고 및 의사소통과 같은 강력한 실제 직무기술들을 가진 근로자들을 필요로 한다. 그들은 다른 문화에서 온 사람들과 편안하게 일할 수 있고, 창의적으로 문제를 풀 수 있고, 글로 잘 쓰고 잘 말할 수 있는 젊은이들을 원한다. 또한 고용주들은 시간을 잘 지키고 믿을 수 있으며 근면한 근로자들을 필요로 한다. 이러한 기술들이 없다면, 젊은 성인들은 낮은 기술, 낮은 급료의 직장에 남겨질 확률이 높다(*Education Week*, 2007; Partnership for 21st Century Skills, 2006). 대단한 고용 도전에 직면한 장애를 가진 젊은 성인들의 경우(National Organization on Disability, 2004), 협응된 전환 활동들의 집합을 통하여 학업기술과 직업기술의 발달에 더 높은 관심이 주어져야 한다. 고등학교와 대학 사이의 간격을 연결함으로써(K-16 발의안으로 불리는) 학교와 고등교육기관들 사이의 의미 있는 파트너십은 직업을 향한 창의적이고 성공적인 전환 경로로 이끌 수 있다(Grigal, Neubert, & Moon, 2005; Hart, Zafft, & Zimbrich, 2001; Kirst & Venezia, 2004; Partnership for 21st Century Skills, 2006).

중등이후교육에의 접근성은 어떻게 변화되어왔는가

지적장애학생에게 중등이후교육의 접근성을 제공하는 것이 많은 경우에 아직은 새로운 아이디어로 간주됨에도 불구하고, 문헌에서는 30년 넘게 이 출현하는 실제에 대한 증거가 있어왔다(Baxter, 1972; Bilovsky & Matson, 1974; Caparosa, 1985; Corcoran, 1979; Dahms, Ackler, & Aandahl, 1977; Daily, 1982; Doyle, 1997;

Duran, 1986; Frank & Uditsky, 1988; Goldstein, 1993; Hall, Kleinert, & Kearns, 2000; Jones & Moe, 1980; McAfee & Sheeler, 1987). Neubert, Moon, Grigal과 Redd(2001)는 선행연구들로부터 종합적인 검토를 해서 요약을 하였다. 이 저자들은 1970년대의 여러 가지 다양한 운동들(예: 정상화와 탈시설수용화)에 대한 반응으로서 개발되어 나타난 프로그램들은 주로 성인들(학생이 아닌)에게 집중을 하였고, 교수는 일반적으로 분리 환경들에서 제공되었다고 지적하였다.

1980년대에 특수교육의 초점이 전환과 고용을 향해 변화하면서 중등이후교육에 대한 문헌도 그렇게 변화하였는데, 지역사회 통합에서 1973년 재활법 504조항을 준수하는 것으로 변화하였다. 1980년대의 프로그램에 대한 묘사는 거의 유용하지 않은데, Neubert와 그의 동료들(2001)은 이것은 미국의 1975년 전장애아교육법(PL 94-142)과 1983년 장애아교육법 개정(PL 98-199)을 준수하는 것의 일환으로 22세까지 장애학생을 위한 교육 및 전환서비스를 공립학교에서 제공하는 것으로부터 나왔던 것으로 주장하였다.

1990년대의 문헌에서 나타난 변화는 프로그램 묘사와 입장 표명 논문들이 지적장애 성인 대신에 학생들에 더 관심을 주기 시작하였다는 것이다(Neubert et al., 2001). 1995년에 미국특수아동학회(Council for Exceptional Children)의 정신지체 및 발달장애 분과는 18세 이후에 교육적 서비스를 요구하는 학생들은 그의 동료와 함께 22세까지 대학 캠퍼스와 같이 연령에 적합한 환경들에서 그들의 교육을 계속할 것과, 연방 재정은 학생들이 중등이후 환경에 갈 수 있도록 지원을 해야 한다고 권고하는 입장표명 진술문을 발표하였다(Smith & Puccini, 1995).

지역사회기반 전환 프로그램의 국가 차원 데이터 기반([University of Kansas]의 Transition Coalition 웹사이트에서 이용 가능)을 확립한 Gaumer, Morningstar와 Clark(2004)에 의해 보여지듯이, 1990년대에는 정말로 한바탕의 프로그램 개발이 있었다. 이 연구자들은 29개 주에서 101개 프로그램을 판별하였는데, 그것들은 중등이후 기관 48개, 사업체 27개, 아파트 혹은 집 13개, 그리고 13개의 비기관적(non-site based) 혹은 개별지원 모델들을 포함하였다. 이 연구자들은 서비스 대상 인구의 장애(경도/중등도, 중등도/중도), 재정 출처, 그리고 운영 일정을 묘사하였다. Gaumer와 그의 동료들(2004)은 프로그램의 82%는 1990년대 이후에 개발된 것으로 밝혔다.

지적장애학생의 중등이후교육의 현재 실태

지적장애학생의 중등이후교육에 대한 유용한 문헌은 1990년대 이래로 많은 것이 변화하였다. 2개의 국가 차원 데이터베이스는 미국 내 유용한 프로그램에 대해 정보를 수합하여 공유하고자 하였다(Gaumer et al., 2004; Hart, 2008). 일련의 프로그램 묘사(Bergin & Zafft, 2000; Dolyniuk et al., 2002; Gaumer et al., 2004; Hart & Grigal, 2008; Hart et al., 2004), 추가적인 질적 연구(Casale-Giannola & Kamens, 2006; Page & Chadsey-Rusch, 1995; Hamill, 2003; Hughson, Moodie & Uditsky, 2006; Mosoff, Greenholtz, Hurtado, & Jo, 2007; Redd, 2004), 그리고 수행된 양적 연구의 개요들(Grigal et al., 2001; Neubert et al., 2004; Zafft, Hart, & Zimbrich, 2004)이 있다. 아래에서는 지적장애학생의 중등이후 선택에 대해 이제까지 수행된 연구들에 대한 간략한 요약을 제공하며 이 주제에 대한 가장 최근의 연구 2편에 대해 강조한다.

장애학생을 위한 중등이후 서비스에 대한 현재의 지식기반은 장애 대학생에서 가장 큰 비중을 차지하는 신체적 혹은 감각적 손상을 가진 학습장애학생에 대한 것에 가장 많이 집중한다(National Longitudinal Transition Study-2, 2006). 지적장애학생에 대한 다양한 유형의 중등이후교육 프로그램 및 관련된 활동과 성과에 대해서는 알려진 것이 훨씬 적다. 이 학생들이 대학을 가는 것에 대해서는 전형적으로 많은 노력이 지원되지 않았다. 덧붙여, 최근의 많은 국가 차원의 교육 관련 연구들은 지적장애학생에 대해서는 거의 정보를 제공하지 않는다. 따라서 장애 집단별로 의미 있는 비교를 가능케 하지 않아 불행한 일이다. 최근 대학을 위한 부모의 기대와 계획(Parents' Expectations and Planning for College)(Institute on Educational Sciences, National Center for Education Statistics[NCES], 2008에 의해 공개됨)이라는 제목의 보고서에는 특정 장애를 가진 학생들에 대해 단지 간략한 언급만이 있고 지적장애를 가진 학생에 대해서는 언급이 없었다. 독립변인으로 사용된 학생의 특성들에는 연령, 성별, 인종 및 학년이 포함되었는데 장애는 포함되지 않았다. 이 한 변인의 부재는 이 중요한 연구의 결과를 지적장애를 가진 어떠한 학생에게 적용하기 어렵게 만든다.

장애학생의 중등이후교육이라는 주제에 특별히 목표를 둔 이전 선행연구 노력들조차도 대부분 지적장애학생을 포함하는 데 실패하였다. 이 쟁점은 중등이후교육에 대한 다른 국가적 연구들에서도 반영된다. **중등이후교육을 시작하는 학생에 관한 종단연구**(Beginning Postsecondary Students Longitudinal Study, NCES, 2007)의 경우에서와 같이 지적장애학생에 대한 것은 완전히 생략되어 있거나, 혹은 **중등이후교육에서의 장애학생: 준비, 참여 및 성과의 프로파일**(Student with Disabilities in Postsecondary Education: A Profile in Preparation, Participation, and Outcomes, NCES, 1999) 보고서에서와 같이 다른 장애 유형을 가진 학생들과 혼합되어 있어서 그 결과에서 어떤 의미를 식별해내기 어렵게 되어 있다.

지적장애학생을 위한 중등이후교육에 대한 기존 연구는 주 수준(Grigal et al., 2001; Neubert et al., 2004)과 국가 수준(Gaumer et al., 2004; Hart & Grigal, 2008; Hart et al., 2004; Zafft, Hart, & Zimbrich, 2004)에서 프로그램의 특성들, 활동들, 그리고/혹은 학생의 성과에 대한 묘사들을 제공한다. 이러한 연구들은 중등이후교육 프로그램들이 통합고용과 사회적 활동에의 접근성을 증가시켜야 하고 지역교육기관들과 성인 서비스 제공자들 간의 협력을 향상시켜야 하는 잠재력을 이 분야에 제공하였다. 그러나 현재로 제한된 정보는 제공되는 일련의 서비스의 광범위한 다양성을 모두 반영하지 못하고, 중등이후교육 프로그램의 특정 유형의 참여에 따라 학생의 성과가 다양해지는 것의 여부를 결정하는 것을 연구자 혹은 담당자들에게 허락하지도 않는다.

Gaumer와 그의 동료들(2004)은 이러한 중등이후교육 프로그램을 지역사회기반 전환 프로그램(community-based transition program)으로 칭하면서 중등이후 기관들(예: 대학교, 커뮤니티 칼리지 및 직업기술 학교) 및 다른 지역사회 환경들(예: 아파트, 주택, 사무실 및 사업체)과 같이 생활연령에 적합한 환경에 위치하고, 공교육 체계에 의해 개발된, 특히 18~21세 학생을 위한 대안적 특수교육 기회로서 정의한다. Gaumer와 그의 동료들(2004)은 지역사회기반 전환 프로그램을 위치시키는 것의 어려움과 그러한 프로그램의 실재를 문서화하는 표준적인 보고 체계의 결여와 관련된 쟁점들을 논의하였다. 다양한 유형의 프로그램을 묘사하기 위해 다른 용어들도 사용되었는데, **실질적으로 분리된 프로그램, 혼합 프로그램 및 통합적인 개별화된 서비스**가 그것이다(Hart et al., 2004; Neubert, Moon, & Grigal, 2002; Stodden & Whelley, 2004).

가장 최근의 국가 차원의 질문지 조사는 31개 주에 걸쳐서 지적장애학생을 위한 대략 130개의 중등이후교육 프로그램을 판별하였다. 130개 프로그램 중 75개는 제공되는 서비스와 지원, 프로그램이 얼마나 오랫동안 지속되었는지, 누가 프로그램을 재정적으로 지원하는지, 그들이 지원하는 학생들이 누구인지에 대한 기본 정보를 수합하기 위한 후속 전화 조사에 응답하였다(Hart & Grigal, 2008). 이 조사가 끝난 후에, 다른 120개 프로그램 담당자들이 ThinkCollege 웹사이트에 스스로 입력을 하여 총 250개 프로그램이 수합되었다. 수합된 프로그램 구조들은 굉장히 다양하였음에도 불구하고, 이 조사의 분석은 이것들이 전반적 모델로는 3가지로 구분될 수 있다고 보았다 ─ 혼합/하이브리드(hybrid) 모델, 실질적 분리 모델, 통합적 개별지원 모델. 각 모델들 안에서도 굉장한 다양성이 실재하고 있고, 각각은 광범위한 범주의 서비스들을 포함하고 있다(자세한 내용은 3장 참조).

양적 연구

주 수준에서 혼합형 프로그램들에 있는 학생들(Grigal et al., 2001; Neubert et al., 2004), 그리고 국가 차원에서 분리형, 혼합형 혹은 통합형 모델 학생들의 특성, 활동 혹은 성과를 묘사하기 위해(Gaumer et al., 2004; Hart et al., 2004) 질문지 조사를 사용하였다. 이러한 연구들은 대학교 혹은 지역사회 환경에서 18~22세의 지적장애학생에게 서비스를 제공하는 많은 프로그램들에 대해 처음으로 문서화해 제공하였다.

Grigal과 그의 동료들(2001)은 프로그램 특성, 재정 패턴, 프로그램 구성요소 및 프로그램 개발과 실행의 문제에 대한 개관을 제공하기 위해 한 주(state)의 혼합형 이중등록 프로그램에 있는 13명의 교사를 면접하기 위해 질문지 조사를 사용하였다. 9개 프로그램은 커뮤니티 칼리지에, 2개 프로그램이 대학교에, 그리고 2개 프로그램이 지역사회에 위치하였다. 학생들은 그들 고등학교 교사들을 통해 프로그램에 의뢰되었고, 입학하기 위해서는 일정한 기준을 충족해야만 했다(예: 대중교통 훈련에 참여, 사전 비급여 일 경험). 모든 프로그램들은 기능적 기술, 자기결정 기술, 그리고/혹은 진로 계획에 집중하면서 중등이후 장소에서 분리된 학급을 운영하였다. 이 프로그램들의 주요한 특성은 지역사회중심 교수, 직무훈련, 대학교 수업에 참여, 기관 간 연계 및 부모 관여를 포함하였다. 대학교 캠퍼스에서 더 통합적인 기회에 대한 필요성, 대학교에서 교실과 사무실 공간에 접근할 능력, 융통성 있는 교사 스케줄 필요성, 중등이후 기관에 통학할 교통수단, 지역 학교와 대학 캠퍼스 간 시간표 차이, 약물을 주는 절차, 훈육 문제 처리, 그리고 IEP 회의 실행이 도전들로 판별되었다(Grigal et al., 2001).

한 주의 혼합형 프로그램의 교사들로부터 서면 질문지를 통해 정보를 수합한 Neubert와 그의 동료들(2004)에 의해 유사한 질문지 조사가 수행되었다. 13개 프로그램이 고등학교 졸업장이 아니라 수료증을 가지고 학교 체계를 떠난 18~21세 지적장애학생 163명에게 프로그램을 제공하였다. 프로그램 교사들은 학생들의 대학교 과목 접근성, 캠퍼스와 지역사회 활동들에서의 통합, 고용 훈련과 직장에의 참여, 주와 지역의 성인 서비스와의 연계, 그리고 특정 학교 프로그램의 후속 활동들에 대한 데이터를 보고하였다.

오직 한 편의 출판된 연구가 중등이후교육 경험과 고용 성과를 연결시킬 수 있었다. 대학교 참여와 중등이후 성과 간의 상관관계에 대한 한 연구에서 Zafft, Hart와 Zimbrich(2004)는 적어도 한 대학교 수업을 수강했던 지적장애학생 20명의 성과와 대학교 수업을 수강하지 않았던 지적장애학생 20명의 성과를 비교하였다. 그들의 연구 결과 중에서 중등이후교육 참여는 2가지 고용 변인인 경쟁고용, 독립고용과 긍정적인 상관관계가 있었다.

이러한 선행연구는 연구자들로 하여금 중등이후 환경에 지적장애학생을 지원하기 위해 현재 사용되고 있는 프로그램과 서비스의 유형을 분류하기 위한 보다 더 종합적이고 묘사적인 체계를 판별하도록 기초를 제공한다. 전환 경험 중이거나 그 이후에 중등이후교육에 접근하는 것과 연관될 수 있는 장기간 성과에 대해 알려진 것은 거의 없는 것으로 나타났다.

질적 연구

문헌에 이러한 서비스 모델들의 묘사가 있음에도 불구하고, 그러한 프로그램의 영향과 효과성을 나타내는 연구는 거의 없다. 지난 15년 동안 많은 질적 연구들이 수행되었다(Casale-Giannola & Kamens, 2006; Hughson, Moodie, & Uditsky, 2006; Mosoff et al., 2007; Page & Chadsey-Rusch, 1995; Redd, 2004). 이러한 연구들의 결과는 이 주제에 대해 후속연구를 알릴 수 있는 부가적인 정보를 제공한다.

Page와 Chadsey-Rusch(1995)는 커뮤니티 칼리지에 다니는 4명의 젊은 남성의 경험을 비교하였다: 지적장애를 가진 2명과 지적장애를 가지지 않은 2명. 이 연구자들은 대학을 간다는 기대는 다른 사람들의 지각과 지원의 유용성에 의해 영향을 받는 것으로 밝혔다. 지적장애가 없는 학생들의 경우, 대학교 교육이 그들의 고용 기회를 확장할 수 있다는 믿음이 있었는데, 지적장애학생의 경우 대학교 교과목 수강과 특정 진로 목표 간의 관계는 실재하지 않았다. 네 학생 모두 커뮤니티 칼리지에 다니는 것은 그들의 사회적·대인적 관계에 긍정적인 영향을 미쳤다고 보고하였다.

Page와 Chadsey-Rusch(1995)는 그 2명의 지적장애학생이 커뮤니티 칼리지 캠퍼스의 수업에 출석하고 지역사회에서 일을 할 때, 지역 학교 체계가 그들에게 지원을 어떻게 제공하였는지를 묘사하였다. 저자들은 커뮤니티 칼리지에 다니는 것이 반드시 어떤 진로로 인도하지는 않지만 다른 잠재적 혜택을 인지하게 됨을 지적하였다. 그들은 중등이후 프로그램에 다니는 장애가 심한 학생들의 성과를 나타내기 위해 추가적 연구를 요청하였다.

Redd(2004)는 한 커뮤니티 칼리지 환경의 한 혼합형 프로그램을 실제와 특성들, 활동들, 지적장애학생의 성과, 학생 및 부모 만족 측면에서 조사하였다. 3명의 학생은 개별적인 유급 직업을 가졌고, 다른 13명은 조경 이동작업대(landscape mobile crew)에서 소집단 일(enclave work)과 일정한 청소사업체(uniform cleaning company) 사이에서 선택을 하였다. 비록 캠퍼스와 고용에서 통합 경험은 다소 제한적임에도 불구하고, 학생들과 부모들은 프로그램과 담당자에 대해 만족도를 나타냈다.

Hughson과 그의 동료들(2006)은 통합적인 중등이후교육을 살펴보기 위해 참여적 행동 연구방법(participatory action research methods)을 사용하였다. 이 연구는 대학에 다니는 발달장애학생들의 생각과 경험, 프로그램 모델들의 분석과 일상적 운영을 나타내보이기 위해 고안되었다. 연구 결과는 묘사적이며 학생, 가족, 촉진자 및 멘토를 포함하여 다양한 관계자 집단을 반영하였다. 주요한 결과는 통합적인 중등이후교육을 졸업한 발달장애학생들의 경우 70%가 광범위한 직장에서 시간제(종종 2개 이상의 시간제 직장) 혹은 전일제로 고용되었다는 것이다.

끝으로, Mosoff와 그의 동료들(2007)은 통합적인 중등이후교육의 성공에 중요한 것으로 고려되는 다양한 요소들을 판별하기 위해 질적 연구를 수행하였다. 근거이론 접근을 사용하여 그들은 5가지 종류의 다른 관련 집단－학생, 교수, 통합촉진자, 캠퍼스 스태프(staff) 및 부모－의 27명의 면접을 수행하였다. 적어도 3가지 관련 집단에 의해 판별된 통합적 중등이후교육의 5가지 결정적 구성요소는 학생의 참여, 교실 혹은 기관의 영향, 개별화된 경로와 자율성, 높은 열망과 자신감 그리고 진실성과 일관성이다.

지적장애학생을 위한 중등이후교육에 대한 현재 및 지속되는 연구

2004년에 특수교육 프로그램과는 지적장애학생을 위한 중등이후교육 접근과 관련된 2개의 연구와 혁신 프로젝트를 재정지원하였다. 이 두 프로젝트는 5년간 지원되었으며 중등이후 환경에 있는 18~21세 지적장애학생을 지원하는 모범적인 실제를 연구하고 시범적 사업을 하는 것을 목표로 하였다.

이 프로젝트의 하나인 중등이후교육 연구센터(Postsecondary Education Research Center, PERC)는 메릴랜드(Maryland) 주 록빌(Rockville)에 있는 TransCen에 주어졌다. 다른 프로젝트인 대학진로연계(College Career Connection, C³) 프로젝트는 보스턴(Boston)에 있는 매사추세츠 대학교(University of Massachusetts)의 지역사회통합 연구소(Institute for Community Inclusion)에 주어졌다. 이 두 프로젝트는 중등이후교육 환경에서 서비스를 제공받는 지적장애학생들의 활동 및 성과에 대한 가장 최근 데이터를 수합하였다.

PERC 프로젝트는 2년제 및 4년제 대학의 18~21세 지적장애학생에게 서비스를 제공하는 것의 효율성과 성과를 평가하기 위해 메릴랜드 주와 코네티컷(Connecticut) 주에 있는 이미 수립된 이중등록 프로그램과 협조하였다. 각각의 환경에서, PERC 스태프는 PERC 중등이후 프로그램 평가도구: 대학과 지역사회 기반 서비스를 위한 자가평가(PERC Postsecondary Program Evaluation Tool: A Self-Assessment for College and Community-Based Services)(그림 1.1 참조)를 사용하면서 강도 높은 프로그램 평가를 수행하였다. 특수교육 책임자 혹은 유사한 행정가, 프로그램 코디네이터, 그리고 모든 지원 스태프(교수적 보조자 및 직무지도원)를 포함한 프로그램 관계자의 각 수준에서 평가가 진행되었다. 이 도구는 사용자들이 10가지 주요 영역(프로그램 계획, 스태핑[staffing], 행정, 학생 계획, 대학 교과목 접근성, 고용, 자기결정, 기관 간 협력, 모니터링 및 평가)에서 서비스 평정하기를 요청하고 각 프로그램의 강점과 약점의 요약을 제공한다. 평가의 성과에 기초해 각 PERC 환경을 위한 행동 계획이 학생 서비스를 개선하기 위해 수립되었고, 그것은 프로젝트 동안에 수행된 기술적 도움 활동들의 방향을 인도하였다.

예를 들면 PERC의 한 환경인, 코네티컷 주 댄버리(Danbury)에 있는 웨스턴 코네티컷 주립대학교(Western Connecticut State University)의 웨스턴 커넥션 프로그램(Western Connection Program)은 모든 학생이 가을 및 봄 학기에 다른 과목을 수강하는 것에서 볼 수 있듯이 대학교 과목에의 접근성이 프로그램의 강점이다. 이러한 과목들의 다양성은 역사와 연극에서 심리학과 영어까지 매우 광범위하다. 한 가지 필요한 영역은 학생 고용이었으며, 유급의 경쟁고용에 참여하는 학생은 없었다. 프로그램 평가도구는 스태프들로 하여금 고용 목표와 상응하는 서비스가 적절히 정의되지 않았다는 것을 결정하도록 도왔다. 덧붙여 프로그램 스태프는 직무개발과 훈련 방법에서 기술적 도움과 훈련을 필요로 하였다. 프로젝트이 첫 번째 해를 거쳐, 웨스턴 커넥션 스태프는 "직무훈련 장소"를 개발하는 것에서부터 지역사회에서 실제 유급 직무를 수립하는 것으로 그들의 초점을 변경하였다. 이러한 새로운 초점은 PERC 스태프로부터 직무개발 방법에 대해 훈련을 받은 헌신적인 직무개발자의 고용을 필요로 했다. 프로그램 평가 수행의 가장 놀라운 성과 중 하나는 한 해에 유급 직장을 가지고 프로그램을 종료하고 나가는 학생의 비율이

[그림 1.1] PERC 중등이후 프로그램 평가도구
(출처: PERC Project. http://www. transitiontocollege.net/percpubs/perc_eval_
tool.pdf)

이 도구는 기존의 서비스 질에 대한 내용을 짧게 제시하고 사용자들에게 간결한 평가보고 틀을 제시
한다. 또한 개선의 요구가 있는 영역들을 다루기 위해 사용될 수 있는 항목별 행동 계획을 사용자들에
게 제공한다.

프로그램 프로파일
프로그램명:
현재 학년도:
학교 체계명:
프로그램이 시작된 해:
올해 학생의 수:
프로그램 스태프의 수:
교사/코디네이터:
준전문가/직무지원/교육 코치:
행정가(들):
기타(직접 기술):
평가 수행자의 이름:
평가 수행자의 직위:
평가 일자:

프로그램 계획				
1	2	3	4	점수
척도: 행해지지 않음	부족하게 행해짐	적절히 행해짐	특별히 잘 행해짐	
1. 우리의 프로그램을 시작하기 전에 현재 학생 서비스의 요구 평가가 수행된다.				
2. 우리의 프로그램을 계획하는 데 도움을 줄 위원회를 구성한다.				
3. 프로그램을 계획하는 위원회는 지역 학교 체계, 부모, 학생, 대학, 직업재활, 그리고 성인 서비스 제공자로부터의 대표를 포함한다.				
4. 위원회는 관리(감독)와 피드백을 제공하기 위해 프로그램이 학생에게 서비스를 시작한 이후에 정기적으로 만남을 지속한다.				
5. 프로그램은 측정 가능한 서면 목표를 갖는다.				
6. 프로그램의 목표는 모든 프로그램 스태프, 학생, 그리고 가족들과 함께 매년 공유된다.				
7. 목표들이 충족되었는지 여부를 결정하기 위해 매년 감독된다.				
8. 프로그램 목표들이 현재 학생의 요구와 목표들을 반영하기 위해 매년 검토되고 변경된다.				
			총점: 평균:	

[그림 1.1] PERC 중등이후 프로그램 평가도구(계속)

스태핑				
	1	2	3	4	점수
척도:	행해지지 않음	부족하게 행해짐	적절히 행해짐	특별히 잘 행해짐	

1. 우리 프로그램은 학생들을 지원하는 것이 적절히 개별화되도록 적합한 스태핑을 제공한다.
2. 우리 프로그램의 교사/코디네이터는 전환 영역(즉 고용 지원, 지역사회중심 교수, 그리고 학생들을 위한 사회적 네트워크 촉진)에서 훈련과 경험이 있다.
3. 우리 프로그램의 지원 스태프(준전문가, 직무지도원, 교육 코치)는 전환 영역에서 훈련과 경험이 있다(고용 지원, 지역사회중심 교수, 그리고 학생들을 위한 사회적 네트워크 촉진).
4. 우리의 스태핑 시간은 융통적이어서 학생들이 방과 후 시간에 활동과 고용에 접근하는 것을 지원한다.
5. 우리 프로그램의 스태프는 학생들의 요구를 논의하기 위해 정기적으로 모임을 갖는다.
6. 우리 프로그램의 스태프는 스태핑 요구를 논의하기 위해 정기적으로 모임을 갖는다.

총점:
평균:

행정				
	1	2	3	4	점수
척도:	행해지지 않음	부족하게 행해짐	적절히 행해짐	특별히 잘 행해짐	

1. 우리 학교 체계 행정가들은 우리 프로그램의 미션을 이해하고 지원한다.
2. 우리 학교 체계 행정가들은 우리 프로그램에 관리와 리더십을 제공한다.
3. 우리 학교 체계 행정가들은 정기적으로 프로그램 교사/스태프와 만난다.
4. 스태프는 적절한 쟁점들(전환, 성인 서비스, 고용, 자기결정)에 대해 정기적으로 훈련을 받는다.
5. 우리 프로그램은 대학이나 지역사회기관과 협력하는 것에 관해 양해각서(MOU)를 갖는다.
6. 프로그램 교사/코디네이터는 양해각서의 복사본을 갖는다.
7. 학교 체계는 프로그램에 학생을 의뢰하기 위한 서면 지침을 갖는다.
8. 의뢰하는 교사는 프로그램에서 성공적일 학생들을 의뢰하기 위해서 의뢰 지침을 효과적으로 사용한다.

총점:
평균:

© 2007 The Postsecondary Education Research Center (PERC) Project, TransCen Inc.
www.transitiontocollege.net
www.transcen.org

[그림 1.1] PERC 중등이후 프로그램 평가도구(계속)

학생 계획				
1	2	3	4	점수
척도: 행해지지 않음	부족하게 행해짐	적절히 행해짐	특별히 잘 행해짐	

1. 학생이 프로그램에 의뢰되기 전, 학생과 그들의 가족은 프로그램 방문 기회를 제공받는다.
2. 학생과 그들의 가족은 학생 책무성과 독립성의 증가된 수준을 포함하여 프로그램의 기대에 관한 명확한 개관을 제공받는다.
3. 프로그램에 의뢰된 학생들은 그들이 성공하기 위해 필요로 하는 기술을 준비한다(예: 유급 및 무급 고용, 자기옹호와 사회적 기술, 학업적 및 기능적 기술).
4. 개인중심계획은 프로그램의 입학 전에 학생의 목표, 우려, 그리고 지원 요구를 판별하고 다루는 데 사용된다.
5. 학생의 스케줄은 그들의 개인적 목표와 요구에 기초하여 개별화된다.
6. 대학 수업에 출석하는 데 관심이 있는 학생들은 다양한 과목의 범주에서 선택 가능하다.
7. 학생들은 과목 선택, 등록, 납부, 대학 수업에서 조정 접근 과정에 참여한다.
8. 학생들은 그들의 흥미와 선호에 부합하는 고용의 다양한 기회 중에서 선택할 수 있다.
9. 학생들은 개인적인 매일 혹은 주간 스케줄을 개발하고 따른다.
10. 학생들은 수업과 직장에 독립적으로 등하교 · 출퇴근한다.

총점:
평균:

학생 활동

대학이나 평생교육 과목들에 접근하기

만약 당신의 학생 중 어느 누구도 대학 과목에 참여하지 않는다면, 이 부분은 넘어가시오.

1. 학생들은 분리된 교실에서 교수를 받는 다른 장애학생들과 하루 중 몇 %를 함께 시간을 보내는가?　　0/20/40/60/80/100
2. 학생들은 대학 수업에서 하루 중 몇 %를 보내는가?　　0/20/40/60/80/100
3. 얼마나 많은 학생들이 대학 수업을 청강하는가?　　(…)
4. 얼마나 많은 학생들이 학점을 위해 대학 수업을 수강하는가?　　(…)
5. 일마나 많은 힉생들이 그들의 대학 수업에서 성적을 받는가?　　(…)
6. 얼마나 많은 학생들이 대학에서 자격증이나 학위를 추구하는가?　　(…)
7. 얼마나 많은 학생들이 프로그램 수료 이후에 대학이나 평생교육과정의 과목에 등록할 것으로 예상하는가?　　(…)

ⓒ 2007 The Postsecondary Education Research Center (PERC) Project, TransCen Inc.
www.transitiontocollege.net
www.transcen.org

[그림 1.1] PERC 중등이후 프로그램 평가도구(계속)

고용 기회

만약 당신의 학생 중 어느 누구도 고용되지 않았다면, 이 부분은 넘어가시오.

1. 얼마나 많은 학생이 지역사회나 캠퍼스에서 **개별적인 유급 직업**(최저임금 혹은 그 이상)에 있는가?　(...)
2. 당신의 프로그램에 있는 학생들 중 얼마나 많은 학생들이 **개별적인 무급** 직업훈련 환경에 있는가?　(...)
3. 지역사회에서 유급 지위에 있지만, 다른 고용 장소에서는 무급 직업훈련 지위에 있는
　학생은 몇 명인가?　(...)
4. 유급 소집단 일 환경(enclave sites)에 있는 학생 중 얼마나 많은 학생이 학교 체계나 성인 서비스
　제공자에 의해서 지원받는가?　(...)
5. 무급 소집단 일 환경에 있는 학생 중 얼마나 많은 학생이 학교 체계나 성인 서비스 제공자에
　의해 지원받는가?　(...)
6. 얼마나 많은 학생이 고용주로부터 혜택을 받는가?　(...)
7. 얼마나 많은 학생이 저녁 혹은 주말 직업을 가지고 있으면서 프로그램으로부터 직업
　지원(job support)을 요구하지 않는가?　(...)
8. 얼마나 많은 학생이 학교 체계에서 진출해 나가서 그들의 유급 직업을 유지할 것으로
　예상하는가?　(...)
9. 얼마나 많은 학생이 유급 직업 없이 학교 체계를 떠날 것으로 예상하는가?　(...)

고용 데이터

다음 표는 유급 지위에 있는 학생들의 시간당 평균 임금을 계산하는 데 사용될 수 있다.

학생의 이름	시간당 임금 비율	주당 시간

© 2007 The Postsecondary Education Research Center (PERC) Project, TransCen Inc.
www.transitiontocollege.net
www.transcen.org

[그림 1.1] PERC 중등이후 프로그램 평가도구(계속)

자기결정					점수
	1	2	3	4	
척도:	행해지지 않음	부족하게 행해짐	적절히 행해짐	특별히 잘 행해짐	

1. 학생들은 자기결정 기술(예: 결정하기, 문제해결하기, 목표 설정하기)에서 직접 교수를 제공받는다.
2. 학생들은 그들의 IEP 회의 전에 스태프들과 함께 그들의 IEP를 검토한다.
3. 학생들은 그들의 IEP에 목표를 추가할 기회를 갖는다.
4. 학생들은 1년 내내 IEP 목표에 대한 그들의 진보를 감독한다.
5. 학생들은 그들의 모든 IEP 회의에 참석한다.
6. 학생들은 그들의 성취나 미래 목표를 발표함으로써 IEP 회의에 참석한다.
7. 학생들은 그들의 장애를 이해하고 설명하도록 돕는 교수를 제공받는다.
8. 학생들은 대학이나 평생교육 수업에서 성공하기 위해 그들이 요구하는 조정(accommodations)의 유형에 대한 교수(instruction)를 제공받는다.
9. 학생들은 그들의 직업에서 성공하기 위해 그들이 요구하는 조정의 유형에 대한 교수를 제공받는다.
10. 학생들은 대학 교수 혹은 고용주에게 적합한 조정을 요청하는 연습을 제공받는다.
11. 학생들은 미래 서비스에 대하여 성인 서비스 제공자에게 질문할 질문의 유형에 대하여 교수와 연습을 제공받는다.

총점:
평균:

기관 간 협력					점수
	1	2	3	4	
척도:	행해지지 않음	부족하게 행해짐	적절히 행해짐	특별히 잘 행해짐	

1. 학생들과 가족들은 주(state) 발달장애 기관에 서비스를 신청하기 위해 우리 프로그램에 의해 지원받는다.
2. 학생들과 가족들은 주 직업재활기관에 서비스를 신청하기 위해 지원받는다.
3. 학생과 가족들은 우리 지역의 원스톱(one-stop) 센터에 연결된다.
4. 우리 프로그램은 학생들과 가족들이 미래 서비스와 옵션들에 대해 질문하기 위하여 지역 성인 서비스기관 담당자와 만나도록 조치를 취한다.
5. 학생들과 가족들은 생활보조금(SSI) 혜택을 위해 사회보장국에 서비스를 신청하기 위해 지원받는다.

총점:
평균:

© 2007 The Postsecondary Education Research Center (PERC) Project, TransCen Inc.
www.transitiontocollege.net
www.transcen.org

[그림 1.1] PERC 중등이후 프로그램 평가도구(계속)

감독(모니터링)				
	1	**2**	**3**	**4**	**점수**
척도:	행해지지 않음	부족하게 행해짐	적절히 행해짐	특별히 잘 행해짐	

1. 우리는 이름, 기관, 이메일, 전화번호와 주소를 포함하여 모든 고용주의 최신 기록을 보유한다.
2. 우리는 이름, 학과, 과목명, 전화번호, 이메일, 그리고 연구실을 포함한 우리 학생들을 가르치는 모든 교수들의 최신 기록을 보유한다.
3. 우리는 기관명, 전화번호, 웹사이트, 접촉할 사람과 가능하면 주소를 포함하여 학생들이 접근할 모든 지역사회 여가 기관들의 기록을 보유한다.
4. 우리는 학생 이름, 직업명과 고용 위치, 시작 날짜, 임금률, 일하는 시간의 양, 제공된 지원의 빈도와 유형, 제공받는 혜택, 교통수단, 그리고 종료 날짜/이직 이유를 포함하는 각 학생의 직업 이력을 보유한다.
5. 우리는 학생 이름, 과목의 학기, 과목명, 교수자, 학점 혹은 청강, 납부 방법, 수업 시간표, 받은 성적, 그리고 제공되는 지원의 빈도와 유형을 포함해서 대학 과목들에 출석하는 모든 학생들의 기록을 보유한다.

총점:
평균:

평가				
	1	**2**	**3**	**4**	**점수**
척도:	행해지지 않음	부족하게 행해짐	적절히 행해짐	특별히 잘 행해짐	

1. 우리는 매년 학생들에게 우리 프로그램에 대한 만족도 조사를 수행한다.
2. 우리는 매년 부모들에게 우리 프로그램에 대한 만족도 조사를 수행한다.
3. 우리는 매년 고용주들에게 우리 프로그램에 대한 만족도 조사를 수행한다.
4. 우리는 매년 대학교 교수자들에게 우리 프로그램에 대한 만족도 조사를 수행한다.
5. 우리는 한 학생이 프로그램을 떠날 때 종료 데이터(exit data)를 수집하는데, 그것은 학생과 그 가족에 대한 접촉 정보(전화번호, 주소, 이메일 주소), 종료 시의 연령, 고용정보, 선택된 성인 서비스기관, 현재 주거 상황, 평생교육 및 지역사회 활동들을 포함한다.
6. 우리는 매년 이전 학생들에 대해 그들의 고용과 독립생활 성과를 결정하기 위하여 사후 조사를 수행한다.
7. 우리는 한 해의 마지막에 검토하기 위해 평가 자료를 수합한다.
8. 우리는 프로그램에서 필요한 변화를 판별하기 위해 매년 모든 감독 및 평가 자료를 검토한다.
9. 우리는 만약 필요하다면 평가 피드백에 기초하여 매년 프로그램 목표, 서비스, 그리고 지원을 개정한다
10. 우리는 매년 관심 있는 집단(학생, 부모, 고용주, 행정가)과 함께 프로그램 개선을 위해 평가와 계획들의 결과를 공유한다.
11. 우리는 만약 필요하다면 프로그램 평가 자료에 기초하여 추가적인 스태프 자리를 요청한다.
12. 우리는 프로그램 평가 자료에 기초하여 우리의 프로그램을 확장해왔다.

총점:
평균:

© 2007 The Postsecondary Education Research Center (PERC) Project, TransCen Inc.
www.transitiontocollege.net
www.transcen.org

[그림 1.1] PERC 중등이후 프로그램 평가도구(계속)

프로그램 프로파일

프로그램의 이름
학교 체계 이름
현재 학년도

(2 /2)학년도에 서비스 받은 학생 ·· (   )
(2 /2)학년도를 위한 스태핑·· (   )
교사(들)/코디네이터(들)의 수·· (   )
준전문가/직무지도원/교육 코치의 수 ·· (   )
행정가의 수 ·· (   )
기타의 수(직접 기술) ·· (   )
평가를 수행한 사람의 이름:
평가를 수행한 사람의 지위:
평가 날짜:

점수

프로그램 계획 점수 ·· (   )
스태핑 점수 ·· (   )
행정 점수 ·· (   )
학생 계획 점수 ··· (   )
자기결정 점수 ··· (   )
기관 간 협력 점수 ··· (   )
모니터링 점수 ··· (   )
평가 점수 ·· (   )
가장 높은 점수의 영역:
가장 낮은 점수의 영역:
학생 활동 요약:

대학 과목들

학생들이 다른 장애학생들과 함께 보내는 하루의 비율 ············· (   )
학생들이 대학 수업에서 보내는 하루의 비율························· (   )
대학 수업을 청강하는 학생들의 비율··· (   )
학점을 위해 대학 수업을 수강하는 학생들의 비율 ····················· (   )
대학 과목에서 성적을 받을 학생들의 비율 ······························ (   )
대학에서 자격증이나 학위를 추구하는 학생들의 비율 ················ (   )

고용

학생들이 받는 평균 임금: ·· ($)
학생 월급의 범위: ··· ($ – $)
학생이 일하는 평균 시간: ·· (   )
학생이 일하는 시간의 범위: ··· (   )
개별적인 유급 직업에 있는 학생들의 비율 ·································· (%)
개별적인 무급 직업훈련 환경에 있는 학생들의 비율·················· (%)
지역사회에서 유급과 무급 두 지위에 모두 있는 학생들의 비율 ···· (%)
유급 소집단 일 환경에 있는 학생들의 비율 ································· (%)
무급 소집단 일 환경에 있는 학생들의 비율 ································· (%)
혜택을 받는 학생들의 비율 ·· (%)
저녁이나 주말 직업을 가진 학생들의 비율 ·································· (%)
유급 직업을 가지고 학교 체계를 떠날 학생의 비율 ···················· (%)
유급 직업 없이 학교 체계를 떠날 학생들의 비율 ······················· (%)

© 2007 The Postsecondary Education Research Center (PERC) Project, TransCen Inc.
www.transitiontocollege.net
www.transcen.org

0%에서 90%로 증가하였다는 것이다.

2006-2007학년도 동안 92%(혹은 13명 학생 중 12명)가 유급의 경쟁적 직업을 가졌다. 유급 직장에 있지 않은 한 학생은 2가지 직업훈련 환경에 관여하고 있으며 유급의 경쟁 직장을 위한 준비를 함에 있어서 수당을 받았다. 평균적으로 일하는 학생들은 시간당 7.50달러의 급여를 받았고 그들 지역사회의 소매 의류매장, 식료품 가게, 동물 돌보는 일, 그리고 레스토랑에서 일하였다. 이러한 학교 밖 직장에 더하여, 13명의 학생 중 5명은 아동 돌봄, 사무실, 도서관 및 음식 서비스 영역에서 수당을 받으며 캠퍼스 내 인턴십을 하였다.

지금까지, 이 프로젝트는 대학교 캠퍼스(4개 커뮤니티 칼리지와 1개의 4년제 대학교)의 5가지 프로그램 환경에서 코네티컷 주와 메릴랜드 주의 8개 학교 체계의 35개 고등학교로부터 이중등록된 75명의 학생에 대한 고용과 대학교 과목 접근성에 대한 데이터를 수합하였다. 학생 자기결정, 진출 및 사후 서비스 데이터가 학생의 성과에 미친 영향을 측정하기 위해 현재 분석되고 있다. 프로젝트의 활동 및 자료는 웹사이트(www.transitiontocollege.net)에서 볼 수 있다.

PERC 프로젝트가 2010년까지는 완수되지 않았음에도 불구하고 예비적 결과는 연구참여 학생들이 매우 긍정적인 성과를 갖는 것으로 나타났다. 한 최근 보고서에서 Grigal(2008)은 2007년 프로젝트에 의해 조사된 5가지 이중등록 프로그램이 지원하는 지적장애학생 42명 중 94%가 평균 시간당 7.86달러를 받으면서 일주일에 평균 15.5시간을 일하는 유급 직장에 고용된 것으로 나타냈다. 또한 이 학생들 중 72%가 다양한 대학교 과목을 수강하였다. 그 과목들은 미국 역사, 유럽 고대와 중세, 연기 I: 시각, 소리 및 움직임, 글쓰기 습관, 심리학개론, 기본작문기술, 대인관계 의사소통, 중동 문화, 사회심리학, 서면 의사소통, 건강증진과 유지, 소설 입문, 형사사법제도, 사회학, 비디오 제작, 그리고 미국의 관점을 포함한다.

지역사회통합 연구소의 대학진로연계(C³) 프로젝트는 1998년부터 2003년까지 미국 교육부의 특수교육 프로그램과(OSEP)에 의해 모델 시범 프로젝트로 원래 재정지원되었던 일종의 통합적 개별지원 모델이다. 연구와 혁신 프로젝트(Research and Innovation Projects) 산하 특수교육 프로그램국에 의해 재정지원되는 현재 연구과제는 2년제 및 4년제 대학교에 있는 18~21세 지적장애학생에게 서비스를 제공하는 것의 효율성과 성과를 평가하기 위해서 매사추세츠 통합적 동시적/이중등록 파트너십(Massachusetts Inclusive Concurrent/dual-enrollment partnership)과 협력을 하였다. 프로젝트 스태프는 각 파트너십에 있는 직원들에게 필요할 때에 대학교의 통합 과목을 수강하는 지적장애학생과 그의 대학교 생활의 모든 측면에서 지원하는 것에 관해 필요한 훈련과 기술적 도움을 제공하였다.

대학진로연계(C³)의 주요한 목적은 현재 유용하지 않은 중등이후교육 선택들의 접근성을 개선함으로써 지적장애학생의 성인기 성과를 개선하는 것이다. 전미 중등교육 및 전환 연맹(National Alliance for Secondary Education and Transition, 2005)에 의해 윤곽이 잡힌 증거기반 질적 지표들과 장애 청소년 노동력 전미협의체(National Collaborative on Workforce Disability Youth, 2005)에 의해 개발된 전환 지침(Transition Guideposts)의 많은 부분을 반영하면서, 이 모델은 학생의 강점과 선호도를 판별하기 위해 학생 중심의 틀을 사용하며(Butterworth et al., 1993; National Center for the Study of Postsecondary Educational Supports-Hawai'i, 2003); 개별적 중등이후교육 서비스를 원하는 학생을 위해 그것을 개발하기 위한 협력적 및 기관 간 팀을 사용하며(Ginsberg et al., 1997; Stodden, Brown, & Galloway, 2005); 그리고 서비스 간극 혹은 중복을 판별하기 위한 자원 연결 전략(resource-mapping strategy)(Crane & Skinner, 2003; Ferber, Pittman, & Marshall, 2002)을 사용한다. 개별적 지원은 학생의 흥미와 요구 분석에 의해 결정되고 교육자, 가족 구성원, 성인 서비스 관계자, 그리고 교육 코치(Hart el al., 2001; National Center for the Study of Postsecondary Educational Supports-Hawai'i, 2003; Rammler & Wood, 1999)에 의해서 제공될 수 있다.

대학진로연계(C³)는 완전히 통합적인 아주 소수의 실재하는 중등이후교육 접근들 중 하나이며, 지적장애학생을 포함하여 광범위한 장애학생들의 요구를 다룬다(Hart et al., 2004). 이 모델은 열망, 가족의 바람 및 문화적 배경과 같은 각 학생의 독특한 측면들을 고려한다. 그것은 다음과 같은 여러 가지 지침에 기초한다: 개별 학생의 비전은 방향성을 세우고 의사결정을 통제한다; 모든 선택은 통합적이며 장애학생과 비장애학생의 자연적 비율을 나타내는 환경들에서 일어나고; 특별한 프로그램 혹은 특별히 고안된 수업은 없으며; 지원은 개별화되고; 기관 간 협력은 필수적이다.

대학진로연계(C^3) 모델은 다음과 같은 주요 특징을 포함한다: 기관 간 협력, 자원 연결, 개인중심계획, 직무기반 학습, 교육적 코칭, 자기결정, 보편적 과목 설계(universal course design). 현재 이 모델은 6개 고등교육기관과 파트너 관계의 26개 학교지역구의 주 전체로 대략 98명의 학생에게 실행되고 있다. 각 파트너십은 독특하고 고등교육기관의 문화를 반영하나 위에서 언급된 인도하는 원칙들을 고수한다. 이 발의안은 주 예산 항목을 통해 지원된다(추가 상세정보는 2, 3, 10장 참조).

요약

지난 30여 년에 걸쳐 중등이후교육에 접근성을 얻게 된 지적장애학생의 목적과 성과에 대해 중대한 변화가 있어왔다. **지적장애**와 **이중등록**이라는 새로운 용어는 우리 분야의 이러한 변화하는 실제의 진전을 반영한다. 우리가 진전해가면서, 우리의 믿음, 우리의 실제, 그리고 우리가 지원하는 사람들을 반영하기 위해 사용하는 언어도 진전한다. 나라 전체에 걸쳐 새로 개발된 프로그램과 서비스의 증가뿐만 아니라 중등이후교육 환경에 있는 지적장애학생들의 활동과 성과에 대한 연구의 증가는 이러한 새로운 서비스가 지속력이 있음을 나타낸다. 우리가 중등이후교육을 지적장애인을 위한 다음의 미개척 분야로 묘사할 때, 이것은 단순히 과장이 아니며 우리는 정말 미지의 영역에 있는 것이다. 중등이후교육이 이 개인들의 삶에 가질 수 있는 영향에 대해 우리는 아는 것이 거의 없다. 그러한 서비스의 중기기 중등교육, 고등교육, 그리고 성인 발달장애 및 직업재활 체계에 가질 효과를 결정하기는 아직 이르다. 그러나 알려지지 않은 것은 우리가 지적장애학생의 교육에서 대단한 진보를 하고 있음을 나타낸다. Kahlil Gibran은 "진보는 현재 있는 것을 향상하는 데에 있지 않고, 앞으로 있을 것을 향하여 전진하는 데 있다."고 하였다. 1975년에 미국은 지적장애학생을 포함하여 장애학생을 위한 공교육에의 접근을 입법화하였다.

지금까지는 불가능한 것으로 생각되어온 같은 지적장애학생을 위한 고등교육에의 증가된 접근성을 지원하는 법을 오늘날은 이야기한다. 우리는 진보하고 있다.

참고문헌

Agran, M., Snow, K., & Swaner, J. (1999). Teacher perceptions of self-determination: Benefits, characteristics, strategies. *Education and Training in Mental Retardation and Developmental Disabilities, 34,* 293–301.

American Association on Intellectual and Developmental Disabilities. (2009). *FAQ on intellectual disability.* Available online at http://www.aaidd.org/content_104.cfm?navID=22

Americans with Disabilities Act of 1990, PL 101-336, 42 U.S.C. §§ 12101 *et seq.*

Assistive Technology Act of 1998, PL 105-394, 29 U.S.C. §§ 3001 *et seq.*

Baxter, J.M. (1972). Clerical training for the mentally retarded on a college campus. *Education and Training of the Mentally Retarded, 7,* 135–140.

Behling, K., & Hart, D. (2008). Universal course design: A model for professional development. In S.E. Burgstahler & R.C. Cory (Eds.), *Universal design in higher education* (pp. 109–125). Cambridge, MA: Harvard Education Press.

Billingsley, F.F., & Albertson, L.R. (1999). Finding a future for functional skills. *Journal of The Association for Persons with Severe Handicaps, 24,* 298–302.

Bilovsky, D., & Matson, J. (1974). The mentally retarded: A new challenge. *Community and Junior College Journal, 44,* 16–18.

Briel, L.W., & Getzel, E.E. (2001). Internships in higher education: Promoting success for students with disabilities. *Disability Studies Quarterly, 21*(1), 38–48.

Bruininks, R., Soo-Yung, B., Alba, K., Lakin, K.C., Larson, S., Prouty, R., et al. (2007). Residential services for persons with developmental disabilities: Status and trends through 2006. In R.W. Prouty, G. Smith, & K.C. Lakin (Eds.), *Residential services for persons with developmental disabilities: Status and trends through 2006.* Minneapolis: University of Minnesota, Research and Training Center on Community Living, Institute on Community Integration.

Butterworth, J., Hagner, D., Heikkinen, B., Faris, S., DeMello, S., & McDonough, K. (1993). *Whole life planning: A guide for organizers and facilitators.* St. Augustine, FL: Training Resource Network.

Caparosa, C. (1985). Community colleges: A resource for postsecondary opportunities for the handicapped. *Rehabilitation World, 16–17,* 43–46.

Casale-Giannola, D., & Kamens, M.W. (2006). Inclusion at a university: Experiences of a young woman with Down syndrome. *Mental Retardation, 44*(5), 344–352.

Cassner-Lotto, J., & Barrington, L. (2006). *Are they really ready to work? Employers' perspectives on the basic knowledge and applied skills of new entrants to the 21st century U.S. workforce.* New York: Conference Board, Society for Human Resource Management (U.S.), Corporate Voices for Working Families, Partnership for 21st Century Skills.

Chadsey, J., Leach, L., & Shelden, D. (2001). *Including youth with disabilities in education reform: Lessons learned from school-to-work states.* Champaign: University of Illinois at Urbana-Champaign, Transition Research Institute.

Corcoran, E.L. (1979). Campus life for retarded citizens. *Education Unlimited, 1,* 22–24.

Crane, K., & Skinner, B. (2003). *Community resource mapping: A strategy for promoting successful transition for youth with disabilities* (Information Brief, 2[1]). Minneapolis: University of Minnesota, National Center on Secondary Education and Transition.

Dahms, A.M., Ackler, E.J., Jr., & Aandahl, V.S. (1977). Scarecrows as students at Colorado's college for living. *Phi Delta Kappan, 59*, 11–12, 17.

Daily, A.L. (1982). The community college as a resource for retarded adults: A working model. *Lifelong Learning: The Adult Years, 6*, 10–11, 31.

Dolyniuk, C.A., Kamens, M.W., Corman, H., DiNardo, P.O., Totaro, R.M., & Rockoff, J.C. (2002). Students with developmental disabilities go to college: Description of a collaborative transition project. *Focus on Autism and Other Developmental Disabilities, 17*(4), 236–241.

Doyle, M.B. (1997). College life: The new frontier. *Impact, 10*, 16–17.

Duran, E. (1986). A university program provides services to young adults with severe handicaps and limited English proficiency. *College Student Journal, 20*, 43–46.

Education for All Handicapped Children Act of 1975, PL 94-142, 20 U.S.C. §§ 1400 *et seq.*

Education for the Handicapped Act Amendments of 1983, PL 98-199, 20 U.S.C. §§ 1400 *et seq.*

Etscheidt, S. (2006). Issues in transition planning: Legal decisions. *Career Development for Exceptional Individuals, 29*, 28–47.

Everson, J., & Guillory, J. (1998). Building statewide transition services through collaborative interagency teamwork. In F. Rusch & J. Chadsey (Eds.), *Beyond high school: Transition from school to work*. Belmont, CA: Wadsworth.

Everson, J.M., & Zhang, D. (2000). Person-centered planning: Characters, inhibitors, and supports. *Education and Training in Mental Retardation and Developmental Disabilities, 35*, 36–43.

Ferber, T., Pittman, K., & Marshall, T. (2002). *State youth policy: Helping all youth to grow up fully prepared and fully engaged*. Takoma Park, MD: The Forum for Youth. Retrieved June 17, 2008 from http://www.forumforyouthinvestment.org/node/106

Fisher, D., & Sax, C. (1999). Noticing differences between secondary and post-secondary education: Extending Agran, Snow, and Swaner's discussion. *Journal of The Association for Persons with Severe Disabilities, 24*, 303–305.

Frank, S., & Uditsky, B. (1988). On campus: Integration at a university. *Entourage, 3*, 33–40.

Gaumer, A.S., Morningstar, M.E., & Clark, G.M. (2004). Status of community-based transition programs: A national database. Division on Career Development and Transition, Council for Exceptional Children. *Career Development of Exceptional Individuals, 27*(2), 131–149.

Getzel, E.E., & Wehman, P.H. (2005). *Going to college: Expanding opportunities for people with disabilities*. Baltimore: Paul H. Brookes Publishing Co.

Goldstein, M.T. (1993). LINK: A campus-based transition program for non-college bound youth with mild disabilities. *Career Development for Exceptional Individuals, 16*(1), 75–84.

Gramlich, M., Crane, K., Peterson, K., & Stenhjem, P. (2003). Work-based learning and future employment for youth: A guide for parents and guardians. *Information Brief, 2*(2). Minneapolis: University of Minnesota, National Center on Secondary Education and Transition.

Grigal, M. (2008). *The Postsecondary Education Research Center Project*. Rockville, MD: TransCen, Inc.

Grigal, M., Dwyre, A., & Davis, H. (2006). *Transition service for students aged 19-21 with intellectual disabilities in college and community settings: Models and implications for success*. Minneapolis: University of Minnesota, National Center on Secondary Education and Transition.

Grigal, M., & Neubert, D. (2004). Parents' in-school values and post-school expectations for transition-aged youth with disabilities. *Career Development for Exceptional Individuals,*

27(1), 65–86.

Grigal, M., Neubert, D.A., & Moon, M.S. (2001). Public school programs for students with severe disabilities in post-secondary settings. *Education and Training in Mental Retardation and Developmental Disabilities, 36*(3), 244–254.

Grigal, M., Neubert, D.A., & Moon, M.S. (2002). Postsecondary options for students with significant disabilities. *Teaching Exceptional Children, 35*(2), 68–73.

Grigal, M., Neubert, D.A., & Moon, M.S. (2005). *Transition services for students with severe disabilities in college and community settings: Strategies for planning, implementation and evaluation.* Austin, TX: PRO-ED.

Hall, M., Kleinert, H.L., & Kearns, J.F. (2000). Going to college! Postsecondary programs for students with moderate and severe disabilities. *Teaching Exceptional Children, 32*(3), 58–65.

Hamill, L.B. (2003). Going to college: The experiences of a young woman with Down syndrome. *Mental Retardation, 41*(5), 340–353.

Hart, D. (2008). *National survey of postsecondary education programs that support students with intellectual disabilities.* Unpublished raw data.

Hart, D., & Grigal, M. (2004). Individual support to increase access to an inclusive college experience for students with intellectual disabilities. In *Online training modules from the University of Maryland On-Campus Outreach.* Retrieved June 17, 2008, from http://www.education.umd.edu/oco/training/oco_training_modules/IndividualSupports/start.html

Hart, D., & Grigal, M. (2008, March). New frontier: Postsecondary education for youth with intellectual disabilities. *Section 504 Compliance Handbook,* 10–11.

Hart, D., Grigal, M., Sax, C., Martinez, D., & Will, M. (2006). Postsecondary education options for students with intellectual disabilities. *Research to Practice, 45,* 1–4.

Hart, D., Mele-McCarthy, J., Pasternack, R.H., Zimbich, K., & Parker, D.R. (2004). Community college: A pathway to success for youth with learning, cognitive, and intellectual disabilities in secondary settings. *Education and Training in Developmental Disabilities, 1*(1), 54–66.

Hart, D., Zafft, C., & Zimbrich, K. (2001). Creating access to college for all students. *The Journal for Vocational Special Needs Education, 23*(2), 19–31.

Higher Education Opportunity Act of 2008, PL 110-315, 122 Stat. 3078.

Hughson, E.A., Moodie, S., & Uditsky, B. (2006). *The story of inclusive post-secondary education in Alberta: A research report.* Retrieved June 18, 2008, from http://stepsforward.homestead.com/The_Story_of_Inclusive_Post_Secondary_Education_in_Alberta.pdf

Individuals with Disabilities Education Improvement Act of 2004, PL 108-446, 20 U.S.C. §§ 1400 *et seq.*

Jacobson, L. (2008, October 30). Pilot projects to aim at workforce projects. *Education Week.* Retrieved November 8, 2008, from http://www.edweek.org/login.html?source=http://www.edweek.org/ew/articles/2008/10/29/11workforce.h28.html&destination=http://www.edweek.org/ew/articles/2008/10/29/11workforce.h28.html&levelId=2100

Johnson, D.R., Sharp, M., & Stodden, R. (2001). *The transition to postsecondary education for students with disabilities.* Minneapolis: University of Minnesota, Institute on Community Integration.

Johnson, D.R., & Thurlow, M.L. (2003). *A national study on graduation requirements and diploma options for youth with disabilities* (Technical Report 36). Minneapolis: University of Minnesota, National Center on Educational Outcomes. Retrieved January 24, 2004, from http://education.umn.edu/NCEO/OnlinePubs/Technical36.htm

Jones, L.A., & Moe, R. (1980). College education for mentally retarded adults. *Mental Retardation, 18*(2), 59–62.

Karp, M., Calcagno, J., Hughes, K., Jeong, D.W., & Bailey, T. (2007). *The postsecondary achievement of participants in dual enrollment: An analysis of student outcomes in two states.* New York: Community College Research Center, Institute on Education and the Economy, Teachers College, Columbia University. Retrieved November 27, 2007, from http://www.ecs.org/html/IssueSection.asp

Kirst, M.W., & Venezia, A. (Eds.). (2004). *From high school to college: Improving opportunities for success in postsecondary education.* San Francisco: Jossey-Bass.

Learning for the 21st Century. (2002). *Partnership for 21st century schools.* Washington, DC: Author.

McAfee, J.K., & Sheeler, M.C. (1987). Accommodation of adults who are mentally retarded in community colleges: A national study. *Education and Training in Mental Retardation, 22*(4), 262–267.

Migliore, A., Butterworth, J., & Hart, D. (2009). *Fast facts: Postsecondary education and employment outcomes for youth with intellectual disabilities* (No. 1). Boston: Institute for Community Inclusion.

Moon, M.S., Grigal, M., & Neubert, D. (2001). High school and beyond: Students with significant disabilities complete high school through alternative programs in postsecondary settings. *Exceptional Parent, 31*(7), 52–57.

Moon, M.S., & Inge, K.V. (2000). Vocational preparation and transition. In M. Snell & F. Brown (Eds.), *Instruction of students with severe disabilities* (5th ed., pp. 591–628). Upper Saddle River, NJ: Merrill.

Mosoff, J.M., Greenholtz, J., Hurtado, T., & Jo, J. (2007). *Models of inclusive post-secondary education for young adults with developmental disabilities (1st year of 3 year research project).* Retrieved June 18, 2008, from http://www.steps-forward.org/Research.html

National Alliance for Secondary Education and Transition. (2005). *National standards and quality indicators: Transition toolkit for systems improvement.* Minneapolis: University of Minnesota, National Center on Secondary Education and Transition.

National Center for the Study of Postsecondary Educational Supports. (1999). *Postsecondary education and employment for students with disabilities: Focus group discussion on supports and barriers in lifelong learning.* Honolulu, HI: Author.

National Center for the Study of Postsecondary Educational Supports. (2003). *Students with intellectual disabilities and postsecondary education: Discussions of development in practice and policy* (Capacity Building Institute Proceedings). Honolulu, HI: Author.

National Center on Education and the Economy. (2006). *Tough choices or tough times: The report of the new commission on the skills of the American workforce.* Retrieved October 15, 2008, from http://www.ncee.org/index.jsp?setProtocol=true

National Collaborative on Workforce and Disability for Youth. (2005). *Guideposts for success.* Retrieved November 16, 2005, from http://www.ncwdyouth.info/resources&Publications/guideposts/guidepostsprint.html

National Council on Disability. (2000). *Transition and post-school outcomes for youth with disabilities: Closing the gaps to postsecondary education and employment.* Washington, DC: Author.

National Longitudinal Transition Study-2. (2006). *NLTS2 Home and News.* Retrieved July 27, 2006, from http://www.nlts2.org/gindex.html.

National Organization on Disability. (2004). *Harris Survey of Americans with Disabilities.* Washington, DC: Author.

National Secondary Transition Technical Assistance Center (NSTTAC). (2006). *NSTTAC Indicator 13 Checklist: Form B (Enhanced for Professional Development).* Retrieved October 15, 2008, from http://www.nsttac.org/tm_materials/Default.aspx

National Secondary Transition Technical Assistance Center (NSTTAC). (2007). *What is In-*

dicator 13? Retrieved October 15, 2008, from http://www.nsttac.org/indicator13/indicator13.aspx

Neubert, D.A., Moon, M.S., & Grigal, M. (2002). Post-secondary education and transition services for students ages 18–21 with significant disabilities. *Focus on Exceptional Children, 34*(8), 1–11.

Neubert, D.A., Moon, M.S., & Grigal, M. (2004). Activities of students with significant disabilities receiving services in postsecondary settings. *Education and Training in Developmental Disabilities, 39*(1), 16–25.

Neubert, D.A., Moon, M.S., Grigal, M., & Redd, V. (2001). Postsecondary educational practices for individuals with mental retardation and other significant disabilities: A review of the literature. *Journal of Vocational Rehabilitation, 16*(3/4), 155–168.

No Child Left Behind Act of 2001, PL 107-110, 115 Stat. 1425, 20 U.S.C. §§ 6301 *et seq.*

Noyes, D., & Sax, C. (2004). Changing systems for transition: Students, families, and professionals working together. *Education and Training in Mental Retardation and Developmental Disabilities, 39*(1), 35–44.

Page, B., & Chadsey-Rusch, J. (1995). The community college experience for students with and without disabilities: A viable transition outcome? *Career Development for Exceptional Individuals, 18*, 85–95.

Partnership for 21st Century Skills. (2006). *Results that matter: 21st century skills and high school reform.* Retrieved October 15, 2008, from http://www.21stcenturyskills.org/index.php?option=com_content&task=view&id=204&Itemid=185

Powers, L.E., Singer, G.H.S., & Sowers, J. (1996). *On the road to autonomy: Promoting self competence in children and youth with disabilities.* Baltimore: Paul H. Brookes Publishing Co.

President's Committee for People with Intellectual Disabilities. (2004). *A charge we have to keep: A road map to personal and economic freedom for persons with intellectual disabilities in the 21st century.* Washington, DC: Author.

Rammler, L., & Wood, R. (1999). *College lifestyle for all!* Middleford, CT: Rammler & Wood Consultants.

Redd, V. (2004). *A public school-sponsored program for students ages 18 to 21 with significant disabilities located on a community college campus: A case study.* Unpublished doctoral dissertation, University of Maryland, College Park.

Rehabilitation Act of 1973, PL 93-112, 29 U.S.C. §§ 701 *et seq.*

Rose, D.H., & Meyer, A. (2002). *Teaching every student in the digital age: universal design for learning.* Alexandria, VA: Association for Supervisors of Curriculum Development. Available online at http://www.cast.org/teachingeverystudent/

Schmidt, P. (2005). From special ed to higher ed: Students with mental retardation are knocking on college doors, and colleges are responding. *Chronicle of Higher Education, 51*(24), A–36.

Smith, T.E.C., & Puccini, I.K. (1995). Position statement: Secondary curricula and policy issues for students with MR. *Education and Training in Mental Retardation and Developmental Disabilities, 30*, 275–282.

Stodden, R.A., Brown, S.E., Galloway, L.M., Mrazek, S. & Noy, L. (2005). *Essential tools: Interagency transition team development and facilitation.* Minneapolis: National Center on Secondary Education and Transition.

Stodden, R.A., Jones, M., & Chang, K. (2005, February 25). *Services, supports and accommodations for individuals with disabilities: An analysis across secondary education, postsecondary education and employment.* (Capacity Building Institute White Paper.) Unpublished manuscript, Honolulu, HI.

Stodden, R.A., & Whelley, T. (2004). Postsecondary education and persons with intellectual disabilities: An introduction. *Education and Training in Developmental Disabilities, 39*(1), 6–15.

Tashie, C., Malloy, J.M., & Lichtenstein, S.J. (1998). Transition or graduation? Supporting all students to plan for the future. In C.J. Jorgensen (Ed.), *Restructuring high schools for all students: Taking students to the next level* (pp. 234–259). Baltimore: Paul H. Brookes Publishing Co.

U.S. Department of Education, Office of Special Education and Rehabilitative Services, National Institute on Disability and Rehabilitation Research. (2008). *FY 2008 application package for new grants under Disability Rehabilitation Research Projects (DRRP): A Center on Postsecondary Education for Students with Intellectual Disabilities.* Washington, DC: Author.

U.S. Department of Education, Office of Special Education and Rehabilitative Services, Office of Special Education Programs. (2004). *Fiscal Year 2004 Application for New Grants Under the Individuals with Disabilities Education Act (IDEA) Research and Innovation to Improve Services and Results for Children with Disabilities (CFDA 84.324) program—Research and innovation.* Washington, DC: Author.

U.S. Department of Education, Office of Special Education Programs. (2007a). *IDEA Part B trend data: Table B2A—Number, percent of population, and disability distribution, by disability and age group (6–21, 6–11, 12–17, and 18–21):1993 through 2006* [Data file]. Available from Individuals with Disabilities Education (IDEA) data web site, https://www.ideadata.org/PartBTrendDataFiles.asp

U.S. Department of Education, Office of Special Education Programs. (2007b). *IDEA Part B trend data: Table B5A—Number of diplomas, certificates of completion, and dropouts, and as a percentage of special education students (ages 14–21) exiting school, by disability: 1992–93 through 2005–06* [Data file]. Available from Individuals with Disabilities Education (IDEA) data web site, https://www.ideadata.org/PartBTrendDataFiles.asp

U.S. Department of Health & Human Services, Administration for Children and Families. (2008). *Funding opportunity: National training initiatives on critical and emerging needs.* Washington, DC: Author.

Wagner, M., Newman, L., Cameto, R., Garza, N., & Levine, P. (2005). *After high school: A first look at the postschool experiences of youth with disabilities. A report of findings from the National Longitudinal Transition Study-2 (NLTS2)* (SRI Project P11182). Available from the SRI International web site, http://www.nlts2.org/reports/2005_04/nlts2_report_2005_04_complete.pdf

Wehman, P. (1996). *Life beyond the classroom: Transition strategies for young people with disabilities* (2nd ed.). Baltimore: Paul H. Brookes Publishing Co.

Whelley, T. (2002). *Introduction to significant cognitive disabilities and postsecondary education.* Paper presented at the Second Summit of the Coalition for the Support of Individuals with Significant Disabilities in Postsecondary Education, Boston.

Winsor, J., & Butterworth, J. (2007). *National day and employment service trends in MR/DD agencies* [Data Note Series, Data Note XII]. Boston: Institute for Community Inclusion.

Zafft, C., Hart, D., & Zimbrich, K. (2004). College career connection: A study of youth with intellectual disabilities and the impact of postsecondary education. *Education and Training in Developmental Disabilities, 1*(1), 45–54.

지적장애학생을 위한 중등이후 기회를 촉진하기 위한 법, 옹호 및 시스템 변화의 역할

Stephanie Lee & Madeleine Will

20 07년 미국에서 심한 장애를 가진 아동은 교육적 실제와 정책, 건강 케어 및 테크놀로지에서 진전이 있음에도 불구하고 빈곤에서 벗어날 기회는 거의 없다(National Council on Disability, 2008). 이 상황에 기여하는 한 요소는 중등이후교육과 그의 혜택에 제한된 접근성이다. 모든 장애 집단 중에서 지적장애를 가진 청년들은 중등이후교육, 직업 혹은 고등학교 이후 직업을 위한 준비에 가장 저조한 참여를 하고 있다(Wagner, Newman, Cameto, Garza, & Levine, 2005).

지적장애학생을 위한 중등이후교육 기회를 진전시키기 위해서, 개인들은 유치원에서 12학년, 고등교육 및 지적장애인을 위한 성인 서비스에 직접적·간접적으로 영향을 미치는 현재 법과 정책들, 그리고 시스템 변화 전략들에 대해 잘 알고 있는 것이 중요하다. 대부분의 경우, 이러한 법령과 발의안들(initiatives)은 대개 지적장애학생의 중등이후교육에 접근성을 지원하는 데 있어 불충분하게 이용되어왔다. 이를 위해 이 장은 독자들에게 지적장애를 가진 개인들을 위한 중등이후교육에의 접근성을 지원하거나 지원할 잠재력을 가진 가장 적절한 현재의 연방법과 발의안의 묘사를 제공하며, 중등이후교육의 더 많은 활용을 촉진하는 것이 기대된다. 그다음에는 뉴저지(New Jersey) 주, 사우스캐롤라이나(South Carolina) 주, 매사추세츠(Massachusetts) 주에서 이루어진 시스템 변화 노력을 논의한다. 마지막으로 우리는 정책, 실제 및 시스템 변화를 위한 권고를 한다.

여기서 다루어지는 연방 법, 정책, 그리고/혹은 발의안들은 다음을 포함한다;

- 2004년 장애인교육개선법(IDEA, PL 108-446)
- 2008년 고등교육기회법(HEOA, PL 110-315)
- 2000년 발달장애법(PL 106-402)
- 1990년 미국장애인법(PL 101-336)
- 1998년 노동력투자법(WIA, PL 105-220), Title I — Youth
- WIA, Title IV: 1973년 재활법(504, 508조항 포함)
- 2006년 칼 퍼킨스 진로 및 기술교육개선법
- 1993년 국가 및 지역사회 서비스 신탁법(National and Community Service Trust Act, PL 103-82)
- 2004년 보조공학법(PL 108-364)
- 사회보장국(SSA) 직업 인센티브

중등이후교육의 발전을 지원하는 데 있어 연방의 역할

연방정부가 연구, 모델 시범 프로그램, 기술적 도움, 아웃리치(outreach) 및 보급을 지원하는 것은 중요하다. 재정조달은 고등교육기관과 지적장애학생을 위한 프로그램 및 서비스의 개발과 확장을 위해 필요하다. 증거기반 실제, 비용 공유 및 협력 전략들은 미래 계획과 실행 노력을 인도할 수 있다. 보편적 과목 고안과 과목 수강생 중에 지적장애학생이 있는 교수(faculty)를 위한 훈련 지원 역시 매우 중요하다. 대중의 인식 개선과 매스컴 보도; 장애인과 그 가족 및 전미다운증후군협회(NDSS)와 같이 그들을 대표하는 기관들에 의한 옹호; 그리고 성공적인 모델 프로그램 개발이 연구와 프로그램 개발 및 개선된 법을 위한 새로운 연방 지원에 기여하는 것들이다. 또한 Eunice Kennedy Shriver와 같은 주요 지지자는 중요한 역할을 한다. 그녀는 지적장애인을 위한 평생의 옹호자로서 중요한 지지자가 되었고,

지적장애학생을 위한 중등이후교육 프로그램을 방문한 후에는 "뒤에서 조력하는 지원자"가 되었다.

발달장애 교육의 수월성을 위한 대학센터(이하 발달장애교육대학센터, University Centers of Excellence in Developmental Disabilities Education, UCEDDs)와 발달장애협회(DD Councils)는 양질의, 통합적인 중등이후 기회를 개발하는 데 점점 더 중요한 역할을 담당하고 있다. UCEDDs와 발달장애협회는 발달장애국(Administration on Developmental Disabilities, ADD)으로부터 재정지원을 받는다. 발달장애국(ADD)은 2008년 2월에 발달장애인과 그 가족들을 포함한 관계자 그룹을 소집하였다. 이 그룹은 전미훈련 발의안(National Training Initiatives) 재정조달을 위해 우선순위화될 필요가 있는 발달장애인과 그 가족들의 충족되지 않은 요구를 판별하는 것을 돕도록 상의되었다. 이 그룹은 발달장애인을 위한 중등이후교육 기회를 향상시킬 요구를 가장 중요한 우선순위 영역으로 판별하였다. 이것은 발달장애인의 중등이후교육을 향상시키기 위한 발달장애에서 수월성을 위한 대학센터의 전미 컨소시엄의 재정지원을 가져왔다. 이 프로젝트는 7개 발달장애교육대학센터(UCEDDs)(델라웨어[Delaware], 미네소타[Minnesota], 하와이[Hawaii], 사우스캐롤라이나, 테네시[밴더빌트][Tennessee, Vanderbilt], 오하이오[Ohio], 캘리포니아[California])와 협력하는 조건에 보스턴의 매사추세츠 대학교에 있는 지역사회통합 연구소와 대학장애센터협회(Association of University Centers on Disabilities)에 수여되었다. 컨소시엄은 연구를 수행할 것이고, 훈련과 기술적 도움을 제공하며, 중등이후교육에 접근성을 통하여 독립성, 생산성 및 통합을 증진하기 위해 발달장애인을 지원하는 증거기반의 유망한 실제에 대한 정보를 유포할 것이고, 이는 결국 장기간의 독립적 생활과 고용 성과를 개선하는 결과를 가져올 것이다

또한 미국 교육부와 전미재활연구소는 TransCen, Inc.와 협력하여 전미 중등이후교육센터에서 지역사회통합 연구소까지 재정지원하였다. 센터의 주요 초점은 지적장애학생을 위한 중등이후교육에 관한 연구이다(두 프로젝트에 대한 자세한 내용은 10장 참조).

고등교육법 재승인

고등교육기회법(HEOA, PL 110-315)은 2008년 8월 14일에 제정된 법으로, 1965년에 제정된 고등교육법(HEA)을 수정하여 재승인한 것이다. 이 법은 미래에 장애학생을 가르칠 특수 및 일반교사 후보자의 전문가 훈련과 장애학생을 위한 중등이후교육을 개선할 많은 중요한 새로운 조항들을 담고 있다. 특별히 주목할 것은 감당할 수 있는 비용 쟁점을 다루고 지적장애학생을 위한 새로운 모델 시범 프로그램과 협응 센터를 창출하는 여러 조항들이 있다.

재정지원을 위한 새로운 적격성

고등교육기회법(HEOA)은 지적장애학생에게 펠 기금(Pell Grants), 보충적 교육기회 기금, 연방 근로학습 프로그램에 대한 최초 적격성을 허용한다. 그러한 학생들은 2가지 기준에 안 맞아서 재정지원에 보통 적격하지 않다. 지적장애학생은 전형적으로 정규 학위 혹은 고졸학력 인증서를 받지 않거나 "자격검정고시"를 통과하지 못한다. 또한 이들은 보통 학위 혹은 공인된 자격 프로그램에 등록이 허용되지 않는다.

고등교육기회법은 교육부 장관이 종합적인 전환 및 중등이후교육 프로그램에 등록한 혹은 등록에 수용된 지적장애학생을 위하여 이 요구 사항을 면제할 것과 어떻게 이 학생들이 적격성을 갖출 것인지에 대해 규정을 공포하기를 요구한다. 이 규정은 법의 Title IV 부분이며, 이것은 규정에 의해 중대하게 영향을 받는 선거구민의 대표와 미국 교육부에 의해 수행되는 "협상적 규칙 제정 과정(negotiated rule-making process)"의 대상이 된다. 교육부는 공청회를 하고, 규정에 대한 서면 코멘트를 받고 협상가를 임명하였으며 2009년 3월에 협상을 시작하였다. 협상이 결론에 다다르면, 교육부는 규칙제정공고(Notice of Proposed Rulemaking, NPRM)를 출판할 것이고, 규칙제정공고에 대해 대중의 코멘트를 받으며, **연방정부공보(Federal Register)**에 최종 규정을 출판할 것이다. 지적장애학생은 규정이 최종 승인될 때까지는 보조금 혹은 근로학습 직업을 제공받을 수는 없을 것이다. 다음 내용은 이 조항들에 대한 법의 더 상세한 정보와 대중 코멘트 기간에 많은 장애 단체에 의해 제출된 규정에 대한 권고 사항이다. 이 권고 사항들은 전미다운증후군 협회(NDSS) 정책센터의 리더십하에서 입법 과정 중에 의회에 지속적 조언을 제공하였던 전문가 그룹에 의해 개발된 것이었다.

다음은 교육부에 제출된 3가지 일반적 권고 사항이다:

- 고등교육기회법의 협상적 규칙 제정팀은 지적장애학생을 위한 고등교육 프로그램에 전문성을 가진 개인을 포함시켜야 하며, 가족 구성원, 그러한 프로그램에 경험이 있는 지적장애인 본인, 혹은 그들을 대표하는 단체들을 포함하여야 한다.
- 재정적 지원에 지원하는 과정은 가능한 간결하게, 지적장애학생을 위한 종합적 전환 및 중등이후교육 프로그램에 등록하거나 등록하지 않은 학생들에 의해 사용되는 것과 가능한 비슷한 것이어야 한다.
- 이중 혹은 동시 등록과 다른 기관들로부터 받는 재정지원은 학생의 적격한 재정지원(그들이 그렇지 않으면 받을 자격이 있는)에의 접근성을 막지 않아야 한다.

법: 기본 요구 사항과 면제 권한

H.R. 4137(국회에 의해 통과된 법안)을 포함하는 컨퍼런스 보고서(Conference Report)는 장관으로 하여금 법의 일정 부분을 면제하는 규정을 만들 것을 요구하는 조항을 담고 있다. Title IV, Part C, Section 485(a)(8)(s)에서 학생들에게 다음을 요구한다.

(A) 고등교육기관에 있는 지적장애학생을 위한 종합적인 전환 및 중등이후 프로그램에 등록되어 있거나 등록을 허가받은; (그리고) (B) 기관에 의해 세워진 기준들에 맞게 그 프로그램에서 만족할 만한 진보를 유지하는 것으로 결정이 되는 것;

그러므로, 보조금 및 근로 지원에 자격이 있으려면, 학생은 "지적장애를 가진 학생"의 정의를 충족해야 하고, 고등교육기관(IHE)에 의해 제공되는 "종합적인 전환 및 중등이후 프로그램"에 현재 등록되어 있거나 혹은 등록이 허용된 상태여야 한다. 고등교육기관은 프로그램에서 "만족할 만한 진보를 유지함"을 구성하는 것이 무엇인지 그 기준들을 수립해야 하며, 학생은 적격성을 갖기 위해 만족할 만한 진보를 유지해야 한다.

이러한 규정을 개발하는 데 있어서, 여러 요구 사항들(다음에 열거하는 내용에 제한되지는 않는 한에서)이 면제되는 것이 필수적일 것이다.

- 학생 적격성에 관련된 일정 요구 사항들
- 프로그램의 공인 기준
- 그러한 프로그램에 대한 주의 면허(개별 중등이후 프로그램에 면허를 수여하는 주의 경우)
- 유급 고용이 미국 노동부 출판물에 목록화된 특정한 한 직업으로 이끌어야 한다는 규칙
- 고등교육기관이 세운 기준들에 기초하여 고등교육기관은 학생들이 만족할 만한 진보를 유지하였는지 여부를 결정해야 한다.

법: 프로그램의 정의

Title VII, Part D, Section 760에서 **프로그램**과 **학생**은 다음과 같이 정의된다.

(1) 지적상애학생을 위한 종합직인 진환 및 중등이후 프로그램 — "지적장애하생을 위한 종합적인 전환 및 중등이후 프로그램"이라는 용어는 다음과 같은 학위, 수료증명서, 혹은 비학위 프로그램을 의미한다 —

(A) 고등교육기관에 의해 제공되는;

(B) 유급 고용을 준비하기 위하여 고등교육기관에서 학업적, 진로 및 기술적, 독립생활 수업을 계속하기를 원하는 지적장애학생을 지원하기

위해 고안된;

(C) 상담과 교육과정 체계를 가지고 있으며; 그리고

(D) 지적장애학생이 반일제보다는 더 적지 않은 시간에 참여하는 것을 요구하는데, 기관에 의해 결정되고, 학업적 구성요소에 초점을 두는 참여이면서 다음의 활동 중 하나 혹은 그 이상을 통하여 일어나는:

(i) 기관에 의해 제공하는 학점이 있는 과목에 비장애학생들과 함께 정규 등록하는 것.

(ii) 기관에 의해 제공되는 과목(학생이 정규 학점을 받는 과목이 아닌)에 비장애학생들과 함께 청강하거나 혹은 참여하는 것.

(iii) 비장애학생들과 함께 비학점, 비학위과정 과목들에 등록하는 것.

(iv) 비장애학생들과 함께 인턴십 혹은 직업기반 훈련에 참여하는 것.

프로그램에 대한 규정을 개발하는 데는 복잡한 지원 과정보다는 고등교육기관이 지적장애학생을 위한 "종합적인 전환 및 중등이후 프로그램"이라는 기준을 충족하는 프로그램을 제공한다는 "확신"을 제공해야 한다. 그리고 이 과정은 가능한 효율적이어야 한다. 미국 교육부에 의해 출판되는 자료인 **연방 학자금 지원 지침**(The Guide to Federal Student Aid)에 의하면, 고등교육기관들은 프로그램의 적격성 여부를 결정하는 책임이 있다.

명료하게 말하자면, 이것은 고등교육기관이 지적장애를 가진 학생을 위해 "프로그램"을 고안하기를 원한다면, 프로그램이 지적장애학생을 위한 "종합적인 전환 및 중등이후 프로그램"의 기준을 충족하는 한 허용되어야 한다는 것이다. "종합적인 전환 및 중등이후 프로그램"의 정의에 대해서는, 주 법에 나와 있는 용어가 사용되어야 하고, "상담과 교육과정 체계"라 프로그램에 등록하지 않은 학생들에 의해 사용되는 것과 동등한 상담과 교육과정을 의미한다.

고등교육기관은 그 기관이 세운 기준들에 기초해서 학생들이 만족할 만한 진보를 유지하는지 여부를 결정해야 한다. 규정은 "기관에 의해 결정되는 것으로, 반일제보다는 더 적지 않은 시간에 참여"(적어도 반일제를 나타내는)라는 것은 학생이 참여하는 시간의 양이 고등교육기관에 전형적인 교과목에 등록한 정규 입학 학생들을 위한 실제 수업 시간(clock hours)과 학점 시간(credit hours)에 유사해야 한다는 것을 의미함을 더욱 명료화해야 한다. 그러나 지적장애학생의 참여는 주 법에 나타나는 활동들을 통하여 일어나는 학업적 요소들에 초점을 맞추는데, 그것은 국회가 "지적장애학생이 비장애 중등이후 학생들과 함께 통합적 활동, 수업 및 캠퍼스 환경들에 통합하는 프로그램들을 격려한다"는 의도를 갖고 이루어진다.

법: 지적장애를 가진 학생의 정의

(2) 한 지적장애를 가진 학생 ─ "지적장애를 가진 학생"은 다음 학생을 의미한다 ─
    (A) 정신지체 혹은 인지적 손상, 다음에서 심각한 제한성이 있는─
        (i) 지적 및 인지적 기능성; 그리고
        (ii) 개념적, 사회적 및 실제적 적응 기술들로 표현되는 적응행동; 그리고
    (B) 현재, 혹은 이전에 미국장애인교육법(IDEA)하의 무상의 적합한 공교육에 적격성이 있던 사람.

한 개인이 "지적장애를 가진 학생"의 정의를 충족하는지 여부를 판별하기 위한 과정은 입학시키는 고등교육기관에 의해 결정되어야 하고 학생, 가족 및 고등교육기관에게 간소한 일이 되어야 한다. 가능할 때마다, 학교 기록 혹은 장애 복지 관련 적격성 결정을 위해 공공기관들에서 수행한 이전 평가와 같은 자원들로부터 얻어진 기존의 서류들이 활용되어야 한다.

컨퍼런스 보고서에서 강조되었듯이 국회의 의도에 의하면,

> 무상의 적합한 공교육에 적격성이 있는 일부 장애학생은 공립학교에 등록을 하지 않을 수 있고 혹은 미국장애인교육법하의 특수교육 서비스를 선택하지 않을 수 있다. 컨퍼런스 의도는 이 법하에 지적장애학생의 정의에 맞는 그러한 학생들을 적격성 기준을 충족한다면 포함하고자 한다.

규정은 홈스쿨링이나 사립학교를 다니는 혹은 전에 홈스쿨링을 하였거나 사립

학교를 다녔던 학생들을 포함하여 그러한 학생들을 이 정의에 포함하는 것을 구체적으로 진술하여야 한다. 주 법에 나온 정의는 또한 학생은 "현재 혹은 이전에 미국장애인교육법하에 무상의 적합한 공교육에 적격성이 있다"고 진술한다. 규정은 무상의 적합한 공교육을 "받는" 대신에 무상의 적합한 공교육에 **적격성**이란 주 법적 용어를 사용하여야 한다. 이는 미국장애인교육법하에서 적격성은 있으나 특수교육서비스를 받지 않기로 선택하고 홈스쿨링 혹은 사립학교와 같은 환경에서 교육을 받았던 학생들을 포함하기 위해서이다. 규정은 현재 무상의 적합한 공교육에 적격성이 있거나 전에 적격성이 있던 학생으로 그가 학교를 졸업하거나 서비스를 받기에는 "나이가 든" 이유로 더 이상 적격성이 없는 학생에 대한 국회의 의도를 반영한다.

모델 시범 프로그램과 협응 센터

고등교육기회법(HEOA)은 지적장애학생과 가족 사이에 이런 유형의 교육적 경험에 대한 흥미와 요구가 증가하는 것을 충족시킬 양질의 통합적 및 모델이 되는 종합적인 전환 및 중등이후 프로그램의 개발과 확장을 승인한다. 덧붙여 이 법의 재승인은 기술적 도움, 평가 및 모델 공인 기준을 위한 권고 사항의 개발을 위한 일종의 협응 센터를 수립하는 것을 포함한다. 이 센터는 모델 공인 규준, 기준 및 그러한 프로그램을 위한 절차들을 다룰 것이고, 가능한 재정조달 흐름을 분석할 것이며, 그러한 프로그램을 위한 재정을 제공하는 기관과 고등교육기관들 사이의 모델 합의각서를 개발할 것이다. 모델 시범 프로그램과 협응 센터를 위한 정부 지출금은 필수적이다.

이 고등교육기회법의 재승인은 현재 경제적 수단을 가지고 있지 않은 더 많은 지적장애학생들이 중등이후교육 경험으로부터 혜택을 받도록 펠 기금, 보충적 교육 기회 기금, 그리고 연방 근로학습 프로그램에의 접근성을 통하여 그렇게 하는 것이 가능하도록 할 것이다. 모델 시범 프로그램과 협응 센터는 가족들과 고등교육기관들에 최선의 실제에 대한 모델들과 실제적 정보를 제공할 것이다.

재승인의 또 다른 중요한 부분은 연방법에 보편적 학습설계(UDL)에 대한 유능한 정의(definition)와 보편적 학습설계의 사용을 위한 교사훈련 프로그램과 법의 다른 측면에 대한 요구 사항을 처음으로 포함한 것이다. 재정지원 제공, 모델 시범 프로젝트와 협응 센터를 위한 재정, 그리고 보편적 학습설계 제공의 실행을 위한 적합한 규정은 중등이후교육에서 지적장애학생의 장기간의 성공을 위해 결정적이다.

정책 권고 사항들

규정을 위한 구체적 권고 사항들은 위에 구체화되어 있다. 덧붙여, 정부 지출금은 모델 시범 프로그램과 협응 센터를 위해 필요하다.

비용감당가능성과 재정조달 쟁점

여러 도전적 상황이 있음에도 불구하고, 지적장애학생들이 미국장애인교육법과 2001년 아동낙오방지법(NCLB)하에서 중대한 진보를 이루었고 그 전보다 더 잘 준비되어 중등교육을 완수한다. 이 책 어느 부분에서 묘사되었듯이, 더 많은 수의 고등교육기관이 교육적, 독립생활 및 직업적 기회에서 지적장애학생들을 통합시키고 있으며, 그들의 요구를 충족시키려고 노력한다. 그러나 비용감당가능성(affordability)은 학생과 그들의 가족들에게는 지속적인 쟁점이다. 위에서 묘사된 근로학습 직업과 연방 보조금이 그것을 받을 재정적 적격성 기준에 맞는 학생들에게 중요한 지원을 제공할 것임에도 불구하고 많은 것들이 행해질 필요가 있다.

어떤 학교지역구는 미국장애인교육법하의 특수교육에 여전히 적격성이 있는 지적장애학생들에게 재정지원을 제공한다. 이 지원은 정규 학위를 아직 받지 않은 학생 혹은 서비스를 받는 "나이가 든"(전형적으로 21세 혹은 22세) 학생들에게 제공된다. 학교지역구에 의한 재정지원이 제공되는 한 방법은 "이중등록"("동시 등록"으로도 불림) 프로그램을 통해서인데, 그것은 중등이후 기관과 학교지역구 사이의 동의를 가진 프로그램이다. 이 동의는 여러 형태를 띨 수 있는데, 학교지역구가 어떤 사례에서는 모든 비용을 지불하고, 또 어떤 경우에는 가족 혹은 성인 장애 단체(직업재활과 같은)가 비용의 일부분을 지불한다. 매사추세츠의 통합적 및 동시적 등록 발의안(Massachusetts Inclusive Concurrent Enrollment Initiative)은 학교지역구와 고등교육기관 간 협력의 좋은 예이다. 이 경우 재정조달은 주의 초등 및 중등 교육국에 의해 이루어진다. 또한 학교지역구는 지적장애학생을 개별화교육프로그램(IEP) 과정을 통하여 중등이후 프로그램에 "배치"할 수 있다. 그러면 지역구는 등록금과 IEP팀에 의해 필요한 것으로 결정된 교통수단과 같은 다른 서비스 비용을 지불한다. 예를 들면 뉴저지 대학(College of New Jersey)에 있는 수많은 학생은 IEP팀에 의해 배치되었는데, 그 학생들의 등록금은 그들의 학교지역구가 지불한다. 만약 학생이 IEP 과정에 의해 "배치"되면, 교육적 서비스는 학생과 그의 가족에게 비용 없이 제공된다.

미국장애인교육법이 2004년에 재승인된 후에, 한 규칙제정공고(NPRM)가 연방정부 공보에 새롭게 수정된 법을 시행하기 위한 제안된 규정과 함께 출판되었다. 3,000명이 넘는 부모들과 일반 대중들이 NPRM에 전미다운증후군협회(NDSS) 코멘트를 지지하기 위해 대중들 의견을 제출하였다. 권고 사항 중 하나는 규정이 IDEA Part B 자금이 미국장애인교육법에 아직 적격성이 있고 중등이후 프로그램 혹은 지역사회기반 환경들에 있는 지적장애학생들을 지원하는 데 사용되는 것을 명료화하라는 요청이었다. 최종 규정에 그 명료화를 포함시키는 대신에, 그 규정의 전문은 46668쪽에 다음과 같이 진술되었다:

> 코멘트: 몇몇 논평자들은 학교들이 대학 캠퍼스와 지역사회기반 환경의 전환적 프로그램에 있는 학생들을 지원하기 위해 법(역주: 미국장애인교육법)의 Part B하에서 제공되는 재정을 사용하는 것을 명료화하는 규정을 권고하였다.
>
> 논의: 아동이 무상의 적합한 공교육을 받기 위해 각 아동의 독특한 요구를 충족하는 데 필요한 특수교육과 관련서비스를 결정하는 것은 각 아동의 IEP팀에 달려있기 때문에 우리는 논평자들이 요청한 명료화를 규정에 추가하는 것이 필수적이라고 생각하지는 않는다. 그러므로 만약 아동의 IEP팀이 아동의 요구가 대학 캠퍼스 혹은 지역사회기반 환경들에 있는 전환적 프로그램의 참여를 통하여 가장 잘 충족될 수 있다고 결정한다면, 그리고 아동의 IEP가 그러한 서비스를 포함한다면, 법의 Part B하에서 제공되는 재정을 이 목적을 위해 사용할 수 있을 것이다.
>
> 변화: 없음.

정책 권고

최종 규정의 전문은 논평자들로부터 받은 코멘트의 요약, 코멘트에 대한 교육부의 반응, 제안되었던 규정과 다른 어떠한 변경 사항에 대한 설명을 포함한다. 이 전문의 진술들에도 불구하고 혼란이 명백히 실재하였다. 단기적으로는 정책 지침이 발포되어야 하고, 장기적으로는 법이 전문의 진술을 포함하고, 최소제한환경 조항이 중등학교를 마쳤으나 IDEA 서비스에 여전히 적격성이 있는 학생들에게 적용되어야 한다는 것을 명확히 진술하기 위해 개정되어야 한다.

만약 학생이 중등이후교육에 "부모 주도로 배치"된다면, 가정은 등록금을 지불하여야만 하거나 등록금을 위해 IDEA가 아닌 다른 재정지원을 찾아야만 한다. 그러나 학생은 서비스 계획(Service Plan)이란 것을 통하여 학교지역구로부터 직접적으로 어떤 서비스를 받을 수 있다. 그러한 서비스는 교육 코치, 교통수단, 직무지도, 언어치료 등을 포함할 수 있으며 학생에게 직접적으로 제공될 수 있는데, 고등교육기관에는 아무런 재정지원이 가지는 않는다. 비록 부모 주도로 배치한 학생을 위한 서비스에 개인적인 자격권(entitlement)은 없음에도 불구하고, 지역구가 받은 연방 재정의 "비율적 공유분"은 그러한 학생들을 위한 서비스에 사용되어야만 한다. 더 많은 정보를 위해서는 미국 교육부 웹사이트(http://idea.ed.gov/explore/home)를 참조할 수 있다.

단기적으로는 정책 지침이 발포되어야 하고, 장기적으로 IDEA 주 법은 IDEA 서비스에 여전히 적격성이 있고 그들의 부모에 의해 사립 혹은 공립 중등이후 프로그램에 배치된 장애학생은 부모 주도로 배치된 학생을 위한 서비스 계획을 통해 서비스에 적격하다는 것을 명확히 진술하기 위해 수정되어야만 한다.

개별 학생들을 위한 기타 재정 자원

재정조달은 직업재활 체계, 발달장애 주 기관들, 사회보장 체계, 노동 프로그램 부서를 통해(비록 그러한 재정에 접근하는 노력이 쉽지는 않을지라도) 가능할 수 있다. 비록 직업재활법 혹은 규정이 지적장애학생들이 직업재활(VR)재정을 등록금 보조를 위해 활용하는 것을 막지 않음에도 불구하고, 이러한 학생을 위해 요청된 재정은 종종 거부된다. 직업재활 체계가 중등이후 환경에 있는 지적장애학생에게 직접적으로 서비스를 제공할 수 있고 제공해야 하는 다른 방법들이 있다. 그러한 것들로는 직무지도나 확장된 상황 평가를 제공하거나, 다른 기관들과 재정조달을 조합하거나 혼합하는 것을 들 수 있다.

재정조달의 가장 큰 출처는 빈약한 재정을 이미 확장시킨 학생들의 부모들이다. 이것은 21세 이후 IDEA 재정지원에 더 이상 적격하지 않은 학생들에게는 특히 그러하다. 이러한 부모들은 529 대학저축구좌(college savings accounts)와 비장애학생들의 부모에게 전형적으로 유용한 다른 자원을 사용할 수 없다. 109번째 국회에서 하원의원 Rep. Ander Crenshaw(R-FL)는 장애를 가진 미국인을 위한 저축구좌를 만드는 법안을 소개하였다. 110번째 국회에서 그는 양 정당의 강력한 지원에 힘입어 H.R. 2370, 즉 장애인을 위한 재정보장구좌(Financial Security Accounts for Individuals with Disabilities)를 소개하였다. 동시에 미국 상원의원인 Bob Casey(D-PA)와 Orrin Hatch(R-Utha)는 상원에 양 정당의 법안인(같은 이름으로) S. 2743을 소개하였다. 또한 상원의원 Christopher J. Dodd(D-CT)는 저축 법안(savings bill) S. 2741, 즉 2008년 장애저축법(Disability Savings Act of 2008)을 소개하였다. 이러한 법안들은 장애를 가진 개인과 그 가족에게 개별 정년퇴임구좌(Individual Retirement Accounts)와 529 대학저축구좌와 유사한 소득공제가 되는 저축 구좌를 만들고 혜택을 위태롭게 하지 않으면서 특정 필요를 위해 저축하는 것을 허용하는 것이다. 111번째 국회의 시작 즈음 이 책이 인쇄소로 향할 때, 하원의원 Crenshaw는 하원에서 그의 법을 촉구하는 것을 계속할 것이고 2개의 상원 법안 지지자들은 저축 법안을 개발하고 공동으로 소개하기 위해 함께 협력하고 있다. (이러한 학생들이 근로학습 직업과 연방 보조금에 자격을 얻기 위한 새로운 기회에 관한 정보를 위해 고등교육기회법[HEOA]에 대한 부분을 참조.)

학생들, 부모들, 학교지역구들, 그리고 고등교육기관들은 중등이후 기회들을 재정지원하기 위하여 창의적인 방법들을 찾아냈다. 예를 들면, 전미다운증후군협회(NDSS)는 Joshua O'Neill과 Zeshan Tabani Enrichment Fund를 통하여 18세 혹은 그 이상의 다운증후군 청년들이 중등이후 프로그램에 참여하기를 원하거나 그들이 고용 혹은 독립생활 기술을 통해 생활을 풍요롭게 하는 심화수업들을 수강하기 원할 경우 1,000달러까지 보조금을 제공한다. 어떤 고등교육기관들은 비영리 단체, 개인, 학생들에게 재정적 지원을 제공하는 재단들로부터 장학금 재정을 구하기도 한다. 어떤 주에서는 발달장애를 위한 기관들이 재정을 제공하기도 한다. 캘리포니아 주에서는 지역 센터들이 참여를 위한 재정을 제공한다. 창의적 선택들이 유용함에도 불구하고, 참여하기 위해 재정적 자원을 찾는 것은 쉬운 일이 아닐 수 있다.

정책 권고

- 직업재활법은 재승인하기에는 시기가 지났고, 등록금 보조와 다른 서비스가 지적장애학생들에게 제공되는 것을 분명히 진술하기 위해 수정될 필요가 있다. 단기적으로는 정책 지침이 발포되어야 한다.
- 장애인을 위한 재정보장구좌가 통과될 필요가 있고 대통령에 의해 서명될 필요가 있다.
- 발달장애법(DD Act)은 재승인을 위해 현재 기다리고 있고 이것은 지적장애와 발달장애를 가진 학생들을 위한 중등이후교육에 집중해 더 많은 것을 제공하기 위해 아주 훌륭한 기회를 제공한다. 위에서 묘사되었듯이, 이 법은 개별 학생들에게 지원을 제공할 수 있고 제공해야 한다. 발달장애법은 체계 변화를 촉진하고 양질의 프로그램과 서비스의 창출 및 확장을 위한 재정지원을 할 잠재력을 가지고 있다. 이 법은 발달장애협회(DD Councils)를 위한 "우선순위 영역"으로서 중등이후교육을 포함하도록 그리고 발달장애교육대학센터(UCEDDs)를 위한 "강조 영역"으로서 중등이후교육을 포함하기 위해 수정되어야 한다.

기타 연방법과 정책 쟁점

다음의 법들은 각각이 현재로서는 서로 제휴되지 않았거나 다른 연방법들과 제휴되지 않았으며, 많은 경우에서 지적장애학생을 위한 중등이후교육을 다루지 않는다. 이 법들 각각은 제휴되기 위하여, 가능한 개선을 하도록, 그리고 참여에 장벽들이 제거되는 것을 확실히 하도록 수정되어야 한다.

미국장애인법

1990년의 미국장애인법(ADA, PL 101-336)은 고등교육기관에 직접적으로 적용되는 주요한 법 중 하나이다. 이 법은 고용, 주와 지역 정부, 공공시설, 상업적 기관, 대중교통, 정보통신에서 장애를 근거로 차별을 금지한다. 미국장애인법은 미국 국회에도 적용된다. 미국장애인법에 의해 보호되기 위해서는 장애가 있어야 한다. 장애를 가진 개인은 미국장애인법에 의해 다음과 같이 정의된다. 주요 생활 활동들의 하나 혹은 그 이상을 실질적으로 제한하는 신체적 혹은 정신적 장애를 가진 개인, 그러한 한 장애의 이력 혹은 기록을 가진 개인, 혹은 다른 사람들에 의해 그러한 장애를 가진 것으로 지각되는 개인. 미국장애인법은 그 법에 의해 적용되는 장애들의 전부를 구체적으로 명명하지는 않는다.

미국 교육부 산하 시민권사무과(Office of Civil Rights)는 장애를 근거로 차별을 금지하는 미국장애인법 Title II를 이행하게 하는 곳이다. 미국 내 거의 모든 학교지역구와 고등교육기관은 이 법의 대상이다. 고등교육기관들의 책무성은 학교지역구들의 책무성과는 유의하게 다르다. 더 나아가, 중등이후교육 학생들로서는 그들이 고등학교 학생이었을 때는 갖지 않았던 책임들이 주어진다. 학생들은 미국장애인법 Title II하의 학생들의 책임과 고등교육기관들의 책임에 대해 알아야 한다. 모든 고등교육기관은 미국장애인법 코디네이터(ADA Coordinator), 혹은 장애 서비스 코디네이터로 불리는 담당자를 두어야 하는데, 이 코디네이터는 학교가 법의 Title II를 준수할 수 있도록 협응하는 일을 한다. Title II는 초등, 중등 및 중등이후교육 학생들을 차별로부터 보호한다.

학업적 조정(academic adjustment)을 받기 위해 학생은 장애를 가진 것으로 자기 스스로 판별을 하여야만 한다. 학생은 3년 이상이 되지 않은 자신의 장애에 대한 서류를 가지고 있어야만 한다. 학생들은 만약 그들이 접근 가능한 시설을 제공받는 것을 확실히 하기 원한다면 고등교육기관 담당자가 자신의 장애를 알도록 해야만 한다. 적합한 학업적 조정은 학생의 장애와 개인적 요구에 근거하여 결정되어야 한다. 학업적 조정은 동등한 교육적 기회를 확실히 하는 데 필요한 것으로 보조적 도움과 학업적 요구 사항의 변화들을 포함할 수 있다. 그러한 조정의 예들은 우선등록을 위한 배려; 수업분량의 축소; 한 과목을 다른 과목으로 대체; 노트 대필자 제공; 녹음 기기; 수화통역자; 시험기간 연장; 환경 수정; 만약 기숙사에 전화가 제공된다면 기숙사 방에 전신타자기, 스크린 리딩, 음성 인식, 혹은 다른 소프트웨어 및 하드웨어 제공 같은 것들이다.

학업적 조정을 제공하는 데 있어 고등교육기관은 필수적인 요구 사항에 대해서 요구를 낮추거나 대폭적인 수정을 하는 것이 요구되지는 않는다. 예를 들면 어떤 고등교육기관은 시험 시간 연장을 제공하는 것이 요구되지만 그 시험의 실질적인 내용의 변화는 요구되지 않는다. 덧붙여 고등교육기관은 서비스, 프로그램 혹은 활동의 성격을 근본적으로 변경하거나 혹은 과도한 재정적·행정적 부담을 초래하는 변화를 해야만 하는 것은 아니다. 나아가 고등교육기관은 개인적 보조원(personal attendants), 개별적으로 처방된 기기들, 개인적 용도 혹은 공부를 위해 읽어주는 사람들, 혹은 다른 기기들 혹은 개인교수나 타이핑처럼 개인적 성격의 서비스를 제공해야만 하는 것은 아니다.

노동력투자법 Title IV: PL 105-220에 의해 수정된 1973년 재활법(504조항과 508조항 포함)

직업재활법은 연방 기관들에 의해 수행되는 프로그램과 연방의 재정적 도움을 받는 프로그램에서, 연방정부 고용에서, 그리고 연방정부 계약자들의 고용 실제에서 장애를 근거로 하는 차별을 금지한다. 서비스는 개별화고용계획(Individualized Plan for Employment)에 근거해서 장애인에게 제공된다. 연방정부에 의해 승인된 주 계획(state plan)에 의거하여, 직업재활 서비스는 주 기관과 계약적인 조치하에, 주 기관의 지역사무소를 통하여, 그리고 지역사회기반 단체들(지역사회 재활 프로그램으로 종종 참조되는)을 통하여 제공된다. 전환서비스는 허용되는 한 활동이며 종종 주 체계(예: 직업재활기관), 지역 학교들과 대학 지역구들 사이의 협력적 동의를 통하여 제공된다. 상당한 혜택과 서비스들이 직업재활 서비스의 제공 전에 탐색되어야 한다.

한 개인은 고용에 실질적 방해를 초래하는 신체적 혹은 정신적 장애를 가지고 있어야 하며, 직업재활 서비스를 제공받음으로써 혜택을 받을 수 있어야 하고, 그리고 고용을 준비, 보장, 유지, 혹은 회복하기 위해 직업재활 서비스를 요구하여야 한다. 연령에 대한 요구 사항은 없으나, 규정은 기관들이 가능한 어린 연령의 학생들을 대상으로 서비스를 제공하도록 격려한다.

직업재활은 고용을 보장하는 한 수단으로서 대학에 출석하는 학생들을 위한 자원과 지원을 제공할 수 있다. 직업재활기관들의 지원이 요청되었을 때, 개별적인 고용 목표와 중등이후교육에 참여하는 것의 연계를 갖는 것은 피할 수 없는 일이다. (지적장애학생들이 서비스 및 지원에 접근하는 데 겪는 어려움과 정책 권고 사항에 대해서는 개별 학생들을 위한 다른 재정 자원 부분을 참조.)

504조항

504조항은 "미국에서 장애가 있고 자격을 갖춘 개인이 연방정부의 재정적 지원을 받거나 혹은 어떠한 집행기관 혹은 미국우편서비스국에 의해 수행되는 어떠한 프로그램이나 활동"하에서 차별의 대상이 되지 않는다고 기술한다. 미국 교육부 내의 시민권사무과는 504조항의 이행을 시행하는 담당국이다. 504조항은 초등, 중등 및 중등이후교육 학생들을 차별로부터 보호한다.

이러한 규정들의 공통적인 요구 사항은 장애를 가진 근로자를 위한 합리적 조정(reasonable accommodation); 프로그램 접근성; 청력 혹은 시력에 어려움을 가진 사람들과 효과적인 의사소통; 그리고 접근 가능한 새로운 건축과 변경을 포함한다. 연령에 대한 요구 사항은 없다. 504조항은 중등이후교육 기관들이 장애학생에게 합리적 조정을 제공하는 것을 요구한다. 학생들은 504조항하에서 자신들의 책임들과 고등교육기관들이 책임들을 알아야만 한다.

고등학교 때까지 적용되는 여러 요구 사항들은 고등학교 이후에 적용되는 요구 사항들과는 다르다. 예를 들면 504조항은 학교지역구들이 그 지역구의 관할 구역에 있는 장애를 가진 각 학생에게 무상의 적합한 공교육(FAPE)을 제공하는 것을 요구한다. 어떠한 장애일지라도, 학교지역구는 한 개인의 교육적 요구를 판별해야만 하며 그 요구를 충족하기 위해 필수적인 일반교육 혹은 특수교육 그리고 관련 도움 및 서비스를 장애가 없는 학생들의 요구를 충족하는 것처럼 제공하여야만 한다.

504조항하에서 고등교육기관들은 무상의 적합한 공교육을 제공하는 것이 요구되지는 않지만 장애를 근거로 차별을 하지 않는다는 것을 확실히 하는 데 필요한 적합한 학업적 조정을 제공하는 것이 요구된다. 추가적으로, 만약 한 고등교육기관이 장애가 없는 학생들에게 주택을 제공한다면, 필적하는 편리한 그리고 접근 가능한 주택을 장애학생들에게 동등한 비용으로 제공하여야만 한다. 고등교육기관은 학생들에게 학업적 조정을 신청하는 합리적 절차들을 따를 것을 요구할 수 있다. 학생들은 이러한 절차들을 알고 따라야 하는 책임이 있다. 고등교육기관들은 보통 그들 대학에 대한 일반적 정보를 제공하는 출판물에 학업적 조정을 신청하는 절차와 그 담당자들에 대한 정보를 포함한다. 이러한 자료들은 입학모집요강, 카탈로그, 학생핸드북을 포함할 수 있으며, 이런 것들은 학교 웹사이트들에서 종종 이용 가능하다.

508조항

508조항은 연방정부에 의해 개발되거나, 유지되거나, 획득되거나 혹은 사용되는 전자 및 정보 테크놀로지를 위한 요구 사항들을 수립한다. 508조항은 연방의 전자 및 정보 테크놀로지가 근로자와 대중을 포함하여 장애를 가진 사람들에게 접근 가능할 것을 요구한다.

접근 가능한 정보 테크놀로지 체계는 다양한 방법으로 운영될 수 있으며 사용자의 단일한 감각 혹은 능력에 의존하지 않는 것이다. 예를 들면 시각적 형태로만 출력물을 제공하는 체계는 시각 손상을 가진 사람들에게는 접근 가능하지 않을 수 있으며, 청각적 형태로만 출력물을 제공하는 체계는 청각장애 혹은 난청인 사람들에게는 접근 가능하지 않을 수 있다. 어떤 장애인은 508조항에 맞는 체계를 사용하기 위해 접근성 관련 소프트웨어 혹은 주변 기기를 필요로 할 수 있다. 여기에 연령 요구 사항은 없다. 508조항은 중등이후교육 기관들이 장애학생에게 접근 가능한 전자 및 정보 테크놀로지를 제공하는 것을 요구한다.

표 2.1은 중등이후교육과 지적장애학생들에게 적절성이 있는 다른 연방법과 발의안들을 묘사한다.

시스템 변화: 전미다운증후군협회

2002년에 전미다운증후군협회(NDSS)는 전환과 중등이후교육 기회들을 촉진하기 위해 한 전략계획을 만들기 시작하였다. 이 노력은 전환과 중등이후교육을 결정적인 우선순위로 항상 판별하는 부모들로부터의 압력에 의해 박차를 가하였다. 이 전미다운증후군협회의 전환과 중등이후 발의안은 조직적으로 성장하였고, 지금은 장벽 문제들을 다루고 연방 및 주 수준에서 개선된 공공 정책과 시스템 변화를 촉진하고; 연구, 모델 시범 프로젝트, 기술적 도움, 아웃리치와 보급 노력을 촉진하고; 대중 인식과 개선된 대중 태도를 촉진하고; 그리고 기술적 도움과 장학금 재정을 제공하는 교육적 진전에 대한 한 종합적인 접근을 나타낸다.

뉴저지 발의안

한 주에서 중등이후교육 발의안의 개발은, 그것이 사립 혹은 공립 자원에 의해 재정지원이 되던 간에, 이 계획에 주요한 요소로 판별되었다. 운 좋게, 전미다운증후군협회는 뉴저지 주에서 지적장애학생을 위한 통합적인 중등이후교육 모델들을 개발하도록 Steve Riggio와 Laura Riggio로부터 많은 기금을 받았다. 첫 번째 단계는 2004년 봄에 광범위한 범위의 전문성을 갖춘 운영위원회를 조직하는 것인데, 고등교육, 일반교육 및 특수교육 분야 전문가, 부모, 자기옹호자 및 주 기관 리더들을 포함하는 것이다. 운영위원회는 국가 전체의 중등이후교육 노력들의 실제와 절차들을 검토하였다. 국가 전체에 실재하는 다양한 발의안들로부터 배움으로써, 운영위원회는 이러한 다른 노력들의 성공을 확장하고 나라 전체에 걸쳐 복제될 수 있는 모델을 개발하려고 하였다. 다른 주요한 목적들은 비용 면에서 감당 가능한 모델의 개발, 학생들의 바람직한 성과의 판별, 학업적 심화, 사회화, 독립생활 기술들 및 경쟁고용을 포함하는 바람직한 성과에 기반한 제안요청서(a request for proposals, RFP) 개발을 포함하였다.

2005년 2월, 제안요청서는 뉴저지 주의 모든 2년제와 4년제 공립 및 사립 고등교육기관들에 배포되었다. 제안요청서는 고등교육기관들이 계획하는 한 해(2005년 8월부터 2006년 8월)를 위한 재정을 받기 위해 제공되었다. 계획하는 해의 성공적

〈표 2.1〉 법 및 발의안의 지적장애학생을 위한 중등이후교육과의 관계

법/발의안	개관	중등이후교육과의 관계
1998년 노동력투자법 (Workforce Investment Act of 1998) Title I-Youth	WIA Title I은 다음을 제공한다: 개인교수, 공부기술 훈련, 그리고 중등하고 연수에 이르는 교수와 대안적 중등하고교 서비스. 프로그램은 지역 영역들과 프로그램 제공자들 사이에 대단히 다양하다. 고용을 위한 준비는 WIA 청소년 프로그램들의 필수적 부분 중 하나이다. 또한 WIA는 하계고용, 유급이나 무급 인턴십, 직업 경험, 그리고 직업기술 훈련을 지원한다. 지원 서비스들은 구체적으로도 공인된다. 리더십 개발 기회들과 성인 멘토링 또한 제공된다.	중등이후 기관들과 성인 서비스기관들에서 구조화된 조치를 통한 졸업 후 지원 고용 지원
2004년 보조공학법 (Assistive Technology Act 2004)	재활 서비스국의 특수교육 및 재활 서비스부(OSERS)를 통해서 운영된다. 주들은 다음을 위해 연방 중당금을 통한 보조금을 받는다. • 보조공학 기기와 보조공학 서비스에 접근성과 재정조달을 증가시키기 위한 일종의 주 재정 프로그램 • 보조공학 기기의 교환, 보수, 재순환, 혹은 다른 재활용을 제공하는 일종의 기기 활용 프로그램 • 보조공학 기기의 단기 대여를 제공하는 일종의 기기 대여 프로그램 • 기기 시범 • 훈련과 기술적인 도움 • 대중의 인식	중등이후교육에 성공적 참여를 위해 필요한 보조공학의 획득을 지원하기 위한 지원
2006년 칼 퍼킨스 진로 및 기술교육개선법 (Carl D. Perkins Career and Technical Education Improvement Act of 2006)	학업적 성취 기준들을 충족하는 데 있어, 특별히 새로 생기거나 이미 수립된 전문 직종에서 높은 요구들을 하는 직업을 위한 준비에서 학생들을 돕는다. 2001년 아동낙오방지법에 의해 정의되듯이, 해심 학업 교과들에서 학생 성취를 지원하며, 기술의 사용을 활용하는 수학과 과학 교육을 강조한다. 장애하생을 포함하여 특별한 사람들을 위한 진로 및 기술 교육에 접근성을 확실히 한다. 장애하생을 포함하는 특별한 사람들이 서비스 강화를 포함하는 양질의 진로 및 기술 교육 경로들의 주 전체 제계의 개발에 기여하는 혁신적 프로그램과 활동들을 지원한다. 중등과 중등이후 프로그램들 사이의 활용을 강화하고 직업 및 기술 프로그램을 위한 과목들의 모델 위계(model sequence)에 대한 주(state)의 개발을 위한 세 조항을 수립한다. 제정: • 진로 및 기술 교육 • 기술-준비(tech-prep)	양질의 진로 및 기술 교육을 포함하는 중등이후교육 기회들에 잠재적 경로

〈표 2.1〉 법 및 발의안의 지적장애학생을 위한 중등이후교육과의 관계(계속)

국가 및 지역사회 서비스 신탁법 (The National and Community Service Trust Act of 1993)	국가 및 지역사회 서비스 법인은 서비스에 참여하는 사람들에게 서비스 기회, 훈련, 생활비 및 교육적 보상을 제공하는 보조금을 운용한다. 더 많은 정보를 얻기 위해서는 다음을 참조: http://www.americorps.org/for_individuals/benefits/benefits_ed_award.asp 2008년 8월 18일 유효한 새로운 Heroes Earnings Assistance and Relief Tax(HEART)(PL 110-245)법은 사회보장국의 생활보조금(SSI) 적격성 목적을 위해 개인의 아메리코(AmeriCorps) 혜택(생활보조금, 건강 보험, 보육, 교육비 보상)의 수령을 무시하도록 안내한다. 아메리코는 미국 시민(국민)들, 17세 이상의 법적 영구거주자에게 허용된다. 회원들은 9~12개월 이상 동안 혹은 여름 동안 전일제 또는 시간제로 서비스한다.	연수 후, 회원들은 양질의 고등교육기관의 교육비 지불을 위해 1년 전일제 서비스에 4,725달러 혹은 시간제 서비스에 대해 그것의 비례 할당으로 교육비 보상(Education Award)을 받는다. 78개 고등교육 기관들이 그 교육비 보상만큼 보조해 준다.
사회보장국 직업 인센티브 (Social Security Administration Work Incentives)	사회보장은 장애 혜택(disability benefits)에 직업의 영향을 축소시키는 여러 프로그램을 가지고 있다. 이 직업 인센티브는, SSI/SSDI 적격성을 유지하기 위해 그리고/혹은 혜택 수표에서 빠지는 돈의 양을 줄이기 위해, 개인으로 하여금 그들의 수입에서 그들의 직업 관련 비용을 빼는 것을 허용한다. 2가지 주요 프로그램은 다음과 같다: 1. 손상 관련 직업 비용(Impairment-Related Work Expenses, IRWE): 사회보장 장애 혜택에 수입의 영향을 축소하는 것을 돕는 데 사용될 수 있는 직업 인센티브. IRWE는 물품과 서비스들(예: 활동 보조인, 의료 또는 보철 기기, 약과 의료 서비스, 주거시설 수정, 특수한 교통편)의 합리적 비용을 포함하는데, 그것들은, 장애로 인해, 한 개인이 일을 하기 위해 필요로 하고 사용하는 것이다. 2. 자기지원 성취를 위한 계획(Plan for Achieving Self-Support, PASS): 장애를 가진 개인이 수입 그리고/혹은 명시된 기간 동안 직업 목표를 향한 자원(예: 교육, 직업훈련 비용, 혹은 사업 창업 비용)을 챙겨두는 것을 허용하는 직업 인센티브. PASS는 한 개인의 획득될 수입으로 인해 사회보장국(SSA)이 SSI 수표로부터 공제하는 양을 줄이는 것을 돕는 데 사용될 수 있다. 사회보장국은 PASS 계획을 반드시 승인하여야 한다. 추가 정보 그리고/혹은 어떤 변화에 대한 최근 소식을 위해, 사회보장국 그리고/혹은 지역 직업 인센티브 계획 및 도움 프로그램에 연락을 취하라. 자원들은 http://www.ssa.gov/redbook/ 또는 http://www.ssa.gov/disabilityresearch/wi/generalinfo.htm에서 찾을 수 있다.	고용 목표와 연관이 되는 한 중등이후교육에 학생들을 지원하기 위해 사용될 수 있음.

완료 시점에, 고등교육기관은 프로그램의 1차년도와 2차년도 운영을 위한 추가적 재정지원에 적격한데, 2차년도 운영 후에는 프로그램이 자체적으로 운영하는 것을 이해해야 한다. 받은 지원서를 검토한 뒤 위원회는 머서 카운티 커뮤니티 칼리지 (Mercer County Community College)와 뉴저지 대학을 선정하였다.

각 대학은 제안요청서의 운영위원회에 의해 수립된 지침들을 따랐음에도 불구하고, 각 발의안은 각각의 문화적 환경에 적합한 형식으로 개발하였다. 수업의 첫 해는 2006년 8월/9월에 시작하였고, 3년차 지원금은 2008년 8월에 끝이 났다. 뉴저지 대학과 머서 카운티 커뮤니티 칼리지 양 대학은 여전히 그들의 캠퍼스에서 지적장애학생들을 교육하고 있다.

사우스캐롤라이나 발의안

국가적으로 많은 다른 중등이후교육 발의안과 다르지 않게, 사우스캐롤라이나(SC)에서 시스템 변화는 지적장애학생을 위한 중등이후교육 기회를 만드는 목표를 가진 가족과 전문가 단체인 대학전환연계(College Transition Connection, CTC)를 결성한 Donald Bailey라는 부모의 비전과 함께 시작하였다. 그 노력을 더 발전시키기 위해, 대학전환연계(CTC)는 전미다운증후군협회(NDSS)와 장애자원센터 (Center for Disability Resources, CDR), 사우스캐롤라이나의 발달장애교육대학 센터(UCEDD)와 파트너십을 결성하였다. 추가적으로, 대학전환연계(CTC)는 다양한 중등이후교육 프로그램들을 직접 방문하는 것을 포함하여 국가적으로 중등이후 교육에 대한 연구를 수행하기 위해 태스크포스(Task Force)를 만들었다. 고등교육 기관들을 포함하여 주의 지도자들은 국가적 전문가들로부터 중등이후교육 기회와 성과들에 대해 들어보기 위하여 원탁회의(NDSS, CTC, CDR, SC 발달장애협회)에 출석하기 위하여 초대되었다. 또한 원탁회의는 지적장애학생들을 위한 중등이후교육 기회를 수립한 주의 고등교육기관들에게 제안요청서를 배부할 기회를 태스크포스에게 제공하였다. 그것은 주 기관과 고등교육기관 사이에 관심과 협력이 발전하는 데 있어서 티핑 포인트(tipping point)가 되었다.

대학전환연계(CTC)는 300,000달러 이상을 모금하였고 사우스캐롤라이나 주의회가 이 프로젝트(지난 2년 동안)를 위해 해마다 300,000달러를 제공할 것을 납

득시켰다. 주 발달장애협회(DD Council)는 국가적 전문가들이 태스크포스 회의에서 기술적 도움을 제공하도록 재정지원을 하였고 직업재활기관은 등록금 지원을 위한 재정조달을 시험적으로 시행하였다. 프로젝트 목표는 지적장애학생을 위한 통합적이고 복제 가능한 중등이후교육 옵션들을 개발하는 것이다. 지원금은 사우스캐롤라이나 대학교(University of South Carolina) 컬럼비아 캠퍼스(2008년 가을), 클렘슨 대학교(Clemson University, 2009년 1월), 코스털캐롤라이나 대학교(Coastal Carolina University, 2009년 가을)에 수여되었다.

테네시 발의안

전미다운증후군협회(NDSS)의 다른 성공적 협력은 테네시 주와 이루어졌다. 테네시 회원들이 정부활동위원회(GAC)를 결성하도록; 그들이 주요 우선순위를 판별하는 데 있어서 돕도록; 옹호 훈련을 제공하도록 일종의 훈련 회기가 주어졌다. 그리고 전미다운증후군협회는 지적장애학생을 위한 중등이후교육에 접근성을 성취하기 위하여 주의 주요 기관들과 관계를 개발하는 데 있어서 새로운 정부활동위원회를 지원하였다. 초청받은 사람만 모여서 열리는 컨퍼런스가 전미다운증후군협회 회원들, 테네시 발달장애협회, 발달장애교육 밴더빌트 케네디 센터[Vanderbilt Kennedy Center for Excellence in Developmental Disabilities(a UCEDD)]에 의해 조직되고 후원되었으며, 모든 관련된 주 기관들의 대표들과 많은 대학 관련인사들이 참여하였다. 테네시 주의 지적장애학생들을 위한 중등이후교육을 수립하기 위하여 일할 태스크포스를 만드는 것에 대해 그들 사이에 동의가 있었다. 태스크포스의 대표들은 다른 주들에 있는 여러 다른 중등이후교육 모델들을 방문하였다. 그 결과 테네시 발달장애협회는 밴더빌트 발달장애교육대학센터(Vanderbilt UCEDD)가 주에 모델 밭이안을 개발히도록 3년여에 길쳐 525,000날러를 수여하였다. 다시 말해, 동기유발된 부모 단체들, 발달장애협회 및 발달장애교육대학센터가 모두 이러한 시스템 변화 노력에 중요한 역할을 수행하였다.

전미다운증후군협회가 정부활동위원회를 가진 주들에서는 기술적 도움이 특히 효과적이었다. 예를 들면, 오하이오 주에서 전미다운증후군협회의 정부활동위원회는 주 전체의 태스크포스를 촉진하고 중등이후교육에 대한 주 전체 협의회를 조직하는 데 유효하였다. 뉴저지 주, 사우스캐롤라이나 주 및 테네시 주로부터 배운 것들과 그 주들의 성공에 기초하여, 전미다운증후군협회는 다음의 권고사항과 전략이 중등이후 프로그램을 개발하는 데 있어서 주 수준에서 시스템 변화를 창출하는 데 도움을 준다는 것을 알아냈다.

- 주의 헌신적인 부모와 장애 옹호 단체(들)와 시작한다.
- 가능한 재정조달 자원을 판별하기 위해, 관심과 협력을 촉진하기 위해, 그리고 지속적으로 중등이후 기회의 개발을 지원하기 위해 함께 일할 주요 관계자들의 태스크포스를 개발한다.
- 처음 몇 년 동안은 시작하기 위한 재정을 판별하고, 제안요청서(RFP)를 만드는 데 있어서 태스크포스를 포함한다. 재정은 후원금, 단체, 주 기관, 발달장애협회(DD Council), 발달장애교육대학센터(UCEDD), 혹은 다른 자원들로부터 구할 수 있다.
- 협의회를 열어서 전문가, 중등이후교육 기회와 제안요청서에 대해 배우고자 하는 주요 주 기관, 고등교육기관, 그리고 기타 기관들의 대표를 초대한다.
- 적어도 한 모델에 재정지원을 한다.
- 필요한 정책과 실제 변화뿐만 아니라 개인 학생, 프로그램 개발 및 지속가능성을 지원할 재정 자원들을 다룰 부모와 자기옹호 단체들 및 주의 주요 기관들과 협력할 태스크포스를 활용한다. 기관들은 최소한 다음을 포함하여야 한다: 주의 교육국, 발달장애교육대학센터(UCEDD), 발달장애협회, 부모훈련센터, 주의 고등교육위원회, 직업재활, 그리고 주의 발달장애기관.
- 제안요청서는 평가 요소를 요구한다는 것을 확실히 한다.
- 정기적 의사소통, 네트워킹 기회 및 기술적 도움을 지속한다.
- 학생 성과와 관련된 모든 사람의 전반적 만족도에 대한 엄격한 질적 및 양적 평가가 이루어지는 것을 확실히 한다.

매사추세츠 시스템 변화 노력

매사추세츠 대학교의 발달장애교육대학센터인 지역사회통합 연구소는 다음의 프로젝트를 통하여 지적장애학생들을 위한 중등이후교육에서 일을 하였다. 그것들은 연방정부가 지원하는 3가지 프로젝트, 1997년 이후 특수교육 프로그램과(OSEP)에 의해 재정지원되는 2가지 모델 연구와 혁신 프로젝트, 1998년부터 2003년까지 하와이 대학교(University of Hawaii)의 지적장애학생을 위한 중등이후교육에 대한 재활연구훈련센터(Rehabilitation Research Training Center, RRTC) 보조금으로 재정지원을 받는 연구 프로젝트이다. 이러한 프로젝트들의 결과에 근거하여, 2005년에 매사추세츠 아동 옹호자들(MAC)은 전환위원회를 재정지원한 발달장애협회를 통하여 18~22세의 중도장애학생들로 IDEA하에 그들의 학교지역구에 여전히 등록되어 있는 학생들을 위한 통합적 동시적 등록(Inclusive Concurrent Enrollment, ICE)의 수립을 지원하는 주 예산의 항목을 만들었다. 또한 매사추세츠 아동 옹호자들(MAC)은 주의 예산화 과정을 통하여 그 항목을 중개할 주의 대표를 목록화하였다. 이 노력은 성공적인 것으로 증명되었으며, 통합적 동시적 등록(ICE) 발의안은 2007년 1월 이래로 운영되어오고 있는데, 그것은 2,000,000달러(2008년에 1,575,000달러; 2009년에 대략 1,360,000달러)의 재정지원을 받았다. 재정조달에서의 감소는 주 내부의 재정적 위기를 반영하는 것이기는 하지만, 또한 주 의회와 주지사의 이 발의안에 대한 헌신을 나타내는 것으로, 이 항목에서의 삭감이 가능한 적게 이루어지도록 하였다. 주 초등 및 중등교육과(DESE)는 고등교육과(DHE)와의 협조하에 보조금을 운용한다. 나아가 주요 관계자들(예: DESE, DHE, 부모훈련 및 정보센터, 모든 주 장애 관련 기관, 노동력 개발 기관, 옹호단체)로 구성된 리더십 팀은 모든 보조금 활동을 인도한다.

주 전체에 6개 파트너십이 있는데, 각각은 적어도 한 고등교육기관과 여러 학교지역구가 이끌어간다(그림 2.1 참조). 발의안이 발전하면서, 많은 참여 학교지역구들과 학생들을 갖게 된다. 26개 학교지역구와 거의 100명에 가까운 지적장애학생들이 통합적 중등이후 옵션들에 참여한다. 각 파트너십은 독특하고 고등교육기관의 문화적 맥락에 반응적이다(이 발의안에 대한 더 많은 정보는 3장 참조).

[그림 2.1] 매사추세츠 주의 중등이후교육을 위한 파트너십
(Debra Hart와 지역사회통합 연구소에 의해 창안됨)

지난 10년여에 걸쳐 더 많은 결정과 힘이 주에 위임되었다. 장기간에 걸쳐 성공적이기 위해서는 이 분야가 개별 고등교육기관들에 프로그램과 서비스의 개발을 촉진하는 것보다는 더 많은 일들을 해야 한다는 것이 우리의 관점이다. 오히려 지속되는 진보를 창출하기 위해서는 주 기관 간 협력과 주 기관들로부터 재정조달을 위해 함께 일하고 격려하면서 일종의 시스템 변화 접근(a system change approach)이 활용되어야 한다. 주에서 고등교육기관들 간의 네트워킹 기회와 협력과 함께, 이것은 중등이후교육 발의안들과 개별 학생을 위한 장기간 지속되는 변화와 재정지원을 촉진할 것이다.

정책과 유망한 실제를 위한 권고

1. 교육부의 "친애하는 동료들께" 편지를 주의 고등교육과 혹은 위원회에게 보내는 것을 확실히 한다. 그 편지는 그들에게 고등교육법의 재승인은 지적장애학생을 위한 중등이후교육 옵션들에 접근성을 지원한다는 것을 알리고, 그들이 그러한 선택과 서비스의 개발 혹은 강화를 지원하기를 요청하는 것이다. 미국장애인교육법(IDEA)과 직업재활(VR)과 관련하여 이 장의 앞에서 제공한 정책 지침 권고 사항들은 이 "친애하는 동료들께" 편지에 포함되어야 한다.

2. 주의 수행 계획(State Performance Plans)과 미국장애인교육법(IDEA)하에서 요구되는 모니터링 지표 13과 14는 중등이후교육 옵션들을 포함하고 지적장애학생의 성과를 추적하는 것을 확실히 한다.

3. 지적장애학생을 위한 중등이후교육에 대한 접근성의 증가를 지원하기 위해 기존의 법을 수정하고 제휴한다(예: IDEA, HEA, NCLB, WIA, SSA, 교통법, 발달장애법, 메디케이드, *Olmstead v. L.C.* 대법원 결정).

4. 주들은 발달장애 기금이 이 학생들을 재정적으로 지원하기 위해 사용될 수 있는지를 확실히 하기 위하여 그러한 기금의 사용을 조사하여야 한다.

5. 주와 고등교육기관들은 지적장애학생들이 캠퍼스 주택에 접근성을 획득하도록 돕기 위해 정책을 개발하고 기존의 정책들을 수정하여야 한다.

6. 지적장애학생들이 일반적인 대학입학 상담, 인식, 경험 및 자료 개발 노력에 통합되는 것을 확실히 한다(예: 학생들이 지원서 및 에세이 도움, 대학 방문, 대학 선택 도움, 그리고 접근 가능한 테크놀로지 기반을 통해 대학에 지원하는 것을 돕는 것).

7. 지적장애학생들이 8학년보다 더 늦지 않게 비장애학생들의 대학 포부를 개발하기 위해 고안된 활동들에 통합되고, 학생을 위해 요구되는 정보 교과목을 통한 정보 보급, 정보 워크숍, 부모와 동료 참여, 적절한 상담 자원 및 잘 구조화된 멘토링 프로그램과 같은 실제를 포함하는 것을 확실히 한다.

요약

이것은 단지 시작일 뿐이다. 전국의 지적장애인을 위한 중등이후교육의 여러 옵션들에의 증가된 접근성을 창출하는 데 연방 및 주 차원의 노력을 계속할 필요가 있다. 주 차원 및 연방 시스템 변화 발의안들과 결부된 근본적인 노력이 지적장애인을 위한 중등이후교육과 가족의 선택을 확장하는 것을 지속하기 위해 확대될 필요가 있다. 그래서 다양한 선택이 사람들이 어디에 사는지와 관계없이 가능해야 한다. 다음 단계의 노력은 현재의 발의안들, 증거기반 실제, 다른 모델들의 효율성을 결정하기 위한 연구와 평가, 관련된 실제 및 후속하는 학생 성과로부터 학습된 것에서 혜택을 얻을 수 있어야 한다. 끝으로, 모든 연방법은 모든 발의안들을 최대화하기 위해 고등교육기회법(HEOA)과 제휴되어야 한다.

📖 참고문헌

Americans with Disabilities Act of 1990, PL 101-336, 42 U.S.C. §§ 12101 *et seq.*

Assistive Technology Act of 1998, PL 105-394, 29 U.S.C. §§ 3001 *et seq.*

Carl D. Perkins Career and Technical Education Improvement Act of 2006, Stat. 2435, 20 U.S.C. §§ 2301 *et seq.*

College Access and Opportunity Act of 2005, H.R. 609, 109th Cong. (2005).

Developmental Disabilities Assistance and Bill of Rights Act of 2000, 42 U.S.C. §§ 15001 *et seq.*

Heroes Earnings Assistance and Relief Tax Act of 2008, PL 110-245, U.S.C. §§ 302.

Higher Education Opportunity Act of 2008, PL 110-315, 122 Stat. 3078.

Individuals with Disabilities Education Improvement Act of 2004, PL 108-446, 20 U.S.C. §§ 1400 *et seq.*

National and Community Service Trust Act of 1993, 42 U.S.C. §§ 12501 *et seq.*

National Council on Disability. (2008). *The state of 21st century financial incentives for Americans with disabilities.* Washington, DC: Author.

No Child Left Behind Act of 2001, PL 107-110, 115 Stat. 1425, 20 U.S.C. §§ 6301 *et seq.*

Rehabilitation Act of 1973, PL 93-112, 29 U.S.C. §§ 701 *et seq.*

Ticket to Work and Work Incentives Improvement Act of 1999, PL 106-170, 42 U.S.C. §§ 3141 *et seq.*

Wagner, M., Newman, L., Cameto, R., Garza, N., & Levine, P. (2005). *After high school: A first look at the postschool experiences of youth with disabilities* (National Longitudinal Transition Study 2). Menlo Park, CA: SRI International.

Workforce Investment Act of 1998, 29 U.S.C. §§ 2801 *et seq.*

중등이후교육 유형의 범위: 현재의 실제

Debra Hart & Meg Grigal

지적장애학생을 위한 중등이후교육 방안을 개발할 때 기억해야 할 중요한 점은 한 가지 유형만이 존재하는 것은 아니라는 것이다. 각 유형은 모두 다르며, 그것은 종종 프로그램 구성의 철학적 기초, 대학 행정의 구조와 미션, 학생과 대학이 위치한 지역사회, 발의안을 지원할 수 있는 자원의 범위와 강도에 따라 결정된다. "이것이 최선이다. 이 공식을 따르면 이상적인 프로그램 혹은 개별화된 서비스 체계에 이를 것이다."라고 말할 수 있다면 좋겠다. 그러나 그것은 현재 몇 가지 이유로 불가능하다. 첫째, 반복되고 있는 현 중등이후교육 프로그램, 특히 개별학생과 그들의 부모가 중등이후교육에 입학하기 위해 했던 노력에 대해 아직 다 알려지지 않았다. 둘째, 이미 알려진 중등이후교육 유형에 대해서도 최소한의 자료만이 있기 때문에 그들을 통계적으로 의미 있는 방법으로 비교하고 대조하기 어렵다. 마지막으로, 졸업생을 배출할 만큼 충분히 오래된 중등이후교육 유형의 대부분은 졸업생들의 성과를 판별할 수 있을 만큼 체계적으로 추적되지 않고 있다. 따라서 최고의 학생 성과를 얻기 위한 중등이후교육의 유형이 무엇인지 알아내기는 어렵다. 그러나 많은 교훈을 배우고 있으며, 현 중등이후교육의 실제에 대한 기초 자료와 더불어 지적장애학생이 성인기의 삶과 서비스 체계로 전환해갈 때 그들을 지원하기 위해 사용할 수 있는 유망한 실제에 대한 자료가 수집되고 있다. 그리고 이것은 중등이후교육을 받고 싶어 하는 지적장애학생을 위한 새로운 서비스와 지원 개발의 지침으로 사용될 수 있다.

지적장애학생을 위한 중등이후교육의 다양한 유형에 대한 더 많은 이해가 필요함을 고려하여 이 장에서 우리는 중등이후교육의 모델과 중등이후교육을 받고 있는 지적장애학생을 지원하기 위해 현재 사용하고 있는 서비스 전달 모델에 대해 논의할 것이다. 이와 함께 다양한 모델을 소개하는 과정에서 각 모델에 대해 논의하면서 몇 가지 중등이후교육 프로그램의 프로파일을 제공할 것이다. 우리는 또한 그 모델들이 언제, 어떻게 시작되었으며 그들의 장점과 해결해야 할 과제에 대해서도 검토할 것이다. 이것은 입학기준, 배치와 자격검정시험, 재정지원, "별도의 자격을 갖추어야 함"과 같은 쟁점처럼 통합 환경에서의 중등이후교육을 방해하는 정책과 실제들을 포함한다. 지적장애학생을 위한 중등이후교육의 유형에 대한 조사연구의 결과도 자세히 검토될 것이다. 이 장은 지적장애학생을 위한 중등이후교육 서비스의 개발 혹은 향상을 안내할 유망한 실제를 제안하는 것으로 끝을 맺는다.

현 모델과 서비스 전달 유형

모델

다음은 서비스 전달 모델에 대한 자세한 정보를 제공하고, 각 모델을 논의하면서 다양한 유형의 프로그램에 대한 프로파일을 제공할 것이다. 모델은 너무나 다양하지만 검토한 결과 3가지 범주로 나뉠 수 있음이 드러났다. 그 모델은 대학생활의 모든 측면과 함께 전형적인 통합 환경에서의 대학 교육과정에 학생이 참여할 수 있도록 지원하는 정도에 따라 범주화된다. 이 분석의 단위는 비장애학생이 중등이후교육을 선택하는 주요한 이유 중 하나가 진로와 관련된 학문을 배우기 위한 것이라는 사실을 반영하기 위해 선정되었다. 이는 지적장애학생에게도 다르지 않아야 한다. 유치원부터 고등학교, 그리고 성인 서비스 체계로부터 배운 교훈은 환경(예: 일반교육, 고용, 지역사회 생활)에 상관없이 장애인을 지원하는 방안들이 더 통합적일수록 더 나은 성과를 얻는다는 것이다.

그러나 우리는 이 광범위한 범주들이 **설명적**일 뿐 **규정적**이지 않다는 것을 깨달

앞고 이 사실을 강조하고 싶다. 우리는 지적장애학생이 중등이후교육을 받기 위해 이 모델들 중 하나를 반드시 **선택해야** 한다고 제안하는 것이 아니다. 어느 수준에서 계획을 세우든 간에 그것은 항상 학생의 요구와 함께 시작해야 한다. 제한적이기는 하지만 이 범주들은 지적장애학생이 대학 교육과정에 참여할 수 있도록 도와주기 위해 사용되고 있는 현재의 서비스들을 검토할 수 있는 틀을 제공한다. 이 모델들 안에서 제공되는 서비스의 정의를 확장하고 각 모델 내에서 이 서비스들이 어떻게 학생 성과에 영향을 미치는지를 더 잘 이해하는 것은 현재 과제의 일부이다. 동시에 중등이후교육 모델에 기저가 되는 이론과 가설을 판별하고 이해하는 것도 중요할 것이다.

3가지 중등이후교육 모델은 혼합 혹은 하이브리드, 실질적 분리, 통합적 개별지원이다. 각 모델 내에도 상당한 다양성이 있다. 각각은 대학과 지역사회 생활에 다양한 범위의 지원 및 서비스를 제공한다. 이전에 언급했던 것처럼 각 모델의 효과에 대한 연구는 소수이다. 각 모델은 그것이 시작된 순서에 따라 설명될 것이다.

혼합/하이브리드 모델

혼합/하이브리드 모델에서 지적장애학생은 비장애학생들과 함께 수업을 받고(청강, 학점 과목, 비학점 과목) 사회적 활동에 참여한다. 전형적인 대학 교육과정에서 지적장애학생의 통합 정도는 한 과목에 한 학생을 지원하는 것에서부터 고등교육기관이 제공하는 전형적인 대학 교육과정을 수강하는 일정 수의 학생을 지원하는 것까지 다양하다. 종종 학생들은 장애학생만을 위해 개발된 과목("생활기술" 혹은 "전환" 수업이라고 언급됨)에 참여하기도 한다. 과목을 수강하는 것 이외에 이 모델은 학생들에게 캠퍼스 안팎에서의 고용 경험, 생활기술의 습득(예: 독립생활, 재정 관련 지식), 학생 동아리 참여와 같은 다양한 활동을 제공한다. 고용의 유형도 다양하다. 몇몇 학생은 패스트푸드점, 편의점, 시설보수직, 조경, 사무실 등 다양한 작업장에서 미리 준비된 유급 혹은 무급 직업 경험을 번갈아 해볼 수 있다. 그리고 어떤 학생들은 그들의 개인적 진로 목표에 기반한 더 개별화된 직업을 경험할 수 있다.

일반적으로 프로그램 관계자들을 위한 사무실이 있고, 어떤 경우에는 학생들이 개별 혹은 소집단 상담 및 교수를 위해 만날 수 있는 공간도 있다. 또다시 이 유형의 프로그램 안에서도 서비스의 유형과 대학사회에 통합하는 정도에는 상당한 다양성이 있음에 주목하는 것이 중요하다. 이 모델이 직면하고 있는 주요 과제는 전용 공간을 확보하기 위해 고등교육기관과 함께 일하는 것인데, 이는 공간에 대한 수요는 많으나 공급은 적기 때문이다. 혼합/하이브리드 모델의 설계와 학생의 통합 정도에 따라 다르기는 하지만 이 프로그램이 직면한 또 다른 어려움은 학생을 포함한 모든 관계자의 낮은 기대, 학생의 준비 부족, 배치시험을 면제할 수 있는 대안적 경로, 입학기준, "별도의 자격" 요건, 선수조건, 등록금 지원, 서비스 개발 및 향상을 포함한다. 하지만 이 어려움들을 극복할 수 없는 것은 아니다. 이러한 어려움들을 해결하고 지적장애학생에게 고등교육을 제공하는 많은 고등교육기관과 학교가 있다. 많은 학생들이 더 나은 독립과 고용, 미래의 중등이후교육 입학을 위해 이러한 경험을 활용한다. 혼합/하이브리드 모델에 대한 자세한 기술과 함께 활동에 대한 설명, 재정, 이 모델의 다른 특성들을 설명한 많은 논문이 있다(Casale-Giannola & Wilson Kamens, 2006; Grigal, Dwyre, & Davis, 2006; Grigal, Neubert, & Moon, 2001; Hall, Kleinert, & Kearns, 2000; Hamil, 2003). 프로그램 프로파일 1~3은 혼합/하이브리드 모델의 3가지 사례를 보여준다.

Program Profile

프로그램 프로파일 1

웨스턴 커넥션
웨스턴 코네티컷 주립대학교
코네티컷 주 댄버리

프로그램 유형: 이중등록

재정지원: 미국장애인교육법/등록금

모델: 혼합/하이브리드

목적: 웨스턴 코네티컷 프로그램은 통합된 대학 환경에 있는 다양한 장애학생들이 성인기 삶 동안 고용, 자기결정, 중등이후교육의 영역에서 성공하기 위해 필요한 기술과 경험을 배울 수 있도록 돕는다.

자격기준: 장애학생

- 18~21세
- 고등학교 학력 요구 사항을 충족했으나 아직 고등학교에 재학 중
- 대학교 프로그램 참여에 관심/동기가 있음
- 적절한 지원이 있으면 대학교 환경에서 수행 가능
- 하나 혹은 2가지 지역사회 직업 경험을 성공적으로 수행

Program Profile

• 지역사회에서 경쟁 혹은 지원고용이 가능하거나 유지 가능

학생 집단: 지적장애, 학습장애, 행동장애, 전반적 발달장애(자폐 혹은 아스퍼거 증후군)

프로그램 개요: 현재 코네티컷 주 남서부에 있는 다양한 학교에 등록된 10명의 학생이 프로그램에 참여하고 있다. 프로그램은 등록금으로 운영되는데, 등록금은 등록한 학생에게 드는 총비용을 학생의 수로 나눈 금액으로, 그 금액은 학생을 보낸 학교지역구에서 함께 부담한다. 웨스턴 코네티컷 주립대학교는 무료로 캠퍼스에 사무실을 제공하고 복사기, 전화기, 팩스, 대학교 시설(학생카드, 식당, 체육관, 도서관, 컴퓨터실, 진로센터)의 사용을 허락한다.

프로그램은 2003년 9월에 시작되었고, 직원은 프로그램 코디네이터, 수업보조원, 진로 개발자로 구성되어 있다. 또한 대학생 멘토, 대학교 행정 직원, 교수, 프로그램 혹은 학생에게 직접적으로 지원을 제공할수 있는 모든 사람과 협력하고 있다.

웨스턴 커넥션은 고용, 자기결정, 고등교육 영역에서 학생의 기술과 경험을 증가시키는 것에 중점을 두고 있다. 이것은 몇 가지 요소를 통해 성취된다. 모든 학생은 프로그램의 입학과 동시에 개인중심계획 활동에 참여하여 서비스의 중점사항과 예상 성과를 결정한다. 모든 웨스턴 커넥션 학생은 매 학기 대학교 수업을 청강한다. 대학교 수업을 들을 수 없을 때는 웨스턴 코네티컷 주립대학교 교수가 가르치는 고용 관련 기술 워크숍에 참여한다. 직업 탐색 기술은 이동기술, 사회성 기술, 개인기술, 자기결정기술과 함께 필요할 때마다 특수교사가 가르친다. 학생들은 개인의 목표를 이루도록 지원을 받고 매년 개별화교육프로그램 모임에서 이를 공유한다. 진로 개발과 진로 인식은 인터뷰 연습, 지원서 작성, 캠퍼스에 있는 진로개발센터의 방문을 통해서 길러진다. 학생들은 그들의 진로 목표를 찾고 정교화하기 위해 필요한 경우에는 직업훈련을 받는다. 입학 후 첫 번째 해의 봄학기까지 학생들은 통합된 지역사회 중심의 유급 고용을 얻기 위해 직원들의 도움을 받는다. 일단 학생이 유급 고용이 되면 프로그램 코디네이터와 직무지원은 학생과 고용주에게 지속적인 지원을 제공한다.

모든 관련 부서들이 계속 만족 수준을 유지하고, 입학과 통합에 대한 새로운 아이디어를 얻기 위해 웨스턴 코네티컷 주립대학교의 대학원 원장과 실용기술 단과대학 학장은 지속적으로 협력한다. 웨스턴 커넥션 학생이 청강하는 과목을 가르치는 교수들 또한 협력한다. 학생들은 그들이 관심 있는 대학활동, 동아리, 단체에 참여한다.

프로그램은 대학생 멘토들과 협력관계를 맺어오고 있다. 이 대학생들은 매주 3시간씩 웨스턴 커넥션 학생에게 사회적·학업적 지원을 제공한다. 댄버리 공립학교는 멘토들에게 시간당 9달러를 지급하며 멘토들은 평가정보를 공유하기 위해 교사들과 매달 모임을 갖는다. 대학교 강사는 재활 서비스 사무국과 협력적 관계를 유지하며 개별 학생 사례를 검토하기 위해 매달 모임을 갖는다.

자료 수집 및 성과

2006~2007년

• 학생들의 92%는 유급 직종(의류 소매업, 음식점, 동물 애호회, 식료품점)에 취직했고 일주일에 평균 8.3시간 일하고 시간당 평균 7.5달러를 받았다.
• 학생들의 100%는 대학교에서 수업을 청강하였다(역사, 연극, 심리학, 영어).

프로그램 프로파일 2

UCLA 익스텐션의 패스웨이

UCLA 캠퍼스/웨스트우드

10995 르 콩트 애비뉴 413호

로스앤젤레스, CA 90024

310.794.1235

www.uclaextension.edu/pathway

프로그램 유형: 성인 교육(성인)

재정지원: 학생/가정, 성인 서비스(학생/가정에 상환), 장학금

모델: 혼합/하이브리드

목적

1. 생활기술 훈련과 통합 주거 환경에서 독립적으로 생활할 수 있는 기회 제공

2. UCLA 캠퍼스의 사회활동, 여가활동, 문화활동에 참여함으로써 통합 학습 경험 제공

3. 대학교 과목과 직업 경험을 통해 진로 개발을 위한 학습 기회 제공

4. UCLA 캠퍼스에 고용될 수 있는 기회와 UCLA 학생들과 함께 일할 수 있는 기회 제공

5. 참여자들이 패스웨이 프로그램으로부터 독립적인 생활과 의미 있는 고용으로 전환하도록 도와줌

자격기준: 패스웨이 학생은 다음의 조건을 만족해야 한다.

- 패스웨이 프로그램 입학 시 18~25세
- 고등학교 졸업장, 자격을 갖춘 중등학교에서 받은 자격증 혹은 그에 상응하는 증서
- 캠퍼스 오리엔테이션 후 쉬는 시간, 식사시간, 여가활동 동안 캠퍼스를 안전하게 돌아다닐 수 있음
- 패스웨이 지원서 작성, 개인면담 과정에 능동적으로 참여할 수 있음
- 감독이 없는 환경에서 기초 안전기술을 지니고 있음
- 기능적 읽기와 쓰기 기술을 보유하고 있음
- 고용과 독립생활에 필요한 기술을 배우기 위한 가족 지원과 개인적 바람이 있음
- 성공적인 독립생활에 기여할 수 있는 학업, 직업, 사회적 경험을 가지고 있음

학생 집단: 지적장애와 발달장애

매년 서비스를 받는 평균 학생 수: 35~40명(2년마다 17~20명)

프로그램 개요: UCLA 익스텐션의 패스웨이 프로그램은 발달장애 성인을 위한 2년 과정의 자격증 교육 프로그램이다. 프로그램은 참가자들에게 지속적인 교육적 성장의 기회를 제공한다. 동시에 교육, 직업, 사회, 주거 경험을 통해 작업장, 가정, 지역사회에서 개인적 성공을 위해 필요한 기술을 개발하도록 돕는다. 패스웨이의 목표는 발달장애 성인의 독립생활, 고용, 평생교육을 준비시키는 것이다.

관련 직원: 교사, 교수(faculty), 기숙사 코디네이터, 기숙사 조교, 직업 코디네이터, 전환 코디네이터, 튜터. 다른 UCLA 프로그램과 마찬가지로 강사들은 수업단위로 시간제로 고용된다.

학생의 하루 일과

고용	수업	대학 캠퍼스와 지역사회 참여
두 번째 해 동안 인턴십(주당 8~10시간). 학생의 관심과 기술에 기초하여 개별적으로 시행된다.	학생은 2년에 걸쳐 패스웨이-특별 과목의 66학점을 듣는다(학기당 3~4과목). • 일반교육(15학점) • 학업교과(24학점) • 생활기술(8학점) • 진로(19학점) 또한 학생은 패스웨이에서 제공하는 과목 외에 아래에서 제공하는 선택과목 12학점을 수강해야 한다. -UCLA 익스텐션 -UCLA -UCLA 여가활동 -기타 중등이후 프로그램	• UCLA 여가활동 멤버십 • 사회성과 학업을 위한 UCLA 학생 멘토십 • 교과수업에 통합된 서비스 학습 • 팀워크-패스웨이 학생은 리더십훈련을 받은 후 지역사회 자원봉사를 조직한다. 2008년 봄-나무 심기와 해변 청소

자료 수집 및 성과: 첫 번째 입학생들이 첫해를 마쳤고 성과자료는 아직 분석되지 않았다. 자료는 아래에 제시된 7가지 성과지표를 중심으로 수집되고 있으며, 프로그램은 학생들이 졸업한 후 수년 동안 계속적으로 정보를 수집할 것이다.

1. 향상된 학업기술: 평생교육을 위한 근거 마련
2. 진로 개발: 진로 목표를 찾고 미래의 고용을 지원할 활동에 참여
3. 독립: 향상된 독립성을 성취하고 지역사회 활동에 참여
4. 사회적 능력: 사회적 관계와 직장동료들과의 관계 형성
5. 자기옹호: 학업과 일상생활에서 기술 연습
6. 건강생활: 자신의 건강요구 평가와 건강한 생활습관
7. 자기강화: 개인 목표에 맞는 자기강화 활동 추구

프로그램 프로파일 3

에지우드 칼리지

커팅에지 프로그램

1000 에지우드 칼리지

매디슨, WI 53711

프로그램의 유형: 성인 교육

재정지원: 등록금과 기부금

모델: 혼합/하이브리드

목적

1. 대학교 입학을 거부당했던 장애인들에게 대학교 경험을 제공
2. 중등이후교육에서 평생교육 학습자로서 성공하기 위해 필요한 기술 제공
3. 직업을 얻을 수 있도록 캠퍼스 안팎의 인턴십 제공
4. 학업과 학생 활동에서 동료들과 상호작용할 수 있는 기회 제공
5. 통합된 캠퍼스 기숙사 생활을 통해 독립심을 증가시킬 수 있는 기회 제공
6. 통합된 학업 환경과 사회 환경에서 학부생과 대학원생이 장애학생들로부터 배울 수 있는 기회 제공
7. 특수교육 교사 훈련 프로그램의 대학원생들이 장애인에게 학업기술, 사회성 기술, 지역사회 건강과 안전, 의사소통을 교수할 수 있는 기회 제공
8. 장애인의 요구를 만족시키기 위해 일반교육과정을 평가하고, 수정하고, 우선순위를 매겨볼 수 있는 기회를 특수교사 훈련 프로그램의 대학원생들에게 제공

자격기준: 장애와 관련한 기준 혹은 학업적 선수조건은 없다. 지원자는 대학교에 입학하고 싶은 열정을 근거로 선별되고, 프로그램의 훌륭한 홍보대사로서의 역할을 할 수 있는 잠재력을 통해 선발된다.

매년 서비스를 받는 평균 학생 수: 매년 7~25명

프로그램 개요: 커팅에지는 장애 성인 학습자를 대학교에 통합하는 개별화된 접근이다. 중등이후교육에서의 통합에 대한 최선의 실제를 근거로 에지우드 칼리지(Edgewood College)는 장애 성인에게 문을 연 위스콘신(Wisconsin) 주의 첫 번째 4년제 대학이다. 장애 성인들은 대학교의 입학기준을 충족하지 못하거나 대학에서의 성공을 위해 부가적 지원을 요구하는 이들이다.

커팅에지의 주요 목표는 대학생활을 경험할 수 있는 기회를 제공함으로써 장애인을 비장애 동료들과 함께 지원하는 것이다. 프로그램은 학생들에게 완벽한 대학생활의 경험을 제공하여 가능한 최대한 학업적, 사회적 통합을 이루도록 노력한다. 프로그램은 학생들을 기존의 틀에 맞추려 하기보다 학생의 개별 요구에 맞추기 위해 노력한다.

커팅에지는 주요 학점 과목의 수강을 학생들에게 요구한다(매 학기 총 5학점). 또한 학생들에게 매 학기 1~4개의 통합적인 대학 과목을 이수할 것을 권유한다. 통합적인 대학 과목은 수강 혹은 청강으로 이루어질 수 있다.

학생 참여는 프로그램 코디네이터인 커팅에지의 학장, 커팅에지 학생과 학부생, 대학원생이 짝을 이루는 동료 멘토 관계를 통해 촉진된다. 이 프로그램은 장애학생과 비장애학생의 다양한 목표를 이룰 수 있도록 계획되었다. 수강과목의 요구 사항의 일부로서 동료 멘토의 역할을 하는 학생들은 장애인에 대한 실제적인 지식을 얻는다. 동료와 친구들은 장애인과 함께 대학문화를 형성해가며 캠퍼스가 지역사회의 축소판으로 어떻게 기능하는지를 배운다.

Program Profile

또한 사범대의 3개 과는 그들의 과목 요구 사항의 일부로 교생실습 경험을 포함시킨다. 각 과는 학생들에게 동료 멘토의 역할를 함으로써 그들의 교생실습을 이수할 것을 요구한다. 교사자격증을 얻고자 하는 학생들은 교생실습 시간을 충족시키고 통합과 관련된 실제적인 경험도 얻는다. 이 프로그램은 교육학, 심리학, 아동학, 미술치료학을 전공하는 학생들에게 실습의 경험도 제공한다.

관련 직원: 프로그램은 통합을 촉진하기 위해 자연적 지원의 사용을 최대화하고자 고안되었다. 커팅에지의 디렉터와 프로그램 코디네이터는 커팅에지 학생의 동료 멘토로 선발된 25명의 학부생, 10명의 대학원생과 함께 일한다. 학생들은 커팅에지 학생들이 대학생활에 성공적으로 통합되도록 돕기 위해 그들과 짝을 이룬다. 대학교의 학업적 요구 사항을 성공적으로 충족하는 학생들은 커팅에지 학생들이 교실에서 성공하기 위해 필요한 요구 사항을 이해하도록 돕는 것에도 능숙하다. 동료 멘토들은 시간관리기술, 프로젝트 수행 시 팀의 역동성, 의사소통 같은 높은 수준의 기술을 가르치는 데 있어 중요한 역할을 한다. 몇몇 동료 멘토들은 커팅에지 학생들과의 우정 형성을 위해 교생실습의 주요 요구 사항 이외의 것을 한다.

수업 참여

프로그램은 발달장애학생의 교육적 요구를 만족시키기 위해 특별히 고안된 대학 준비 수준 과목의 핵심 내용을 다룬다. 과목들은 특수교육에서 교사자격증을 획득하고자 하는 대학원생들에 의해 팀으로 교수된다. 이것은 2학점과 3학점 과정 7과목을 포함한다 — 자원 세미나, 지역사회에서 안전, 친구, 데이트, 다양한 지역사회에서 당신의 위치, 인턴십, 지역사회에서 인류의 쟁점, 독립생활 세미나(캠퍼스에서 거주하는 학생들에게 요구됨), 진로탐색.

학생들은 비학위과정으로서 에지우드 칼리지에 입학한다. 또한 커팅에지 프로그램을 통해 핵심 교과목을 수강하면서 1~4개의 일반교육 과목을 수강한다. 학생들에게는 수강 혹은 청강으로 통합적 대학 교과목을 수강할 수 있는 선택권이 있다. 학생들이 학위과정을 선택한다면, 학점을 얻기 위해 필요한 과목을 수강하도록 요구된다. 대학교 교과목을 청강한 비학위과정 학생들은 학점 이수를 위해 그 과목을 다시 수강할 수도 있다.

다음은 2007-2008학년도, 2008-2009학년도에 학생들이 수강한 정규 교과목의 목록이다. 커팅에지 프로그램은 또한 이 목록에 포함되지 않은 과목을 수강하는 커팅에지 학생들의 통합을 지원하기 위해 개방되어 있다.

과목명	과목번호	수강 혹은 청강
연극 1	Th265	학점
작문 기초	Eng99	청강
진로와 전공	IC205	학점
대학 작문	Eng110	학점
김퓨터 그래픽	Art150	청강
창조적 작문	Eng205	학점
디지털 사진	Art204	청강
서아시아 역사	Hist111	학점
특수아동	Ed310	청강
스페인어 1	Span101	청강
유아와 아동기	Psych210	청강
교수자원과 미디어	Ed250	청강

지구과학 개론	Geo102	학점
의사소통 개론	Comm240	청강
문학과 드라마 개론	Th136	청강
자연사 개론	Nat106	청강
초등교사를 위한 자연사 개론	Nat104	청강
청소년과 중학교를 위한 문학	Ed382	청강
근대 중국	Hist117	학점
미국의 다문화 미술	Eth264	청강
페인팅 1	Art205	청강
페인팅 2	Art305	청강
팔레스타인과 이스라엘	HI404	청강
사진 1	Art207	청강
역사연구 대학원 세미나	Hist295	학점
루츠와 슈츠(Roots N Shoots)	Envs305	청강
스페인어 2	Span102	청강
화술	Comm101	청강
미국음악 조사	Mus154	학점
조력 관계	Ed334	청강
유아기에서의 토픽	Ed337	청강
비디오	Art120	청강
여학생 합창단	Mus130	청강

실질적 분리 모델

실질적 분리 모델에서 학생들은 다른 장애학생들과 함께 하는 수업만 듣고 전형적인 대학 수업은 수강하지 않는다. 어떤 경우에 이렇게 특별히 고안된 수업은 기존의 대학교 프로그램에 있으며 평생교육과를 통해서 지역사회에 있는 장애인에게 제공되고 프로그램에 등록된 특정 학생 집단을 위해 특별히 개발되지는 않는다. 예를 들면 팔로마 대학(Palomar College)은 2008-2009학년도 교과목 안내책자에 발달장애학생을 위해 개발된 14개 과목을 적어 놓았다. 주제는 개인적응과 성장, 교육평가와 지침처럼 매우 학생중심적인 과목에서부터 대수학 선수과목 지원, 작문, 수정된 컴퓨터 기술과 같은 폭넓은 주제의 과목까지 다양하다. 안내책자에는 이 과목들의 학점은 인정되지 않지만 학생이 반복해서 수강할 수 있다고 적혀 있다.

이 프로그램의 다른 유형은 지역사회 서비스 제공자와 함께 협력하여 만들어진 프로그램이다. 예를 들면 메릴랜드의 몽고메리 칼리지(Montgomery College) 전환 프로그램(GTP)은 대학교가 두 가지 유형의 성인 서비스 제공자―타겟 커뮤니티와 에듀케이션 서비스(Target Community and Educational Services), 포토맥 커뮤니티 리소스(Potomac Community Resources)―와 함께 고등학교를 졸업하는 장애학생을 위해 개발한 지역사회 프로그램이다. GTP는 등록금을 바탕으로 운영되는 2년제 학점비인정(credit free) 자격증 프로그램이다. 대학은 진로 개발 및 평생교육학과를 통해 학생들을 지원하고 2개의 외부기관과 연계하여 학생의 고용과 여가활동 요구를 만족시킨다. 전반적인 목표는 기능적 교육, 주거, 직업, 생활기술 서비스를 통해 학생들이 더 독립적인 생활로 전환할 수 있도록 하는 것이다. 비록 이 프로그램들이 대학교 교과목을 수강하도록 하지는 않지만 고등학교를 졸업한 지적장애학생들이 가질 수 있는 초기 요구는 어느 정도 만족시킬 수 있다. 또한 그러한 학습 환경으로의 노출은 학생들이 성인 학습자로서 지녀야 할 기술을 배울 수 있는 기회를 제공하고, 앞으로 대학교 교과목에 참여할 수 있도록 준비시킬 수 있다.

실질적인 분리 프로그램 모델의 다른 유형은 대학교의 새로운 프로그램 개발자가 지적장애학생을 위해 특별히 새로운 과목을 개발하는 것이다. 이 프로그램에서 대학교는 과목을 가르칠 대학원생이나 강사를 고용한다. 예를 들면 조지메이슨 대학교(George Mason University, GMU)의 메이슨 라이프 프로그램(Mason LIFE Program)은 18~23세 학생을 위한 4년제 교육과정기반 교육 프로그램이다. 이 프로그램의 강사는 조지메이슨 대학교에서 특수교육을 전공하고 있는 석사생이다. 이 프로그램의 학생들을 위해 특별히 고안된 과목은 천문학, 시민학, 지역사회 접근, 고용기회, 수학 시간과 측정, 작문(교훈적인 단문, 운동과 건강, 원예학, 독립생활), 영양, 의학과 자기관리, 대중매체 분석 1, 비소설 1―민속학과 우화, 자기옹호와 리더십, 연극 2, 버지니아 역사, 시각미술, 연보(Yearbook)이다. 수업은 조지메이슨 대학교 학사일정을 따르지만 학생들은 오전 9시부터 오후 3시 사이에만 수업을 듣는다.

분리 프로그램에 등록한 학생들은 캠퍼스의 사회활동에 참여할 기회가 있고, 기존 환경에서의 직업훈련부터 캠퍼스 안팎의 인턴십이나 직업배치까지 다양한 범위의 직무기반 학습 경험을 제공받을 수 있다. 전형적으로 이 프로그램은 프로그램 담당자에 의해서 고안된 분리된 교육과정을 갖고 있다. 때때로 그들은 미국특수아동학회(CEC)의 생활중심진로교육(Life Centered Career Education, LCCE) 같은 상업용 생활기술 교육과정을 사용한다. 비록 수업은 지적장애를 위해 특별히 개발된 과목에 한하여 듣지만 학생들은 캠퍼스의 동아리나 단체에 참여할 수 있는 기회가 있다. 어떤 경우는 베스트 버디와 같은 캠퍼스 그룹에 의해 이러한 경험이 촉진되기도 한다. 또한 관계자들은 캠퍼스 이벤트나 문화활동의 일정을 학생들에게 제공하기도 한다.

혼합/하이브리드 모델과 마찬가지로 분리 프로그램의 주요한 난제는 프로그램을 운영하기 위한 고등교육기관 캠퍼스에서의 공간 확보이다. 프로그램이 분리된 교과목을 개발하게 되면 그것은 대학교의 정규 교과목에 학생이 참여하는 것을 막을지도 모른다. 프로그램 프로파일 4는 실질적 분리 모델의 예이다.

Program Profile

프로그램 프로파일 4

REACH-Realizing Educational and Career Hopes
아이오와 대학교 사범대학
N297 링퀴스트센터
아이오와 시티, IA 52242-1529
전화번호: 319-384-2127
이메일: reach@uiowa.edu

프로그램 유형: 대학교 후원

재정지원: 등록금. 아이오와 대학교(University of Iowa)의 REACH 프로그램은 연방정부의 재정보조를 받을 자격이 되지 않는다. REACH 프로그램을 통해서 학생맞춤형 장학금은 이용할 수 있다.

모델: 실질적 분리

목적: REACH는 학생에게 자격증을 부여하는 2년제 프로그램으로 학생이 독립생활과 선택한 분야에서 직업을 얻을 수 있도록 준비시키는 진로를 강조한다. 학생들은 개인발달계획(personal development plan, PDP)에 기록된 4개 핵심 영역의 성장과 발달에 대한 요약본을 받는다.

중점 영역: 학업적 교과목, 직업 인턴십, 학생 활동, 자기계발

자격기준: 지원자

- 18~25세
- 고등학교 프로그램을 이수하거나 출석증을 받음
- 교육, 생활기술 훈련, 직업 경험을 골고루 소유
- 높은 사회성과 적응기술, 학습과 대학교 경험에 대한 열망, 독립적 삶에 대한 바람, REACH 프로그램의 목적을 지원할 수 있는 가족. REACH 참가자는 지원서와 인터뷰를 통해 선정한다.

매년 서비스를 받는 평균 학생 수: 20~25명

프로그램 개요: REACH 경험은 학업적 향상, 진로 개발, 대학생활, 지역사회 생활 영역과 통합하여 학생

에게 역동적인 대학생활의 기회를 제공한다. REACH는 학생교육의 모든 영역에서 수월성에 기여한다.

학업적 향상: 학생은 문학, 작문, 수학, 문제해결, 재정, 진로에 대한 그들의 지식을 향상시키기 위해 다양한 교육과정을 이수한다. 선택 과목은 학생이 교양 교육을 받을 수 있도록 하며 진로 영역과 관련된 수업을 들을 수 있도록 해준다. 수업은 학생들의 독특한 학업적 요구를 만족시킬 수 있도록 훈련받은 REACH 강사가 가르친다. REACH 자문들은 각 학생과 함께 개인발달계획(PDP)을 개발하여 학업, 진로 개발, 독립생활, 생활기술 영역에서 목표를 설립하고 달성하도록 한다. 학생들은 각 과목에서 학점을 받고, 개인발달계획(PDP)의 다양한 영역에서의 진전을 평가받는다. 학생들은 수업에 참여하고 과제를 완성할 것으로 기대된다. 성적과 목표를 성취하기 위한 노력이 졸업 요구 사항의 일부이다.

진로 개발: REACH 프로그램의 진로 개발 수업 첫 번째 해는 교실 환경에서의 교수, 습득한 기술의 연습, 실제 경험을 통한 진로 탐색을 포함한다. 첫 번째 해는 현장방문, 면담, 직무참관, 실전 경험, 인턴십을 통해 직업에 대한 흥미를 탐색하게 된다. 두 번째 해에 학생은 캠퍼스나 지역사회에서 자원봉사 혹은 보수를 받는 인턴십을 통해 직업에 대한 관심 영역을 판별한다. 학생은 자기 소개서를 쓰고, 인터뷰 기술을 연습하고, 인적 정보망을 형성하고, 직업의 기회를 찾고, 작업장의 요구 사항, 정책, 부가혜택을 학습함으로써 직업을 찾는 법을 배우게 된다. 고용 자문단은 REACH 프로그램에 인턴십, 교실 수업 주제, 지역사회 인식, 기부금 모집에 대한 지침을 제공한다.

지역사회 생활: REACH 학생은 사회성 기술과 생활기술을 배워가면서 아이오와(Iowa) 시와 코럴빌(Coralville)의 공동체들을 발견하게 되고, 그것은 졸업생들이 독립적으로 살아가고 고용, 여가, 서비스를 통해 지역사회에 기여하도록 도와준다. 학생은 직업, 서비스, 여가활동을 위해 도시를 탐색하면서 자신감, 대인관계기술, 지역사회 자원에 대한 지식, 개인 안전에 대한 인식을 배우게 된다. 지역사회 경험은 학생들이 수업에서 배운 기술과 지식을 실제 환경에서 사용할 수 있는 기회를 제공한다. 학생은 매주 그들의 일정을 관리하고 작업, 개인 활동, 여가활동 사이의 균형을 맞추는 법을 배우게 된다.

관련 직원: 책임자; 학과 보조원; 진로 개발, 학생생활, 학업생활, 지역사회 생활의 코디네이터; 학생과 진로생활 강사; 대인관계와 성 교육 강사; 튜터 코디네이터; 컴퓨터와 공학 과목 강사; 과학과 윤리학 과목 강사; 인류 서비스 세미나 강사; 사무실과 기숙사 보조원

학생의 일과

고용	교과목	대학 캠퍼스와 지역사회 참여
• 진로 탐색 • 직무참관 • 단기 직업 탐색 • 전자포트폴리오 작성	• 학생은 REACH 프로그램 강사들에 의해 개발된 REACH 과목을 수강해야 한다. • 소단위 수업 • 개별 튜터링 • 교과목의 예: 문학, 재정, 건강한 생활습관, 의사소통, 비판적 사고, 현재 이벤트	• 다양한 활동과 학습 기회가 제공되며 학생들은 활동의 대부분에 참여하도록 기대된다. • 중재는 건강한 생활습관, 개인 관리와 안전, 시민의 책임, 안전 인식, 시간관리, 자기옹호와 같은 독립적으로 살아가고 일하는 데 필요한 기술을 위해 제공된다.

자료 수집 및 성과: 보고되지 않음

REACH 웹사이트의 내용: www.education.uiowa.edu/reach.

통합적 개별지원 모델

통합적 개별지원 모델은 학생에게 개별 서비스(예: 교육 코치, 튜터링, 공학, 자연적 지원)를 제공하여 대학교 교과목, 자격증 프로그램, 그리고/혹은 학위 프로그램(청강, 비학점 과목, 학점 과목)의 참여를 촉진시킨다. 개별 학생의 비전과 진로 목표가 서비스를 이끈다. 이 학생들은 다른 대학생과 마찬가지로 학업적·사회적으로 캠퍼스 공동체에 참여하기 때문에 캠퍼스 혹은 그 이외의 기관에서 개설되는 프로그램은 없다. 이 모델은 학생의 학업과 고용 경험, 궁극적으로는 경쟁고용으로 이끄는 학생중심 진로 목표 설정에 초점을 둔다(예: 시간제한적 인턴십, 실습생, 직무기반 학습).

개별화된 학생 시간표, 학업 및 대학생활에서의 통합 수준 때문에 개별지원 모델의 경우 초반에는 전반적으로 운영하기 어렵다. 이는 전형적인 대학교 입학기준과는 다른 대안적 경로를 통해 입학한 학생이 대학 교과목을 수강할 수 있도록 지원해야 하는 요구를 불러일으킨다. 지역사회 통합의 대학진로연계(C³) 기관의 프로젝트는 이 모델이 학교 체계와 고등교육기관과 협력하에 어떻게 활용될 수 있는지 보여준다.

대학진로연계 프로젝트의 주요 목적은 이전에는 지적장애학생에게 가능하지 않았던 중등이후교육과 고용에 그들이 접근할 수 있도록 하여 성인기의 성과를 향상시키는 것이다. 중등교육과 전환을 위한 전미 연합(National Alliance for Secondary Education and Transition, NASET)에서 발표한 증거기반 질적 지표와 직업발달을 위한 국가 공동사업-청소년(National Collaborative for Workforce Development-Youth, 2005)에서 개발한 전환 지침의 많은 내용을 반영하는 통합적 개별지원 모델은 개인의 강점과 선호도를 판별하기 위해 학생중심 접근을 사용하고(Butterworth et al., 1993; NCSPES-Hawaiʻi, 2003), 맞춤형 중등이후교육 서비스를 원하는 학생을 위해 그것을 개발하는 협력적 합동기관팀(Ginsberg, Johnson, Moffett, & Association for Supervision and Curriculum Development, 1997; Stodden, Brown, Galloway, Mrazek, & Noy, 2005)을 활용한다. 개별지원은 학생의 흥미, 요구, 진로 목표의 분석을 통해 결정되며 교육가, 성인 서비스 담당자, 교육/전환 지도원에 의해 제공될 수 있다(Hart, Zafft, & Zimbrich, 2001; NCSPES-Hawaiʻi, 2003; Rammler & Wood, 1999). 또한 이

[**그림 3.1**] 대학진로연계의 주요 요소
(출처 : Hart D., Zimbrich, K., & Parker, D. R.[2006]. 지적장애학생을 위한 중등이후교육
유형으로서 이중등록. E. E. Getzel & P. Wehman [Eds.], *Going to college:
Expanding opportunities for people with disabilities*. [p. 260]. Baltimore: Paul H.
Brookes Publishing Co.)

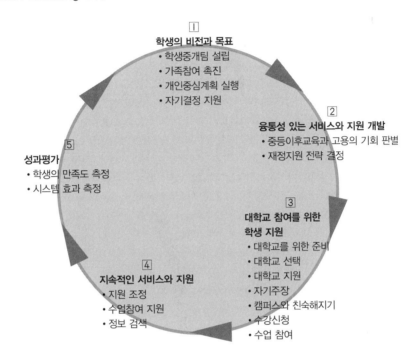

모델은 고등교육기관에 이미 있는 자연적 지원을 적극적으로 활용한다(예: 비장애
학생). 그림 3.1은 대학진로연계 모델을 구성하고 있는 주요 요소를 보여준다.

모든 요소는 완전히 통합적이며 지적장애학생을 포함한 다양한 유형의 장애학
생의 요구를 충분히 만족시킨다(Hart, Mele-McCarthy, Parker, Pasternack, &
Zimbrich, 2004). 이 모델은 열망, 가족의 바람, 문화적 배경과 같은 각 학생의 독
특한 특성을 고려한다. 이것은 몇 가지 원칙을 기본으로 한다: 개별 학생의 비전은
방향성을 제시하고 의사결정과정을 통제한다; 모든 요소는 통합적이고 장애학생과
비장애학생 수의 자연스러운 비율을 반영하는 환경에서 발생한다; 특별한 프로그
램이나 특별하게 계획된 과목은 없다. 지원은 개별적이며 "모두에게 두루 적용되
는" 지원은 없다; 기관 간의 협력은 이 모델의 효과를 위해 필수적이다. 일화 1과 2
는 통합적 개별지원 모델의 2가지 사례이다.

일화 1   케이티

케이티(Katie)는 고등학교를 마치고 성인기 삶을 준비하면서 자신이 대학교에 가게 될 것을 의심한 적이 없었다. 그녀의 친구들은 모두 대학교에 갔고, 그녀도 같은 목표를 갖고 있었다. 그녀는 유치원부터 고등학교까지 줄곧 일반교육 교실에 통합되어 있었으므로 그녀와 가족이 왜 다른 기대를 했겠는가? 그러나 불행하게도 중등이후교육을 받는 것은 다운증후군을 가진 젊은 여성인 케이티에게는 쉽지 않았으며, 그녀가 대학교 입학허가서를 받고자 했던 당시에 통합 환경에서 공부하고자 하는 지적장애학생을 지원하는 고등교육기관은 거의 없었다. 몇몇 실질적인 분리 프로그램이 있기는 했지만 그것은 케이티가 원하는 것이 아니었다. 그녀가 지적장애인이기 때문에 대학교 입학은 예상했던 것보다 훨씬 더 많은 노력이 필요하다는 사실은 케이티와 그녀의 부모에게 분명하게 드러났다. 많은 정보 탐색 후 그녀와 어머니는 매사추세츠 주 우스터(Worcester)에 있는 베커 대학(Becker College)을 찾아낼 수 있었다. 그 대학은 2개의 전공(교육학, 물리치료)이 있었는데 그것은 케이티가 관심있는 분야였으며, 그 대학은 또한 소수의 지적장애학생을 지원해 본 경험이 있었다. 입학처 부처장은 대학의 미션이 다양한 재능을 지닌 학생들을 포용하고 지원하는 것이기 때문에 케이티가 대학교에 입학하면 적극적으로 지원할 것이라고 했다. 그러나 케이티는 다른 학생과 똑같은 절차를 거쳐야 했다. 즉 오리엔테이션과 캠퍼스 투어를 위해 학교를 방문하고, 면접에 참여하고, SAT 시험을 치르고, 지원절차를 따르고, 최종 입학허가 발표를 기다려야 했다.

케이티는 2004년 9월 베커 대학에 입학했다. 첫 번째 학기는 매우 흥분되면서 동시에 도전적이었다. 룸메이트와 함께 기숙사에 사는 것에 점차 익숙해졌고, 학업과 친구를 사귀고 캠퍼스를 여기저기 돌아다니는 것 사이의 균형을 맞추기 시작했으며, 필요한 교수적 조정을 얻기 위해 주장하는 법을 배웠다. 케이티의 경험은 다른 신입생과 매우 비슷했다. 베커 대학에서의 2년 동안 케이티는 다음과 같이 다양한 과목을 수강했다.

- 영어작문 1
- 컴퓨터
- 심리학
- 심리학 개론
- 아동발달심리
- 아동을 위한 문학
- 교육의 원리
- 미술
- 과학의 기초
- 대중 연설
- 효과적 의사소통

베커 대학에서 케이티는 청각장애를 가지고 있으며 수강한 심리학 과목에서 부가적인 지원을 요구하는 친구를 도왔다. 케이티는 수화를 통해 의사소통하는 그들의 능력으로부터 고무되었다. 그 경험은 케이티에게 청각장애인과 함께 일하고 수화를 공부하고 싶은 열망을 불러일으켰다. 케이티에게는 어려운 결정이었지만, 2006년 그녀는 청각장애교육을 공부하기 위해 베커 대학을 떠났다.

2007년 가을 케이티는 마운트알로이시오 대학(Mount Aloysius College) 청각장애교육과 통역 프로그램에 편입하였다. 그녀의 지도교수는 "젊은 장애 여성을 만난 그 순간, 나는 그녀의 배우고자 하는 열망에 감명을 받았다. 어떤 요구 사항도 그녀는 빨리 수용하고, 완성하고, 잘해냈다. 케이티는 많은 재능을 가진 의욕적인 학생이었고 자기주도적 학습자였다."라고 말했다.

마운트알로이시오에서 수강한 과목의 예는 다음과 같다.

- 수사학 1
- 컴퓨터(2과목)
- 해부학
- 미국 수화 1, 2
- 문화적 문해력
- 심리학/청각장애의 사회적 쟁점
- 미국 행정
- 구약성서

케이티가 학교에 참여하고 성공하도록 하기 위해 다음과 같은 다양한 교수적 조정이 필요했다.

- 확대 인쇄물: 최소 18포인트
- 줄간격 200 혹은 그 이상
- 노트 대필자
- 많지 않은 양의 필기
- 필기보다 컴퓨터 사용
- 동료교수
- 최소한 시험 일주일 전에 스터디 가이드 제공
- 모든 퀴즈는 구두로 시험보지 않는다면 시간 연장
- 구두시험-시간제한 없음
- 보조공학-지속적인 업데이트
- Kurtzweil 독서기
- 시각장애와 난독증을 위한 Federation-CD에 녹음된 책
- 개인용 컴퓨터에 사용될 수 있는 특수 소프트웨어(예: Inspiration, Visual Thesaurus)

케이티의 다른 관심 영역은 음악, 춤, 친구 및 가족들과 시간 보내기나. 새로운 친구를 만나는 것 이상으로 대학교의 경험은 케이티에게 다양한 생활방식과 의사결정법을 배우는 기회를 주었다. 예를 들면 음주, 여자 방에 남자가 있는 것, 공부를 안 하기로 결정한 학생들, 밤 지새우기, 부모의 규율 없이 사는 법, 자신의 방법대로 사는 것 배우기, 시간관리, 그리고 가장 중요한 것은 자신의 감정을 조절하는 것이었다. 케이티는 친구들에게 너무 많은 관심을 주어 친구들을 지치게 하는 경향이 있었다. 그녀는 장애지원센터장과 상담가의 도움으로 올해는 아주 잘해냈다. 케이티는 지금 그녀와 친구들 사이의 거리감을 유지하고 있다. 그녀의 룸메이트는 주말에 그녀와 함께 집에 가거나 야구경기, 영화, 그 밖의 다양한 사회적 활동을

즐긴다.

케이티는 2009년 5월에 마운트알로이시오 대학을 졸업할 계획이다. 그녀는 청각장애교육 전공의 전문 대학 학위를 받을 것이다. 케이티의 장래 목표는 보스턴으로 돌아가 병원 혹은 학교에서 청각장애인을 위해 일하는 것이다. 그곳에서 그녀는 수화 사용에 대한 그녀의 애정을 보여주고 청각장애인의 필요를 채우도록 도와줄 것이다.

일화 2　　사라

사라(Sara)는 21세로 지역사회에서 매우 능동적인 삶을 살고 있다. 사라가 19세였을 때, 그녀는 개별화교육 프로그램(IEP) 전환모임에서 대학에 가고 싶다고 이야기하였다. 어떤 기회가 있을지 불확실하였지만 사라의 어머니는 사라가 대학에 입학할 수 있는 가능성에 대해 VCU-RRTC에 문의하였다. VCU-RRTC 직원은 사라와 그 가족, 고등학교 전환팀과 함께 여러 번의 회의를 했다. 사라가 전환 과정의 다음 단계를 결정하기 위해 PATH 계획에 참여할 것이 결정되었다. PATH 계획의 결과로서 고등학교 전환 코디네이터와 고용 전문가는 사라가 병원에서 직업 경험을 할 수 있도록 계획을 세웠다. 사라는 병원에서 일하는 것에 관심을 보였고, 그녀의 기술과 관심을 판별하기 위해 병원에서 더 많은 경험을 해야 한다는 것에 동의했다. 또한 사라는 지역 백화점 카페에서 시간제 종업원으로 일하고 있었다.

VCU-RRTC 직원들은 사라에게 대학진로연계 모델을 실행하기 위해 지역 대학교와 함께 일하기 시작했다. 회의는 장애 지원 서비스 센터에서 열렸고, 사라와 그 가족, VCU-RRTC 직원들은 대학교 입학에 대한 사라의 관심과 모델에 대해 토론했다. 사라는 대학교에 지원했고 가을에 등록하여 모든 신입생이 수강해야 하는 "대학 성공 기술"을 청강했다. 교육 코치는 대학교 교직원을 통해 고용되었다. 사라는 그 과목을 청강했고, 그 과목을 끝마치기 위해 가족, 교육 코치와 함께 공부했다. 봄에 사라는 대학의 연설과 드라마 스쿨의 일부로 "대중연설의 원칙" 과목을 청강했다. 그녀는 대중연설에 많은 관심이 있었기 때문에 그 과목을 수강하는 것에 흥분되어 있었다. 사라는 그 수업에서 고용한 새로운 교육 코치와 함께 공부했고, VCU-RRTC는 그 코치, 과목 강사와 함께 사라의 역할과 의무들에 대해 논의했다. 사라는 코치와 가족의 도움을 받아 수업시간에 발표할 발표물을 만들었다. 그녀가 준비한 발표를 하는 동안 그녀의 기억을 도와줄 시각적 단서와 그림도 만들었다. VCU-RRTC 직원은 사라의 학습 경험을 향상시키기 위해 교육 코치와 강사에게 다음과 같은 조언을 제공했다.

- 수업시간에 논의된 주요한 정보를 강조하고 검토하기
- 강의 시 더 많은 시각적 단서 사용하기(플래시 카드, 잡지 등)
- 가능한 많은 시범 보이기
- 다양한 방법으로 개념 설명하기
- 지시는 간단하게 제공하기
- 과제를 구체적 단계들로 세분화하기
- 연습 기회 제공하기
- 실질적 학습 경험을 과목시험으로 사용하기

중등이후교육의 유형

우리는 지적장애학생을 위한 중등이후교육 유형이 시작된 3가지 방법을 검토할 것이다. 이것들은 앞에서 설명한 3가지 모델 중 어느 것과도 함께 운영될 수 있다.

이중등록

이중등록 프로그램은 고등학교와 대학 간의 협력적 노력으로, 이 프로그램을 통해 고등학교 학생들은 대학교 교과목의 수강허락을 받을 수 있다(Karp, Calcagno, Hughes, Jeong, & Bailey, 2007). 이 모델은 2004년 미국장애인교육법(IDEA, PL 108-446)에 따라 교육과 전환서비스를 여전히 받고 있는 18~21세의 지적장애학생에게도 비슷한 기회를 제공하기에 적절하다. 이중등록은 지역 학교 체계가 2년제 혹은 4년제 공립대학 및 사립대학과 함께 학생에게 공립교육의 마지막 2~3년을 대학교 환경에서 지낼 수 있는 기회를 제공하기 위해 시작되었다. 학생들은 그들의 전환 목표와 관련된 다양한 대학교 활동, 예를 들면 대학교 수업, 직무참관, 시간제 인턴십, 경쟁고용, 자기결정기술 학습, 대중교통 이용, 그 외의 성인기 생활에 필요한 다양한 기술에 참여한다. 학생이 일주일에 2~3일만 캠퍼스에서 보내고 남은 시간은 일을 할 수 있도록 하기 위해 다양한 프로그램이 구조화되었다.

학부모와 지역 학교 체계는 이중등록 프로그램의 개발을 시작하고, 지역 학교 체계 담당자는 개별화교육프로그램에 적혀 있는 서비스들을 조정한다. 서비스는 지적장애학생이 공립학교를 떠날 때, 대부분 21~22세 정도에 마친다. 가장 이상적인 이중등록 프로그램은 지적장애학생이 공립학교를 마치고 발달장애 및 정신지체부 그리고/혹은 직업재활부 같은 성인 서비스 지원 체계로부터 강력한 지원을 받으면서 경쟁고용이 되는 것이다.

이중등록 프로그램의 실행은 그것이 연구기반 전환의 실제들과 연결될 때 교육청, 가족, 학생에게 이득이 된다. 고등학교를 떠나 전환기에 놓여 있는 지적장애학생이 중등이후교육의 유형을 선택할 수 있는 기회는 지원 담당자들에게 매우 질 높은 전환교육과정을 제공하며, 이 교육과정은 성인기에 필요한 기술들을 그것이 사용될 환경에서 교수하여 기술 습득의 가능성을 향상시킨다. 더욱이 이중등록은 고등학교에 남아 있는 학생들에게는 가능하지 않은 비장애 동료들의 역할모델과 같은 자연적 지원 환경을 제공한다. 또한 교육청은 학생들을 최소제한환경 ― 특히 중등이후교육이 학업뿐 아니라 대학생활의 다른 면에서도 통합적이면 ― 에서 교육함으로써 2004년 미국장애인교육법의 요구 사항들을 더 잘 충족시킨다.

　　마지막으로 중등이후교육에서 이중등록은 학생과 그 가족에게 이전에는 제공되지 않았던 선택권을 제공한다. 지적장애학생은 지금 장애가 없는 그들의 형제 혹은 동료들과 같은 선택권을 갖고 있다. 이것이 자존감과 자아 이미지에 미치는 긍정적 영향은 감히 측정할 수 없으며, 가족들도 이것이 가장 눈에 띄는 성과 중 하나라고 자주 언급한다. 이중등록 모델이 처음에는 학업이 우수한 고등학생을 위해 운영되었지만, 이 프로그램의 장점은 많은 유형의 학생들이 이 프로그램에 참여함으로써 혜택을 얻을 수 있다는 논쟁을 이끌어냈다. Karp와 그의 동료들(2007)은 이 프로그램에 참여한 모든 학생에게 미치는 긍정적 성과의 목록을 출판했다 ― 고등학교 교육과정의 학업기준 향상; 저성취 학생들이 높은 학업기준을 성취하도록 도움; 재정적으로 어려운 소규모 지방학교에 더 많은 학업 기회와 선택과목 제공; 고등학교 중도탈락률 감소와 학생의 열정 증가; 학생들의 대학생활 적응을 도움; 학생들을 위한 대학교 비용 감소. 이러한 장점들 각각은 지적장애학생에게도 적용되고 그들에 의해서도 얻을 수 있다. 프로그램 프로파일 5와 6은 통합적 개별지원 모델을 사용한 2가지 이중등록 프로그램의 예를 보여준다.

프로그램 프로파일 5

매사추세츠 베이 커뮤니티 칼리지
50 오클랜드 스트리트
웰즐리 힐스, MA 02481-5399

프로그램 유형: 이중등록

재정지원: IDEA, 주(예: 주 예산에 등록된 항목)

모델: 통합적 개별지원

목적
1. 지적장애학생의 진로 설정과 진로 목표 관련 교과목 수강(청강, 비학점 과목, 학점 과목) 도움
2. 학생들이 자신의 진로 목표와 관련 있는 직업에 경쟁고용이 되도록 직업 관련 경험 제공(직무참관, 서비스, 인턴십, 실습)
3. 자기결정기술과 자존감 향상

자격기준
• 대학교 생활에 관심
• 중도장애

- 18~22세
- (매사추세츠 종합평가시험을 통과하면 얻을 수 있는) 고등학교 졸업을 위해 필요한 능력평가 성취 불가
- 22세까지 고등학교에 재학 예정

매년 서비스를 받는 평균 학생 수: 5~20명의 중도장애학생

프로그램 개요: 매사추세츠 베이 커뮤니티 칼리지(Massachusetts Bay Community College, MBCC)는 모든 학생에게 대학교의 능동적인 구성원이 될 수 있는 기회를 제공하며, 그들의 미래 목표를 성취하도록 돕고, 지역사회에 기여하는 주민이 되도록 지원한다. 교수와 학업 전문가는 보편적 설계에 대해 배웠고, 그들은 이 전략을 그들의 과목에 통합하여 다양한 학생들이 과목의 내용을 이해할 수 있도록 한다. 또한 MBCC 교육 코치는 각각의 학생들과 함께 일하며 그들의 개별적 요구를 충족시키고 그들의 경험을 지원한다.

2006년 12월, MBCC는 통합 환경에서의 동시등록 발의안(Inclusive Concurrent Enrollment initiative)의 일부로 뉴턴 공립학교와 결연을 맺고, 다른 학생들과 같은 지원을 사용하여 지적장애학생이 대학교의 통합 학업 교과와 다른 대학생활에 참여할 수 있도록 도왔다. 필요하면 더 강도 높은 지원을 제공하는 것이 차이다. 이 협력관계는 다른 두 교육청(보스턴, 니덤[Needham])도 포함시킬만큼 확장되어 평균 5명에서 20명에 가까운 학생을 지원한다.

학생들은 대략 18~22세이며, 여전히 고등학교에 재학 중이고, MBCC에 이중으로 등록되어 있으며; 경우에 따라서는 고등학교를 졸업한 후에도 계속 과목을 수강한다. 이 프로그램의 중요한 목표는 지적장애학생이 비장애학생과 마찬가지로 통합된 학업적 경험, 사회적 경험, 임금을 받는 고용 경험을 갖는 것이며 학교를 떠날 때 경쟁고용이 되는 것이다.

우선 학생들은 그들의 진로와 다른 전환 관련 목표들을 찾기 위해 개인중심계획에 참여한다. 그리고 진로 목표와 관련된 과목을 수강하고 다양한 대학생활에 참여할 수 있도록 지원받는다(예: 피트니스 센터 사용, 학생식당에서 점심식사, 튜터링 서비스에 등록). 봄학기(2007년)에 등록한 6명의 지적장애학생은 모두 과목을 이수했으며 자기결정기술과 자존감의 향상을 보여주었다. 모든 학생은 그들의 집에서 캠퍼스까지 대중교통을 이용해 혼자서 이동하는 법을 배웠다. 학생은 포트폴리오를 수집했고, 그들의 대학생활 경험을 동료 및 미래의 고용주와 공유하기 위해 저널을 만들었다. 학생은 직무참관, 인턴십, 지역사회 서비스에 참여하고, 마침내 그들의 진로 목표와 관련된 직장에 고용되었다.

관련 직원: 고등교육기관 코디네이터, 교육 코치, 교수, 장애 서비스

학생의 일과

고용 유형	교과목	대학 캠퍼스와 지역사회 참여
· 직무참관 · 시간제 인턴십 · 지역사회 서비스 · 시간제 고용 · 전일제 고용	수강과목은 다음과 같다. · 컴퓨터와 공학 · 진로 개발 · 심리학 · 작문 해부학 · 치료마사지 · 사회학 개론	· 대학 공동체에 완전 참여(예: 체육관, 학생관, 동아리, 도서관) · 대중교통과 그에 준하는 교통수단 사용 훈련

자료 수집 및 성과: 수집 중
- 학생 사전 · 사후 검사
- 학부모 설문조사
- 사례연구

프로그램 프로파일 6

홀리요크 커뮤니티 칼리지

303 홈스테드 애비뉴

홀리요크, MA 01040

프로그램 유형: 이중등록

재정지원: IDEA, 주(예: 주 예산에 등록된 항목)

모델: 통합적 개별지원

목적

1. 지적장애학생의 진로 설정과 진로 목표 관련 교과목 수강(청강, 학점 과목, 비학점 과목) 도움
2. 학생이 자신의 진로 목표와 관련 있는 직업에 경쟁고용이 되도록 직업 관련 경험 제공(직무참관, 서비스, 인턴십, 실습)
3. 자기결정기술과 자존감 향상

자격기준

- 대학교 생활에 관심
- 중도장애
- 18~22세
- (매사추세츠 종합평가시험을 통과하면 얻을 수 있는) 고등학교 졸업을 위해 필요한 능력평가 성취 불가
- 22세까지 고등학교에 재학 예정
- 장애 등록

학생 집단: 지적장애와 중도장애학생

프로그램 개요: 2006년 12월, 홀리요크 커뮤니티 칼리지(Holyoke Community College, HCC)는 8개의 고등학교와 결연을 맺었다. 이 협력관계는 최대 25명의 중도장애학생이 HCC의 모든 교과목과 대학생활에 참여할 수 있도록 다양한 서비스와 지원을 제공한다. 모든 학생은 다른 HCC 학생들과 같은 권리를 갖는다(예: HCC 학생카드, 도서관 사용, 진로센터, 체육관). HCC는 등록 전에 모든 학생에게 보조공학 평가와 개인중심계획을 시행한다. HCC는 각 학생과 함께 수강 과목, 대학 활동, 지원 계획(예: 교수적 조정, 교육 코치)에 대한 개별화된 시간표를 작성한다. 학생들은 계획 수립 과정에 적극적으로 참여하며 성공하는 데 필요한 지원과 교수적 조정 유형에 대해서 배울 수 있는 기회를 제공받는다.

학생들은 그들의 교육과정의 일부로 진로 포트폴리오를 작성한다. 학생은 통합된 HCC 학생용 "MyHCC" 웹기반 포털 사이트를 사용하는 법을 배우고 최소한 일주일에 한 번 그것을 사용하도록 지도받는다. 이 사이트는 학생 이메일, 계좌, 수업시간표, 온라인 도서관 및 기타 자원들의 이용을 포함한다.

지속적인 소통을 위해 HCC 직원은 모든 자매학교에게 주간 정보를 메일로 보내고 매달 회의를 개최한다. 또한 매 학기 HCC는 정신지체 부서, 매사추세츠 재활위원회, 원스톱 진로센터의 주요 관계자들, 가족구성원으로 구성된 협력팀을 소집한다. HCC는 전환 관련서비스 요구를 충족시키기 위한 실행 계획을 개발하고 유용한 자원을 검토하기 위해 협력팀을 활용한다. 협력팀은 또한 개별 학생의 요구와 서비스 의뢰 사항을 논의하고, 학생들을 초청하여 그들의 진로 목표를 발표하도록 하며, 그 목표의 성취를 도와줄 수 있는 다양한 서비스와 지원에 대해 교수한다.

Program Profile

HCC는 학생들을 대학교 진로센터와 그들의 지역사회에 있는 원스톱 진로센터와 연결해준다. HCC는 캠퍼스와 지역사회에서 직무참관 기회를 촉진하고 안정된 고용을 돕는다.

학생의 일과

고용 유형	교과목	대학 캠퍼스와 지역사회 참여
• 직무참관 • 인턴십 • 지역사회 서비스 • 시간제 고용	수강과목은 다음과 같다. • 영어 • 진로 개발 • 음악 • 심리학 • 사회학 • 의사소통 • 경영학 • 건강 • 미술 • 지구과학	• 대학 공동체에 완전 참여(예: 　체육관, 학생관, 동아리, 도 　서관) • 대중교통과 그에 준하는 교 　통수단 사용 훈련

자료 수집 및 성과: 수집 중
- 사전 · 사후 검사
- 학부모 설문조사
- 사례연구

지적장애인을 위한 후원 프로그램과 서비스

중등이후교육 경험은 고등교육기관과 협력관계에 있는 성인 서비스기관에 의해 시작될 수도 있다. 이 프로그램들은 이중/동시등록과 같은 다양한 서비스를 제공한다. 이중등록과 성인 중등이후교육 유형 사이의 주요 차이점은 후자의 경우에는 지역 교육체계가 더 이상 학생지원 혹은 서비스 제공에 참여하지 않는다는 것이다. 만약 이 프로그램 혹은 서비스가 대학교에 의해 시도된다면, 이 프로그램은 주로 등록금을 중심으로 운영되고 가족들은 학생에게 제공되는 지원과 서비스 비용을 지불해야 한다. UCLA 패스웨이 프로그램은 지적장애인을 지원하는 대학 후원 프로그램의 예이다. 다른 경우에 학생과 그 가족은 아메리코(Americorp)[1] 서비스가 제공하는 교육상(education award), 연금보장 인센티브(Social Security

---

1) 역주: 미국 연방 차원의 자원봉사단체로 건강, 교육, 환경, 공공안전 분야의 자원활동을 지원함

Work Incentives)²⁾를 통한 패스(PASS, Plans for Achieving Self-Support), 중등이후교육이 학생의 진로 목표와 관련되어 있다면 중등이후교육 참여를 지원하는 주립 직업재활기관과 같은 연방정부와 주의 발의안을 통한 중등이후교육 지원을 찾을 수도 있다(더 자세한 재정지원 유형에 대해서는 2장 참조). 지적장애인을 위한 몇몇 프로그램은 이중으로 등록한 학생을 도와주며 지원은 성인기까지 계속된다.

학생 및 가족 주도 경험

지적장애인이 중등이후교육 경험에 참여하기 위해 반드시 하나의 프로그램에 참여할 필요가 있는 것은 아니다. 개별 학생과 그 가족은 단지 한 명의 학생을 위한 지원을 찾기 위해 고등교육기관을 찾을 수 있다. 개별 가족의 노력은 대부분 문서로 기록되지 않기 때문에 알려진 바가 거의 없다. 이러한 경로를 선택한 이들을 찾을 수 있는 효과적인 방법이 없기 때문에 이에 대한 연구도 거의 이루어지지 않고 있는 실정이다. 대부분의 노력은 무계획적이며 가족이 누구를 알고 있고 인터넷으로 정보를 얼마나 잘 검색하는지에 따라 달라진다. 가족들이 자녀를 위해 중등이후교육에 접근하는 방법은 다양하다. 어떤 가족은 정규 입학과정을 거치는 반면, 어떤 가족은 수강신청 허락을 받기 위해 개별적으로 강사를 만난다. 몇몇 가족은 동정심 있는 대학교 직원을 찾는다. 장애 서비스 담당자들과 함께 일하는 이들은 학생이 관심 있어 하는 과목을 찾고, 다양한 학습 스타일을 가진 학생에게 지원적이라고 알려진 강사와 그 과목을 연결하려고 노력한다. 가족들과 학생들은 위에서 언급한 모든 전략 혹은 그중 몇몇 전략을 사용하기도 한다. 불행하게도 자녀에게 적절한 중등이후교육 유형을 개발한 가족 모두는 너무나 자주 그들을 도와줄 수 있는 자원을 앎으로써 누리는 이익 없이 그렇게 하도록 남겨진다. 표 3.1은 중등이후교육 서비스 유형과 교수 모델의 비교를 보여준다.

---

2) 역주: 장애인이 직업을 가져도 연금은 보장해주는 규정

〈표 3.1〉 중등이후교육 서비스 유형(방법)과 교수 모델(내용) 간의 관계

중등이후교육 교수 모델		중등이후교육 서비스 유형		
		이중/동시등록 18~21세이며 성인기로 전환 중에 있는 학생으로서 서비스는 공립학교 체계 혹은 고등교육기관과의 협력을 통해 편성된다.	지적장애인을 위한 프로그램 및 서비스 미국장애인교육법(IDEA)의 서비스를 더 이상 받을 수 없는 성인으로 서비스는 대학교 혹은 성인 서비스 기관에 의해 편성된다―몇몇은 이 중등록된 학생과 성인에게 모두 제공된다.	공식적 지원 없이 대학교에 참여하는 개인 18세 이상의 학생을 위한 것으로 서비스는 가족을 포함한 다양한 기관들에 의해 편성된다.
	혼합/하이브리드 모델: 학생은 대학교 시설과 기반을 사용하고 대학교 교과목을 수강하기 위해 지원을 받는다. 하지만 개별 장애학생만을 위한 특별한 개별 혹은 소집단 교수도 받는다.	학교 혹은 고등교육기관은 대학교 중심 전환 프로그램을 실행하며, 학생은 대학교 교과목을 수강한다. 하지만 부가적으로 특별한 교수도 받는다.	대학교는 성인 서비스 기관과 함께 혹은 독립적으로 프로그램을 만들고 지적장애학생은 몇 개의 대학교 교과목을 수강하면서 또한 소집단 특별한 교수도 받는다.	지적장애인은 고등학교 재학 중 혹은 졸업 후 대학교 교과목을 수강한다―이 과목들은 장애 혹은 지적장애학생을 위해 특별히 개별된 것이다.
	실질적 분리 모델: 학생은 대학교 시설과 활동에 참여하나 모든 교수는 특별히 개별되고 장애학생만을 위한 것이다. 학생은 대학교 교과목만 수강하지 않는다.	학교 체계 혹은 고등교육기관은 대학교에서 프로그램을 실행하지만 학생들은 대학교 교과목을 수강하지 않고 장애학생을 위해 특별히 개별된 과목만을 수강한다.	대학교는 성인이 학교 시설과 기관을 사용하도록 프로그램을 개발하지만 대학교 교과목의 수강 그에 필요한 지원은 제공하지 않는다.	지적장애인은 장애인을 위해 특별히 개별된 과목을 수강할 수 있다.
	통합적 개별지원 모델: 모든 교수와 지원은 개별적으로 이루어진다―지원은 개별적으로 이루어지며 가정에서 실시되는 프로그램은 없다. 하지만 학생, 가족, 외부기관(외부인)이에 참여하도록 서비스를 조정한다.	학교 체계 혹은 고등교육기관은 전환의 한 부분으로 개별 학생이 대학교 교과목을 수강하고 대학교 공동체에 참여하도록 지원한다.	대학교는 기존의 시스템을 통해서 지적장애인에게 교과목, 서비스, 지원을 제공한다.	개인은 학교나 대학교의 지원 없이 대학교 교과목을 수강한다.

지적장애학생을 위한 중등이후교육 경험의 목표와 성과

중등이후교육에 참여하는 지적장애학생을 위한 목표와 바람직한 성과는 비장애학생을 위한 목표와 다르지 않다. 학생의 목표는 경쟁고용, 개인적으로 관심 있는 주제에 대한 학습, 향상된 자기결정 혹은 자기옹호기술 습득, 성인으로서 학습의 기회를 얻는 법을 더 잘 이해하기와 같은 다양한 성과와 관련이 있다. 지적장애학생을 위한 중등이후교육의 이점은 학업기술과 개인기술의 습득, 경쟁고용, 자기옹호, 자신감과 같은 다양한 영역에서의 개인적 성장으로 측정될 수 있다(Uditsky & Hughson, 2008; Zafft, Hart, & Zimbrich, 2004). 대학생활을 즐기고, 수업을 듣고, 높은 기대감으로 찬 세상을 살아가는 법을 배우는 것은 성공적인 성인생활에 필요한 기술을 개발하도록 이끌 것이다.

성공으로 이끄는 지원과 서비스

일반적으로 서비스와 지원은 학생의 요구에 따라 달라진다. 학생은 가장 잘 학습할 수 있는 방법과 학습을 도와주는 교수적 수정의 유형을 알고 있을 필요가 있으며, 이는 학생이 지원을 얻을 수 있도록 이끈다. 우선 학생은 발급된 지 3년이 안 된 장애 관련 서류를 가지고 있는 것이 중요하다. 학생은 대학교에서 필요로 하는 서류를 반드시 알아봐야 하는데 이는 고등교육기관마다 요구하는 것이 다르기 때문이다. 많은 대학에는 입학자격 조건을 검토하고 장애학생에게 필요한 교수적 조정을 제공하는 부서가 있다. 이 부서의 이름은 대학마다 다르지만 대부분 장애 서비스 사무실에서 약간씩 변경된 이름이다. 만약 학생이 장애 서비스 사무실로부터 교수적 조정을 받을 자격이 있는 것으로 간주되면 서비스는 무료이다. 전형적인 교수적 조정은 노트 대필자, 시험시간 연장, 보조공학을 포함한다. 장애 서비스 사무실에서 일반적으로 제공하는 교수적 조정과 함께 지적장애학생의 중등이후교육에서의 성공을 위한 교육 코치, 멘토, 보편적 설계 교수와 같은 부가적인 지원과 서비스가 있다. 몇몇 중등이후교육의 유형은 교사 준비과정 프로그램 혹은 재활 전문가 준비과정 프로그램과 연계되어 있고, 이 프로그램을 전공하는 학생들이 지적장애학생에게 다양한 지원을 제공한다. 또한 다른 중등이후교육의 유형은 지적장애학생과 비장애학생을 짝지어주는 멘토링 프로그램을 운영하여 지적장애학생이 대학교에서 제공하는 학업 및 비학업적 활동(여가활동시설, 동아리, 운동, 저녁모임)에 참여하도록 도와준다. 멘토링 프로그램은 또한 지적장애학생이 대학 공동체에서 가치 있는 구성원으로 보일 수 있도록 도와주며, 더 많은 사회적 지원망을 구성하도록 도와준다. 학업적, 비학업적 목표를 추구하는 학생을 지원하기 위해 교육 코치 혹은 생활지도원을 활용하는 중등이후교육 프로그램도 있다. 표 3.5는 그러한 다양한 실제를 보여주며, 이들은 다음의 목록을 포함하지만 이것에만 제한된 것은 아니다.

- **기관 간의 협력**은 좋은 전환 실제의 주춧돌이다. 이는 지역교육기관, 성인기관, 고등교육기관, 가족구성원, 학생으로 구성된 팀이 개별 학생의 필요를 채우고 목표를 이루기 위해 함께 일하는 것을 의미한다. 이 팀은 공통된 가치를 추구하고, 명확한 목표를 가지며, 의사소통과 실행 절차를 정의하고, 명확한 역할과 활동을 통해 책임을 공유한다(Johnson, Sharp, & Stodden, 2001; NCSPES-Hawaiʻi, 2003; Wehman, 1996; Whelley, Hart, & Zafft, 2002).
- **자원 연결 전략**은 팀이 기관 혹은 시설의 자원을 찾아서 문서화하도록 도와주는 과정이다. 그것은 중복되는 서비스 혹은 서비스 간의 격차를 줄이기 위해 중복되는 서비스를 재배치하도록 도와준다. 이 과정은 비용을 공유할 수 있는 틀을 제공하고(예: 자원혼합), 전략적 실행 계획을 위한 근거를 제시한다(Chadsey, Leach, & Shelden, 2001; Crane & Skinner, 2003; NCSPES, 1999).
- **개인중심계획**(예: Making Action Plans[MAPS], Planning Alternative Tommorrows with Hope[PATH], 홀 라이프 플래닝)은 중등이후교육, 직업, 사회적 관계, 일상생활, 여가활동에서의 바람직한 성과를 정의하고, 공식적 및 비공식적 지원망을 통해 비전이 성취되도록 하나의 계획을 개발하게 하여 학생들이 미래를 계획하도록 돕는다(Butterworth et al., 1993; Everson & Zhang, 2000).
- **직무기반 교수**는 장애 청소년을 위한 성과를 향상시키는 최선의 방법 중 하나

이다(Hughes, Moore, & Bailey, 1999). 직무기반 교수는 학생이 자신이 교실에서 습득한 것을 적용해볼 수 있는 실제 직업의 경험으로 구성되며 작업장 멘토링, 실습생, 유급 고용과 같은 다양한 기회를 포함한다(Gramlich, Crane, Peterson, & Stenhjem, 2003). 교수진은 직무기반 교수를 교과목에 통합하는 방법에 대한 전문적 지식이 필요하다.

- 교육 코치는 개별지원을 제공하는 방법이다. 역사적으로 교육 코치는 정신과적 문제가 있는 학생들을 위해 사용되었으며 최근 들어 심각한 학습장애가 있는 학생들에게 적용되고 있다(Briel & Getzel, 2001). 교육 코치를 통해 개별지원과 교수적 조정은 필요할 때마다 제공되고, 학생이 수강과목에 점점 익숙해지고 자연적 지원이 제공되면 점차 소거된다.

- 자기결정 훈련은 학생에게 의사결정 방법, 의사결정과정에 함께하고 싶은 사람 선정, 자기옹호, 궁극적으로 자신의 삶을 통제하는 방법을 교수한다.

- 보편적 교수 설계는 교수와 학습에 대한 오래된 근거를 다음과 같은 4가지로 변화시켰다: (1) 지적장애학생은 분리된 범주라기보다 학습의 다양성 체계 내에 속한다; (2) 학습자의 다양성에 대한 교수적 조정은 장애 혹은 지적장애학생뿐 아니라 모든 학생을 위해 행해져야 한다; (3) 교육자료는 교과서 하나만이 아니라 디지털 및 온라인 교재처럼 다양화되어야 한다; (4) 교육과정에 학생을 "맞추는" 것 대신 학습자의 다양성에 맞추기 위해 교육과정은 더 융통성 있어야 한다(Behling & Hart, 2008; Rose & Meyer, 2002). 교수진은 보편적 설계에 대한 교육을 받을 수 있어야 한다.

주거 혹은 기숙사 경험의 가능성

대학 캠퍼스에서 다양한 주거의 선택권을 제공하는 중등이후교육 프로그램은 거의 없다. 몇몇 경우에 이는 학생별로 이루어진다. 어떤 경우에는 학생들이 분리된 기숙사나 기숙사의 별채(예: Taft Transition to Independent Living Program, 벨뷰 커뮤니티 칼리지[Bellevue Community College]의 벤처 프로그램)에서 생활하거나 대학교, 가족 혹은 임대업자에 의해 지원되는 지역사회 아파트나 주택(예: 펜실베이니아 주립대학[Penn State College]의 라이프링크 PSU, UCLA 패스웨이 프로그램)에 거주한다. 예를 들면 패스웨이 프로그램 학생들은 UCLA 캠퍼스 근처의 방 1개 혹은 방 2개가 있는 아파트에 산다. 그 프로그램은 이 아파트에 살고 있는 2명의 생활보조원을 고용하여 학생 거주자들에게 감독, 상담, 지원을 제공한다.

최종 문서

일반적으로 이중등록/동시등록 프로그램의 학생들은 졸업요건에 대한 교육청/주의 정책에 따라 교육청으로부터 고등학교 졸업장 혹은 출석수료증을 받는다. 학위과정이 아닌 중등이후교육 유형에 참여하고 있는 지적장애인은 고등교육기관으로부터 졸업증을 받을 수는 있지만 많은 프로그램이 공식적으로 인증되는 학위증을 수여하지는 않는다. 벨뷰 커뮤니티 칼리지 벤처 프로그램은 기초전공의 예술, 직업과 생활기술 각각에서 학위에 준하는 수료증을 제공한다. 두 번째 수료증은 특히 벤처 프로그램에 참가하는 학생을 위한 것이다. 이 수료증은 학사학위를 받고자 하는 학생을 위한 것이 아니며 다른 학위로 전환이 불가능하다. 벤처 프로그램은 지금까지 승인된 학위 프로그램을 제공하는 유일한 중등이후교육 유형이다. 수료증 수여에 대한 필요를 충족시키기 위해 새로운 고등교육기회법(Higher Education Opportunities Act, PL 110-315)은 훈련 및 보조공학센터에 인가를 내주고 중등이후교육과정을 수료한 지적장애학생에게 수여할 수 있는 인증된 수료증 개발을 책임지도록 하였다.

공통된 어려움과 장벽

중등이후교육을 개발할 때 지적장애학생과 전문가들이 직면하는 많은 어려움이 있으며, 이는 혼합 유형에서 자세히 논의되었다. 지적장애학생을 위한 중등이후교육 설문조사에 따르면, 지적장애학생이 접하는 가장 큰 어려움은 중등과 중등이후 전문가, 가족, 학생 스스로가 갖고 있는 "태도"와 "낮은 기대감"이다(Hart, 2008; Neubert, Moon, & Grigal, 2004; Uditsky & Hughson, 2008). 부가적인 주요 어려움은 학생의 준비 부족, 배치시험, 입학기준, 자격검정시험, "별도의 자격"요건, 선수조건을 면제할 수 있는 대안적 방법 고안, 등록금 지원 및 서비스 지원의 개발과 향상의 부족을 포함한다. 이러한 어려움들은 다음과 같다.

낮은 기대감과 준비 부족

공립교육, 고용, 독립생활을 준비하면서 지적장애인이 직면하는 장벽과 함께, 고등교육기관이 육성하기 바라는 프로파일은 중등이후교육이라는 새로운 영역을 다소 더 어렵게 만든다.

　고등학교 때 분리된 교실 혹은 학습도움실에서 수업을 받은 지적장애학생은 종종 대학교에 잘 준비되어 있지 않다. 분리된 교실에서 사용되는 교육과정은 매우 다양하며, 생활기술 교육과정에서부터 수정된 일반교육과정까지 그 범위가 넓지만 어느 것도 학생이 대학교에서 필요한 기술들로 연결되지는 않는다. 중등교사와 특수교사는 일반교실에서 일반교육과정에 더 잘 접근하도록 도와주는 학습을 위한 보편적 설계와 같은 전략을 사용할 수 있다. 고등교육기관은 단지 지적장애학생만이 아니라 모든 학생을 위한 더 나은 준비의 필요성을 교육청이 깨달을 수 있도록 지원을 실행할 필요가 있다.

별도의 자격요건

2개의 연방법이 장애학생의 중등이후교육의 동등한 참여를 충족시킨다: 1973년 재활법(PL 93-112)과 1990년 미국장애인법(PL 101-336). 두 법은 고등교육과 직장을 포함하는 장애인의 지역사회 완전참여 차별을 금지한다. 재활법 504조항은 사람, 사업체, 기관, 연방정부의 재정적 지원을 받는 정부기관이 장애로 개인을 차별하는 것을 금지한다. 504조항의 차별금지에 대한 권리를 갖기 위해 학위 프로그램 혹은 자격증 프로그램에 참여하고자 하는 장애학생은 "별도의 자격을 갖춘 장애인"이 되어야 한다.

　입학을 허가받은 학생으로 중등이후교육을 받고자 하는 "별도의 자격을 갖춘 장애인"의 정의는 프로그램의 필수 자격요건을 만족시키는 사람을 의미한다. 만약 한 개인이 그러한 요건들을 만족시키기 위해 적정한 교수적 조정이 필요하다면 그는 "별도의 자격을 갖춘" 것으로 고려된다.

　이때 주요한 질문은 지적장애학생을 포함하여 입학허가를 받지 못한 장애학생에게도 고등교육기관이 교수적 조정을 제공해야 하는지다. 대답은 '그렇다' 이다. 수업을 청강하거나 학위 프로그램에 등록하지 않은 지적장애를 포함한 장애학생은 입학허가를 받은 학생과 같은 범위의 지원을 제공받아야 한다. 교수적 조정과 관련된 요구는 학위 프로그램뿐 아니라 비학위 프로그램에도 적용되어야 한다는 1990년 판결은 유효하다(미국연방 v. 앨라배마 대학교 버밍엄 캠퍼스; http://www.cqc.state.ny.us/DisabilityRightsADA/RehabActSect504Post-SecEd.htm).

지방법원은 버밍엄(Birmingham)에 있는 앨라배마 대학교(University of Alabama)의 교수적 조정 정책이 "특수"학생에게 교수적 조정의 유형인 보조를 제공하지 않으므로 504조항을 어겼음에 동의했다. "특수"학생은 비학위 프로그램에 등록된 학생들로 앨라배마 대학교의 특수교육과를 통해 등록한 학생들이다(http://bulk.resource.org/courts.gov/c/F2/908/ 908.F2d.740.897148.html). 더욱이 미국 교육부 시민권사무국(1998)은 "수업을 청강하거나 비학위과정에 있는 장애학생은 학위과정에 있는 학생과 같은 범위의 보조와 서비스를 제공받아야 한다."고 진술한다.

분명히 지적장애학생을 위한 중등이후교육 제공은 각 고등교육기관에 영향를 미치며, 비록 현재 절차와 지침은 유지되어야만 하지만 그들은 새로운 면에서 다시 검토되어야 한다. 입학허가를 받고 전통적인 학위 프로그램을 추구하는 지적장애학생은 자격검정시험, "별도의 자격"요건, 교과목 수강을 위한 선수조건 등 비장애학생과 같은 입학기준 및 조건을 적용받는다. 입학기준을 만족시키지 못하고 학위를 취득하고자 하지 않기 때문에 전통적인 경로를 따르지 않지만 중등이후교육에 참여하려는 지적장애학생의 수는 점차 증가하고 있다. 지적장애학생은 입학허가를 받지 못하고, 교과목을 청강하며, 비학점 과목을 수강하고, 지원과 교수적 조정을 받으며 교과목을 수강하기 때문에 중등이후교육의 대안적 방법이 필요하다. 이 대안적 경로를 추구하는 사람들은 장애인 서비스 사무실로부터 보조를 받으며 고등교육기관의 직원들과 협상하여 수정 혹은 철회할 수 있는 입학기준을 찾는다. 개별 학생의 비전과 진로 목표는 교과목 선택을 안내하며 필요한 서비스와 지원을 이끈다. 그러나 지적장애학생은 캠퍼스에 있는 다른 모든 학생과 같은 행동규범을 적용받을 필요가 있다. 그림 3.2는 전통적인 경로에 반대되는 대안적 경로를 보여준다.

[그림 3.2] 통합적인 중등이후교육의 대안적 경로
(출처: Debra Hart and the Institute for Community Inclusion)

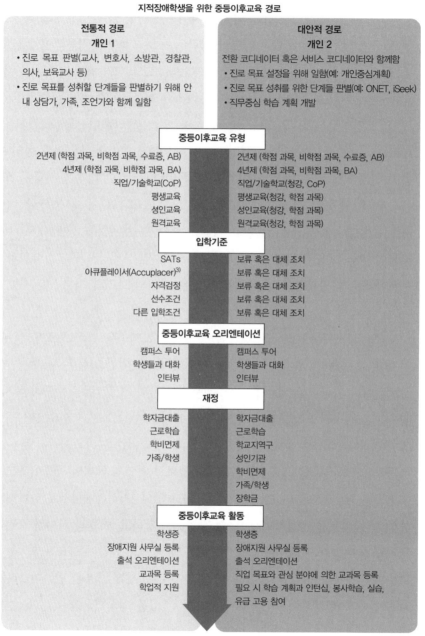

지적장애학생을 위한 중등이후교육 경로

전통적 경로 개인 1	대안적 경로 개인 2

• 진로 목표 판별(교사, 변호사, 소방관, 경찰관,
  의사, 보육교사 등)
• 진로 목표를 성취할 단계들을 판별하기 위해 안
  내 상담가, 가족, 조언가와 함께 일함
	전환 코디네이터 혹은 서비스 코디네이터와 함께함
	• 진로 목표 설정을 위해 일함(예: 개인중심계획)
	• 진로 목표 성취를 위한 단계들 판별(예: ONET, iSeek)
	• 직무중심 학습 계획 개발

중등이후교육 유형

2년제 (학점 과목, 비학점 과목, 수료증, AB)	2년제 (학점 과목, 비학점 과목, 수료증, AB)
4년제 (학점 과목, 비학점 과목, BA)	4년제 (학점 과목, 비학점 과목, BA)
직업/기술학교(CoP)	직업/기술학교(청강, CoP)
평생교육	평생교육(청강, 학점 과목)
성인교육	성인교육(청강, 학점 과목)
원격교육	원격교육(청강, 학점 과목)

입학기준

SATs	보류 혹은 대체 조치
아큐플레이서(Accuplacer)[3]	보류 혹은 대체 조치
자격검정	보류 혹은 대체 조치
선수조건	보류 혹은 대체 조치
다른 입학조건	보류 혹은 대체 조치

중등이후교육 오리엔테이션

캠퍼스 투어	캠퍼스 투어
학생들과 대화	학생들과 대화
인터뷰	인터뷰

재정

학자금대출	학자금대출
근로학습	근로학습
학비면제	학교지역구
가족/학생	성인기관
	학비면제
	가족/학생
	장학금

중등이후교육 활동

학생증	학생증
장애지원 사무실 등록	장애지원 사무실 등록
출석 오리엔테이션	출석 오리엔테이션
교과목 등록	직업 목표와 관심 분야에 의한 교과목 등록
학업적 지원	필요 시 학습 계획과 인턴십, 봉사학습, 실습, 유급 고용 참여

경쟁고용 그리고/혹은 계속적인 중등이후교육

---

3) 역주 : 수학, 읽기, 쓰기로 구성된 시험

지원금 서비스, 지원, 등록금

지적장애학생을 위한 중등이후교육의 지원금 유형은 아래와 같다. 하지만 아래의 목록에 한정된 것은 아니다:

- 가족 지원금: 중등이후교육 유형은 가족과 학생에 의해 지불될 수 있다. 지적장애학생은 Pell 기금과 같은 연방정부보조와 근로학습을 받을 자격을 곧 가질 수 있기 때문에 고등교육기회법의 최근 문항은 지적장애학생을 위한 중등이후교육 유형의 지원금에 대한 주요 영향력을 갖는다.

- 미국장애인교육법(IDEA) 지원금: 학교지역구는 IDEA와 이중/동시등록 프로그램을 위한 무상의 적합한 공교육에 따라 등록금과 필요한 서비스와 지원을 재정적으로 보조한다. 2004년 IDEA는 이러한 목적을 위한 지원금의 사용을 금하지 않으며, 이중/동시등록 프로그램은 성인생활로 전환하고 있는 지적장애학생을 위한 연령에 적절한 최소제한환경을 학교지역구에 제공한다.

- 비용 공유 지원금: 지원금 비용은 고등교육기관, 성인 서비스기관, 가족, 학교지역구가 공동으로 부담한다. 이는 개인 환경에 따라 다르다(예: 학생이 여전히 고등학교에 있다).

- 직업재활: 만약 학생의 교과목이 고용과 직접적으로 관련이 있다면, 주립 직업재활 지원금이 사용될 수 있다. 또한 몇몇 직업재활기관은 적격한 학생에게 등록금 면제를 제공한다.

- 다른 재활기관: 주립 발달장애 혹은 정신지체 부서는 중등이후교육에 참여하는 지적장애학생을 돕기 위한 지원금을 제공한다.

- 장학금: 기관은 장애와 재정적 상태에 상관없이 다른 조건을 만족시키면 중등이후교육에 등록한 학생에게 장학금을 제공한다. 또한 개별 내학들은 증명된 재정적 필요를 바탕으로 매년 장학금을 수여한다.

- 국립서비스와 지역사회 서비스를 위한 협회: 협회는 아메리코를 지급한다 (http://www.americorps.gov). 아메리코는 비스타(VISTA)와 국립 시빌리언 커뮤니티코(National Civilian Community Corps)로 구성된다. 이것은

서비스에 참여한 개인에게 중등이후교육을 위한 재정적 지원을 제공한다. 서비스 기간을 성공적으로 마친 후 아메리코 멤버들은 시걸 아메리코 교육상 (Segal Americorps Education Award)을 수상할 수 있는 자격을 얻는다. 교육상은 일정 자격을 갖춘 고등교육기관에 교육적 중재를 위한 비용을 지불하거나 학생대출을 갚기 위해 사용된다. 그 상은 1년 전일제 서비스를 위해서는 4,725달러를 지급하며, 시간제 서비스를 위해서는 일정 비율을 할당한다. 그 상은 전체 혹은 부분적으로 수여되고 개인은 서비스 기간이 종료된 후 7년까지 그 상을 받을 수 있다. 또한 현재 시걸 아메리코 교육상과 연결된 76개의 대학이 있다(상세한 정보는 http://www.americorps.org/for_individuals/benefits/benefits_ed_award.asp 참조).

- 기금: 주 및 연방정부 지원금이 유용하다. 새롭게 통과된 고등교육기회법은 많은 모델을 재정적으로 보조하고 지적장애학생에게 중등이후교육 유형을 설립하도록 종자지원금을 제공한다.
- PASS 계획: 생활보조금(Supplemental Security Income, SSI) 혹은 장애연금(Supplemental Security Disability Income, SSDI)을 받는 개인이 직업을 가질 수 있도록 하기 위해 사회보장국은 인센티브로서 PASS 계획을 개발한다. 이 계획은 개인이 직업을 갖고 돈을 저축하는 것을 가능하게 하고 생활보조금과 장애연금의 공제를 적용받지 않는다. 저축된 돈이 사용되는 곳을 제한하기는 하지만 대학등록금이 진로 목표, 성과와 관련되어 있다는 것을 보여주면 그것은 허용된다.

중등이후교육 설문조사 결과

다음으로 우리는 지적장애학생을 위한 중등이후교육 프로그램의 설문조사 결과를 검토한다. 설문조사의 목적은 이 프로그램에 대한 정보가 부족하여 국가 전체에 유용한 프로그램의 범위를 더 잘 이해하고자 함이었다. 이 조사는 매사추세츠 대학교의 지역사회통합연구소에 의해 2007년 가을에 실시되었다. 이 설문조사는 31개 주 전역에서 다양한 지원과 서비스를 이용하는 지적장애학생을 지원하는 150개의 중등이후교육 프로그램을 판별했다. 더 많지만 않다면, 그 수의 2~3배가 있을 것 같다. 그 프로그램은 다양한 환경에서 실시되며 학교, 고등교육기관, 직업재활 프로그램, 지역사회 제공자에 의해 개발되었다. 전반적으로 이 중등이후교육 유형의 대다수는 상호 배타적으로 개발되었다. 프로그램은 지적장애학생을 위한 중등이후교육 프로그램의 ThinkCollege 웹사이트 데이터베이스에 있는 150개 프로그램 각각과 함께 편의표집을 사용하여 판별되었다(예: 국가 리스트서브에 문의, 학회, 입소문, 전화). 제시된 자료는 150개 프로그램의 응답자 75명의 응답에 기초한다. 대부분의 경우에 이 정보는 중등이후교육 유형으로 접근하기 원하는 수많은 개별 학생과 그 가족을 반영하지는 않는다.

유형

대다수의 프로그램은 혼합/하이브리드 모델을 제공했고(51%), 그 안에서 지적장애학생은 때때로 제한적으로 대학교 정규 교과목의 수강에 지원을 받았다. 두 번째로 가장 흔한 모델은 학생이 정규 교과목을 수강할 수 있는 기회나 지원을 제공하지 않는 분리 서비스이다(33%). 매우 소수의 모델(16%)이 적절한 지원을 제공하여 지적장애학생이 그들의 선택에 따라 대학교 정규 교과목에 참여할 수 있도록 하는 중등이후교육 유형의 통합적 개별지원을 제공했다. 전반적으로 혼합 프로그램과 실질적인 분리 프로그램 교육과정은 기능적 생활기술과 고용 경험에 중점을 두는 경향이 있다. 개별지원 모델은 학생의 교과목과 연결되고 통합적 경쟁고용으로 이어지는 진로 목표를 설정하는 데 중점을 둔다.

학생

약간의 프로그램은 고등학교와 대학교에 이중등록한 학생과 성인으로서 서비스를 받는 학생을 지원했다. 프로그램의 다른 카테고리는 이중등록한 학생만 지원하며(예: 미국장애인교육법에 따라 공립학교 체계/지역교육기관에 의해 여전히 지원받는 18~21세), 마지막 카테고리는 성인만을 지원했다. 표 3.2는 여러 유형의 프로그램을 보여준다.

대다수 프로그램은 4년제 고등교육기관 다음으로 2년제 고등교육기관에 위치

〈표 3.2〉 프로그램 유형

유형	비율
이중등록 학생	35%
미국장애인교육법/공립학교 재정보조를 더 이상 받지 않는 성인	28%
2가지 모두	37%

한다. 표 3.3은 각 목록의 분류를 자세히 제공한다.

프로그램이 지속된 기간은 3개월에서 35년까지 다양했다. 프로그램의 대다수 (56.7%)는 지난 5~10년 사이에 설립되었다고 보고했다. 실질적인 분리 프로그램이 가장 오래된 것이었다. 대부분의 프로그램은 부모옹호와 로비의 결과로 시작되었다고 보고했다.

대다수의 프로그램은 한 번에 10~20명의 지적장애학생을 지원한다고 보고했다. 100명 혹은 그 이상의 지적장애학생을 지원하는 프로그램도 10개나 보고되었다. 이 프로그램은 더 오래되었고 더 분리되어 있는 경향이 있었다. 프로그램의 18.8%가 프로그램을 마친 학생들이 어느 누구도 수업을 수강하고 있지 않다고 보고한 데 반해 대다수 프로그램(81.1%)은 학생들이 프로그램을 마친 후에도 계속 수업을 수강하고 있다고 보고했다.

재정지원

중등이후교육 프로그램과 서비스를 위한 재정지원에 대해서는 개별 부담이 가장 빈번하고 다음으로 교통보조, 교수적 보조 혹은 교육 코치를 위한 학교지역구/미국장애인교육법의 재정지원이 있다. 대체적으로 프로그램들은 직업재활기관, 대학

〈표 3.3〉 고등교육기관의 유형

유형	비율
2년제	51.3%
4년제	40.8%
공학/상업학교	6.6%
합계	100.0%

〈표 3.4〉 재정적 자원 유형

고등교육기관	17.1%
성인 서비스기관	11.8%
개별 부담	51.3%
장학금	11.8%
재정적 보조	18.4%
학교지역구	39.5%

교 장애인 서비스 부서, 정신지체/발달장애학과와 비용 혹은 자원을 공유하지 않는다고 지적한다. 표 3.4는 재정적 자원 유형을 보여준다.

중등이후교육 경험에 대한 유망한 실제

지적장애학생을 위한 중등이후교육의 성장과 국가적 관심은 그들을 위한 중등이후교육 발의안의 개발과 향상에 관심이 있는 사람들을 돕기 위한 유망한 실제의 목록을 작성하도록 촉진시켰다. 유망한 실제의 목록은 시간낭비를 막고 적용 가능한 질 높은 실제들을 보급하도록 할 것이다. 이러한 요구에 기초하여 Grigal과 Hart(2008)는 추천할 만한 유망한 실제에 대한 목록을 개발했다(표 3.5 참조). 이 유망한 실제는 선행연구, 중등교육과 전환을 위한 전미연합(NASET)에서 중등학교에서 성인기 삶으로 전환하는 데 긍정적으로 영향을 미친다고 판별한 응용기반 실제 및 연구기반 실제와 일치하고 그것을 반영한다(NASET, 2005). NASET는 특수교육, 일반교육, 진로 및 공학교육, 청소년 발달, 다문화 관점, 부모를 대표하는 40개 이상의 기관과 옹호단체의 국가적 연합으로 5개의 영역에서 모든 청소년을 위한 중등교육과 전환의 국가적 기준을 설정했다: 학교, 진로준비 경험, 청소년 발달과 청소년 리더십, 가족 참여, 활동 간의 연결과 서비스 조정(NASET, 2005).

다양한 NASET 기준들과 함께 이 객관적이고 측정 가능한 유망한 실제들은 미국 교육부와 특수교육 프로그램과가 지난 10년 동안 지원한 6개 시범 모델, 봉사 프로그램, 연구와 혁신 프로젝트를 통해 행해진 누적된 결과물의 도움도 받았다.

〈표 3.5〉 유망한 실제

학생 활동

모든 교수, 서비스, 지원은 개별화되며 통합된 대학 및 지역사회 환경에서 제공된다.

학생은 필요한 지원과 교수적 조정(예: 교육 코치, 보조공학)을 통해 대학교 정규 교과목(학점 과목, 비학점 과목 및 평생교육)에 참여할 기회를 갖는다.

모든 무급 고용 경험(예: 지역사회 서비스, 인턴십, 자원봉사, 직무참관)은 학생의 구체적인 진로 목표를 기초로 한 단기목표를 가지며 시간 제한적이고, 비장애학생의 인턴십과 봉사 학습 경험과 유사/동일해야 한다.

학생은 동료와 멘토, 대학교 및 지역사회의 성인과 의미 있는 사회적 관계를 맺을 수 있는 기회를 제공받는다.

학생은 가능한 빨리(예: 첫 번째 해 안에) 진로 목표와 관련된 통합된 환경에서의 유급 경쟁고용을 찾고 유지할 수 있도록 지원받아야 한다.

학생의 시간표는 동아리, 체육관 사용, 학생센터, 지역사회 서비스, 남학생 클럽, 여학생 클럽, 기타 대학교 사회 활동과 같은 통합된 캠퍼스 활동의 참여를 포함한다.

학생은 자기옹호, 문제해결, 목표 설정, 자기주도, 자기이해와 같은 중요한 자기결정기술의 발달과 점검을 지원받는다.

학생 성과

학생은 진로 목표와 연관된 직업에 유급 고용되고 통합된 고용의 현 수준을 유지할 수 있는 성인 시스템 및 장기 서비스와 연결된다.

학생은 모든 삶의 주요 영역(예: 직업, 대학, 지역사회)에서 지원 요구를 표현할 수 있는 자기결정기술을 지닌 채 졸업한다.

졸업 시 학생은 대학교와 지역사회의 성인 학습 기회에 접근하는 법을 안다(예: 교과목 선택, 등록, 지불, 안전한 기숙시설, 시간표 짜기, 교통).

정책과 실제

개인중심계획은 학생의 목표(예: 진로, 교과목, 사회 혹은 개인 발달)와 자연적 지원과 같은 지원 요구를 판별하고 충족하기 위해 중등이후교육 입학 전과 그 후에 매년 사용된다.

모든 학생의 목표는 측정 가능해야 하고 성과를 기반으로 한다.

학생은 대학에서 제시한 학업 스케줄과 행동 수칙을 준수해야 한다.

가족은 그들의 자녀가 전환하게 될 중등이후, 고용, 성인 지역사회 환경을 찾도록 도와줄 수 있는 정보, 중재, 지원을 제공받아야 한다(예: 교통, 연금, 주거, 대학 요구 사항, 주립기관의 지원).

정책은 학생이 교과목을 수강하고, 선별검사(예: 자격검정시험)와 같은 요구 사항과 선수조건을 충족하도록 지원한다.

〈표 3.5〉 유망한 실제(계속)

평가자료(예: 고용, 대학 교과목 참여, 자기결정기술 습득, 졸업과 추후자료)는 수집되고 필요한 변화를 판별하기 위해 매년 검토된다.

관계자와 감독

중개팀은 장애 관련 기관의 대표자와 인력개발 제공자, 대학 담당자, 가족, 학생을 포함하여 설립된다.

중개팀은 서비스 제공과 학생 성과뿐 아니라 그러한 경험을 지원하는 협력관계를 지속적으로 평가한다(최소한 6개월마다).

공식적 혹은 비공식적 합의각서는 모든 기관(예: 고등교육기관, 지역사회 재활 제공자, 지역학교 체계) 사이의 의사소통을 원활하게 하는 담당자가 있는 협력 단체 간에 체결된다.

대학 교수와 장애 지원 담당자는 교과목에 통합될 수 있는 보편적 설계의 원칙과 전략에 대한 전문적 연수를 제공한다(예: 누구나 접근 가능한 강의계획서, 다양한 교수적 전략과 평가 전략).

헌신적인 스태프는 학생 서비스와 감독계획을 조정하고, 다른 행정적 의무(예: 중계팀 회의, 개인중심계획, 자료 수집, 문제해결, 가족으로의 아웃리치, 평가)를 실행할 권한을 부여받는다.

이 프로젝트는 지적장애학생을 위한 중등이후교육 유형을 개발하고 향상하기 위한 봉사 프로그램, 연구, 중재, 보조공학을 캘리포니아, 코네티컷, 델라웨어, 플로리다(Florida), 하와이, 일리노이(Illinois), 메릴랜드, 매사추세츠, 미시간, 미네소타, 미시시피(Mississippi), 몬태나(Montana), 뉴저지, 사우스캐롤라이나, 테네시, 버지니아를 포함한 여러 주에서 실행했다.

유망한 실제 목록은 여러 가지 목적이 있다. 일반적인 목적은 지적장애학생을 위한 긍정적인 중등이후 성과를 지원하기 위해 질 높은 서비스를 정의, 개발, 확장하는 데 사용될 수 있는 증거기반, 객관적 측정을 판별하는 것이다. Grigal과 Hart(2008)는 다양한 관계자에 의한 유망한 실제의 잠재적 사용을 다음과 같이 제안한다.

- 효과적인 실제와 학생 성과를 측정하는 연구를 실행하고 비교하는 기초
- 중등이후 환경에서 지적장애학생을 도와주는 새로운 전환서비스, 지원, 프로그램을 개발하는 지역 학교 체계를 위한 지침
- 지적장애학생을 위한 현존하는 서비스를 확장하고 새로운 서비스를 개발하

는 고등교육기관을 위한 지침
- 현존하는 프로그램과 서비스를 검토, 평가, 향상시키기 위한 틀
- 지적장애학생을 위한 중등이후교육에 영향을 미치는 정책과 법의 개발을 안내할 틀
- 지적장애학생과 가족에게 유용한 서비스의 질을 결정하는 지침

요약

지적장애학생이 중등이후교육을 선택하고 참여함을 보장하는 목적은 그들에게 진로 경로를 설립할 수 있는 기회와 21세기 지역사회를 살아가는 법을 학습할 기회를 제공하는 것이다. 지적장애학생이 중등이후교육에 참여하면서 그들은 전문가, 가족, 고용인, 지역사회 구성원의 낮은 기대감에 영향을 미치기 시작한다. 역사는 지적장애인이 과소평가되었음을 보여주고 있다. 그들은 생각했던 것보다 훨씬 더 능력이 있다. 지적장애학생을 위한 중등이후교육 유형이 전국적으로 발전하면서 그들에 대한 사람들의 인식과 기대도 성장하고 있다. 일반교육과정에 참여하고 유급 고용된 적이 있으며, 높은 기대감을 가진 장애학생이 중등이후교육에 더 잘 참여하며 고용되는 것을 우리는 알고 있다. 고등학교 졸업 후 취할 수 있는 경로를 탐색하는 지적장애학생에게 다양한 가능성 중 하나로서의 대학은 성공을 위한 잠재력을 향상시킨다.

지적장애학생의 중등이후교육 참여와 서비스를 향상시키는 것과 연계된 모든 연방정부와 주의 활동이 주어지면, 이 유형들은 사라지지 않을 것이 분명하다. 중등교육, 성인 서비스, 고등교육기관의 전문가들은 선택권이 있다. 전문가들은 지적장애학생을 위한 중등교육기관이 학생과 시스템에 이득을 주는 법을 결정하기 위해 함께 일하거나 그러지 않기를 선택할 수 있다. 변화, 참여, 협력, 그리고 더 나은 성과를 위한 요구가 매년 점점 강력해짐에 따라 후자의 선택은 유지하기 어려워지고 있다. 지적장애학생의 한 목소리는 그들의 가장 신성한 소유물인 미래에 대한 통제권을 쥐고 있는 이들로부터의 관심과 행동을 요구하며 계속 커질 것이다.

참고문헌

Americans with Disabilities Act of 1990, PL 101-336, 42 U.S.C. §§ 12101 *et seq.*

Behling, K., & Hart, D. (2008). Universal course design: A model of professional development. Strategies for bringing UCD to a college campus and ensuring its sustainability. In S. Burgstahler (Ed.), *Universal design in post-secondary education: From principles to practice* (pp. 109–125). Cambridge: Harvard Education Press.

Briel, L.W., & Getzel, E.E. (2001). Internships in higher education: Promoting success for students with disabilities. *Disability Studies Quarterly, 21*(1), 38–48.

Butterworth, J., Hagner, D., Heikkinen, B., Faris, S., DeMello, S., & McDonough, K. (1993). *Whole life planning: A guide for organizers and facilitators.* Boston: Children's Hospital, Institute for Community Inclusion.

Casale-Giannola, D., & Wilson Kamens, M. (2006). Inclusion at a university: Experiences of a young woman with Down syndrome. *Mental Retardation, 44*(5), 344–352.

Chadsey, J., Leach, L., & Shelden, D. (2001). *Including youth with disabilities in education reform: Lessons learned from school-to-work states.* Champaign: University of Illinois at Urbana-Champaign, Transition Research Institute.

Crane, K., & Skinner, B. (2003). *Community resource mapping: A strategy for promoting successful transition for youth with disabilities* (Information Brief, Vol. 2, Issue 1). Minneapolis: University of Minnesota, Institute for Community Integration.

Everson, J., & Zhang, D. (2000). Person-centered planning: Characteristics, inhibitors, and supports. *Education and Training in Mental Retardation and Developmental Disabilities, 35,* 36–43.

Ginsberg, M., Johnson, J., & Moffett, C. (1997). *Educators supporting educators: A guide to organizing school support teams.* Alexandria, VA: Association for Supervision and Curriculum Development.

Gramlich, M., Crane, K., Peterson, K., & Stenhjem, P. (2003). *Work-based learning and future employment for youth: A guide for parents and guardians* (Information Brief, 2[2]). Minneapolis: National Center on Secondary Education and Transition.

Grigal, M., Dwyre, A., & Davis, H. (2006, December). Transition services for students aged 18–21 with intellectual disabilities in college and community settings: Models and implications of success, National Center on Secondary Education and Transition. *Information Brief: Addressing Trends and Developments in Secondary Education and Transition, 5*(5).

Grigal, M., & Hart, D. (2008). *Promising practices to support students with intellectual disabilities in inclusive postsecondary education options: A self-assessment.* Rockville: TransCen, Inc.

Grigal, M., Neubert, D.A., & Moon, M.S. (2001). Public school programs for students with significant disabilities in postsecondary settings. *Education and Training in Mental Retardation and Developmental Disabilities, 36,* 244–254.

Hall, M., Kleinert, H.L., & Kearns, J.F. (2000). Going to college! Postsecondary programs for students with moderate to severe disabilities. *Teaching Exceptional Children 32,* 58–65.

Hamill, L.B. (2003). Going to college: The experiences of a young woman with Down syndrome. *Mental Retardation, 41*(5), 340–353.

Hart, D. (2008). [National survey of postsecondary education programs that support students with intellectual disabilities]. Unpublished raw data.

Hart, D., Mele-McCarthy, J., Parker, D., Pasternack, R., & Zimbrich, K. (2004). Community college: A pathway to success for youth with learning, cognitive, and intellectual disabilities in secondary education. *Education and Training in Developmental Disabilities, 39*(1), 54–66.

Hart, D., Zafft, C., & Zimbrich, K. (2001). Creating access to college for all students. *Journal for Vocational Special Needs Education, 23*(2), 19–31.

Hart, D., Zimbrich, K., & Parker, D.R. (2006). Dual enrollment as a postsecondary education option for students with intellectual disabilities. In E.E. Getzel & P. Wehman (Eds.), *Going to college: Expanding opportunities for people with disabilities* (p. 260). Baltimore: Paul H. Brookes Publishing Co.

Higher Education Opportunity Act, Public Law 110-315, 122 Stat. 3078.

Hughes, K.L., Moore, D.T., & Bailey, T.R. (1999). *Work-based learning and academic skills.* Retrieved October 12, 2004, from http://www.teacherscollege.edu/iee/BRIEFS/Brief27.htm

Individuals with Disabilities Education Improvement Act (IDEA) of 2004, PL 108-446, 20 U.S.C. §§ 1400 *et seq.*

Johnson, D.R., Sharp, M., & Stodden, R. (2001). *The transition to postsecondary education for students with disabilities.* Minneapolis: University of Minnesota, Institute on Community Integration.

Karp, M., Calcagno, J., Hughes, K., Jeong, D.W., & Bailey, T. (2007). *The postsecondary achievement of participants in dual enrollment: An analysis of student outcomes in two states.* Community College Research Center. Retrieved November 27, 2007, from http://www.ecs.org/html/IssueSection.asp?issueid=214&s=Selected+Research+%26+Readings

National Alliance for Secondary Education and Transition. (2005). Part II. Supporting evidence and research. In *National standards and quality indicators: Transition toolkit for systems improvements.* Minneapolis: University of Minnesota, National Center for Secondary Education and Transition.

National Center for the Study of Postsecondary Educational Supports. (1999). *Students with disabilities in postsecondary education: A profile of preparation, participation and outcomes.* Retrieved February 7, 2007, from the U.S. Department of Education, National Center for Educational Statistics web site: http://nces.ed.gov/pubs99/1999187.pdf

National Center for the Study of Postsecondary Educational Supports. (2003). *Capacity building institute proceedings: Students with intellectual disabilities and postsecondary education: Discussions of developments in practice and policy.* Honolulu, HI: Center for Disability Studies.

National Center for Youth Transition. (n.d.). *Best practices.* Retrieved October 19, 2006, from http://ntacyt.fmhi.usf.edu/promisepractice/index.cfm

National Collaborative for Workforce Development—Youth. (2005). *Transition guideposts developed by the National Collaborative for Workforce Development—Youth.* Retrieved December 8, 2008, from http://www.ncwd-youth.info/index.html

Neubert, D.A., Moon, M.S., & Grigal, M. (2004). Activities of students with significant disabilities receiving services in postsecondary settings. *Education and Training in Developmental Disabilities, 39*(1), 16–25.

Powers, L., Wilson, R., Matuszewski, J., Phillips, A., Rein, C., Schumacher, D., et al. (1996). Facilitating adolescent self-determination: What does it take? In D.J. Sands & M.L. Wehmeyer (Eds.), *Self-determination across the life span: Independence and choice for people with disabilities* (pp. 257–284). Baltimore: Paul H. Brookes Publishing Co.

Rammler, L., & Wood, R. (1999). *College lifestyle for all!* Middlefield, CT: Rammler and Wood Consultants.

Rehabilitation Act of 1973, PL 93-112, 29 U.S.C. §§ 701 *et seq.*

Rose, D.H., & Meyer, A. (2002). *Teaching every student in the digital age: Universal design for learning.* Alexandria, VA: Association for Supervision and Curriculum Development.

Segal AmeriCorps Education Award. (n.d.). Retrieved December 8, 2008, from http://www.americorps.gov/for_individuals/benefits/benefits_ed_award.asp

Stodden, R.A., Brown, S.E., Galloway, L.M., Mrazek, S., & Noy, L. (2005). *Essential tools: Interagency transition team development and facilitation.* Minneapolis: National Center on Secondary Education and Transition.

Uditsky, B., & Hughson, A. (2008). *Inclusive postsecondary education for adults with developmental disabilities: A promising path to an inclusive life.* Calgary, Alberta: Alberta Association for Community Living.

U.S. Department of Education. Office of Civil Rights. (1998). *Auxiliary aids and services for postsecondary students with disabilities. Higher education's obligations under Section 504 and Title II of the ADA.* Retrieved December 10, 2008, from http://www.ed.gov/about/offices/list/ocr/docs/auxaids.html

United States v. Board of Trustees of the University of Alabama, 908 F.2d 740 (11th Cir. 1990).

Wehman, P. (1996). *Life beyond the classroom: Transition strategies for young people with disabilities.* Baltimore: Paul H. Brookes Publishing Co.

Wehmeyer, M.L. (1996). Self-determination as an educational outcome: Why is it important to children, youth, and adults with disabilities? In D.J. Sands & M.L. Wehmeyer (Eds.), *Self-determination across the lifespan: Independence and choices for people with disabilities* (pp. 17–35). Baltimore: Paul H. Brooks Publishing Co.

Wehmeyer, M.L. (1998). Self-determination and individuals with significant disabilities: Examining meanings and misinterpretations. *Journal of the Association for Persons with Severe Handicaps, 23,* 5–16.

Wehmeyer, M.L. (2002). *Self-determination and the education of students with disabilities* (Digest No. E632). Reston, VA: ERIC Clearinghouse on Disabilities and Gifted Education. (ERIC Document Reproduction Service No. ED470036)

Whelley, T., Hart, D., & Zafft, C. (2002). *Coordination and management of services and supports for individuals with disabilities from secondary to postsecondary education and employment.* Unpublished manuscript, Honolulu, HI.

Zafft, C., Hart, D., & Zimbrich, K. (2004). College career connection: A study of youth with intellectual disabilities and the impact of postsecondary education. *Education and Training in Developmental Disabilities, 1*(1), 45–54.

지역 학교 시스템의 관점

Maria Paiewonsky & Jerri Roach Ostergard

이 장에서는 지역 학교 체계의 관점에서 지적장애학생을 위한 중등이후교육 경험을 개발하는 것에 대한 전망을 설명한다. 먼저 지적장애학생에게 중등이후교육 환경에서 전환서비스를 받을 수 있는 기회를 제공하는 것의 다양한 이점에 대해 알아본다. 또한 중등이후교육 환경에서 서비스를 계획하고 실행하며 평가하는 것과 관련한 쟁점에 대해 설명하고, 어려움을 극복하기 위한 전략을 제공한다. 그리고 대학 캠퍼스에서 교육과정, 고용, 사회 및 여가 경험에 접근하는 것과 관련한 쟁점을 탐색하고 성공 전략을 제공할 것이다. 이 장 전체에 걸쳐 이러한 좋은 점과 어려운 점이 어떻게 학교 체계에 영향을 주는지를 보여주기 위해 여러 실제 자료와 사례연구를 사용하였다. 또한 지적장애학생의 중등이후교육 성과를 증진하기 위한 전환모델 실행에 관심이 있는 이들을 위한 제언과 체크리스트도 포함하였다.

중등이후 선택이 없는 18~21세 사이 지적장애학생 현황

2001년 제정된 아동낙오방지법(NCLB, PL 107-110)이나 2004년 장애인교육개선법(IDEIA, PL 108-446)과 같은 미국연방 입법의 결과 점차 더 많은 지적장애학생이 초·중등교육 및 특수교육 서비스에 대한 접근성 개선의 혜택을 보고 있다. 또한 대학, 직장, 지역사회 활동 참여를 포함한 전환을 계획함으로써 지적장애학생이 발전을 경험할 것이라 기대한다. 이는 학교 체계에 있어 전환교육이 무엇인지, 이를 어디서 어떻게 가르쳐야 할지를 재고해야 함을 의미한다(Gaumer, Morningstar, & Clark, 2004). 전통적인 전환교육과정은 가능한 고등학교 교육과정을 반복하거나 일상생활, 사회적 상황, 진로 인식에 필요한 생활기술 교수에 초점을 두었다. Gaumer와 그의 동료들(2004)은 학생이 해당 기술을 연습하고 강화하는 데는 이러한 접근이 가치 있는 정보와 시간을 제공하지만, 대학입학과 지역사회에서의 유급 고용과 같이 학생과 부모가 기대하는 유형의 졸업 후 성과를 준비시키기에는 충분하지 않다고 지적했다(Cameto, Levine, & Wagner, 2004; Gaumer et al., 2004; Grigal & Neubert, 2004; Zhang, Ivester, & Katsiyannis, 2005). 또한 전통적인 전환교육은 대부분 이러한 생활기술을 적용해야 하는 실제 상황에서 학생을 가르치는 대신 고등학교 환경에서 교수를 제공하고 있다. 그렇기 때문에 학생들은 대학 강의실이나 직장, 혹은 더 넓은 지역사회와 같은 여러 환경에서 초기 성인기 전환을 동일하게 준비하는 비장애 동료와 함께 배울 기회를 갖지 못한다(Gaumer et al., 2004; Hart, Zafft, & Zimbrich, 2001). 결과적으로 장애학생은 자신의 중등이후 목표를 추구하기 위한 준비가 부족해지는 것이다(Johnson, Stodden, Emanuel, Luecking, & Mack, 2002). 게다가 이러한 전환 지원이라도 받을 수 있는 학교에 머물러 있지 않는 학생들도 있다. Wagner, Newman, Camino와 Levine(2005)은 장애학생을 포함한 학교 중퇴자에 대한 전국 규모의 연구에서 장애학생의 30%가 학교를 중퇴하였으며, 학교 중퇴자가 학교를 떠난 가장 큰 이유는 수업이 흥미롭지 않았거나 이들의 삶과 관련이 없었기 때문이라고 지적했다(Bridgeton, DiJulio & Morison, 2006).

　　부모, 학교, 학생과의 면담을 통해 청소년 3,000명의 전환 상태를 추적 연구한 전미전환서비스종단연구-2(National Longitudinal Transition Study-2, NLTS-2) 보고서에 따르면 교사들은 학생의 전환목표를 성취하도록 준비시키는 학교 프로그램의 적합성에 문제가 있는 장애학생이 최대 20%에 달한다고 보고했다(Cameto et al., 2004). 이와 유사하게, 자녀의 전환계획이 얼마나 도움이 되었는지에 대한 질문에 장애학생 부모의 18%는 이러한 계획이 자녀가 졸업 후 생활을 준비하는 데 "거의" 혹은 "전혀" 유용하지 않다고 지적했다. 또한 중등이후 목표 논의를 위한 학생의 전환계획 참여에 대해서는 18세 이상의 장애학생 중 단지 15% 만이 자신의 전환회의를 주도했으며, 지적장애학생의 경우 자신의 전환회의를 주도하는 비율이 3%에 그쳤다(Cameto et al., 2004; Katsiyannis, Zhang, Woodruff, & Dixon, 2005).

학교 체계를 위한 중등이후교육 서비스 제공의 이점

중등이후교육을 포함한 전환서비스는 학교 체계에 많은 이점을 준다. 이러한 서비스는 증거기반의 실제와 함께 종합적으로 전환을 지원하는 방법을 지역구에 제공하는데 이러한 방안에는 청소년에게 자신의 중등이후 계획을 주도하도록 교수하기, 전환계획에 가족 참여시키기, 자녀의 전환활동을 이해하고 촉진하도록 부모에게 지원 제공하기, 학생이 자신과 가족이 원하는 중등이후 미래의 유형을 준비하도록 전환 경험을 제공해줄 지역사회기관 및 대학과 협력하기 등이 있다(Grigal, Dwyre, & Davis, 2006; Neubert & Moon, 2006; Zafft, Hart, & Zimbrich, 2004).

　　종합적인 학생중심 전환서비스의 혁신과 전념은 지적장애학생의 졸업 후 성과를 증진한다. 이러한 전환모델은 모든 학생을 위한 서비스를 연결하고 강화할 수 있는 학교와 지역사회에 있는 대학 간 파트너십을 촉진하며 이런 접근은 이제 21세기 직장에 학생을 대비하게 하는 새로운 단계인 듯하다(Cassner-Lotto & Barrington, 2006). 학생에게 개별화된 전환서비스를 제공하는 것은 중등이후 계획에 학생을 준비시키는 기술과 실제를 개발하도록 교사와 협력해야 함을 의미한다(Wehmeyer & Palmer, 2003). 담당자의 전문성 개발은 청소년 발달과 자기결정, 직업 개발과 지원, 교수적 조정, 개인중심계획(PCP), 고등학교와 대학의 차이, 기관 간 협력에 초점을 둔다(Hart & Grigal, 2004; National Center on Secondary Education and Transition, 2005; Timmons, 2007; Weir, 2004). 담당자는 학생들과의 전환활동 경험을 통해 좀 더 어린 학생들이 배워야 하는 영역을 결정하는데 여기에는 학생이 자신의 장애에 대해 이해하고 조정에 대한 요구를 하는 것, 읽기 기술을 개발하고 자기결정과 자기옹호 연습을 위한 기회를 이용하는 것 등이 있다. 기관 간 협력과 참여는 학교와 고용 제공자가 학생의 직업 개발을 위해 서로 비용을 분담하도록 할 수 있다(Luecking & Certo, 2002; Timmons, 2007). 중등이후교육 전환모델의 개발은 장애학생에게 선택 가능한 방안을 제공하며, 지역구에는 학생의 졸업 후 선택 범위를 넓혀주고, 졸업 후 계획과 성과에 대한 정부 지표에도 부합하도록 돕는다. 더 나아가 고등교육기관과의 협력은 강력한 파트너십과 지속적인 협력을 통해 학생의 중등이후 성공을 준비시키는 연속체를 조성한다(Harris, Cobb, Pooler, & Perry, 2008). 이런 체계는 학생을 고등학교에 머무르게 하기보다 연령에 적합한 교육 방안으로 움직이게 한다(Luecking & Certo, 2002). 결국 중등이후교육 전환모델을 개발하는 것은 학생이 생애 다음 단계로 나아가는 과정을 볼 수 있어 학생과 가족에 대한 책임 있는 태도를 보여준다.

지적장애학생을 위한 중등이후교육 서비스 계획하기

중등이후교육을 준비하는 데는 종합적으로 계획하는 것 그리고 여러 어려움을 직시하는 것이 필요하다. 먼저 계획위원회 구성원 모집이 그것이다. 특수교육과 장애 문제에 관련된 학교와 기관의 담당자들은 넘쳐나는 회의에 대해 자주 불평한다. 또한 다양한 학생지원으로 이미 많은 어려움에 직면해 있는 대학 행정가들은 새로운 의제를 논의하는 것을 처음부터 꺼릴 수 있다. 이 많은 일을 실행하는 데는 시간과 인내가 요구된다. 계획이 필요한 학생의 우선순위를 정하는 것, 이동수단, 스태프 고용 및 훈련, 행정적인 고려사항 같은 문제가 해결되어야 한다. 이 절에서는 중등이후교육 서비스 계획을 위한 단계를 개괄하고 각 단계의 어려움에 대해 살펴보며 이러한 잠재적 장벽을 해결하기 위한 전략을 제공하고자 한다.

중등이후교육 서비스 계획 단계

Grigal, Neubert와 Moon(2005)이 지적했듯이 사전계획에는 (1) 계획위원회 구성, (2) 지원 학생 수 결정, (3) 전환서비스가 제공될 장소 판별, (4) 새로운 서비스의 방향을 정하게 될 목표 합의, (5) 중등이후교육과 지역구의 목표에 가장 적합한 모델 선택, (6) 서비스를 위한 행정적 문제나 공식적인 협약 등을 해결하고 학생을 지원할 합동기관팀 형성을 위한 확대계획위원회가 포함된다.

계획 파트너 구성하기

어떤 특정 기간에 반드시 해야 할 일의 우선순위를 생각할 때 학교 담당자에게는 할 일이나 참석해야 할 회의 하나가 더 늘어나는 것은 매우 어렵거나 불가능한 일일 수 있다. 그러나 중등이후교육과 관련한 일은 기관 간 협력을 통해 이루어질 때 가장 효과적이다(Hart, Zimbrich, & Ghiloni, 2001, 2002; Grigal et al., 2005; Luecking & Certo; Morningstar, 2006; National Center for Secondary Education and Transition, 2005; Timmons, 2007). 사실 전환정책 및 최상의 실제에 있어 협력은 가장 강력한 예측 변인이라는 것이 증명되어왔다(McMahan & Baer, 2001). 방해가 될 만한 것들을 예측하면서 구성원을 모아야 하는 계획 담당자는 계획위원회의 목표와 일반적인 회의기간 등을 명료화하기 위한 준비를 해야 한다. 계획 담당자는 기관이나 단체에 있는 구성원에게 일부 회의의 담당을 부탁하여 회의가 여러 장소에서 돌아가며 열릴 수 있도록 한다. 이는 전환 관련 회의를 주도하는 학교의 부담을 덜어줄 뿐 아니라 구성원들이 서로의 소속기관에 좀 더 친숙해지도록 한다.

계획위원회의 구성원을 모집할 때는 이들이 장애 청소년의 전환 성과를 위해 노력해왔으며 관련 쟁점에 대해 다양한 관점을 지닌 사람인지에 초점을 두어야 한다(Grigal et al., 2005). 구성원에는 부모, 학교행정가 및 교사, 고용주, 시·도 기관 스태프, 지역사회 독립생활 및 직무개발센터 담당자가 포함될 수 있다(표 4.1 참조). 구성원은 시간이 지남에 따라 바뀔 수 있는데 좀 더 많은 지역사회 구성원이 계획에 기여할 수 있도록 초대할 수도 있다. 이러한 초기 계획회의에서 구성원들은 중등이후교육 지원과 서비스 목표의 핵심 요소를 판별하는 데 있어 협상이 가능한 것과 그렇지 않은 것이 무엇인지, 그리고 유효한 자원과 해당 목표를 보장하거나 발전시키는 데 필요한 파트너십이 무엇인지에 대해 생각한다(Grigal et al., 2005).

서비스 대상학생 결정하기

중등이후교육 환경에서 전환서비스를 성공적으로 실행하기 위해 계획팀은 지원을 받게 될 학생 집단을 명확히 정의해야 한다. 이 과정은 여러 이유에서 학교 담당자

〈표 4.1〉 잠재적인 계획위원회 구성원

1. 해당 지역교육청(local school system, LSS)의 특수교육 책임자 혹은 기타 특수교육 행정가 및 코디네이터
2. 학생을 보내는 고등학교의 교사 및 담당부서의 부장
3. 학교장
4. 새로운 서비스 수립에 협조하고자 하는 다른 교육청 소속 직원
5. 지역사회중심 교수자, 직무 코디네이터 및 전환교육 전문가
6. 치료사, 상담자, 보조원 등 관련서비스 담당자
7. 학부모
8. 성인을 대상으로 하는 지역사회기관(예: 비영리 지역사회기관, 직업 및 주거 지원 기관, 독립생활센터 등)
9. 지역 내 전문대학 및 4년제 대학 직원
10. 중등 환경에서 현재 실행되고 있는 프로그램 담당 교사 및 직원
11. 직업재활 혹은 발달장애 사례관리 대표자
12. 고용지원단체(예: 지역사회에 있는 원스톱 진로센터)
13. 옹호기관 대표자
14. 최근 졸업생 혹은 중도장애학생
15. 기타 관련인

출처: Grigal, M., Neubert, D.A., & Moon, M.S. (2005). *Transition services for students with significant disabilities in college and community settings: Strategies for planning, implementation, and evaluation.* Austin, TX: PRO-ED.

들에게 어려울 수 있는데 왜냐하면 이들 대부분은 장애가 있든 없든 모든 학생이 전환계획의 혜택을 받고 졸업 전에 중등이후교육에 접근해야 한다는 데 동의하기 때문이다. 또한 일부 위원회 구성원들은 약간의 지원만 있어도 되는 더 많은 수의 장애학생에게 유효한 자원을 찾는 것이 우선순위에 있어 가장 논리적인 방안이라 느낄 수도 있다. 또 어떤 위원들은 제한된 자원과 인력을 고려할 때 성공적인 졸업 후 성과를 달성하는 데 가장 지원이 필요한 학생을 선택하는 것이 중요하다고 느낄 수도 있다. 이러한 우려와 다양한 의견을 조정하기 위해 위원회는 잠재적인 대상학생들이 전환을 준비하는 고등학교 시절 동안 했던 준비와 경험, 학생의 교육팀이 추천할 것으로 예상되는 성인기관으로부터 받기를 기대하는 서비스 유형 및 지원수준, 종합적인 전환서비스가 없는 학생에게 유효한 방안 등에 대해 참작하려면 요구 평가를 수행하는 것이 도움이 된다는 것을 알게 될 수도 있다(부록 4.1 참조). 위원회는 이를 통해 어떤 학생을 몇 명이나 지원할지를 결정할 수 있다(Grigal et al., 2005). 실행 첫해에는 시범적으로 최대 3~5명의 학생에 대해 정책 및 전략을 만들어 이를 조정 및 수정할 것을 권한다. 최소한 이러한 예비 실행을 하는 해에는 참여하는 학생을 위해 사례관리자가 될 전환 코디네이터를 지원하는 것이 포함되어야 한다.

서비스 장소 판별하기

서비스 장소를 선택하기까지에는 많은 내부 고려사항이 있다. 중등이후교육 접근을 포함하는 전환서비스 확장에 초점을 둔 위원들은 지역사회에 있는 대학과의 연계, 대학 행정에 기대할 수 있는 지원, 학생에게 유효한 이동수단, 캠퍼스의 접근성, 유효한 강좌를 고려해야 한다.

대학과의 연계

한 가지 고려해야 할 것은 학교가 이미 형성한 지역사회 대학과의 연계이다. 이는 학교에 있는 다른 특정 학생에게 동시등록 기회를 제공한다는 학교와 대학 간의 문서화된 협정 같은 공식적인 것일 수도 있다. 지역구 역시 특정 대학들과 비공식적인 관계를 맺고 있을 수 있다. 예를 들면 대학 교수(faculty)나 스태프들이 직업자문위원회의 일원이거나 혹은 교사연수 프로그램을 통해 학교와 협력하고 있을 수도 있다. 이런 경우 새로운 서비스 프로그램은 지금 있는 계획과 연계하거나 이를 확장할 수 있을 것이다. 또한 하나 이상의 대학이 지역 내 여러 고등학교와 좀 더 많은 연계를 하고자 할 수도 있다. 학교 담당자에게 어려운 점은 이러한 연계가 장애학생에게도 확장되도록 다른 협력자들에게 권하는 것인데 왜냐하면 그동안 이중등록된 고등학생들은 대학의 우수학생 프로그램(honors program)[1]에 참여하는 학생들이었기 때문이다(Karp, Bailey, Hughes, & Fermin, 2004).

대학 행정 담당부서의 지원

서비스 장소 결정에는 대학의 목표를 파악하기 위해 해당 대학 행정가와 만나 이중

---

1) 역주: 우수한 고등학생들을 대상으로 대학에서 제공하는 예비대학 프로그램

등록의 설계와 이점에 대해 논의하는 것이 포함될 수 있다. 대학 측과 회의할 때 계획위원회 구성원들은 지적장애학생을 위한 이중등록 시도가 그 대학의 목표나 행정상의 요구와 어떻게 부합할 수 있는지를 명확히 해야 한다. 처음에는 지역에 있는 대학들이 이러한 시도에 저항할 수도 있다. 특히 전문대학은 등록생 증가, 학생의 다양한 대학 학업 준비 수준, 조정을 필요로 하는 학생 수의 증가, 학위 취득률을 증가시키기 위한 행정적인 압박을 포함한 많은 요인에 의해 스트레스를 받고 있다고 한다(National Center for Public Policy and Higher Education, 2006). 대학 담당자와의 대화에서 이러한 계획은 대학이 지역사회에 공헌하고 노동인력 개발을 촉진한다는 목표에 부합한다는 것을 보여주는 것이 중요하다. 예를 들면 장애학생이 대학 경험을 통해 어떠한 이점을 얻을 수 있는지 강조하는 것은 도움이 될 수 있다.

통학수단

접근성의 중요한 부분은 캠퍼스로 오고 갈 수 있는 능력이다. 서비스 장소를 결정하는 것은 대중교통, 카풀, 대학생, 장애인과 같은 특정 이동약자를 위한 보조금을 받는 교통수단, 학교에서 제공하는 교통수단을 포함해 대학까지의 모든 이동수단에 대한 검토를 포함한다. 이 중 학교 운송수단은 가장 비용이 많이 드는 방법이면서 학생들이 독립적인 이동기술을 계발하는 데 도움이 되지 않기 때문에 계획위원들은 이를 피해 신중히 고려해야 한다.

캠퍼스 접근성

계획위원회 구성원들은 학교나 학생들이 이동할 대학의 근접성에 대해 고려해야 한다. 특히 처음 이동하게 되는 학생들에게는 고등학교에서부터 대학까지 가는 여러 대중교통 노선이 있고 이동시간이 하루의 대부분을 차지하지 않도록 하는 것이 중요하다.

이용 가능한 강의

모든 강좌를 반드시 등록할 필요가 없는 지적장애학생에게는 유효한 해당 대학의 강의를 검토하는 것이 서비스 장소를 선택할 때 중요하다. 계획위원회는 청강을 할 수 있는 과목은 무엇인지, 선수요건이 없는 과목은 무엇인지, 어떤 비학점 과목(noncredit classes)을 수강할 수 있는지 등을 결정해야 한다. 어떤 강좌는 일반적으로 배치성적 때문에 듣지 못할 수 있으므로 선수요건을 면제받기 위한 절차를 조사하는 것이 중요하다.

서비스 조직 방법 결정하기

중등이후교육 환경에서 서비스 일정과 구조화는 학생 개인의 전환목표에 기초해야 한다. 많은 지적장애학생의 전환목표에는 대학 과정, 업무, 지역사회활동 참여가 포함된다. 그러므로 활동 및 지원 서비스는 여러 장소에 흩어져 있을 수 있다. 이러한 점은 고등학교 환경에서 전환교육활동의 대부분을 제공해야 하는 학교 측에 어려움이 될 수 있다. 신중한 계획과 일정 짜기가 필요하며 이를 통해 학생들은 환경별로 담당자의 지원을 받으며 개별적인 전환목표를 추구할 수 있다. 이런 계획하기는 대개 학생과 관계자의 일정을 계발하는 책임을 맡고 있는 전환 혹은 프로그램 코디네이터가 주도한다.

  이를 착수하는 방법 중 하나는 먼저 한 학생의 일정부터 시작하는 것이다. 그림 4.1에 나온 예시를 보면 줄리는 판매업에 대해 좀 더 배우고 싶어 한다는 것을 알 수 있다. 줄리는 큰 백화점 매장의 창고에 새로 배달된 의류를 넣는 일을 하는 지역사회에 기반한 직업을 갖고 있다. 그 매장에서 근무하는 다른 직원들을 관찰한 후 줄리는 고객서비스센터에서 일하는 것에 흥미가 있음을 표현했다. 줄리의 팀은 직원 채용이 시작되기를 기다리는 동안 줄리가 부가적인 고객접견기술을 계발해야 한다고 제안했다. 지역에 있는 커뮤니티 칼리지에서 고객서비스기술이라는 1학점짜리 비즈니스 과정이 봄에 열렸다. 전환 코디네이터는 줄리가 이 수업을 신청할 수 있도록 도와주었다. 직업과 대학수업 이외에도 줄리는 미국장애인법(ADA)에서 제공하는 대중교통으로 직장, 대학 캠퍼스, 집까지 가는 법을 배울 예정이었다. 그림 4.1은 줄리의 주간 지역사회중심 전환일정이다. 코치는 대학에서 줄리를 지원하고 학교 담당자는 줄리의 대중교통 이용을 도왔다. 직장에서는 직무지도원이 적어도 업무교대 때마다 한 번씩 줄리를 확인했다.

[그림 4.1] 줄리: 2009년 봄학기 시간표

전환계획 목표: 고객서비스 관련 직업에 지원하기; 관련 직무기술 계발하기; 직장, 대학 캠퍼스, 집을 이동할 대중교통수단 이용하는 법 배우기

시간	월요일	화요일	수요일	목요일	금요일
8:00~9:00	출근	등교	출근	등교	출근
9:00~10:00	백화점에서 일하기	고객서비스 수업	백화점에서 일하기	고객서비스 수업	백화점에서 일하기
10:00~11:00		과제지원센터		과제지원센터	
11:00~12:00		11:15~12:00 요가 수업		11:15~12:00 요가 수업	
12:00~1:00	점심	12:15~1:00 학교식당에서 점심	점심	12:15~1:00 학교식당에서 점심	점심
1:00~2:00	근무	이동 훈련	근무	이동 훈련	근무
2:00~3:00		하교		하교	
3:00~4:00	퇴근		퇴근		퇴근

확실히 학생 1명의 일정은 훨씬 다루기 쉽다. 학교에서 많은 학생의 계획을 세우고자 할 때 모든 학생에게 지역사회기반 전환서비스를 제공하는 것은 불가능해 보일 수 있다. 그러나 만일 전환 담당자나 코치들이 더 많은 지원이 필요한 학생에게 서비스를 다시 제공해야 할 때 다른 학생들에 대한 지원은 점차 줄여나갈 수 있도록 훈련된다면 이들이 지역사회에서 중등이후교육 환경에 있는 좀 더 많은 학생을 지원하도록 계획하는 것이 가능해진다. 그림 4.2는 담당자가 여러 전환기의 학생을 어떻게 지원할 수 있는지를 보여주는 예이다. 이 경우 전환 코디네이터는 학생과 스태프의 일정 조정하기, 학생의 전환계획회의 참석하기, 전환 스태프 감독하기, 기관 간 전환계획회의 참석하기, 학생을 대학 및 취업을 위한 여러 직장에 소개하기 사이에 자신의 시간을 분배한다. 여러 전환 스태프들은 대학과 직장에서 학생들을 돕는 것과 학생의 대중교통 사용을 돕는 것에 자신의 시간을 배분한다. 그리고 전환 스태프는 학교 졸업 이후의 전환을 준비하기 위해 학생이 성인기관 스태프와 만나도록 도울 수 있다.

일정 변경 및 문제 해결을 위해 담당자가 학생을 도울 수 있도록 많은 학교가 대학 캠퍼스 안에 특별장소(base)를 마련하는 것을 선택한다. 이러한 특별장소는 전문

[그림 4.2] 10월 6일~10일까지의 전환교육 스태프 주간 일정표

담당자	월요일	화요일	수요일	목요일	금요일
페기 (전환교육 코디네이터)	저스틴의 개별화전환교육(ITP) 회의(직업재활실)	캠퍼스 종일활동; 전환교육 스태프 회의	8:50 캠퍼스로 이동:밴 만 나기 11:00 새로운 직무를 수행 중인 제이크 확인	오전: 합동기관팀 전환계획 회의 오후: 이동 훈련 및 소거(fading) 관련 직원연수	팀의 개별화전환교육(ITP) 회의(직업재활실) 다음 주 담당자 스케줄 개발 및 이메일 보내기
캐롤 (전환교육 코치)	8:00 루시의 직장까지 운전 줄리/마지와 함께 출근 기록 댄의 고용지원을 위해 12시에서 집까지	7:50~11:15 루시/에이미/줄리의 오전 수업 교육 코치 1:00 줄리의 이동 훈련: 대학에서 집까지	7:50 직장까지 운전 줄리/마지와 함께 출근 기록 12:40 마지와 만나기: 원스톱 진로센터에서 취업준비	7:50~11:15 루시/에이미/줄리의 수업 교육 코치 1:00 줄리의 이동 훈련: 대학에서 집까지	대학까지 운전: 레이철의 교육 코치 지원 줄리/마지와 함께 출근 댄의 고용지원을 위해 12시 출발
미시 (전환교육 코치)	8:50 젠과 함께 대학교로 이동 11:00 리치의 이동 및 고용 지원 11:30 이동 훈련(제이크)	7:30 제이크와 함께 대학교로 이동 11:30 이동 훈련(제이크)	8:50 젠과 함께 대학교로 이동 11:00 리치의 이동 및 고용 지원	7:30 제이크와 함께 대학교로 이동 11:30 이동 훈련(제이크)	7:50 단(제이크/아티와 함께 출근 기록 11:00 캠퍼스로 이동: 학생들과 함께 출석 확인
앤 (전환교육 코치)	7:30 캠퍼스에서 리치 만나기 기록 11:00 리치가 택시로 직장까지 가는 것 참관 12:30 로즈와 이동 훈련 11:45 직무지도원	7:30 밀리/로즈와 함께 출근 기록 12:30 로즈와 이동 훈련	7:30 캠퍼스에서 리치 만나기 11:30 리치가 택시로 직장까지 가는 것 참관 11:45 직무지도원	7:30 밀리/로즈와 함께 출근 기록 12:30 로즈와 이동 훈련	7:30 캠퍼스에서 리치와 함께 출근 기록 11:30 리치가 택시로 직장까지 가는 것 참관 11:45 직무지도원

대학, 고용개발센터, 지역사회센터일 수 있다. 이런 특별장소를 지역에 있는 고등학교가 아닌 다른 곳에 두도록 제안하는 주된 이유는 대학 및 지역사회중심 전환 프로그램의 목적이 학생으로 하여금 지역사회에서 새로운 관계 및 일과를 수립하는 것이기 때문이다.

학생 일정의 유연성

유연한 학생 일정표 개발에 참여한 학교 행정가는 고등학교로 등교하지 않는 학생의 출결 점검, 학교 컴퓨터시스템에 자동적으로 등록된 학생에 대한 성적 처리, 전환 스태프의 결근에 대비한 유사시 대책 수립과 같이 전형적인 고등학교 업무와는 다른 방침을 논의할 필요가 있을 것이다. 이러한 주제에는 특수교육 장학사나 행정가, 학교장이나 혹은 학교위원회 구성원 등이 결정해주어야 하는 모든 문제가 포함된다. 또한 어떤 새로운 방침이라도 검토와 피드백을 받기 위해 이를 가족 구성원에게 제시해야 한다.

관련서비스 통합하기

학교 행정가들이 관심을 가져야 하는 중요한 문제는 관련 전환서비스와 개별적인 교육목표를 어떻게 처리할 것인지와 관련이 있다. 처음에 행정가들은 학생들이 대학에서 강의를 수강은 하지만 다시 고등학교로 돌아와 관련서비스를 받고 생활기술 훈련이나 기초학업과목에 참여해야 한다고 생각할 수 있다. 그러나 방법은 집, 대학, 고등학교를 이동하는 데 발생하는 비용; 학생이 한 장소에서 다른 장소로 서둘러 다녀야 하는 빡빡한 일정; 과다한 일정으로 인한 스트레스와 같은 문제를 가져올 수 있다. 방안을 마련하는 데 한두 학기가 소요될 수 있는 또 다른 해결책으로는 서비스 장소 전체를 대학 환경으로 바꾸기 위해 학생과 해당 학생의 팀이 일하는 것이다. 이 전략은 학생이 연령에 적합한 환경에서 의미 있는 시간을 보내게 하고 이러한 기능적 기술이 사용되어야 하는 그 환경에서 어떤 특별한 교수나 관련서비스라도 받을 수 있도록 하는 것이다.

측정 가능한 목표 세우기

중등이후교육 환경에서의 전환서비스 목표를 세우는 것은 어려울 수 있다. 자기결정 증진하기, 지역사회 서비스 접근하기, 진로 계획 개발하기와 같은 전환목표들은 모두 그럴듯한 목표인 것 같지만 계획위원회가 가능한 모든 지적장애학생을 대상으로 이를 촉진하는 것은 어려운 일이다. 이와 동시에 목표는 새로운 서비스와 향상된 성과를 위한 방향을 결정할 수 있다. 목표 설정에 있어 가장 중요한 것은 이 목표를 각 학생에게 적절하고 측정 가능하도록 만드는 것이다. 또한 목표는 졸업 이후의 성과를 향상시키기 위해 학생에게 필요한 것을 검토하여 결정해야 한다. 이러한 정보는 계획위원회가 수행한 전환요구 평가, 주요 관계자들과의 포커스그룹, 확대계획팀이 지닌 자원 연결 전략(resource mapping)으로부터 나올 수도 있다. 이러한 방법으로 전환시기에 있는 학생에게 가능한 자원이 무엇인지 결정하고, 서비스 간의 틈을 메우거나 중복을 방지하고 서비스의 새로운 모델을 개발하기 위한 실행계획을 만드는 것이 가능하다(Grigal et al., 2005; Hart, Zimbrich, et al., 2001). 부록 4.2에 제시된 자원 연결 예시는 하나의 지역구가 이러한 과정으로 어떻게 목표를 판별하는지 보여준다.

주요 목표를 3~5개 정도로 제한하는 것은 계획위원회를 위해 중요하다. 여기에는 제도적 목표와 개별 학생 목표 간의 조합이 포함된다. 제도적 목표의 예로는 장애학생에게 대학 및 고용 기회를 제공하기 위한 협력적인 노력인 대학-학교 간 파트너십 개발이 있다. 개별 학생 목표의 예는 학생의 선호에 기초한 유급 고용을 확보하는 것이다. 새로운 전환 방침과 실제를 적용하기 위한 이러한 목표와 위원회의 노력은 변화를 만들려는 지역구의 신념을 반영하며 따라서 학교 행정가 및 교육감, 학교 위원회 구성원, 특수교육 행정가 및 교사, 지역 부모자문단, 기타 계획위원회가 적합하다고 간주한 이들을 포함한 주요 관계자가 참석해야만 한다. 옹호와 리더십은 이 모델이 좀 더 많은 지적장애학생을 지원하기 위해 성장해가는 과정에서 중요하다. 참여자들의 피드백은 잠재적 협력자들이 이 새로운 서비스에 대해 가질 수 있는 걱정들을 위원회가 고려하도록 도울 것이다. 계획위원회는 설정된 목표를 갖고 서비스 목표가 실행될 수 있도록 역할과 책임이 정확히 기술된 실행계획을 수립해야 한다(Grigal et al., 2005).

개인중심계획하기

개인중심계획(Person-Centered Planning, PCP)은 자신의 강점, 선호도, 장래희망을 판별하는 데 있어 해당 학생의 능동적인 참여를 촉진한다. 이는 전환계획과정에 유용한 것인데 이 과정이 학생 자신의 꿈을 명확하게 하도록 격려하기 때문이다. 이것이 개별화교육이나 전환계획회의와 다른 점은 학생 자신이 믿을 수 있다고 생각한 사람들을 협력의 일원으로 하기 때문이다. 그러므로 초대된 손님들은 대체로 가족, 친구, 이웃이다. 그러나 모든 팀 구성원이 다 초대되는 것은 아니다. 또한 해당 학생은 개인중심계획 회의를 하기에 편안한 장소를 선정하도록 요청받게 되며, 따라서 회의는 주로 학교 이외의 장소에서 열리게 된다. 개인중심계획과 학교중심 전환계획 간의 뚜렷한 차이점은 개인중심계획이 분리된 프로그램과 같은 시스템중심의 선택 방안(system-centered options) 대신 개인을 지원하는 데 초점을 둔다는 것이다(Amado & McBride, 2001). 학교 담당자에게 개인중심계획은 실행하기 어려운 것처럼 보일 수 있는데, 이는 학생이 원한다면 회의가 학교 밖에서 열리게 되고 그 회의 역시 학생에게 초대받은 대다수 손님들에게 편리한 시간에 열리기 때문이다. 이는 회의가 저녁이나 주말에 열릴 수도 있다는 것을 의미한다. 또한 학교 담당자는 목표나 자료를 보고하는 것 등 회의를 준비하는 것에 익숙한 반면 개인중심계획 회의에서는 이러한 것이 요구되지 않으며 사실 그러지 않도록 해야 한다. 이러한 어려움에도 불구하고 개인중심계획을 적용해본 많은 교사들이 전환계획을 위한 자신들의 업무 범위에 이를 통합하는 방법을 찾아왔고, 이 과정이 학생들에게 힘을 실어준다는 것을 발견했다.

개인중심계획은 (1) 고등학교 졸업 후 무엇을 하고 싶은지 명확하지 않고, (2) 과거에 불만족스러운 전환 경험을 했거나, (3) 전환 경험이 거의 혹은 전혀 없거나, (4) 지원팀의 구성원들이 서로 다른 혹은 대립되는 우선순위를 가졌거나, (5) 다른 사람들과 중등이후의 꿈에 대해 숙고할 시간이 필요한 학생에게 특히 도움이 된다. 학생 목표에 일 또는 대학이 포함되었을 때 개인중심계획 촉진자(facilitator)는 학생에게 어떤 방식으로 자신이 가장 잘 배울 수 있는지, 어떤 조정을 사용하는지, 이

[그림 4.3] 카르멘: 개인중심계획하기 실행계획

교육 목표: 패션디자인 공부
2008년 5월 9일

학생 목표	실행 단계	책임자	그룹 보고서 마감일
패션디자인 공부	• 관련 수업이 있는 지역 내 학교 탐색 • 가족과 대학 방문일정 잡기 • 비용 탐색	• 데이나 선생님(교사)은 카르멘이 진로기술 수업시간에 이를 탐색하도록 돕는다. • 팀 선생님(담당교사)과 킨 선생님(직업재활)은 카르멘과 부모님을 만나 재정보조 유형에 대해 검토한다. • 카르멘과 부모님은 여름/가을에 대학을 방문한다.	6월 16일

력서를 준비해 놓았는지를 질문한다. 처음에는 스태프가 여러 학생과 개인중심계획을 촉진할 수도 있지만 프로그램이 점차 진행될수록 교사, 교육 보조원을 포함한 다른 교육구의 담당자 역시 계획 촉진을 위해 훈련을 받을 수도 있다. 개인중심계획에는 여러 유형이 있는데 지적장애학생에게 유용한 몇 가지 예를 들면 홀 라이프 플래닝(Whole Life Planning), 파이브 볼드 스텝(5 Bold Steps), MAPS, 필수생활양식계획(Essential Lifestyles Planning) 등이 있다.

개인중심계획의 결과로서 개별 학생의 꿈을 위한 실행 단계와 책임자 및 각 단계별 일정을 포함한 계획이 개발된다. 그림 4.3은 실행계획의 예를 보여준다. 여기에는 패션디자인을 탐색하고자 하는 학생의 포부가 판별되어 있으며 실행 단계 및 합의한 다음 회의날짜인 6월 16일까지 진행 상황을 보고하도록 하는 마감일정 등이 기재되어 있다.

학생 일정표 개별화하기

중등이후교육 전환모델을 계발하고 유지하는 데 있어 중요한 요소는 개별화되고 유연한 학생 일정이 필요함을 이해하는 것이다. 각종 활동은 대학 캠퍼스와 직장과 같은 중등이후 환경에서 일어난다. 학교나 직장을 오가기 위한 대중교통 이용 방법을 배우는 것, 의사소통 테크놀로지를 이용하는 것, 운동이나 여가시설에 접근하는

[그림 4.4] 안젤라의 일정표

월요일	화요일	수요일	목요일	금요일
7:00~8:00 대학까지 시내 장애인지원 교통수단 이용	8:00~9:00 집에서 인턴십 장소까지 시내 장애인지원 교통수단 이용	7:00~8:00 대학까지 시내 장애인지원 교통수단 이용	8:00~9:00 집에서 인턴십 장소까지 시내 장애인지원 교통수단 이용	7:00~8:00 대학까지 시내 장애인지원 교통수단 이용
8:00~9:00 읽기 수업	9:00~5:00 아동보육 인턴십: 케네디 초등학교	8:00~9:00 읽기 수업	9:00~5:00 아동보육 인턴십: 케네디 초등학교	8:00~9:00 읽기 수업
10:00~12:00 대학 아동보육강의		10:00~12:00 대학 아동보육강의		10:00~12:00 대학 아동보육강의
12:00~12:30 캠퍼스 내 점심	12:30~1:00 인턴십 장소에서 점심	12:00~12:30 캠퍼스 내 점심	12:30~1:00 인턴십 장소에서 점심	12:00~12:30 캠퍼스 내 점심
12:30~1:00 인턴십 장소까지 시내 장애인지원 교통수단 이용		12:30~1:00 요양원까지 시내 장애인지원 교통수단 이용		12:30~1:00 원스톱 진로센터까지 시내 장애인지원 교통수단 이용
1:00~5:00 아동보육 인턴십: 케네디 초등학교	5:00 집까지 시내 장애인지원 교통수단 이용	1:00~5:00 자원봉사: 요양원	5:00 집까지 시내 장애인지원 교통수단 이용	1:00~3:30 원스톱 진로센터
	6:00 YWCA 수중 에어로빅 강습	5:30 YWCA 수영 강습		3:30 집까지 시내 장애인지원 교통수단 이용

것과 같은 기타 관련 교육 목표 또한 자연스러운 환경에서 다루어진다. 어떤 지역구에서는 고등학교를 떠나는 전환 첫해 학생의 일정표에 좀 더 지역사회에서의 전환 관련 활동을 반영할 때 전환 스태프는 지역사회중심 활동에 유리하도록 고등학교중심 활동에서 학생의 참여를 단계적으로 줄이도록 격려한다. 비록 이런 조정이 어떤 학생들에게는 어려울 수 있고 부모 및 학생과의 협상이 자주 필요할지라도 새로운 지원 네트워크와 연령에 적합한 중등이후 활동 개발의 이점은 고등학교 활동에 대한 학생의 그리움보다 더 중요해지기 시작한다.

그림 4.4와 4.5는 학교를 떠나 전환을 준비하기 위한 학생의 일정표가 어떠한지를 보여주는 2가지 예이다. 첫 번째 예에서 안젤라의 목표는 아이들과 일하는 직업을 얻고, 대학 강좌를 수강하고, 규칙적인 운동과 자원봉사를 하는 것이다. 안젤라의 일정에는 자신의 목표, 즉 지역에 있는 전문대학에서 강의를 수강하고, 아이

[그림 4.5] 빅터의 일정표

월요일	화요일	수요일	목요일	금요일
7:00~8:00 대학까지 시내 장애인 지원 교통수단 이용	8:00~9:00 집에서 인턴십 장소 까지 시내 장애인 지원 교통수단 이용	7:00~8:00 대학까지 시내 장애인지원 교통수단 이용	8:00~9:00 집에서 인턴십 장소 까지 시내 장애인 지원 교통수단 이용	7:00~8:00 대학까지 시내 장애인 지원 교통수단 이용
8:00~9:00 대학: 기초 읽기	9:00~1:00 자동차 세차장에서 인턴십	8:00~9:00 대학 : 기초 읽기	9:00~1:00 자동차 세차장에서 인턴십	8:00~9:00 대학: 기초 읽기
9:15~11:15 기초 자동차 정비과정		9:15~11:15 기초 자동차 정비 과정		9:00~10:00 대학 내 튜터링센터에 서 숙제지원받기
11:15~12:30 대학 내 튜터링센터에 서 숙제지원받기	1:00~1:30 인턴십 장소에서 점심	11:15~12:30 대학 내 튜터링센터 에서 숙제지원받기	1:00~1:30 인턴십 장소에서 점심	10:00~11:30 전환상담자 만나기: 구직 지원
12:30~1:00 캠퍼스 내 점심		12:30~1:00 캠퍼스 내 점심		11:30~12:15 캠퍼스 내 점심
1:00~2:30 대학 피트니스센터	1:30~3:00 집까지 시내 장애인 지원 교통수단 이용	1:00~2:30 대학 피트니스센터	1:30~3:00 집까지 시내 장애인 지원 교통수단 이용	12:15~2:00 대학 피트니스센터
2:30~3:00 집까지 시내 장애인 지원 교통수단 이용	3:00~3:30 다음 수업을 위한 숙제 마무리	2:30~3:00 집까지 시내 장애인 지원 교통수단 이용	3:00~3:30 다음 수업을 위한 숙 제 마무리	2:00~2:30 집까지 시내 장애인 지원 교통수단 이용
				3:00~5:00 이웃에서 하는 중고판 매대(garage sale)에 서 자원봉사

들과 일하고자 하는 희망과 연계된 인턴십을 하고, 지역 YWCA에서 수영 강습을 받고, 친할머니가 계신 요양원에서 자원봉사를 하는 것이 반영되어 있다. 안젤라는 더 이상 고등학교에 가지 않는데 이는 그녀의 전환활동이 지역사회를 중심으로 이루어져 있기 때문이다.

두 번째 예인 빅터는 자동차 정비소에서 일하기를 원하는 18세의 지적장애학생이다. 그는 아버지의 자동차 관리를 도왔으며 최근에는 정비공으로 일하는 동네 이웃과 함께 일주일에 한 번씩 좀 더 현장을 경험할 기회를 얻었다. 빅터는 초등학교 3학년 수준의 읽기와 쓰기가 가능하며 만약 자동차 정비소 훈련 프로그램에 들어가고 싶다면 자신의 읽기와 쓰기 기술을 증진시켜야 한다는 것을 배웠다. 전환 코치와 지역 커뮤니티 칼리지의 장애지원 상담가의 도움으로 빅터는 배치고사를 보았으며 자신의 점수에 따라 읽기 기초반 강좌에 등록했다. 그 수업을 청강하는 것과 더불어 전환 코디네이터는 빅터가 그 대학에 있는 평생교육 프로그램을 통해 1학점 짜리 자동차 정비 오리엔테이션 수업에 등록하도록 조정했다. 또한 빅터는 일주일에 이틀씩 동네 자동차 정비소에서 인턴십을 할 기회를 얻었다. 빅터는 자동차 정비 프로그램에 지원하고 싶었지만 대학 강좌와 인턴십을 통해 필요한 기술을 배우고 자신의 포부를 위해 좀 더 읽기 기술을 증진하며 관련된 직업 경험을 하는 데 전념했다.

지원 제공방법 결정하기

중등이후교육 환경에서 서비스를 받는 학생들은 다양한 사람으로부터 지원을 받을 수 있는데 여기에는 전환 코디네이터, 지원 스태프(예: 수업 보조원, 직무지도원, 교육 코치, 동료 멘토, 대학 장애 서비스 스태프)가 있으며, 어떤 경우는 학교가 전환지원을 위해 협약을 맺은 기관의 지역사회 서비스 제공자가 포함된다. 학생의 지원요구는 대학에서의 통합 및 기술 수준에 따라 다양할 것이다. 대학에 있는 지적장애학생을 위해 분리된 교육과정과 강좌를 만드는 프로그램에 있는 학생은 일반적인 대학 강의를 듣는 학생들과 같은 수업에서 받는 유형보다 많은 지원이 필요하지는 않을 것이다. 학생지원을 계획하기 위해 제안하는 3가지 전략에는 기관 간 합동 학생지원팀, 공식적인 기관 간 협약, 학생을 위한 지속적인 기관 간 지원이 포함된다.

합동 학생지원팀

여러 기관으로 구성된 합동 학생지원팀(interagency student support team)이 강력히 추천되고 있다(Hart et al., 2001; Luecking & Certo, 2002; Morningstar, 2006; Timmons, 2007). 이 팀은 일상 업무를 지원하기 위해 협력할 수 있다. 일단 합동팀이 구성되면 구성원들은 (1) 새로운 서비스를 실행하기 전에 반드시 마련되어야 하는 방침 및 절차를 결정하고; (2) 직무개발 혹은 직무지원과 같은 학생에게 구체적인 전환지원을 제공하는 파트너들 간에 공식적인 기관 간 협약을 체결하고; (3) 학생에게 일관된 기관 간 전환지원을 제공하기 위해 집단으로 일할 수 있다. 이러한 활동은 다음에 논의되는 체제적이고 개별적인 전환 문제를 설명하는 모델을 운용한다.

운영 방침 및 절차

먼저 전환서비스가 실행되기 전에 반드시 선행되어야 할 절차가 몇 가지 있다. 기관 간 협력팀은 해당 서비스의 대상이 되는 학생 집단에 대해 설명하는 지침을 논의하고 구성해야 한다. 그런 다음 정책 설명은 모든 관계자 및 행정가에게 배포되어야 한다. 의뢰 및 신청양식과 다음의 정보가 포함된 안내서는 반드시 사전에 받아볼 수 있게 한다.

- 비상 절차
- 학교 및 대학 일정 조정 방법
- 스태프 및 학생 일정
- IEP와 졸업 정책 및 절차
- 예산 및 재정 배분
- 기록 보관

공식적인 기관 간 협약

제도적 단계에서 합동 학생지원팀 구성원들은 전환서비스 목표를 이행하기 위해 기관 간의 공식적인 협약을 원할 수 있다. 공식 협약은 학생을 위한 고용 성과에 초점을 두고 있는 학교/회사 파트너십; 지적장애학생의 대학 접근을 촉진하기 위해 협력하는 학교지역구/고등교육기관 파트너십; 학생을 위한 이동 훈련을 제공하는 노시의 대중교통 회사와 주정부기관 간의 파트너십(부록 4.3 참조)과 같은 노력을 통해 체결된다. 일반적으로 공식 협약에는 각 파트너의 책임에 대한 개요와 활동 기간이 포함된다.

협약을 보증하거나 양해각서(MOU)를 체결하는 데는 많은 인내와 교섭수단이 필요하다. 각 기관 간에 이미 연락관계가 확립되었다고 할지라도 누가 양해각서에

서명을 해야 하는지를 결정하는 일에는 자주 끈기가 필요하다. 만일 책임자가 해당 계획에 직접적으로 참여한 사람이 아니라면 서로 간의 협력과 이러한 파트너십에 대한 공식 협약이 갖는 중요성에 대해 부가적인 대화를 통해 설명하는 것이 필요할 수 있다.

학생을 위한 지속적인 기관 간 전환지원

합동 학생지원팀의 업무는 개별 학생의 꿈을 지원하는 데 있어 중요하다. 구성원들은 개인중심계획(PCP) 촉진 돕기, 대학 관련 목표를 진행하는 방법에 대해 결정하도록 학생과 함께 일하기, 학생의 대학 및 진로흥미와 관련한 기회를 조정하기, 학생을 좀 더 지원하기 위해 해당 모델의 효과성과 가능성 평가하기를 포함해 전환계획과 관련된 많은 활동을 조정하도록 돕는다. 학생들은 합동 전환팀에게 자신들의 전환 목표를 제시하고, 만약 자신들의 전환이 정체되어 있다고 느끼거나 좀 더 도움이 필요할 때는 언제든지 지원팀에게 도움을 요청하도록 격려되어야 한다.

적절한 자원 찾기

행정가의 관점에서 중등이후교육 전환서비스의 실행을 주저하게 되는 이유는 학교지역구 내 다른 정책과 비교해 이 모델을 지원하기 위한 충분한 자원이나 인력이 없다는 생각 때문이다. 처음에는 학교지역구가 2~3명의 학생에게 이 모델을 시범으로 운영할 교사 혹은 보조교사 1명을 선정할 수 있지만 다른 자원을 소진하지 않으면서 이 모델을 어떻게 확장할 것인지에 대한 어려움이 있다. 지역사회 파트너들과 함께 해당 지역구 내에 존재하는 자원들을 평가하고 이를 결합하는 작업을 함으로써 학교지역구는 자원뿐 아니라 책무성 역시 재구조화할 수 있다. 예를 들면 이미 전환연령기에 있는 학생들과 일하고 있는 교사의 직책을 전환 코디네이터라는 직책으로 바꿀 수도 있다. 이 일을 위한 지원인력은 참여 학생의 교육 코치 및 직무지도원이 되기도 한다.

　지역사회중심 전환활동을 위해 고용된 스태프들은 이들의 지역사회중심 고용에 대비하기 위한 새로운 연수가 필요할 수 있을 것이고 이들을 채용할 때는 이 점을 명확히 해야 한다. 전환 스태프는 자신들이 받은 이전의 연수와 경험이 가치 있는 것이라 할지라도 특수교사와 보조교사의 전통적인 역할과 책임이 이러한 새로운 직책과 다를 수 있음을 이해하도록 하는 지원이 필요할 것이다. 행정가들은 새로운 직책들이 전통적인 교사 및 보조교사의 역할과 어떻게 다른지를 이해할 필요가 있다. 새로운 담당자가 여러 지역사회 환경에서 좀 더 독립적으로 일하기 위해 어떻게 준비해야 하는지, 이러한 직책을 현재 담당자와 필요한 경우 교사노조에 어떻게 설명해야 하는지, 담당자가 학교와 떨어져 있는 곳에서 일해야 할 때 비상계획과 자원에 대해 생각하는 것은 어려운 문제이다. 새로운 담당자를 위한 연수 주제로는 학생중심 계획하기, 장애학생을 위한 고등학교와 대학교의 차이점, 전환과정 동안의 자기결정과 자기옹호 지원, 각종 조정에 대한 설명을 포함하는 보편적 설계 등이 있다. 또한 새로운 스태프는 지역사회 고용과 관련된 학교 정책이라면 어떠한 정보라도 제공받아야만 한다. 이러한 예로는 학생 이동수단, 비상시 대응, 학생 결석 보고, 학교 대표로서 지역사회 파트너들과의 상호작용에 대한 해당 교육청의 정책이 포함될 수 있다.

전환 스태프의 역할과 책임

이상적으로는 프로그램이나 서비스 코디네이터는 특수교육 및 장애 성인 서비스 배경을 갖고 있을 것이다. 이 직책에서 코디네이터는 합동팀의 최전선에서 학생과 그 가족에게 중등이후교육 서비스를 소개하고 개인중심계획(PCP)을 조정하며, 학생을 위한 일정 수립을 돕고, 스태핑, 이동수단, 각종 조정을 포함한 활동에 학생이 참여하는 데 필요한 지원을 조정하게 된다. 일정이 유연한 전환 코치는 자연적 지원 판별을 위한 추가 훈련을 받고, 학생이 자신의 중등이후 일정에 책임을 지도록 돕기 위해 학업, 직무, 지역사회 활동에 있어 학생에 대한 자신의 지원을 점차 적절히 줄여나가도록 한다(부록 4.4 참조).

담당자 일정의 유연성

학생의 수업이나 근무 일정이 일반적인 학교 근무시간 이외에 일어나는 경우에는 학생을 어떻게 지원할 것인지 담당자를 고용하기 전에 계획하는 것이 중요하다. 강의를 수강하기 위해 단기간 혹은 지속적인 지원이 필요하거나 학교 일과 이외에 근무 교대가 있을 수 있는 지적장애학생의 경우 지원이 없다는 것은 대개 그러한 활동에 참여하지 않음을 의미한다. 어떤 학교지역구에서는 교육 코치 및 직무지도원에게 좀 더 유연한 근무시간이 요구된다는 점을 포함하는 직무기술서를 개발하였다. 전환지원 스태프는 해당 지역구에 있는 다른 보조교사와 똑같은 시간을 일하지만 더 이상 일반적인 학교수업을 하지 않는 일정을 지닌 학생을 좀 더 잘 지원할 수 있는 근무시간에 동의하도록 하고 있다. 어떤 지역구에서는 일반적인 학교 일과 이후에 연장하여 지원을 제공하기 위해 기관 서비스 제공자와 공식적인 협약을 맺는다. 이런 일들을 조정하는 행정 스태프는 학교장과 노동조합 대표 등 기타 학교 관계자에게 이러한 담당자 일정을 설명하도록 준비해야 한다.

중등이후교육 환경에서 전환서비스 실행하기

중등이후교육 환경에서 전환교육을 실행하는 데 있어 중요한 과제는 주요 관계자에게 이 새로운 서비스에 대해 정보를 제공하고 학생, 가족, 교직원 각각에 정보 및 참여에 필요한 훈련을 제공하는 것이다. 관계자들은 지적장애학생에게 유효한 새로운 중등이후 선택들이 있다는 것과 이러한 학생들이 해당 선택을 통해 어떠한 혜택을 얻을 수 있는지에 대해 알아야 할 필요가 있다. 학생을 준비시키기 위해 교사는 학생이 어떻게 조정(accommodation) 자격을 갖추게 되는지 혹은 자신의 요구를 주장하기 위해 어떠한 역할을 해야 하는지 등을 포함해 대학이 고등학교와 어떻게 다른지를 이해할 필요가 있다. 학생에게는 전환 목표가 반영된 맞춤형 일정이 필요하고 이는 직원 채용에도 영향을 줄 수 있음을 부모와 교사 모두 이해해야 한다. 또한 학생은 중등이후교육 접근 방법과 특정 방법을 선택했을 때 스스로 책임져야 하는 일들을 이해하는 데 지원이 필요하다. 마지막으로, 선택한 중등이후교육 방안이 학생 성과에 끼친 영향을 평가하기 위해 교직원 및 기타 관계자들은 이 일이 빛을 발할 수 있도록 하는 현행 및 사후 자료수집 전략에 대해 알고 있어야 한다.

맞춤형 전환서비스

중등이후 계획을 개별화할수록 지적장애학생을 위한 중등이후교육 서비스 실행에는 학생지원팀과 해당 지역구 팀의 헌신이 요구된다. 또한 처음부터 중등이후 계획을 달성하는 데 필요한 기술을 계발하기 위해 교직원과 가족이 학생과 함께 일해야 함을 의미한다. 이는 여러 이유로 학교 체계에 어려움이 될 수 있다. 첫째, 해당 팀에 속한 모든 관계자의 헌신을 보장받는 데는 시간이 걸린다. 처음에는 지적장애학생을 위해 대학에 접근한다는 것이 진정 무슨 의미인지, 그리고 이것이 어떻게 실행 가능한지에 대해 걱정할 수도 있다. 어떤 교직원들은 맞춤형 전환서비스가 어떻게 실행 가능한지 의문을 가질 수도 있다. 많은 경우 전환기에 있는 지적장애학생은 지역사회에 기반한 경험이 제공되지 않을 수 있는 전일제 특수학급(self-contained classrooms)에서 서비스를 받는다. 이런 환경에서 학생들은 주로 집단으로 기술을 배우게 된다. 어떤 행정가들은 이 모델이 서비스 제공의 비용 면에서 가장 효율적인 방법이라는 것에 대해 논쟁한다. 이들은 개별적으로 학생을 지원하는 것이 현실적이지 않다고 말할 수도 있다. 이런 경우 행정가에게 어떤 학생은 다른 학생에 비해 시간이 갈수록 지원 요구가 더 적어진다는 것과 학생을 지원하는 인력은 학생이 독립성을 갖도록 적절히 분배할 수 있음을 알게 하는 것이 중요하다.

모집 문제

교사들과 부모들은 대학에 접근한다는 것이 지적장애학생에게 무슨 의미인지 상상하지 못할 수도 있다. 스태프는 일부 교사와 부모가 중등이후교육을 위한 새로운 서비스를 개발하는 것에 대해 우려가 있을 수 있다는 것을 예상해야 한다. 좋은 의도를 갖고 장애학생을 지원하는 사람이라도 중도장애인을 위한 전통적인 선택인 분리된 성인 서비스 모델과 같은 것이 가장 현실적이라고 이야기할 수 있다. 이러한 선택들을 설명하는 데 있어 지적장애학생을 위해 통합적인 중등이후교육에 접근하는 것이 무슨 의미인지를 설명하는 사례를 제시하고 중등이후교육이 전한 성공에 어떠한 영향을 주는지 설명하는 것이 중요하다. 이를 잘 홍보하는 전략으로 여러 학교들이 사용해온 것에는 다음과 같은 방법이 있다―(1) 이러한 서비스가 개발될 학생뿐 아니라 부모와 교사에게도 새로운 서비스를 설명하기 위한 오리엔테이션을 주최하기; (2) 부모자문위원회 회의에서 정보 발표하기; (3) 이 새로운 서비스를 강조하는 홍보전단 만들기(표 4.2 참조). 이러한 홍보 유형은 두려움을 완화

〈표 4.2〉 우스터 공립학교 전환서비스 프로그램 설명

우스터 공립학교(WPS)에서 2000년에 만들어진 전환서비스 프로그램은 본래 10~12학년 장애 고등학생의 미래 진로 및 생활에 대한 학생 자신들의 비전에 기초해 중등이후 활동을 준비하기 위해 설계되었다. 학생들은 인턴십, 고용(가능한 지원금이 있는 경우 대학이나 성인교육기관), 대중교통 이용 훈련, 지역사회 활동을 통해 진로를 탐색하기 위한 기회를 갖게 된다. 동네 상점과 비영리기관에서의 인턴십과 고용은 학생들의 진로 목표를 계발하고 이에 도달하는 데 가치 있는 경험을 제공한다. 경험과 결합된 이러한 프로그램은 학생들로 하여금 자신의 미래를 위해 진로 계획과 개별 목표를 세울 수 있게 돕는다. WPS 전환 코디네이터는 교육 및 직무지도원과 협력하여 학생들의 진로 계획 계발을 돕는다. 진로 계획에는 학생들의 고용/진로 목표뿐 아니라 어떠한 부가적인 교육/훈련 목표도 포함될 수 있다. 또한 학생들의 강점과 학습양식, 선호 직업 및 시간 등이 포함될 수 있다. 학생이 고등학교를 떠날 때까지 진로 경로에 대한 좀 더 명확한 아이디어를 갖고 자신의 경험에 대한 이력서/포트폴리오를 완성하며 가능하면 해당 직업을 보장하고 이를 수행하는 것이 될 수 있다.

미래 목표를 계발하는 데 좀 더 도움이 필요한 학생들은 자신 및 주요 관계자에 의해 주도되는 개별 계획 절차인 개인중심계획(PCP)에 참여할 수도 있다. PCP는 교육, 진로, 가정, 여가 영역에 대한 학생의 시각을 인정하며 이는 학생의 미래를 위한 실행계획과 가이드를 계발하는 데 활용된다.

시내 학생지원팀(Student Support Team, SST)은 DMR, MRC, Work Force Central의 직원 및 QCC, ICI의 장애 코디네이터, WPS 전환 코디네이터와 개별 학생을 매월 만나게 된다. 시내 학생지원팀(SST)은 학생을 위한 실행계획에 기초하여 절차, 의뢰, 서비스 및 자원 찾기, 문제 해결 및 브레인스토밍 등을 개발하고 점검하기 위해 만들어졌다. SST의 주요 목표 중 하나는 학생을 위한 개인 수준의 지원뿐 아니라 시스템 수준에서 기관 간의 지원과 자원을 조정하는 것이다.

출처: Worcester Public Schools Department of Special Education, Worcester, MA.

하고 이 서비스에 대해 개인들이 갖고 있는 질문에 답하는 것을 도와준다. 또한 홍보는 성인기관에 대해 소개하고 광고하며 이를 서비스에 포함시키는 데 효과적인 방법일 수 있다.

일부 학교는 중등이후교육 환경에서 매우 성공적인 지원이 가능한 학생의 배경정보에 대한 가족과 담당자의 이해를 돕기 위해 학생 프로파일을 개발한다. 발달장애인이 어떻게 대학에 참여할 수 있었는지를 설명하는 표 4.3에 있는 짧은 글은 공동체에 있는 다른 가족들에게 이러한 것이 어떻게 가능한지를 시각화하도록 돕는다.

지원 및 의뢰 절차 개발하기

학교 체계는 중등이후교육 환경에서 전환서비스를 받고 싶은 학생이 무엇을 준비

〈**표 4.3**〉 데이비드의 대학 경험

데이비드는 발달장애가 있는 20세 청년이다. 그는 도시에 있는 고등학교에서 중도 지적장애학생을 위한 분리된 일상생활기술 프로그램에 참여했다. 데이비드는 여러 학업과 관련한 어려움이 있었다. 비록 기초적인 셈하기는 할 수 있고 돈과 관련된 기초 지식이 있기는 하지만 글을 읽거나 쓰지 못했다.

데이비드는 전환지원 및 서비스를 위해 지역구의 전환 코디네이터에게 의뢰되었다. 개인중심계획(PCP) 회의에 참석한 이후 그는 좀 더 자신의 진로흥미를 탐색하기 위해 인턴십, 직무참관(job shadowing), 예비 인터뷰 등에 참여하였다. 또한 고용 기술을 익힐 수 있을 뿐 아니라 그가 흥미를 느낄 수도 있는 강의를 살펴볼 수 있도록 지역에 있는 커뮤니티 칼리지에 초대되었다. 약간 걱정은 되었지만 데이비드는 전환 코디네이터와 함께 캠퍼스 투어를 하는 데 동의했다. 캠퍼스에 있는 동안 코디네이터는 데이비드가 강의시간에 들어가 앉아 있거나 학생센터를 둘러보고 대학에 있는 장애 혹은 비장애학생들에게 그들의 대학 경험에 대해 이야기할 수 있도록 하였다. 데이비드는 그 방문을 즐기기는 했으나 더 이상의 것은 거절하였다 — 그는 자신이 좋은 학생이 아니며 정말 "대학 체질"이 아니라고 말했다. 그는 트럭에서 짐을 내리는 사람들과 같이 일하는 자신의 꿈을 실현하기 위해 지역에 있는 물류센터에서 일하는 것을 선택했다. 그의 원대한 꿈은 운송 담당 직원과 함께 일하는 것이었다.

6개월쯤 후에 학교에 있는 친구들이 대학에 가는 것에 대해 이야기하는 것을 보고 데이비드는 전환교육 코치 한 명에게 다가가 이렇게 말했다. "대학에 가는 거 한번 해보고 싶어요." 전환 담당 스태프의 도움을 받아 그는 캠퍼스 오리엔테이션에 참석했으며 장애지원센터 상담자와 접수면접을 마치고 '고객 지원'이라는 강의를 등록했다. 또한 대학, 직장, 가정을 이동하기 위한 안전 훈련을 받았으며 담당자는 데이비드의 하루에 대한 시간관리기술 훈련을 포함시켰다. 데이비드를 위한 강의 조정을 위해 시험시간 연장, 대독자와 대필자를 두었다. 데이비드의 자신감은 커졌으며 강의에서 이야기를 하고 자신이 보았던 좋거나 나쁜 고객 서비스 경험에 대한 토론에도 참여하였다. 또한 농구를 하거나 컴퓨터 게임을 하기 위해 캠퍼스 자원을 능동적으로 활용하고 친구들과 함께 점심을 먹었다. 몇 달 후 스태프는 데이비드가 읽기 기술을 습득했다는 것을 발견했는데 이는 아마 튜터와 수업 과제를 완성하고 친구들과 함께 숙제를 하면서일 것으로 추측되었다. 비록 데이비드는 이 강의에서 C학점을 받았지만 데이비드와 팀원은 모두 그가 새로운 기술을 배우고 자신의 대학 경험 때문에 좀 더 자신감 있는 청년으로 성장한 것에 만족했다.

1년 후 데이비드는 자신이 한 소매점에서 정규직으로 일하고 있다고 보고하였다. 그는 의료보험 혜택과 휴가를 받고 있었으며 회사로부터 스톡옵션을 받는다. 그는 자신의 성취를 자랑스러워하고 있으며 그의 성공을 대학 및 인턴십 경험의 공으로 돌렸다.

해야 하는지 알도록 하고 담당자와 가족들이 이러한 서비스에 접근 가능한 과정을 알 수 있게 조직구조 및 과정을 만들 필요가 있다. 학생과 교사가 해당 지역구에 전환서비스를 요청하려면 신청서가 요구될 수 있다. 이 양식에는 교사들이 전환서비스를 원하는 이유, 학생이 그때까지 받은 교육 및 직업 경험, 학생이 대학 및 직장에서 필요한 조정을 쓰도록 할 수 있다(부록 4.5 참조).

이는 신청과정에서 선정된 학생들만 전환서비스에 참여하게 될 것임을 의미하는 것 같지만 그렇지는 않다. 지원 절차를 두는 것은 고학년 학생들을 위해 좀 더 집중적인 전환지원이 시작됨을 알려주며 지원 학생은 직업, 이동, 안전기술 영역에서 평가가 필요하게 될 것이라는 점을 전환 담당자에게 알려주는 신호가 될 수 있다. 또한 앞으로의 전환활동을 위해 유용하거나 필수적일 수 있는 가장 최근의 개별화교육프로그램(IEP), 전환계획, 심리평가와 같은 문서를 학생과 지원팀이 모두 모으기 시작하도록 지원서를 통해 알려줄 수 있다. 지원 절차의 중요한 성과 하나는 이것이 해당 학생에게는 고등학교를 졸업하는 학생이라면 누구라도 대비해야 하는 전환계획의 첫 단계가 될 것이라는 점이다.

의뢰 절차 조율하기

의뢰 절차에는 교사들과 의논하기, 학생 신청서 검토하기, IEP 회의를 포함해 학생과 함께 회의 참석하기, 학생 및 부모와 후속 결과 확인하기, 개인중심계획 촉진하기, 현장방문 조율하기, 오리엔테이션 회의에 참석하기가 포함될 수 있다. 표 4.4는 매년 30명 이상의 전환기 중도장애학생을 지원한 대규모 학교지역구를 위

〈**표 4.4**〉 중등이후교육 전환서비스 의뢰 절차

---

1. 대표자는 10학년에 재학 중인 중도장애학생을 위한 개별화교육프로그램(IEP)에 전환 코디네이터를 초청한다. 이 회의에서 전환 코디네이터는 전환서비스의 개요를 설명한다.
2. 팀의 대표는 학생의 현행 IEP, 전환계획, 최근 심리평가 사본을 첨부하여 전환 코디네이터에게 의뢰서를 제출한다.
3. 전환 코디네이터는 학생 정보를 검토한다.
4. 전환 코디네이터는 학생 관찰 및 학생과 부모와의 협의회 일정을 잡기 위해 담임교사와 연락한다.
5. 담임교사는 직업 선별검사를 완성하여 전환 코디네이터에게 제출한다.
6. 전환 코디네이터는 모든 정보를 검토하고 필요한 경우 추가 정보를 수집한다.
7. 전환 코디네이터는 특수교육 행정가와 의뢰서를 검토하여 최종 결정을 한다.
8. 전환 코디네이터는 의뢰 수락서를 작성하여 학생과 부모에게 보낸다. 학생이 수락하면 긴급 전환서비스 신청서(transition services emergency forms)를 가정에 보내 완성 후 재발송하도록 한다. 동의서 사본은 담임교사, 팀 대표자, 특별 프로젝트의 부감독에게 전달한다.
9. 학생이 프로그램 참여에 동의하면 일단 작성된 긴급 전환서비스 신청서는 전환 코디네이터에게 재발송되고 시작일이 결정된다.

한 전환 절차를 제시한 것이다.

의뢰와 관련한 문제는 중요하다. 담당자는 전환에 대한 기대를 이해해야 하며, 그럼으로써 (1) 중등이후 경험에서 성공하기 위해 학생을 준비시키기고, (2) 직업 그리고/혹은 중등이후교육 수업을 위해 적절한 의뢰를 할 수 있게 된다. 중등이후 교육을 포함한 전환서비스에 의뢰를 하게 되는 교사들은 학생들이 갖추어야 하는 기준에 대해 알고 있어야 한다. 지적장애학생을 위한 기준 목록의 예로는 (1) 18∼ 22세 사이일 것, (2) 지적장애가 있을 것, (3) 경쟁고용에 대한 단기 혹은 장기 목표 가 있을 것, (4) 중등이후교육에 대한 관심을 표현할 것, (5) 지시 따르기 능력을 보 일 것, (6) 최소한 30분 길이의 활동에 참여할 수 있을 것 등이 포함될 수 있다. 신 청서 양식에는 교사와 학생이 따라야 하는 단계에 대한 정보, 직장에 지원하고, 장 애지원 서비스를 요청하고, 강의를 수강신청하기 위해 필수적인 문서가 포함될 수 있다(Grigal et al., 2005).

중등이후교육 경험을 위한 학생 준비시키기

통합된 중등이후교육을 원하는 지적장애학생들은 대학과 직장에서 기대하는 수준 으로 자신을 준비시키지 않았을 수도 있는 학업 및 진로 개발 이력 때문에 자주 불 리한 경우에 처하게 된다(Cameto et al., 2004; Zhang, Ivester, & Katsiyannis, 2005). 학생이 수업을 일반학급에서 받았든 혹은 특수학급에서 받았든 간에 대부 분 수정된 학업수행을 했을 것이고, 다른 교과서를 사용했거나 해당 학년에서 성취 해야 하는 목표를 수정해 도달하도록 했을 것이다(Wagner, Newman, & Cameto, 2004). 또한 대학에서 사용되는 조정과 같은 유형의 것을 제공받은 적이 없거나 고등학교에서 자신의 동료와 같은 교재를 접한 적이 없을 것이다(Shaw & Madaus, 2008). 대학에서는 이러한 조정은 없다. 합리적이고 적절한 조정을 받을 자격이 있다고 간주되는 학생들은 동일한 수업 내용으로 다른 수강생과 동일한 성 적 기준이 기대되어야만 한다. 학생들은 수업을 청강하거나 비학점 과목에 대한 선 택 기회에 대해 알지 못할 수도 있다. 학업적인 불리함 외에도 지적장애학생들은 학교의 진로활동에서 흔히 배제된다(Guy, Sitlington, Larsen, & Frank, 2008). 만약 학교가 장애학생을 위한 직업개발 프로그램을 만들 경우 그 직무는 주로 무급 청소, 분류하기, 짐 쌓기와 같이 거의 기술이 필요없는 반복적인 일에 국한되는 경우가 많다. 결과적으로 지적장애학생들은 경쟁고용 환경 및 이를 위한 목표치에 거의 노출되지 않는다. 대학과 지역사회의 경쟁고용 환경에서 학생을 지원하고자 하는 전환팀 구성원들은 학생뿐 아니라 부모, 교사, 교육 코치 및 직무지도원과 함께 대학생과 고용인에게 기대되는 역할 및 책임에 대해 지속적으로 설명해야 한다(부록 4.6 참조). 학생, 교사, 가족을 위한 연수 주제로는 미국장애인교육법(IDEA)과 미국장애인법(ADA)/504조항을 포함해 고등학교와 대학의 차이, 지적장애학생을 위한 새로운 중등이후 선택 방안, 지원과 서비스를 받기 위한 학생의 자격요건, 고등교육과 전환에서 사용하는 용어, 중등이후교육과 직장에서의 자기결정이 포함될 수 있다. 학교 행정가는 교사를 위한 맞춤형 연수와 지적장애학생을 위한 전통적인 방식과 다른 새로운 중등이후교육 방안에 대해 소개하기를 준비해야 한다. 전환계획회의에서 교사는 중요한 역할을 하게 되고, 따라서 이러한 새로운 방안에 대해 알고 있어야 하기 때문에 이는 핵심적인 부분이 될 것이다. 특히 이러한 주제의 연수는 학생들이 중등이후를 계획하는 데 자신이 완전히 참여해야 한다는 역할 이해를 하도록 도울 것이다(Finn, Getzel, & McManus, 2008; Getzel & Thoma, 2008; Thoma & Getzel, 2005).

가족과 의사소통하기

중등이후교육 계획에 있어 핵심 활동은 가족과 지속적인 의사소통을 하는 것이다(Morningstar, 2006; National Center for Secondary Education and Transition, 2005). 전환 코디네이터가 학생 및 가족과 함께 참석하는 첫 번째 IEP 혹은 합동 전환계획회의에서부터 전환계획에 대한 의사소통은 우선순위가 되어야 한다. 부모가 회의를 빠지거나 참석한다 해도 거의 이야기를 하지 않는 것은 학교팀에게 문제가 될 수 있다. 전환계획은 모두에게 스트레스가 될 수 있으나 특히 성인 서비스기관으로의 전환, 새로운 자격요건, 직장에 영향을 줄 수 있는 시간대, 자녀와 일하게 되는 새로운 담당자에 대해 흔히 긴장하게 되는 가족에게는 특히 그렇다는 것을 기억해야 한다(Benz, Johnson, Mikkelsen, & Lindstrom, 1995; Cooney, 2002; Thompson, Fulk, & Piercy, 2000).

전환 코디네이터는 고등학교와 대학 간의 차이, 전환 일정과 일반적인 학교 일정, 전환 방안에 대해 가족들에게 정보를 제공해야 하며 비상 연락처 양식(부록 4.7 참조)을 포함해 지역구에서 요구하는 양식을 검토해야 한다. 코디네이터는 전환의 초석인 청소년 주도의 전환계획에 대해 설명하고 고등학교 이후 무엇을 하고 싶은지 모호한 학생을 위해 개인중심계획을 제공해야 한다(개인중심계획에 대한 설명을 참조하라).

가족교육권 및 사생활보호법

1974년 제정된 가족교육권 및 사생활보호법(이하 FERPA, PL 93-380)은 학생 교육기록에 대한 사생활 보호를 위한 연방법이다. 이 법은 미국 교육부(2008)에서 재정지원을 받는 모든 학교에 적용된다. 새로운 중등이후교육 서비스를 학생에게 실행하는 학교의 교직원들은 연수과정에서 FERPA에 대한 정보를 포함해야 하며 이 법의 영향력에 대해 부모에게 정보를 제공해야 한다. FERPA는 부모에게 자녀의 교육기록에 대한 일정 권리를 부여한다. 이 권리는 학생이 18세가 되거나 고등학교 수준 이후의 학교에 재학하는 경우 학생에게 양도된다. 이러한 권리를 양도받은 학생은 적격 학생(eligible students)이 된다. 즉 지적장애가 있는 대학생의 경우 학생의 법정 후견인이 없다면 대학은 학생의 정보를 학생의 동의하에 공개할 수 있다는 것을 의미한다. 따라서 학생들의 교수자가 학생의 장애에 대해 어떠한 정보라도 포함하고 있는 파일에는 접근할 수 없다는 것을 학생에게 강조해주는 것이 중요하다. 교수자가 요구할 수 있는 유일한 정보는 학생이 필요로 하는 특정 조정에 대한 것으로 이 역시 학생의 동의하에서만 정보를 요청할 수 있다(Barr, Hartman, & Spillane, 1995).

졸업식 참식을 희망하는 학생 지원하기

고등학교에서 4년 이상의 특수교육 서비스를 받을 수 있는 많은 장애학생이 겪는 문제는 자신의 동료와 함께 졸업식에 참석하길 원해도 고등학교 졸업장이나 수료증을 받고 특수교육 서비스가 끝나야 졸업식 참석을 허락한다는 말을 학교 행정가로부터 듣게 된다는 것이다. 많은 경우 성인 서비스기관은 학생이 22세가 되기 전에는 의뢰를 받지 않는데 그 이유는 이들 기관의 재정이 연간 단위로 주정부 법률에 의해 결정되기 때문이다. 이런 문제를 해결하기 위해 많은 주에서는 학교지역구가 학생들의 중등이후계획 활동이 시작되기 전에 졸업파티나 기타 일반적인 졸업생 활동에 참여하도록 허락하기를 권고하고 있는데 이는 이러한 활동들이 고등학교에서부터 경험하는 동료들의 일반적인 전환을 반영하기 때문이다. 학생들은 22세가 될 때까지 계속 서비스를 받지만 모델에 따라서는 다른 환경에서 서비스를 받게 될 것이다.

일정 문제 해결하기

전환시기의 학생에 대한 중등이후교육 서비스를 실행할 준비를 하는 데 있어 일정과 관련한 2가지 문제에 대해 인식해야 한다. 첫째, 개별화된 중등이후교육 전환일정은 전형적인 고등학교 일정과는 다를 것이며 이는 인력파견에 영향을 줄 수 있다는 것이다. 이에 대한 한 가지 대처 방법은 합동 학생지원팀의 구성원이 제공가능한 자원을 활용하는 것으로, 특히 학생지원이 늦은 오후나 저녁시간에 필요한 경우 더욱 그렇다. 여기에는 학교에 없는 시간 동안 지원을 제공하기 위해 지역사회 재활 서비스 제공자와의 계약이 포함될 수도 있다. 또 다른 해결책으로는 자신의 고용시간이 전통적인 보조교사 활동시간과 다를 것임을 이해하는 전환 코치를 고용하는 것이다. 두 번째 문제는 학생의 요구에 따라 대학과 고등학교 간 서로 다른 학사일정과 관련한 것으로 방학기간 동안 가장 확연해진다. 개별 학습프로젝트나 세미나 수업개발 등으로 이러한 차이를 조정하는 것이 중요하다.

현장방문

대학 관련 결정을 돕기 위해 학생에게 다양한 경험이 제공될 수 있다. 코디네이터는 학생이 대학을 방문하도록 일정을 잡고, 필요하다면 방문 시 학생에게 일반 대학 투어나 맞춤형 투어가 제공되도록 계획할 수 있다. 전형적인 대학 투어 현장방문과 더불어 지원 및 서비스 제공에 대한 설명을 듣기 위해 장애서비스센터를 방문하거나 길을 잃거나 도움이 필요할 때 갈 수 있는 캠퍼스 경찰서 등을 방문계획에 포함할 수도 있다. 코디네이터는 학생에게 대학에서 수업을 듣는다는 것이 어떤 의미인지 직접 경험해보도록 수업 강의실에 앉아보는 일정을 잡을 수도 있다. 또한 코디네이터는 학생이 대학 서점에 들러 대학 수업에 사용되는 교재를 보고 대학 수업을 위해 읽어야 할 것들에 대한 감을 잡을 수 있도록 할 수도 있다. 해당 학생은 학생식당에서 점심을 먹으며 다른 학생들과 대학 경험에 대해 이야기할 기회를 가질 수도 있다.

서비스 및 성과 평가하기

Grigal과 그의 동료들(2005)의 제안에 따르면 새로운 전환서비스 개발은 시작할 때부터 문서화되어야 하고 그럼으로써 그 과정을 점검하고 평가할 수 있게 된다. 문서는 다양한 요소, 이를테면 목표가 달성되었는지, 각 활동에 몇 명의 학생이 참여했는지, 학생을 보조하기 위해 필요한 스태프 지원, 지원 서비스의 성과, 학생, 스태프, 부모, 합동기관팀 구성원들의 인식 등에 대한 자료수집에 초점을 두어야 한다. 이런 정보는 지적장애학생에게 제공될 수 있는 새로운 전환서비스가 무엇인지를 해당 팀이 이해관계자에게 설명하는 데 도움을 줄 수 있을 것이다. 이는 제안된 전환활동이 얼마나 성공적으로 실행되었는지 그리고 서비스를 실행하는 데 어떤 조치가 필요한지를 해당 팀과 학교 행정가들이 결정하는 데 도움을 줄 수 있다(Grigal et al., 2005).

전환서비스의 평가를 위해 고려되어야 하는 2가지 전략은 실행 중 그리고 실행 이후에 자료수집을 하는 것이다. 두 전략 모두 계획 단계에서 개발되어 해당 학년 말 이전에 자료를 수집하도록 한다. 실행 중 자료수집은 학생의 중등이후 목표, 학생들이 참여한 전환활동, 대학에서 학생이 정확히 어떻게 참여했는지와 같은 학생 및 담당자 활동에 대한 정보가 포함된다.

학생을 위한 전환서비스의 영향에 대한 평가뿐 아니라 해당 과정을 문서화하고, 합동기관팀, 담당자, 부모를 포함한 이해관계자가 만족할 만한 여러 추천 사후 자료수집 활동이 있다. 학생의 졸업 후 성과에 대한 자료수집을 위해 담당자는 "청소년 중에 IEP가 있거나 (졸업 혹은 연령제한으로) 더 이상 중등학교에 없는 경우, 그리고 고등학교를 1년 이내 졸업한 학생 중에 경쟁고용이 되었거나 중등이후 학교 형태에 재학 중이거나 혹은 둘 다인 경우의 비율"(IDEA, 2004)(20 U.S.C.

1416 (a)(3)(B))에 대한 자료 요청에 협조하기 위해 해당 지역구가 사용하는 절차를 참조해야 한다. 이때 인터뷰나 설문조사는 해당 절차 및 이해관계자가 만족할 만한 문서화를 위해 서비스가 어떻게 실행되었는지, 직면했던 어려움들이 무엇인지, 어떤 전략이 가장 효과적이었으며, 어떤 것은 아니었는지, 학생과 담당자의 걱정은 무엇인지에 대한 정보를 모으도록 설계되어야 한다. 학부모에게는 자녀가 전환활동과 최종적으로는 학교를 떠나는 것에 대해 얼마나 효과적으로 준비되었는지를 측정할 수 있는 아웃리치 활동(outreach activities)에 대한 인식을 질문해야 한다 (Grigal et al., 2005).

서비스 및 지원 계획하기

대학에서의 서비스 및 지원을 계획하기 위해 학교 담당자는 고등학교와 대학 간의 많은 차이를 이해해야 한다. 이러한 차이는 대학에서 지원 및 서비스가 어떻게 제공되어야 하는지에 영향을 준다. 특히 학생이 대학과 학교 전환 스태프에 의해 이중으로 지원되고 있을 때 이런 차이를 이해하는 것은 중요하다. 학교 스태프는 학생 권리와 책임뿐 아니라 대학에서 장애학생을 위한 지원과 서비스가 어떻게 다른 법률에 의해 유도되는지 이해할 필요가 있다. 이런 차이에 대한 이해가 없다면 지적장애학생이 어떻게 대학에 접근할 수 있는지에 대해 학교 담당자는 부정확한 가정을 하게 된다(부록 4.8 참조).

장애학생에 대한 지원과 서비스를 규정하고 있는 법률은 또한 이러한 지원을 설명하는 데 있어 대학이 사용하는 언어에 직접적인 영향을 준다. 이러한 차이로 대학 캠퍼스에서 일하고 있는 학교 담당자가 자주 놀라거나 이런 차이를 받아들이는 데 어려움을 겪는 것은 흔히 있는 일이다. 여기서는 이러한 어려움이 발생할 수 있는 곳인 전형적인 대학 활동들을 검토하고 이를 해결하기 위한 제언을 하고자 한다.

일반적인 대학 과정 접근하기

만약 전환 담당자가 학생과 함께 대학 수업 방문 일정을 잡을 수 있다면 전통적인 교수방법을 관찰하게 될 것이다. 혁신적인 교수법을 자신의 수업에 받아들이는 교수도 있지만 대학 교육과정의 대부분, 특히 전공 혹은 필수이수과정은 강의, 읽기, 기말 보고서, 시험을 포함한 전통적인 방식으로 수업이 이루어진다. 지적장애학생에게 이러한 방법은 조정이 있더라도 접근하기 어려울 수 있다. 전환 스태프는 먼저 수업교재를 학생에게 좀 더 접근 가능하도록 수정할 수 있다고 생각할 수 있지만 항상 그럴 수 있는 것은 아니다. 미국장애인교육법(IDEA)이 일반교육과정에서의 성공에 대한 것인 반면 1973년에 재정된 재활법 504조항(PL 93-112)은 장애 관련 지원 및 서비스를 위한 법으로서 해당 교육과정에 접근하는 것에 관한 법이다. 이는 504조항을 실행할 책임이 거의 없고 관련 정책 및 절차에 대한 훈련이 거의 되어 있지 않은 학교 관계자에게는 중요한 생각의 전환점이다(Shaw & Madaus, 2008). 전환 담당자와 학생은 504조항 준수에 대한 훈련과 교수자의 수업 방법 및 강의 내용, 수업설계에 보편적 접근원칙 사용을 결정하기 위해 관심 있는 수업에 대한 배경정보가 가능한 많이 필요하다.

장애지원 서비스의 역할

학생이 대학에 가기로 결심하고 일반적인 대학 수업을 듣고자 계획할 때 코디네이터는 해당 학생이 장애지원 서비스센터로부터 어느 정도의 지원을 받을 수 있을지 결정할 필요가 있다. 학교 담당자는 대학 수업을 듣길 원하는 학생이 해야 할 첫 단계가 수강신청을 위해 무엇이 필요한지 배우고 지원 서비스를 신청하기 위해 장애지원 서비스센터 상담자와 상담약속을 잡는 것이라는 점을 인식하지 못할 수 있다. 또한 상담 약속을 할 때 학생은 모든 질문에 대답할 책임이 있다는 것을 전환 스태프와 학생이 처음 알게 될 수도 있다. 만일 장애지원 서비스가 이중등록된 학생에게 지원을 제공한다면 전환 스태프는 학생의 읽기와 쓰기 기술은 어떤지, 학생의 장애는 무엇인지, 수업에서 어려운 점은 무엇인지, 어떤 종류의 조정을 사용하는지와 같이 장애상담자가 묻게 될 질문에 학생이 대답하는 연습을 함께 해야 할 수도 있다. 또한 학생들은 질문지를 작성하고 사회보장번호, 의료보험 정보, 비상연락정보를 제공할 수 있도록 준비되어야 한다. 학생들은 가장 최근 IEP 사본과 3년 이내에 받은 신경 및 심리평가정보를 제공하기 위해 전환 코디네이터 및 부모와 협력해야 한다. 일단 질문지가 완성되면 장애 서비스 상담자는 해당 학생의 읽기, 쓰기,

수학 수준을 평가하기 위한 배치시험을 보아야 하는지 결정해야 한다.

만일 학생이 학점을 받을 수 있는 강의를 듣고자 결정했다면 해당 학생에게 배치평가가 요구될 수 있다. 만약 그렇게 된다면 장애서비스센터는 학생이 그 시험을 치르기 위한 일정을 잡도록 도울 것이다. 필요하다면 혹은 요청이 있다면 학생에게 조정이 제공된다. 만일 학생이 청강을 하거나 비학점 과목이나 수강요건이 없는 과목을 수강하고자 한다면 배치평가는 치르지 않아야 한다. 수강신청이 검토되고 며칠 이내에 장애상담자는 학생에게 줄 완성된 조정신청양식을 받게 될 것이다. 이 양식에는 학생이 강의 첫날 교수에게 제출해야 하는 조정에 대한 정보가 포함된다. 가능하다면 학생이 강의가 시작되기 전에 교수와 약속을 잡아 자신의 학습양식, 필요한 조정, 지원을 받는 경우라면 교육 코치의 목적 등을 논의하는 것이 가장 도움이 된다.

> 도움이 필요할 때 사람들이 가장 먼저 하는 일 중 하나는 캠퍼스에 있는 장애 관련 사무처에 가는 것이다. 만약 당신에게 어떤 장애가 있고 대학에 가고자 한다면 장애사무처가 있는 경우에는 여기에 등록하는 것이 필요하다. 해당 학생은 자신의 장애를 증명하는 서류를 준비한다. 그 이후에 당신은 도움을 받을 수 있게 된다.
>
> ―베스(21세), 이중등록 학생

배치시험의 역할

많은 대학이 고등학교 졸업장이나 이와 동등한 졸업장을 받지 않은 학생에게 재정지원 및 대학의 혜택을 위한 능력자격을 결정하는 배치시험을 치르도록 요구한다. 이는 학생이 원하는 강의에 등록하도록 돕고자 하는 중등이후교육 전환 스태프에게는 어려움이 될 수 있다. 만약 배치시험 성적이 낮은 경우 학생은 대학에 있는 보충수업과정(remedial course)을 수강하기 전에는 다른 과정을 수강할 수 없다는 말을 들을 수 있다.

비록 학생이 시험을 치르기 위한 조정을 받을 수 있다 하더라도 그 결과는 대개 학생들이 낮은 점수를 받거나 기초 읽기, 쓰기, 수학 수업만 수강할 수 있거나 선수요건이 없는 수업만 들을 수 있다는 통보를 받는다. 이러한 수업들이 지적장애가 있는 학생을 포함해 많은 학생에게 유익하기는 하지만 이는 곧 학생들이 제한된 과목만을 들을 수 있고 학생들이 추구하고자 하는 특정 진로에 대해 좀 더 배울 수 있도록 돕는 과목을 청강할 수 없다는 의미이기도 하다. 배치시험 및 자격결정의 문제는 졸업장이 없는 학생이 중등이후교육을 추구하는 데 있어 가장 큰 장벽 중 하나로 남아 있다. 대학 관계자들이 자신들의 우려에 대해 논의하는 것은 격려되어야 하지만 만일 지적장애학생들이 혜택을 볼 수 있다면 이전과는 달리 이러한 혁신적인 전환계획모델이 대학에 접근할 수 있는 방법을 보여주려는 지속적인 노력을 해야만 한다.

이수과정 접근과 관련한 추가 문제

지적장애학생이 대학 강의에 접근하는 데 직면하는 특정한 어려움 이외에도 해당 학생과 담당자는 특히 커뮤니티 칼리지와 관련한 다른 접근 관련 문제에 대해 인식해야 한다. 커뮤니티 칼리지는 4년제 대학이나 종합대학에 비해 훨씬 빨리 성장하고 있으며 전체 학부생의 거의 절반을 차지한다(Merrow, 2007). 이러한 등록생 수 증가로 모든 학생이 대개 학기가 시작하기 전에 일찍 수강신청을 하지 않으면 수강인원이 모두 차거나 수강마감이 되는 경우를 흔히 보게 된다. 만약 학생이 수업 수강을 위한 교수의 승인이 필요하다면 특히 교수가 전임인 경우 이들을 만나기는 극히 어렵다. 학생이 수강신청을 할 때 해당 강의와 교수자가 잘 연결되지 않는 경우도 있다. 수강신청의 어려움 때문에 학생들은 흔히 대학에 있는 경험만을 하는 경우도 있을 것이다. 지적장애학생은 그 수업이 기술개발을 위한 것인지 혹은 흥미를 탐색하기 위한 것인지와 같이 왜 그들이 과목 수강을 원하는지와 해당 과목으로부터 어떤 도움을 받을 수 있다고 생각하는지를 판단할 수 있는 도움이 필요하다. 또한 학생들은 해당 수업에서 기대하는 바에 대한 이해가 필요한데 이는 대부분 강의계획표에 나와 있고, 사전에 이를 검토함으로써 알 수 있으며, 많은 교수들은 강의계획표를 온라인상에 올려두거나 해당 학과에 공개적으로 보관하고 있다.

대학 강의 등록하기

수강할 수업을 선택했다면 학생들은 반드시 수업에 등록을 해야 한다. 겉으로는 간단한 과제라도 어떤 학생에게는 어려울 수도 있는데 해당 수업을 수강하기 위한 자격을 얻기 위해 추가 과제를 해내야 하는 장애학생에게는 특히 더 그렇다. 예를 들면 케일라는 수중운동 과목을 선택한 이중등록 학생이다(표 4.5). 이 수업에 등록하기 전에 그녀는 읽기와 쓰기가 이 수업을 들을 수 있는 선수요건임을 알게 되었는데 이는 케일라가 배치시험을 치러야 한다는 것을 의미한다. 케일라는 혼자서 이를 위한 일정을 잡고 대학에서 시험을 치르는 동안 수험료를 지불했다. 안타깝게도 케일라는 겨울방학 동안 이 모든 일을 하게 되었다. 시험 결과는 수업을 수강하기에는 너무 낮은 점수였으며 교수를 찾아가 학업 필수요건을 면제받는 것에 대해 요청을 하는 것은 방학 중이라 일처리가 더딘 캠퍼스에서는 어려운 일이었다. 마침내 이런 문제를 해결했을 때, 이번에는 일시적으로 케일라가 이미 지불한 수험료에 대한 기록이 대학에 없다는 예기치 않은 문제를 해결해야 했다.

많은 경우 장애학생은 수업 수강을 위해 작성해야 하는 추가 요구 사항들이 있기 때문에 수강신청을 위한 지원이 필요하다. 중등이후교육 코디네이터나 다른 지원 담당자들이 등록 과정에서 예상하거나 예상하지 못한 문제 모두에 대해 학생이 준비하도록 하는 것이 중요하다. 이런 어려움에도 불구하고 학생들은 모든 등록 절차에 참여해야 한다. 케일라의 예에서 강조되었듯이 이런 등록 과정을 이해하고 이 과정에서 발생하는 문제를 해결할 수 있는 방법을 배우는 것은 중요하다.

청강 혹은 수강 학점 현황

학생과 담당자는 학점을 위한 것인지 혹은 해당 수업을 청강하고자 하는 것인지를 결정해야 한다. 대부분의 경우 담당자는 처음에 학생이 학점을 위한 수강신청을 시도해보도록 격려해야 하며, 만일 처음 2주가 지난 이후에도 해당 과목의 수강요건을 채울 준비가 되어 있지 않다고 생각된다면 수강과목을 청강하는 것으로 변경할 수 있다. 스태프는 학점을 위한 수업이든 아니든 학생이 수업 과제를 완수하도록 격려해야 한다.

대학 강의 참여하기

만일 강의가 시작되기 이전에 담당 교수를 만나지 못했다면 학생은 수업 첫날 조정

〈표 4.5〉 커뮤니티 칼리지 학점 과목을 수강하는 학생이 직면하는 문제의 단계

수업 등록을 하는 케일라

1. 케일라는 운동 수업을 수강하겠다고 결정했다. 그녀는 학점 이수 과목 목록에서 수중운동을 선택했다.

2. 케일라는 대학 카탈로그를 통해 해당 과목이 필수요건으로 읽기와 쓰기 시험을 포함하고 있다는 사실을 포함해 수중운동에 대해 좀 더 알게 되었다. 그녀는 평가센터로부터 시험정보를 얻었다.

3. 케일라는 겨울방학 전에 시험장에서 필기시험을 보기 위한 시간을 선택했다. 도움을 받아 시험을 위해 출석했고 등록을 했다. 그런 후 시험장으로 혼자 들어가 평가시험을 마쳤다. 지원을 받아 그녀는 25달러의 비용을 지불하고 학생서비스센터에서 직접 지원을 하였다.

4. 케일라는 컴퓨터가 다운되는 바람에 시험 결과를 받을 수 없었다. 돌아오는 월요일에 다시 학교에 갔으나 평가센터에서는 케일라가 시험 결과를 받으려면 평생교육센터로 가야 한다고 말했다. 평생교육센터에서는 문의를 하려면 먼저 약속을 잡아야 하며, 가능한 날짜는 며칠 후라고 이야기했다. 케일라는 약속을 잡았지만 좀 더 일정을 앞당기기 위해 예전에 그녀를 도와준 적이 있는 상담자에게 연락을 했다. 그 상담자는 케일라의 평가 결과를 즉시 보여줄 수 있었다. 케일라의 점수는 요구되는 평가 수준보다 낮았기 때문에 상담자는 케일라에게 담당 교수와 이야기해 예외조치를 부탁해보라고 제안했다. 케일라는 도움을 받아 교수에게 이메일을 보냈다. 담당 교수가 24시간 이내에 답장을 보내지 않자 상담자는 케일라에게 학과장과 직접 이야기해볼 것을 제안했다. 케일라는 도움을 받아 케일라에 대해 담당 교수로부터 이야기를 들은 적이 있는 학과장을 방문했다. 학과장과 담당 교수는 평가 요건을 기꺼이 면제해주려고 했으며 학과장은 케일라에게 컴퓨터를 통해 도움을 받게 될 것임을 이야기해주었다.

5. 케일라는 겨울방학 동안에 온라인 수업에 등록하려고 했으나 해당 커뮤니티 칼리지의 온라인 등록 시스템에 접근할 수가 없었다. 그녀는 스스로 학생서비스센터에 수업을 등록하기 위해 갔다. 거기서 담당 직원은 그녀가 필수 수강요건 평가점수를 충족하지 못해서 점수를 향상시켜야 하는 학생을 위한 프로그램인 패스웨이(Pathways)를 통해 등록해야 한다고 말했다. 게다가 그 직원은 학과장이 해당 수업에 대한 케일라의 수강을 허가했다는 증거를 찾을 수 없었다. 케일라는 도움을 받아 등록처로 돌아가 다른 직원으로부터 학과장이 케일라가 해당 수업을 듣기 위한 허가양식에 서명을 해야 한다고 확인해주었다.

6. 케일라는 필요한 서명을 받기 위해 혼자 갔다. 이를 위해 여러 번의 이동이 필요했는데 왜냐하면 그 대학은 여전히 겨울방학 중이었고 학과장은 자주 자리에 없었기 때문이다.

7. 일단 케일라는 서명을 받아 등록을 하기 위해 학생서비스센터의 도움을 받아 돌아왔다. 이번에는 또 다른 직원이 케일라가 대학으로부터 입학허가를 받은 적이 없다고 말했다. 케일라는 지원을 받아 그 직원을 설득하는 데 성공해 계속 등록을 할 수 있었으며 마침내 지원을 해 해당 수업을 수강하기 위한 허가를 받았다. 케일라는 필요한 문서를 받아 수업료를 지불하기 위해 수납처로 갔다.

8. 케일라는 등록 과정을 시작한 지 6주 후인 1월 22일에 수업을 시작했다.

신청양식(accommodation form)을 교수에게 제출해야 한다. 이는 스태프에게 도전이 될 수 있는데 왜냐하면 캠퍼스에서 교수를 찾아내는 것이 항상 쉬운 일은 아

니기 때문이다. 또한 학생이 시작하기에는 두려운 단계일 수 있다. 시간을 내어 학생과 대화하는 연습을 하는 것은 학생이 자신의 조정에 대한 담당 교수의 질문을 준비하는 데 도움이 될 것이다.

중등이후교육 전환 스태프는 주로 대학 강의실 안팎에서 교육 코치로서 지원을 하게 될 것이다. 교육 코치는 학생이 강좌 속도에 적응하고 적절한 수업 행동을 사용하며 강의에서 요구하는 것들에 부합하기 위한 조직화 기술의 개발 및 사용을 돕는다. 만일 학생이 강좌에서 요구하는 것들을 해내는 데 어려움이 있다면 교육 코치는 학생이 자신의 장애상담자를 만나거나 대학의 학업지원센터를 통해 제공되는 학업지원을 구하도록 조언할 수 있다. 또한 교육 코치는 학생이 시험일 전에 시험보기와 관련한 어떠한 조정이라도 계획하기 위해 담당 교수와 함께 일하도록 돕는다. 시험점수를 받은 후에 교육 코치는 그 성적에 기초해 해당 학생과 다음 시험을 어떻게 준비할지 검토할 수 있다. 학생이 낙담하거나 숙제를 따라가지 못할 때 교육 코치는 학생의 중등이후 목표를 검토하게 함으로써 자신의 약속에 대해 상기시킬 수 있다(부록 4.9 참조).

교육 코치에 대해 한 가지 고려해야 할 점은 대학 강의실에 이들이 출현하는 것이다. K-12 환경에서처럼 많은 교수들이 한 강의실에 다른 교수자가 있는 것이 적절한지에 대해 의문을 가질 수 있다. 어떤 경우에는 교수자가 학생에게 조정이 필요하다는 것을 인식하는 한 장애학생과 함께 수업하는 것을 편안해한다. 또 다른 경우는 강의실 안에 다른 교수 전문가가 있다는 생각에 불편해하기도 한다. 이에 대한 한 가지 방안은 교육 코치가 자신을 필요로 하는 해당 학생뿐 아니라 수업 전체를 대상으로 지원하도록 중등이후교육 전환 코디네이터가 담당 교수와 함께 방법을 찾아보는 것이다. 여기에는 소집단 활동, 실험, 현장수업 지원이 포함될 수 있다.

무섭지 않아요. 당신도 거기서 배울 수 있어요. 해보세요. 조금 두렵겠지만 그건 정상이에요. 전에 한 번도 해본 적이 없었으니까요. 거기엔 많은 사람들이 있고 처음에 무섭게 보여요. 일단 대학을 알게 되면 좀 더 자신감이 생기고 자신에 대해 좋은 기분이 들 거예요. 저도 그랬어요. 저도 무서웠지만 좀 더 자신이 생겼어요. 시간이 걸렸지요. 마지막에 전 더 나아졌고 지금은 더 이상 불안

하지 않아요. 싫다고, 돌아가지 않겠다고 말했지만 마음을 바꿨어요. 나는 다
시 돌아가고 싶었어요.

－알렉스(20세), 이중등록 학생

비학점 과목 혹은 지역사회중심 교수 접근하기

어떤 학생들은 대학에서 비학점 과목이나 평생교육 과목을 선택할 수도 있다. 아마
도 이 선택이 대학의 수업보다 좀 더 학생의 요구에 가깝고 좀 더 가능한 쉬운 첫
단계라고 생각할 수 있다. 어쨌든 이 장에서 설명하는 원칙은 이런 경우에도 적용
되어야 한다. 학생들은 자신들의 포부를 추구하는 데 필요한 기술을 결정하기 위해
어떤 형태로든 간에 개인중심계획 과정으로 도움을 받게 된다. 거기서부터 학생들
은 지역사회중심 과목이 자신들의 흥미에 더 잘 부합된다는 것을 찾을 수도 있다.

유급 고용 계획하기

대학 수업에 등록된 학생들은 대개 직업 목표를 추구한다. 그러므로 관련 직업 경
험은 흔히 대학 경험과 연결되어 있다. 교직원이 전환서비스에 개인중심계획(PCP)
을 포함할 때 학생의 진로포부와 관련 수업 간의 연결을 하기 쉽다. 어떤 경우 학교
지역구는 대학 캠퍼스를 근거지로만 사용하고 직업 관련 전환 목표에 대한 서비스
에 주로 초점을 둔다.

　직업에 초점을 두는 것은 진로 개발이나 다른 전환 주제에 대해 전문적으로 훈련
되지 않은 학교 담당자에게는 매우 어려울 수 있다(Morningstar & Kleinhammer-
Tramill, 2005; Roessler, Hennessey, & Rumrill, 2007). 결국 많은 특수교사가
자신들이 제공하는 전환서비스에 진로 개발을 포함시키는 데 부족함을 느끼며 그 대
신 기능적 교육과정, 사회적 기술 훈련, 학교중심 기능적 학습 기회에 의존한다
(Katsiyannis, Zhang, Woodruff, & Dixon, 2005; Zhang, Ivester, &
Katsiyannis, 2005). 또한 고용 환경에서 학생들이 요구하는 지원은 학업 환경에서
요구하는 것과는 다르다. 예를 들면 고용 환경에서 학생들은 작업장의 조정에 대해
옹호하고, 자신의 장애를 드러내야 할지 혹은 언제 그래야 할지를 결정하고, 동료들
과 관계 맺기를 위해 사회적 기술을 적용하고, 자신의 일에 대해 이야기하고 평가하

는 데 자기결정기술을 사용하는 것에 대한 지원을 좀 더 요구한다. 만일 장애학생들이 직업을 성공적으로 준비한다면 직업 경험, 직업훈련과 대중교통 사용 및 이동 훈련을 지원하기 위한 유연한 일정, 자기결정기술 개발을 포함한 진로 개발 준비에 접근해야 한다(Getzel & Wehman, 2005; Roessler, Hennessey, & Rumrill, 2007; Wehman, 2006).

직업흥미 결정하기

중등이후교육 전환 코디네이터와 스태프들은 학생이 탐색하는 데 관심이 있는 직업 유형을 확인하는 것에서 시작한다. 많은 지적장애학생들은 직업 경험이 거의 혹은 전혀 없으며 어떤 일을 하고 싶은지 잘 모른다(Cameto, Levine, & Wagner, 2004). 인턴십, 직무참관, 예비 인터뷰, 유급 고용, 지역 고용개발사무소를 통한 직업 준비를 포함해 여러 진로탐색활동이 적절한 기술이 있는 학생에게 제공될 수 있다(National Collaborative for Workforce Developement and Youth, 2003). 이러한 노력들은 고용 제공자들과의 공식적인 협약을 통해 증진될 수 있으며 이는 자신들의 진로 개발 교육과정을 강화하고자 하는 많은 학교가 추구하는 협력적인 노력이다.

인턴십

인턴십은 학생이 직업흥미를 좁히거나 좀 더 탐색하도록 돕는 데 유용하다. 인턴십 기회는 학교 연계를 통해 공식적으로 혹은 개인중심계획(PCP)과 같은 과정을 통해 비공식적으로 수립될 수 있다. 이러한 인턴십은 다양하며 보육, 상점, 의료사무실 경험, 동물보호소, 사무보조, 조경, 양로원, 빵집, 꽃집, 농산물 코너를 포함한 슈퍼마켓 내 여러 직무와 같이 많은 현장에서 진로흥미를 지원한다. 각 인턴십 마지막에 학생들은 자신들의 경험을 평가하도록 해야 한다. 이러한 인턴십에서 받은 피드백은 미래 경험과 직업배치를 위한 계획하기에 정보로 제공되어야 한다.

직무참관과 정보수집용 면담

자신이 하고 싶은 일에 대한 생각이 있는 학생을 위해 담당자는 학생으로 하여금 비슷한 일을 하는 사람들을 직무참관하기, 해당 직업에 대한 질문에 답할 수 있는 그 분야 사람들과 정보수집용 면담을 하거나 준비하기, 직업을 설명하는 웹사이트(예: O*NET Online과 같은 직업정보네트워크)에서 진로흥미 조사하기와 같은 직업 유형 탐색을 할 수 있도록 자리를 마련할 수 있다.

직업 준비

중등이후교육 전환 스태프는 학생이 갱신된 이력서와 포트폴리오, 학교와 기타 직업 경험을 한 곳으로부터 적어도 2개의 추천서를 준비했는지 확인해야 한다. 만일 학생이 이력서가 없다면 해당 코디네이터나 기타 스태프는 이를 준비할 수 있게 학생과 작업해야 한다. 학생들은 지역 인력개발소, 인맥과 같은 포괄적인 고용 자원을 통한 직장 찾기를 포함한 직업 탐색의 모든 영역에서의 참여가 격려되어야 한다. 학생들은 인터뷰 기술과 이력서 작성법에 초점을 둔 인력개발 워크숍에 참여할 수 있다. 반드시 유급 고용으로 연계되지는 않는 직업훈련에 대한 경고: 이러한 경험들은 단기적인 기술 개발에는 좋지만 경쟁고용의 경험 없이 학교를 떠나게 되는 일반적인 결과를 피하기 위해 시간제한을 두어야 한다. 이런 문제를 피하기 위한 한 가지 방법은 학생이 경쟁고용기술을 개발하도록 돕는 서너 가지의 직업 목표를 개발하기 위해 해당 학생, 고용주, 직업 개발자, 직무지도원 간의 회의를 조직하는 것이다. 매사추세츠에서는 직업중심 학습계획(work-based learning plan)이 이러한 삼자회의를 조직하도록 돕는다(Massachusetts Department of Elementary and Secondary Education, 2008).

고용 협약

학교지역구는 학생이 자신의 진로흥미와 관련한 일을 찾도록 돕기 위해 지역사회 제공자와의 공식적인 협약을 맺고자 할 수 있다. 이런 경우 전환 코디네이터는 학생이 자신의 목표와 관련한 일을 추구하는 데 도움을 받을 수 있도록 중등이후교육 전환서비스 목표를 잠재적인 파트너와 이야기해야 한다. 직업 개발의 각 단계—추천서 받기, 직무참관, 직업 탐색—를 통해 학생들은 활동지와 일지로 자신들의 진보를 계속 기록하도록 해야 한다. 또한 학생들이 자신의 직업 탐색에 대해 반성적 사고를 하고 미래 탐색을 위해 각 단계별 자료를 보관하도록 격려해야 한다.

국가 및 지역사회 서비스

현재 지적장애를 포함해 장애학생을 위한 1년 혹은 2년의 서비스기관 위임 기회가 있다. 전환의 관점에서 자원활동은 자신의 지역사회와 인맥을 맺고, 이력서를 보강하며, 개인뿐 아니라 지역사회에도 도움이 되는 기술을 개발하도록 할 수 있다. 예를 들면 아메리코(Americorps)[1]에서 일한 사람은 대학 학비 지불에 사용할 수 있는 아메리코 교육상을 수상할 수 있다. 많은 학교 체계가 교육과정에 봉사나 지역사회 학습을 포함하고 있으며 따라서 학교와 서비스 단체 간에 체결된 협약이 이미 존재할 수도 있다.

이동수단 계획하기

중등이후교육 전환 코디네이터는 학생 및 부모와 함께 탐색할 이동수단의 방법을 검토해야 한다. 장소에 따라 이 방법에는 대중교통, 카풀, 학생에 따라서는 캠퍼스나 직장까지 도보로 가는 것이 포함될 수 있다. 유효한 방법이 무엇이든 간에 이동수단과 관련한 목표는 학교에서 제공하는 이동수단에 의존하던 것에서 직장, 대학, 동네 목적지까지 가기 위해 동료가 전형적으로 이용하는 방법으로 전환하는 것이어야 한다. 모든 중등이후교육 프로그램과 서비스는 이동수단을 주요 요소로 포함해야 하며 그렇게 함으로써 학생들이 지역구에서 제공하는 교통수단에서 지역사회의 일반적인 교통수단으로 전환하는 것을 배울 수 있다. 학생들이 시내버스 이용을 배울 수 있는 지역구에 사는 경우 학교나 직무지도원은 이러한 학생들이 자신의 일정을 검토하고; 버스나 기차 혹은 지하철을 이용한 도착시간을 결정하여 안전하게 이동할 수 있도록 함께 일해야 한다. 어떤 경우 직무지도원은 학생이 독립적으로 이동할 수 있게 되었을 때 지원을 단계적으로 줄여나간다. 접근 가능한 이동수단이 필요한 학생의 경우 전환 담당자는 해당 시의 장애인 교통서비스(paratransit services)를 신청할 수도 있다. 일단 해당 서비스의 자격이 되면 학생들은 즉시 이동수단의 책임 있는 이용에 대해 배울 수 있다. 한 학교지역구에서는 학생의 독립적 이동기술을 촉진하기 위하여 미국장애인법(ADA)의 장애인 교통서비스 안내서

(Paratransit Manual, 부록 4.10 참조)의 쉬운 버전을 개발했다. 첫 여정의 시작부터 학생들은 미국장애인법의 장애인 교통서비스를 어떻게 이용하는지와 차량 도착시간에 맞추어 시간 지키기를 배운다. 처음에는 인턴십, 대학, 지역사회 관련 장소에 접근하기와 같은 이동수단 관련 활동에 참여하는 학생들에게 학교지역구가 표를 구입해 나누어줄 수도 있다. 결국에는 학생이 자신의 표를 구입하고, 이동 일정(학생들이 자신의 개인 ADA 장애인 교통서비스 매뉴얼에 기록하도록 교육받은 것)을 위한 정확한 목적지 주소를 배우며, 차량 도착시간에 맞추어 나가 있을 수 있게 된다.

학생들이 휴대전화를 가지고 다니도록 하고 단축번호에 ADA 장애인 교통서비스 전화번호를 넣어 예약을 취소하거나 차가 오지 않아 확인해야 할 때 회사로 전화를 걸 수 있도록 한다. 많은 지역에서는 장애인 교통서비스를 이용하는 학생을 위한 지침을 마련하고 있다. 예를 들면 학생들은 차량이 예약한 시간의 20분 전후에 올 수 있다는 것을 알아야만 한다. 그러므로 학생들은 차량이 도착했을 때 기다리고 있어야 한다. 시간을 말하기 어려운 학생의 경우에는 조정이 제공될 수 있다. 어떤 학생에게는 차량 도착시간에 맞추어 준비하는 것을 상기할 수 있게 휴대전화 알람을 맞추도록 가르친다. 자신들의 이동수단을 처음으로 예약하는 학생들의 경우 이동수단 협약서를 전환 스태프 중 한 명에게 보고하도록 가르칠 수도 있지만 이 단계는 학생이 스스로 할 수 있는 능력을 보이면 점차 없애야 한다.

학교에서 제공하는 이동수단을 사용하기로 선택한 지역구의 경우에는 학생을 위해 조정된 새로운 노선이 필요한지, 만약 필요하다면 비용은 얼마나 들지를 고려해야 한다. 또한 해당 지역구는 학생과 담당자 일정 및 활동을 조율하기 위한 이동수단 일정을 개발하게 될 수도 있다.

어떤 경우 지적장애학생들이 면허증을 따는 데 성공할 수도 있다. 이러한 학생들은 대학과 직장에 운전을 해서 가게 된다. 전환 스태프는 학생들이 운전면허시험을 준비하는 것을 돕고 학생들이 운전하는 데 필요한 조정을 요구할 수도 있다. 어떤 재활기관에서는 학생들의 운전 준비도를 측정하기 위한 평가비를 내주기도 한다. 이러한 종합 평가에는 시력, 주변 및 인지능력, 반응시간, 도로 표지판에 대한 지식 및 이해력, 차량을 운전하기 위한 신체 및 인지 능력이 포함된다. 독립생활지원센터

(independent living center)에서는 운전면허시험을 준비하는 학생에게 개인교습을 제공하기도 한다. 직업재활기관에서는 운전면허가 고용 성과와 관련이 있는 경우 운전면허 교습비를 지원해주기도 한다. 어떤 전환 코디네이터들은 자신들의 경험을 통해 학생에게 운전면허가 있다 하더라도 지역사회에서 운전 및 주차 법규를 지키는 데 도움이 필요한 경우가 많다고 보고한다.

도시나 교외, 혹은 시골 어디에 살든 이동수단 문제는 많은 어려움이 따른다. 도시에 사는 학생과 부모는 대중교통 이용에 있어 안전 문제를 자주 걱정한다. 교외지역에 사는 학생과 부모의 경우 대중교통수단이 제한적이고 일관성이 없다는 불만을 이야기한다. 대중교통수단이 매우 제한적인 시골지역의 경우 학생과 부모는 카풀과 같은 다른 방안을 고려하는 데 주저하게 되며 학교 담당자는 법적 책임 문제에 대해 걱정하기도 한다. 어떤 시 교통국에서는 직업재활사무소뿐만 아니라 이동 훈련 서비스를 제공하기도 한다. 어떤 중등이후교육 환경에서 서비스를 실행하기 위해 준비하는 지역이라면 지역사회 내에서 현재 가능한 이동수단 방법을 알고 학생이 안전한 이동기술을 개발하도록 돕기 위한 훈련 교육과정 및 실행 단계에 대한 밑그림을 그리는 것이 중요하다.

대학 캠퍼스 내 위험 관리하기

많은 학교지역구에서는 학생들이 대중교통을 사용하거나 걸어서 수업에 가거나 가능한 독립적으로 직장에 가도록 격려한다. 대학 캠퍼스에서 학생을 지원하는 스태프들은 학생과 부모가 독립에 대비하도록 한다. 한 가지 유용한 대비책은 학생과 부모가 담당자에게 유효한 비상 연락처를 작성하는 것이다(부록 4.7 참조). 어떤 학교지역구에서는 시 소속 변호사가 이런 양식이 학교 방침을 준수하는지 검토해 준다(그림 4.6 참조). 또한 학생들은 단축번호에 비상 연락처 및 모든 중등이후교육 스태프 연락처가 있는 휴대전화를 지니고 다니도록 해야 한다. 마지막 대비책은 학생들이 지역사회에서 안전을 유지하고 캠퍼스에서 도움을 요청하는 방법을 배우는 것이다. 위험 대처에 대한 추가 논의는 6장을 참조하라.

[그림 4.6] 이동 훈련을 설명하는 서식의 예

LMN 교육청 특수교육과
전환서비스 프로그램
지역사회 이동 훈련 동의서

전환서비스 프로그램은 고학년의 장애학생에게 제공됩니다. 이 프로그램은 교육 서비스를 제공하며, 학생의 필요에 따라 직업 관련 활동, 중등이후교육, 지역사회 훈련, 이동 훈련 등이 포함될 수 있습니다. 이동수단은 다양한 방식으로 제공될 수 있으며, 여기에는 학교에서 계약을 맺은 이동수단, 지역 내 대중교통수단, 걷기 등이 포함될 수 있습니다.

_____ 의 부모(보호자)로서
(학생 이름)

_____ 나는 내 자녀가 이동 서비스 프로그램에 참여하는 것에 동의합니다.
_____ 나는 내 자녀가 이동 서비스 프로그램에 참여하는 것에 동의하지 않습니다.

날짜: _____   **부모/보호자 서명:** _____

혹은

성인이자 의사결정권이 있는 학생으로서 나 _____ 는(은)
(학생 이름)

_____ 이동 서비스 프로그램 참여에 동의합니다.
_____ 이동 서비스 프로그램 참여에 동의하지 않습니다.

날짜: _____   **학생 서명:** _____

날짜: _____   **특수교육 감독 서명:** _____

대학 활동 및 경험 참여하기

대학 캠퍼스에서 수업을 듣는 것은 지적장애학생에게 대학의 자원과 활동에 접근할 기회를 제공한다. 여기에는 학생 동아리와 학생회, 건강 및 피트니스 시설, 여러 학내 행사가 포함된다. 전형적으로 스포츠, 극장, 학내 행사는 학생들이 수업에 참여하지 않는 밤과 주말에 열린다. 장애학생에게는 이러한 캠퍼스 활동에 참여하는 것을 어렵게 하는 문제로 학생에게 유효한 학업 외 활동에 대한 정보를 얻고, 이에 참여하기 위해 시간을 내고, 해당 활동에 접근하는 데 필요한 이동수단 및 경비를 마련하는 것과 같은 것이 있다. 또한 어떤 학생은 해당 행사에서 지원이 필요할 수도 있을 것이다.

캠퍼스에서의 학업 외 활동에 대해 학생이 인식하기 위해 학교와 대학 간 파트너십은 특히 학년 초에 열리는 학생 동아리 및 학내 행사가 열리는 곳에 대한 오리엔테이션 강좌를 포함한 여러 전략을 개발한다. 또 다른 전략으로는 학생에게 이메일이나 정기우편물을 통해 매월 학내 행사일정을 발송한다. 어떤 중등이후교육 전환모델에서는 학생에게 대학 참여의 일부로 학기당 1~3개까지 대학 활동 혹은 행사를 고르도록 요구된다.

활동참여 시 지원이 필요한 학생을 위해서 일부 학교 혹은 대학 파트너십은 동료멘토에 의존하기도 한다. 이 방법은 학생이 사회적 상황의 뉘앙스를 이해하는 것을 돕는 데 성공적이라는 것이 증명되었다(Adreon & Durocher, 2007; Moreno, 2005). 또 다른 해결책은 가족들과 유효한 캠퍼스 활동에 대한 정보를 공유하고 이들이 자녀로 하여금 이러한 기회를 활용하도록 돕게 하는 것이다.

모든 학생에게 학교에 있는 친구와 떨어져 있고, 고등학교 특별활동과도 거리가 먼 전환이란 매우 어려울 수 있다. 이는 장애학생에게도 다르지 않으며 특히 이들이 수년간 함께 지내왔고 동일한 여가활동에 참여해왔다면 더욱 그렇다. 또한 중등이후교육을 포함해 전환서비스는 학생이 캠퍼스와 직장에서 새로운 사회적 관계를 맺기 위한 기술을 개발하도록 돕는 전략을 포함해야 한다(Adreon & Durocher, 2007; Casale-Giannola & Kamens, 2006; Thoma & Getzel, 2005). 시간이 지남에 따라 학생들은 비장애 동료들처럼 새로운 사회적 관계를 형성하고 여가 및 지역사회 활동에 참여하게 될 것이다.

중등이후 환경으로 전환서비스를 확장하고자 하는 학교 관계자를 위한 제언

다음 제안들은 중등이후교육 환경에서 전환서비스를 수립하는 데 관심이 있는 개인, 팀, 지역구를 위한 것이다. 이 제언들은 그런 서비스를 실행하였고 지속적으로

장애학생들의 전환 목표와 연결되는 학교 성과를 증진하기 위해 일하며 이를 개선하고 발전시키고 있는 많은 학교지역구의 경험과 교훈에 기초하고 있다.

1. 학생이 전환에 대비하도록 하고, 자기결정기술을 개발하도록 촉진한다. 전문가와 학생 모두 자기결정기술이 성공적인 중등이후교육 경험을 위해 중요하다는 것을 지적한다. 적절한 중등이후 지원을 찾고, 업무량에 대한 책임을 가늠하고, 교수들과 일하기와 같은 기술은 전환을 계획하는 초기에 배워야 한다(Adreon & Durocher, 2007; Sitlington, 2003; Thoma & Getzel, 2005; Thoma & Wehmeyer, 2005). 중·고등학교 수준에서의 대비는 학생 참여이며, 이상적으로는 자신의 IEP 회의에서 궁극적으로 주도권을 갖는 것이다. 이는 학생들에게 자신들의 학습 양식과 장애를 대학 교직원과 미래의 고용주와 의논하고, 좀 더 통합된 수업에 대한 접근 기회를 얻고, 대학에서 제공되는 것들과 유사한 조정을 사용하고, 일정을 조정하며, 수업 과제를 책임지고 완성하며, 자기 자신의 진보를 평가할 수 있는 기회를 제공하는 것이다(표 4.6 참조).

2. 중등이후교육 전환 코디네이터직을 만든다. 중등이후교육 전환 코디네이터는 개별화된 접근으로 여러 수준에서 학생을 지원하고, 여러 스태프 일정을 조정하며, 협력관계를 마련 및 유지하고, 가족을 지원하기 위해 오리엔테이션 및 지속적인 연수를 제공하고, 파트너들 간의 정규 회의를 촉진하기 위해 필요로 하는 다양한 종류의 기술을 보유해야 한다. 이상적으로 중등이후교육 전환 코디네이터는 성인 서비스와 특수교육 배경이 있는 것이 좋지만 최소한 시스템이 어떻게 작용하는지 그리고 성과지향 전환서비스를 제공하기 위해 이를 어떻게 결합할 것인지에 대한 탄탄한 실용적인 지식이 있어야 한다. 이 사람은 대학 캠퍼스에 있는 학교 체계의 얼굴로 여겨지며 지적장애학생을 위한 높은 접근성 및 지원을 촉진하기 위해 대학 교수 및 직원과 지속적인 연결이 가능해야만 한다.

3. 보조교사직을 전환 코치직으로 바꾼다. 보조교사직의 채용이 가능할 때 이 직함을 전환 코치직으로 재구조화해야 한다. 이는 지역사회 교원노조와의 협력에

〈표 4.6〉 성공적인 대학생활을 위한 전략

1. 최선을 다해 이름, 주소, 전화번호, 사회보장번호를 익힌다.
2. 대학 학생증을 포함해 비상 연락처와 함께 사진이 있는 신분증을 항상 가지고 다닌다.
3. 자신의 소지품(예: 외투, 책, 펜, 도시락, 돈 등)을 잘 챙긴다.
4. 비상시 누구에게 도움을 청해야 하는지 배운다.
5. 이해하지 못한 것이 있다면 도움을 요청한다.
6. 할 수 있다면 휴대전화를 마련해 사용하는 방법을 배우고 항상 가지고 다니며, 충전하는 것을 기억한다.
7. 일정에 따라 수업, 근무, 점심시간을 보내고 이동을 위한 교통수단을 이용한다. 시간을 잘 모르겠다면 휴대전화, 알람시계를 활용하거나 다른 사람들에게 물어보는 등 다른 방법을 익힌다.
8. 자신의 장애가 무엇인지 안다—자신이 잘하는 것, 도움이 필요할 수 있는 것, 다른 사람들이 새로운 것을 자신에게 가장 잘 가르쳐줄 수 있는 방법 등.
9. 미래에 자신이 하고 싶은 것과 꿈이 무엇인지 결정하고 사람들에게 이를 알려준다.
10. 도움이나 차량 이용 등을 위해 전화를 사용하는 방법과 다른 사람들에게 어떻게 요청을 해야 하는지를 익힌다.
11. 직장, 학교, 대학 등에 가기 위해 대중교통을 사용하는 방법을 익힌다.
12. 대학 과제 및 이와 관련해 필요할 수 있는 도움에 대해 알려주기 위해 집에서 부모/가족들에게 이야기한다.
13. 학기가 시작할 때 장애지원센터에서 수업 조정에 대한 정보를 받아 복사하여 담당 교수에게 준다.
14. 자신의 대학과 관련한 정보(예: 수업 조정 관련 정보, 강의계획서, 수강신청표 등)를 함께 보관한다.
15. 첫 수업 전까지 서점에서 교재를 구입한다. 이때 자신의 수강신청표가 필요할 것이다.
16. 캠퍼스(예: 학교 식당, 강의실, 학교 서점, 학내 보안 담당처, 학생회관, 체육관 및 운동장, 장애지원센터, 학사지원실, 도서관, 과제/튜터링센터, 컴퓨터실 등) 지리를 익힌다.
17. 도서관, 컴퓨터실, 과제/튜터링센터를 사용하는 방법을 익힌다.
18. 도움이 필요한 경우 만나야 하는 자신이 다니는 대학의 장애지원 코디네이터의 이름을 안다.
19. 미리 장애지원센터에서 시험등록을 하는 방법을 익힌다.
20. 하고 싶은 학생활동에 대해 알 수 있는 교내 신문이나 게시판을 읽거나 이를 대독해줄 수 있는 사람을 구한다.

유용할 수 있지만 이 역할이 더 많은 고용시간을 요구하는 것이 아니며 단지 한 주간 고용시간을 재분배하는 것이라는 점을 명확히 하는 것이 중요하다. 이러한 직함이 개발되면 지역사회에서의 독립성, 대학 및 고용 관련인과의 관계 형성, 독립성 증진을 위한 학생 지원하기, 근무시간이 전형적인 학교 일과와 달라 유연성이 요구될 것이라는 점을 이해하는 것이 필수적이다. 전환 코치는 고등학교와 대학 간 차이를 이해하고 중등이후 환경에서 학생들의 자기결정 및 자기옹호기술을 증진하며, 학생들이 학업지원 관련 자원을 찾고 이용하도록 가르치고, 지역사회중심 환경에서 위험경영방침(risk management policies)과 절차를 실행할 수 있도록 특별한 훈련이 필요하다.

4. **고등교육기관(IHE) 연락책을 만든다.** 고등학교 직원이 대학 서비스를 이해하고 찾도록 도와줄 수 있는 담당자(point person)를 두는 것이 중요하다. 이 사람은 대개 대학 직원이거나 장애 관련 사무처와 밀접한 관계가 있는 사람이다. 고등교육기관 연락책은 해당 학생이 해당 조정 절차를 완료하기 위해 적절한 단계를 밟아가고 있는지, 적절한 조정을 받았는지, 유효한 학업지원 관련 자원을 알고 있는지 등을 확인하기 위해 중등이후교육 전환 코디네이터와 일해야 한다. 해당 고등교육기관 연락책은 진로 개발 중에 있는 모든 학생을 돕는 데 유효한 대학 자원에 접근하는 데 있어 지적장애학생을 지원할 수 있는 직책이어야 한다. 고등교육기관 연락책의 중요한 책임은 해당 교수가 보편적 수업 설계와 관련한 전문가 연수에 참여할 기회가 주어졌는지를 확인하고 추후 발생할 수 있는 문제를 해결할 때 연락책과 협력할 수 있도록 하는 것이다. 또한 고등교육기관 연락책은 복학하는 학생을 위한 조기등록, 접근성 문제 해결하기, 학생을 캠퍼스 내에 있는 자원으로 안내하기와 같은 병참업무(logistics)를 보조하기 위해 대학과의 네트워크를 형성할 수 있다. 연락책은 캠퍼스 회의 및 행사에 주요 대학 직원에게 해당 서비스 모델을 홍보할 수도 있다.

5. **개인중심계획(PCP)을 실행한다.** 개인중심계획은 학생이 자신의 미래를 위한 장·단기 목표를 처음부터 공유하도록 격려한다. 학교가 학생을 위한 개인중심계획을 제공할 수 있는 길은 여러 가지가 있다. 가장 완전한 방법은 학생 및 학생이 초청한 지원 네트워크 사람들이 함께 홀 라이프 플래닝(Whole Life Planning) 세션을 촉진하는 것이다. 또 다른 방법은 학생이 자신의 강점과 선호뿐 아니라 장래희망에 대해 설문지나 차트에 작성하도록 하는 것이다. 어떤 학생들은 담당자와의 많은 대화를 통해 자신들의 흥미를 판별할 수도 있고, 또 다른 학생들은 여전히 자신들의 진로 선호도를 정확히 알기 전에 어떤 전환활동 경험이 필요할 수도 있다. 개인중심계획은 IEP에 모든

학생의 전환 목표를 넣도록 안내해야 하며 중등이후교육 환경에서 모든 서비스를 실행하도록 해야 한다.

6. 고등학교와 대학의 차이를 이해한다. 전환 절차 이전과 도중에 사람들이 고등학교와 대학 간의 차이를 이해하는 것은 중요하다. 이 장을 통해 강조되었던 주요 차이에는 (1) 대학에서의 교육과정 조정과 고등학교에서의 교육과정 조정, (2) 자신의 요구를 정확히 해야 할 학생의 책임과 특수교육을 제공할 학교 담당자의 책임, (3) 특수교육권리(special education entitlements)와 성인 서비스 수혜자격 및 예산 제한, (4) 고등학교의 학사일정 및 방학과 대학의 학사일정 및 방학, (5) 학생 책임에 대한 높은 기대가 포함된다. 이러한 차이는 학생의 중등이후교육 경험 동안 여러 번 나타나며 담당자가 이러한 차이를 학생, 가족, 교사, 합동지원팀 구성원에게 강조하는 것이 중요하다(부록 4.8 참조).

7. 여러 의사소통채널을 만든다. 참여한 모든 사람을 위해 의사소통은 결정적으로 중요하다. 중등이후교육 전환 스태프는 학생 및 가족과 지속적인 의사소통을 유지해야 한다. 중등이후계획의 책임이 학생에게 좀 더 있는 경우라 해도 학생에게 여전히 스태프와의 연락은 중요하다. 어떤 지역에서는 담당자가 1~2주에 한 번씩 학생과 개별적으로 만나 다음 단계를 계획하는 것을 돕는다. 예를 들면 표 4.7의 경우 로렌의 전환 코디네이터는 사무직과 같은 유급 직업을 갖는 장기 목표와 그 목표를 달성하기 위한 관련 경험을 얻는 단기 목표를 검토한다. 이들은 다시 만나기 전까지 2주 동안 할 수 있는 과제 목록을 함께 개발했다. 여기에는 로렌이 사무직을 찾을 수 있을 만한 장소 검색하기, 이러한 과제를 도와줄 수 있는 사람 찾기, 로렌이 인턴십을 하기 위해 스스로 이동수단을 마련한 횟수와 같이 달성한 목표 판별하기가 포함된다.

또한 중등이후교육 전환 담당자는 전환 업데이트를 검토하고 이 과정에 대한 질문에 대답해줄 수 있도록 가족과의 정규적인 의사소통을 수립해야 한다. 많은 경우 전환담당자는 부모가 자신의 아들 혹은 딸의 전환과 연관된 사람들의 서로 다른

〈표 4.7〉 학생 진로 계획 회의 예시

로렌*의 진로 계획/회의록

2008년 10월 20일

장기 목표: 복사하기, 스캔하기, 우편물 발송, 분류하기 등과 같은 사무기술; 사회성 기술; 기억/방향감각기술을 제공할 수 있는 지역사회 내 유급 고용이 되는 것. 로렌은 일대일 직무지도원의 지원을 줄여 좀 더 독립적으로 지원 환경에서 일하고 싶어 한다.

단기 목표: 로렌은 매우 독립적으로 지원적인 환경에서 복사하기, 스캔하기, 우편물 발송, 분류하기 등과 같은 사무기술; 사회성 기술; 기억/방향감각기술을 사용하는 인턴십을 통해 진로 옵션을 탐색하는 데 관심이 있다.

추후 2주간 과제
1. 로렌은 자신의 이력서를 갱신한다.
2. 직무지도원은 로렌의 가족건강 코디네이터와의 가능성 타진을 할 것이다.
3. 전환 코디네이터는 건강센터장과 만나 센터에서 의료기록을 스캔하는지와 누가 그 기록을 세단기로 없애는지 확인한다.
4. 코디네이터와 스태프가 지역에 있는 여러 대학에 가서 안내데스크 ─ 학생회관, 도서관, 서점(학생들이 배낭을 맡기는 곳), 체육관 등의 장소 ─ 를 찾아가 담당자가 하는 일과 직무기술서는 어떠한지, 언제 채용을 하는지 확인한다. 팀은 로렌이 그 일을 좋아하는지 보기 위해 한 달 동안 각각의 일을 돌아가며 해볼 수 있도록 돕는 데 초점을 둔다. 로렌의 어머니는 남편이 일하는 사립학교에서 무엇이 가능한지 확인한다. 일단 인턴십이 가능하리라 생각되는 곳을 찾으면 로렌의 아버지는 해당 대학과 계약을 맺을 수 있도록 연계하는 것을 돕는다.
5. 처음에 중점을 두는 두 장소는 가족건강센터와 대학 환경으로 한다.
6. 로렌은 일주일에 세 번 중 한 번은 스스로 대중교통 담당자에게 전화를 걸어 좀 더 독립적으로 장애인전용 보조교통수단을 사용하도록 한다.

---

* 학생 이름은 가명을 사용하였다.

역할 및 책임을 정리하는 데 편안해질 때까지 초기에는 학교와 성인기관 담당자 간의 연락책으로 활동한다. 합동지원팀은 리스트서브(Listserv)[2]에 월별 회의를 올리는 것 외에 연락처 정보를 각 구성원에게 제공해야 하는데 왜냐하면 이 팀의 주요 목적은 학생의 전환기간 동안 구성원 간의 열린 의사소통이기 때문이다.

---

2) 역주: 이메일리스팅 소프트웨어의 이름

요약

장애학생의 전환계획과 중등학교 이후 성과를 추적하기 위한 연방정부의 책무성 측정으로 점점 더 많은 학교 행정가들은 점차 학생의 학업, 직업, 지역사회 학습 교육 목표와 졸업 후 목표 간의 연결성을 좀 더 면밀하게 검토하고 있다. 이런 검증은 행정가로 하여금 전통적인 전환모델에서 학생과 그 가족에게 중등이후교육 및 고용 경험을 포함한 지원 모델을 제공하는 좀 더 혁신적인 지원과 서비스로 눈을 돌리게 한다.

지적장애학생을 위한 중등이후교육과 고용 경험을 포함한 전환모델을 계획하고, 이행하고, 평가하는 것에 어려움이 없는 것은 아니다. 서비스를 재구조화하는 것은 처음에 많은 작업이 필요하며 전통적인 전환모델과 매우 다르게 보일 것이다. 기관 간 팀을 구성하고 요구 평가나 지역사회 혹은 기관 간 자원 연결 전략을 세우며, 역할과 책임을 재구성하고, 학생, 가족, 교사, 고등교육 관계자와 지속적인 의사소통을 하는 것은 성공적인 성과를 촉진한다. 학생을 위한 전환서비스를 조정하고 학교와 고등교육기관 간의 연락책 역할을 하며, 기관 간 팀과 함께 전환서비스와 협력을 위한 공식적인 협약을 수립하는 것을 이끌 중등이후교육 전환 코디네이터를 고용할 수도 있다.

점차 장애학생은 중등이후교육을 포함해 비장애학생이 준비하려는 의미 있는 직업과 궁극적으로는 가족으로부터의 재정적인 독립을 소망하고 있다. 중등이후교육, 유급 고용, 독립적인 혹은 지원주거 훈련을 포함한 전환서비스는 지적장애학생이 자신들의 목표를 추구하기 위한 기술과 경험을 가지고 성인기를 적절히 준비하도록 보장하기 위해 개발 및 제공되어야 한다.

참고문헌

Adreon, D., & Durocher, J.S. (2007). Evaluating the college transition needs of individuals with high-functioning autism spectrum disorders. *Intervention in School and Clinic*, 42(5), 271–279.

Americans with Disabilities Act of 1990, PL 101-336, 42 U.S.C. §§ 12101 *et seq.*

Barr, V.M., Hartman, R.C., & Spillane, S.A. (1995). *Getting ready for college: Advising high school students with learning disabilities.* HEATH Resource Center. Washington, DC: American Council on Education.

Benz, M.R., Johnson, D.K., Mikkelsen, K.S., & Lindstrom, L.E. (1995). Improving collaboration between schools and vocational rehabilitation: Stakeholder identified barriers and strategies. *Career Development for Exceptional Children, 16,* 197–211.

Bridgeton, J.M., DiJulio, J.J., & Morison, K.B. (2006). *The silent epidemic: Perspectives of high school dropouts.* Washington, DC: Civic Enterprises & Peter D. Hart Research Associates for the Bill and Melinda Gates Foundation.

Cameto, R., Levine, P., & Wagner, M. (2004). *Transition planning for students with disabilities. A special topic report of findings from the National Longitudinal Transition Study-2 (NLTS2).* Menlo Park, CA: SRI International. Retrieved October 15, 2008, from www.nlts2.org/reports/2004_11/nlts2_report_2004_11_complete.pdf.

Casale-Giannola, D., & Kamens, M.W. (2006). Inclusion at a university: Experiences of a young woman with Down syndrome. *Mental Retardation, 44*(5), 344–352.

Cassner-Lotto, J., & Barrington, L. (2006). *Are they really ready to work? Employers' perspectives on the basic knowledge and applied skills of new entrants to the 21st century U.S. workforce.* New York: Conference Board, Society for Human Resource Management (U.S.), Corporate Voices for Working Families, Partnership for 21st Century Skills.

Cooney, B.F. (2002). Exploring perspectives on transition of youth with disabilities: Voices of young adults, parents, and professionals. *Mental Retardation, 40*(6), 425–435.

Family Educational Rights and Privacy Act of 1974, PL 93-380, 20 U.S.C. § 1232g, 34CFR Part 99.

Finn, D.E., Getzel, E.E., & McManus, S. (2008). Adapting the self-determined learning model of instruction for college students with disabilities. *Career Development for Exceptional Individuals, 31*(2).

Gaumer, A., Morningstar, M., & Clark, G.M. (2004). Status of community-based transition programs: A national database. *Career Development for Exceptional Individuals, 27*(2).

Getzel, E.E., & Thoma, C.A. (2008). Experiences of college students with disabilities and the importance of self-determination in higher education settings. *Career Development for Exceptional Individuals, 31*(2), 77–84.

Getzel, E.E., & Wehman, P. (2005). *Going to college: Expanding opportunities for people with disabilities.* Baltimore: Paul H. Brookes Publishing Co.

Grigal, M., Dwyer, A., & Davis, H. (2006). *Transition services for students aged 18–21 with intellectual disabilities in college and community settings: Models and implications of success* (Institute Brief: *Addressing Trends and Developments in Secondary Education and Transition, 6*[5]). Minneapolis: University of Minnesota, Institute on Community Integration.

Grigal, M., & Neubert, D.A. (2004). Parents' in-school values and post-school expectations for transition-aged youth with disabilities. *Career Development for Exceptional Individuals, 27,* 65–85.

Grigal, M., Neubert, D.A., & Moon, M.S. (2005). *Transition services for students with significant disabilities in college and community settings: Strategies for planning, implementation and evaluation.* Austin, TX: PRO-ED.

Guy, B., Sitlington, P.L., Larsen, M.D., & Frank, A.R. (2008). What are high schools offering as preparation for employment? *Career Development for Exceptional Individuals.* Retrieved February 28, 2009, from Sage Journal Online web site: http://cde.sagepub.com/cgi/content/abstract/0885728808318625v1

Harris, W.J., Cobb, R.A., Pooler, A.E., & Perry, C.M. (2008). Implications of P-16 for teacher education: Teacher education will be at the heart of a P-16 system. *Phi Delta Kappan,*

89(7), 493–497.

Hart, D., & Grigal, M. (2004). *Individual support to increase access to an inclusive college experience for students with intellectual disabilities* [online module]. College Park: University of Maryland, Department of Special Education. Retrieved on October 8, 2008, from On-Campus Outreach web site: http://www.education.umd.edu/oco/

Hart, D., Zafft, C., & Zimbrich, K. (2001). Creating access to college for all students. *Journal for Vocational Special Needs Education, 23*(2), 19–31.

Hart, D., Zimbrich, K., & Ghiloni, C. (2001). Interagency partnerships and funding: Individual supports for youth with significant disabilities as they move into postsecondary education and employment options. *Journal of Vocational Rehabilitation, 16*(3–4), 145–154.

Individuals with Disabilities Education Improvement Act of 2004, PL 108-446, 20 U.S.C. §§ 1400 *et seq.*

Johnson, D.R., Stodden, R.A., Emanuel, E.J., Luecking, R., & Mack, M. (2002). Current challenges facing secondary education and transition services: What research tells us. *Council for Exceptional Children, 68*(4), 519–531.

Karp, M.M., Bailey, T.R., Hughes, K.L., & Fermin, B.J. (2004). *State dual enrollment policies: Addressing access and quality.* New York: Community College Research Center, Teachers College, Columbia University.

Katsiyannis, A., Zhang, D., Woodruff, N., & Dixon, A. (2005). Transition supports to students with mental retardation: An examination of data from the National Longitudinal Transition Study 2. *Education and Training in Developmental Disabilities, 40*(2), 109–116.

Luecking, R.G., & Certo, N. (2002). *Integrating service systems at the point of transition for youth with significant disabilities: A model that works* (Information Brief: Addressing Trends and Developments in Secondary Education and Transition, 1[4]). Minneapolis: University of Minnesota, Institute on Community Integration, National Center for Secondary Education and Transition.

Massachusetts Department of Elementary and Secondary Education. (2008). *Massachusetts work-based learning plan.* Retrieved October 26, 2008, from http://www.skillslibrary.com/wbl.htm

McMahan, R., & Baer, R. (2001). IDEA transition policy compliance and best practice: Perceptions of transition stakeholders. *Career Development for Exceptional Individuals, 24,* 169–184.

Merrow, J. (2007, April 22). Dream catchers. *New York Times, Education Supplement.* Retrieved October 18, 2008, from http://www.nytimes.com/2007/04/22/education/edlife/merrow.html

Moreno, S. (2005, Winter). On the road to successful college experience: Preparations make the difference. *Autism Spectrum Quarterly,* 16–19.

Morringstar, M.E. & Kleinhammer-Tramill, P.J. (2005). *Professional development for transition personnel: current issues and strategies for success.* (National Center on Secondary Education and Transition Informatin Brief). Minneapolis: University of Minnesota.

Morningstar, M. (2006). *Quality indicators of exemplary transition programs.* Lawrence: University of Kansas, Beech Center on Families and Disability.

National Center for Public Policy and Higher Education. (2006). *Measuring up: A national report card on higher education.* Retrieved October 17, 2008, from http://measuringup.highereducation.org/default.cfm

National Center for Secondary Education and Transition. (2005). *National Alliance for Secondary Education and Transition: National standards and quality indicators.* Minneapolis, MN: Author.

National Collaborative for Workforce Development and Youth. (2003). *High schools/high tech program manual.* Washington, DC: Institute on Educational Leadership.

Neubert, D.A., & Moon, M.S. (2006). Postsecondary settings and transition services for students with intellectual disabilities: Models and research. *Focus on Exceptional Children, 39*(4), 1–9.

No Child Left Behind Act of 2001, PL 107-110, 115 Stat. 1425, 20 U.S.C. §§ 6301 *et seq.*

Rehabilitation Act of 1973, PL 93-112, 29 U.S.C. §§ 701 *et seq.*

Roessler, R.T., Hennessey, M.L., & Rumrill, P.D. (2007). Strategies for improving career services for postsecondary education students with disabilities: Results of a focus group study of key stakeholders. *Career Development for Exceptional Individuals, 30*(3), 158–170.

Shaw, S.F., & Madaus, J.W. (2008). Preparing school personnel to implement Section 504. *Intervention in School and Clinic, 43*(4), 226–230.

Sitlington, P. (2003). Postsecondary education: The other transition. *Exceptionality, 11*(2), 103–113.

Thoma, C.A., & Getzel, E.E. (2005). "Self-determination is what it's all about": What postsecondary students with disabilities tell us are important considerations for success. *Education and Training in Developmental Disabilities, 4*(3), 234–242.

Thoma, C.A. & Wehmeyer, M.L. (2005). Self-determination and the transition to postsecondary education. In E.E. Getzel & P. Wehman. *Going to College* (pp. 49–68). Baltimore: Paul H. Brookes Publishing Co.

Thompson, J.R., Fulk, B., & Piercy, S. (2000). Do individualized transition plans match the postschool projections of students with learning disabilities and their parents? *Career Development for Exceptional Individuals, 23*(1), 2–25.

Timmons, J. (2007). *Models of collaboration and cost sharing in transition programming.* (Information Brief: Addressing Trends and Developments in Secondary Education and Transition, 6[1]). Minneapolis: University of Minnesota, Institute on Community Integration, National Center for Secondary Education and Transition.

U.S. Department of Education: *State Performance Plans* (20 U.S.C. 1416(a) (3) (B)) Indicator 14. 20 U.S.C §§ 1416. Monitoring, technical assistance, and enforcement.

Wagner, M., Newman, L., & Cameto, R. (2005). *Changes over time in the secondary school experiences of students with disabilities. A report of findings from the National Longitudinal Transition Study (NLTS) and the National Longitudinal Transition Study-2 (NLTS2).* Menlo Park, CA: SRI International. Available online at http://www.nlts2.org/reports/2004_04/nlts2_report_2004_04_complete.pdf

Wagner, M., Newman, L., Cameto, R., Garza, N., & Levine, P. (2005). *After high school: A first look at the postschool experiences of youth with disabilities. A report from the National Longitudinal Transition Study-2 (NLTS2).* Menlo Park, CA: SRI International. Available online at http://www.nlts2.org/reports/2005_04/nlts2_report_2005_04_complete.pdf

Wehman, P. (2006). *Life beyond the classroom: Transition strategies for young people with disabilities.* Baltimore: Paul H. Brookes Publishing Co.

Wehmeyer, M.L., & Palmer, S. (2003). Adult outcomes for students with cognitive disabilities three years after high school: The impact of self-determination. *Education and Training in Developmental Disabilities, 38*(2), 131–144.

Weir, C. (2004). Person-centered planning and collaborative supports for college success. *Education and Training in Developmental Disabilities, 1*(1), 67–73.

Zafft, C., Hart, D., & Zimbrich, K. (2004). College Career Connection: A study of youth with intellectual disabilities and the impact of postsecondary education. *Education and Training in Developmental Disabilities, 39*(1), 45–53.

Zhang, D., Ivester, J., & Katsiyannis, A. (2005). Teachers' views of transition services: Results from a statewide survey in South Carolina. *Education and Training in Developmental Disabilities, 40*(4), 360–367.

학생 서비스 요구 평가지

부록
4.1

학교명: _____

학년도: _____

21세까지 특수교육을 받는 학생 수:

1	2		3	4	5		6	7		8		9	10
연령	SSI/SSDI 수혜	SSI/SSDI 가능	VR 가능	DD/MR 가능	일반학급 통합	일반학급 비통합	행동 지원 받음	유급 노동	무급 직업 훈련	교내 특별 활동	교외 특별 활동	이동 훈련 지원	일대일 지원 요구
21=													
20=													
19=													
18=													
17=													

변경이 필요한가?

대학 혹은 지역사회 환경에서 서비스를 받는 것에 대해

관심을 보인 학생 혹은 가족의 수 _____

출처: Grigal, M., Neubert, D. A., & Moon, M. S. (2005). *Transition services for students with significant disabilities in college and community settings: Strategies for planning, implementation and evaluation* (p. 27). PRO-ED Series on Transition. Austin, TX: PRO-ED Copyright 2005 by PRO-ED, Inc.

전환계획을 위한
자원 연결 예시

요약

외부 촉진자(facilitator)의 도움으로 사우스 쇼어 지역 합동기관팀(South Shore Interagency Team, 이하 합동기관팀)은 아래 질문 1에 나온 바와 같이 전환 연령에 있는 지적장애학생에게 자신들이 일괄적으로 제공한 진로 개발 서비스를 자세히 조사하기 위한 자원지도 그리기에 참여하였다. 또한 이들은 스태프가 학생에게 중등이후교육 선택 유형에 대해 얼마나 자주 정보를 제공하였는지에 대해 좀 더 자세히 평가하는 데 관심이 있었다. 여기에는 이러한 선택 유형을 개인중심계획하기와 함께 제공했는지 혹은 중등이후교육기관과의 공식적인 협약을 체결했는지 등이 있다(질문 2 참조). 마지막으로 합동기관팀 구성원은 전환에 영향을 미치는 법령과 중등이후교육 활동 간의 차이에 대해 많이 알고 있는 각 기관 담당자를 만나 질문하길 원했다(질문 3 참조).

이러한 질문에 기초해 합동기관팀은 이중 서비스 및 서비스 격차를 판별하기 위한 결과분석을 하였다. 그런 다음 장애학생을 위한 중등이후 선택 방안을 증가시키기 위해 자신들의 분석에 기초한 4가지 목표를 개발하였다. 목표는 다음과 같다.

1. 지적장애학생이 신로상남을 받을 수 있는 기회 증대
2. 모든 전환 스태프에게 개인중심계획과 중등이후교육 계획에 대한 연수 및 기술 지원 제공
3. 전환활동에 협조할 최소 두 군데의 고등교육기관과 공식 협약 체결
4. 모든 직원에게 미국장애인교육법(IDEA), 미국장애인법(ADA), 재활법 504

조항 간의 차이와 이들이 학생이 받는 서비스에 어떤 영향을 주는지에 대한 연수 제공

질문 1: 귀 기관에서는 다음 진로 개발 서비스 중 어느 것을 제공하고 있습니까? (a) 진로 탐색, (b) 상황 평가, (c) 면접기술, (d) 직무참관, (e) 이력서 작성, (f) 정보수집용 면담(informational interview)[3], (g) 직장 방문(work tour), (h) 진로상담, (i) 네트워킹 기술, (j) 포트폴리오 개발, (k) 전통적인 직업평가, (l) 기타 서비스, (m) 진로 개발 서비스 없음.

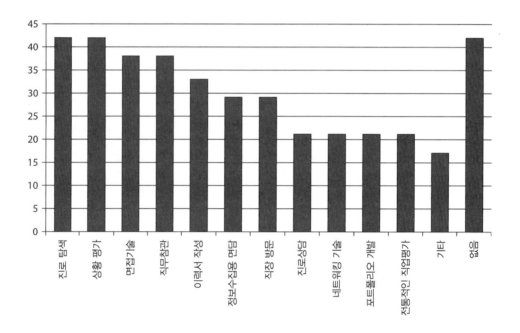

질문 2: 우리 기관은 (a) 중등이후 선택 방안에 대한 정보를 제공한다, (b) 중등이후교육 계획을 개인중심계획과 함께 제공한다, (c) 전환활동 협조를 위해 고등교육기관과 공식협약을 체결했다.

---

3) 역주: 어떤 회사나 직업, 직종에 대해 알아보기 위하여 해당 분야 종사자를 만나 질문하는 것

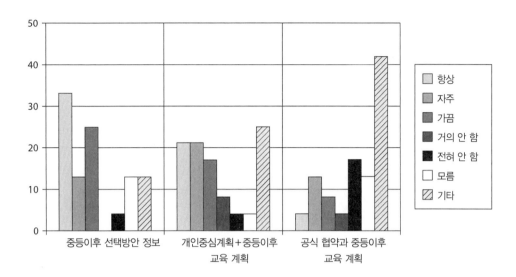

질문 3: 우리 기관의 직원들은 다음에 대해 많이 알고 있다 ― (a) 중등이후교육
과 조정에 대한 학생 요구 문서화, (b) 미국장애인교육법(IDEA), 미국장애인법
(ADA), 재활법 504조항 간의 차이, (c) 여러 법령이 고등학교와 대학에서 학생
이 받는 서비스에 어떻게 영향을 주는지에 대해 학생과 가족 교육하기

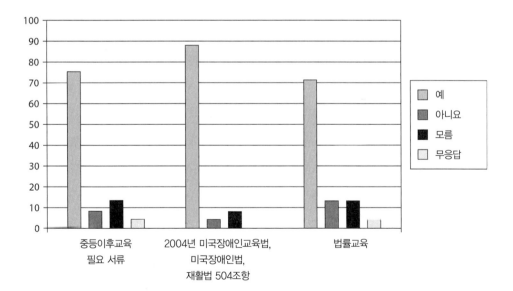

대학중심 전환 프로그램을 위한 커뮤니티 칼리지와 지역교육청 간의 양해각서 예시

2005년 4월 29일

프로그램 정보

ABC 카운티는 모든 시민의 삶의 질에 높은 가치를 두는 다양한 다문화 공동체이다. Y 커뮤니티 칼리지와 X 교육청은 지역과 주, 그리고 국가 수준의 기준에서 가장 우수하다고 평가되었다. 이 두 교육기관은 다양한 프로그램에서 함께 파트너로 일하며 ABC 카운티와 해당 지역을 위한 미래 노동인력 개발을 주도한다. 특히 X 교육청과 Y 커뮤니티 칼리지는 장애학생의 요구에 부합하도록 서비스와 프로그램의 연속성을 마련한다.

X 교육청은 모든 학생이 자존심과 긍지를 갖고 공동체에 참여하고 기여하도록 준비시킴으로써 자신들의 독특한 재능과 능력을 개발할 수 있도록 하는 무상의 적합한 공교육을 받을 권리를 인식하고 지원한다. 19~21세 사이의 학생을 위해 대학중심 전환 프로그램(Y 커뮤니티 칼리지에 위치)은 학업, 지역사회 및 직업기술 개발을 포함한 다양한 교육 서비스를 제공한다. 이 파트너십과 목표는 Y 커뮤니티 칼리지와 X 교육청에 의해 개발된 협약에 따른다.

교육과정 개요

지역사회중심 고등학교이후 프로그램은 Y 커뮤니티 칼리지에 위치하며 공교육 마지막 학년에 있는 경도 및 중등도 장애학생을 위해 계획된다. 이 교육과정은 다음을 포함한다.

- 개인경영기술
- 소비자 경제학(화폐, 은행 이용, 예산 세우기, 쇼핑하기)
- 자기결정과 사회적 인식
- 휴식 및 여가
- 최소제한환경에 있는 학생 포함 — 해당 지역사회

학생 특성

(만)19세 학생으로

- 고등학교 졸업장이 아닌 수료증을 받을 것
- 고등학교 환경에 최소 4년간 있을 것
- 두 학기의 근로학습 프로그램(work study program)을 마치고 최소한의 감독과 함께 독립적으로 기능할 능력을 증명할 것
- 개별화교육프로그램(IEP)의 목표와 적절한 전환계획이 있을 것
- 만족할 만한 출석과 행동을 보일 것

협약 선언

이 협약은 X 교육청과 Y 커뮤니티 칼리지에 의해 2005년 4월 29일 체결되었으며, 모든 당사자가 다음에 동의하였다.

I. 서비스의 범위

X 교육청은 Y 커뮤니티 칼리지에서 발달장애인에게 전환서비스를 제공할 것이다. 특수교육이 필요하며 개별화교육프로그램(IEP)에 의해 증명된 지속적인 전환 요구가 있는 19~21세 사이의 학생 최대 20명까지 이 배치에 고려될 것이다. X 교육청은 해당 지역 내에 있는 어느 학교의 X 학생이 해당 프로그램에 참여할 것인지를 결정하기 위한 배치기준 개발에 단독 책임이 있다.

II. X 교육청의 의무

A. X 교육청은 Y 커뮤니티 칼리지에서 프로그램을 실행하기 위한 특수교육 전문가를 제공해야 한다.

B. X 교육청은 학생의 IEP에서 결정된 스태프 지원을 제공해야 한다.

C. X 교육청은 교재 및 교구, 이동수단, 경비를 포함하여 서비스와 관련한 모든 경비에 대한 책임을 진다.

D. X 교육청은 Y 커뮤니티 칼리지로부터 각 학생의 집까지 학교버스를 제공하는 데 동의한다.

E. 학생이 Y 커뮤니티 칼리지의 학점 과목, 비학점 과목, 청강 및 맞춤 과목 등을 등록하고자 한다면 해당 학생은 모든 입학요건, 학업선수요건과 등록비에 대한 책임을 포함해 수업 등록 및 참여와 관련한 모든 방침에 적격해야 한다.

F. X 교육청의 교수자는 학교의 행동강령을 숙지하고, 해당 기준을 다른 X 교육청 담당자와 학생에게도 연계하며, 이를 준수한다.

G. X 교육청의 모든 규칙과 규정을 준수한다.

III. Y 커뮤니티 칼리지의 의무

A. Y 커뮤니티 칼리지는 교육적 목적인 경우 X 교육청이 시설을 사용하도록 허락한다.

B. Y 커뮤니티 칼리지는 X 교육청의 학생이 이용하도록 학기 중 오전 7시 30분부터 오전 10시까지(월요일부터 금요일까지) 사용할 수 있는 강의실 하나를 제공해야 한다.

C. Y 커뮤니티 칼리지는 해당 학년도 동안 X 교육청이 사용하도록 사무실 공간 하나를 제공해야 한다.

D. Y 커뮤니티 칼리지는 X 교육청이 사용하도록 전화선과 인터넷선 1개씩을 제공해야 한다.

E. Y 커뮤니티 칼리지는 학생들을 지원하거나 협력하고자 하는 Y 커뮤티니 칼

리지의 학생인턴뿐 아니라 X 교육청 학생들을 위해 교육 서비스를 개발하는 데 있어 X 교육청을 지원하는 데 동의한 Y 커뮤니티 칼리지의 교수 혹은 직원에게 X 교육청이 접근하는 것을 허락해야 한다.

F. Y 커뮤니티 칼리지는 학교 내 직업훈련 기회에 대해 X 교육청에 정보를 제공하고 X 교육청 학생들이 이에 접근하도록 해야 한다.

G. Y 커뮤니티 칼리지의 모든 규칙과 규정을 준수한다.

IV. 보험 및 보상

A. X 교육청과 Y 커뮤니티 칼리지는 대인/대물 배상 보험을 유지한다.

B. X 교육청은 Y 커뮤니티 칼리지 및 관련 기관에 대해 발생할 수 있는 고용인, 관련 기관, 직원에 대한 침해로부터 발생하는 재산에 대한 손해나 개인에 대한 상해책임에 대하여 Y 커뮤티니 칼리지에 대해 보상하고 손해를 입히지 않는다. X 교육청에서 동의한 사후손실보전은 다음을 포함한다: (1) 변호사 비용, 법정 비용, 기타 경비에 대한 지불 혹은 배상; (2) 면책사항에 반하는 판결, 결정, 명령 및 화해조서 상의 모든 비용.

C. X 교육청은 Y 커뮤니티 칼리지와 별도의 공공기관으로 기타 모든 자체 운영비용에 대한 책임이 있다. X 교육청 그리고/혹은 X 교육청의 모든 고용인은 Y 커뮤니티 칼리지의 고용인, 에이전트, 혹은 하청 에이전트로 보아서는 안 된다. X 교육청을 대행하는 제3자에 의한 서면 혹은 구두를 포함한 성명은 Y 커뮤니티 칼리지에 대하여 구속력을 갖는다.

V. 기간 및 종료

본 계약의 기간은 효력발생일인 2005년 4월 29일에 개시하여 2009년 6월 23일에 종료된다. 이 계약의 종료 시 X 교육청과 Y 커뮤니티 칼리지는 매년 협의하에 계약을 갱신할 수 있다.

아래 서명자인 X 교육청과 Y 커뮤티니 칼리지는 위의 계약내용에 상호 이해, 동의하고 이를 성실히 지킬 것을 서약합니다.

서명:

_____

X 교육청 교육감

_____

계약일

_____

Y 커뮤니티 칼리지 학장

_____

계약일

전환 코디네이터, 교육 코치 직무기술서 예시

1. 전환 프로그램의 모든 기능과 운영에 대한 감독

2. 특수교육 경영팀의 구성원(모든 부서장 회의 및 연수에 참석 책임)

3. 전환 서비스가 필요하다고 판별된 학생의 고등학교 교사, 특수교육 부서장, 팀 대표, 행정가와의 협력

4. 전환프로그램 의뢰 및 학생의 적격성 판정 과정 감독

5. 18~22세 사이 장애인의 고용, 중등이후교육, 지역사회 훈련, 이동 훈련을 포함한 개별화 전환지원과 서비스 개발 및 실행 책임

6. 학생들이 자기 미래를 위한 목표와 진로, 중등이후교육, 가정, 여가를 포함할 수 있는 실행 계획을 개발하도록 돕기 위하여 다양한 방법(개인중심계획, 진로 계획, 흥미 목록 등)을 사용해 학생과 일할 책임

7. 학생의 실행 계획 이행을 감독하고 필요한 경우 검토 및 수정

8. 학생의 개별화교육프로그램(IEP)과 개별화전환교육계획(ITP) 회의에 능동적으로 참여해 적절한 정보 및 목표 제공, 참여하는 모든 학생과 담당자를 위한 전체 계획표를 개발하고 조정하는 책임

9. 학생의 요구에 기초해 다양한 방법을 사용해 모든 이동 서비스, 지원, 훈련을 조정할 책임

10. 자기결정, 생활보조금(SSI) 혜택, 미국장애인법상의 이동수단, 성인 서비스기관을 포함해 학교와 성인지원 간의 차이를 확연히 해주는 전환 주제에 대해 학부모와 학생에게 오리엔테이션과 연수 제공

11. 교육 코치 및 직무지원원으로서 일하도록 담당자를 고용하고, 감독하고, 훈련하여 개별화 지원모델에 대해 강조하면서 현장에서의 최상의 실제에 특히 주목

하기

12. 학교, 대학, 매사추세츠 지역재활위원회, 정신지체지역사무국, 독립생활센터, 원스톱 진로센터, 학생, 가족 구성원, 성인 서비스기관 담당자, 기타 관련자를 포함한 월례 학생지원팀 회의를 조직할 책임. 해당 팀은 시스템 및 개별 전환 주제 모두에 대해 협력하는 다기관 자원팀임

13. 학생들이 성인을 재정지원하는 곳으로 의뢰가 되었는지, 연령 초과가 되기 전에 연계가 되었는지 확인

14. 학생을 위한 지역 대학의 모든 중등이후교육 서비스(예: 모집, 등록, 교육 코치 등 학생 보조하기) 감독, 학생의 요구가 충족되었는지 확인하기 위해 대학 장애 지원센터와 긴밀한 협조

15. 모든 인턴십, 직업개발활동, 경쟁고용배치 감독

진로개발검사 예시: 직업검사

학생명:	
작성교사:	
평가일:	접수일:

1. 이동수단(해당되는 곳에 모두 표시)

	예/아니요	비고
• 자신의 이동수단(자전거, 오토바이, 걷기)을 이용		
• 공공 버스노선 근처에 살고 있음		
• 특별한 이동수단을 이용(무엇인지 쓰기)		
• 가족이 이동수단 보조 가능		
• 광역/장애인교통패스(RTA/PARATRANSIT pass)[4] 소지		
• 이동수단 없음		

---

4) 역주: 광역교통행정기구(Regional Transportation Authority, RTA)는 미국의 대중교통 계획과 운영
을 담당하는 대표적인 교통행정기구로 지역 내 대중교통에 대한 계획 수립과 운영, 재원마련 등의 역할
을 함

2. 이동기술(해당되는 곳에 모두 표시)

	예/아니요	비고
• 스스로 자신의 이동수단 조정 가능		
• 독립적으로 대중교통 이용(환승 포함)		
• 독립적으로 대중교통 이용(환승 제외)		
• 광역교통행정기구(RTA)의 장애인 교통서비스 이용		
• 익숙한 환경에서 독립적으로 이동		
• 낯선 환경에서 독립적으로 이동		
• 안전하게 길 건너기		
• 이동 훈련 필요(구체적인 유형 설명)		

3. 안전기술(해당되는 곳에 모두 표시)

	예/아니요	비고
• 학생의 안전기술 수준 작성		
• 집에 혼자 있을 수 있음(몇 시간인지 작성)		
• 신분증 가지고 다니기		
• 긴급전화 숫자를 눌러 전화 걸기		
• 도움이 필요하거나 길을 잃었을 때 도움 요청하기		
• 신분증이나 설명카드(instruction card)를 보여주면서 도움 요청하기		
• 지역사회에서 상호작용에 영향을 줄 수 있는 두려움이나 행동을 보임		

4. 신체 이동성/움직임

	예/아니요	비고
• 신체적 제한 없음		
• 기능적 보행/계단/경미한 장애물		
• 보행 어려움		
• 한곳에서 앉거나 설 수 있음		
• 기타 고려사항		

5. 방향/움직임   예/아니요   비고

	예/아니요	비고
• 지역사회에서 독립적으로 이동		
• 건물과 도로에서 독립적		
• 건물에서만 독립적		
• 여러 방을 독립적으로 이동		
• 교실에서만 독립적으로 이동		

6. 건강관리   예/아니요   비고

	예/아니요	비고
• 자신의 건강관리를 책임짐		
• 필요한 경우 관리를 위한 단서나 상기가 필요함		
• PCA가 필요(구체적인 유형 설명)		

7. 의사소통   예/아니요   비고

	예/아니요	비고
• 명확히 이해할 수 있는 의사소통		
• 핵심 단어/어절 사용		
• 소리나 몸짓 사용		
• 수화 사용		
• 그림 의사소통 사용		
• 보완적인 음성출력장치 사용		
• 도움이 필요하다는 것을 나타낼 수 있음		

8. 기능적 읽기   예/아니요   비고

	예/아니요	비고
• _____ 학년 수준의 읽기		
• 인견단어/상징 사용		
• 없음		

9. 기능적 수학

	예/아니요	비고
• _____ 학년 수준의 수학		
• 기본적인 덧셈/뺄셈 사용		
• _____ 까지 기계적인 수 세기		
• _____ 까지 물건의 수 세기 가능		
• _____ 까지 숫자 구별		
• 동전과 지폐 구별		
• 1달러까지 잔돈 바꾸기		
• 없음		

10. 시간 인식(디지털 시계, 아날로그 시계, 휴대전화 중 구체적으로 사용하는 것 설명)

	예/아니요	비고
• 시(hour)를 말할 수 있음		
• 30분까지 말할 수 있음		
• 15분까지 말할 수 있음		
• 분(minute)까지 말할 수 있음		
• 학교와 직장 일정 따르기		
• 시간과 시계 기능 모름		

11. 유연성

	예/아니요	비고
• 변화에 쉽게 적응		
• 때때로 적응이 어려움		
• 적응이 매우 어려움		

12. 피드백/스트레스 대처하기

	예/아니요	비고
• 피드백 수용/행동 변화		
• 피드백 수용/행동 변화 없음		
• 위축/무반응		
• 피드백에 부정적으로 반응		

기타 의견

가족이 지역사회중심 교육 – 고용, 이동 훈련, 중등이후교육 등 – 을 원하는가?
적절한 출석, 옷 입기, 위생관리 등을 위한 가족지원을 할 것인가?

지역사회 경험 및 교육과 관련된 학생의 학습 양식, 효과적인 교수 전략, 행동중재를 쓰시오.

학생의 생애에 있어 진로와 개인적인 삶을 계획하는 것을 도와줄 수 있는 사람을 쓰시오.

학생의 진로희망을 쓰시오.

학생에 대한 가족의 진로희망을 쓰시오.

학생 및 부모용 중등이후 체크리스트 예시

학생용 중등이후 체크리스트

예/아니요	기술
	1. 학생이 자기결정, 사회성 기술, 독립성 및 상조(interdependence)기술 증진에 초점을 둔 활동에 참여한다.
	2. 학생은 개인안전, 긴급상황 절차, 휴대전화 사용, 이름, 주소, 전화번호, 사회보장번호(SSN), 생년월일, 나이를 배운다. 학생은 자동차등록청을 통해 신분증을 취득한다.
	3. 고등학교 재학 동안 학생은 학교를 나가 사용하게 될 교통수단을 활용하기 시작할 것이다. 많은 학생들이 적절하다면 장애인 특별운송수단을 신청할 것이다. 학생들은 점차 전환활동을 위해 미국장애인법상의 교통수단을 사용하기 시작한다.
	4. 학생들은 자신의 고등학교와 대학의 구성원으로서 활동 및 행사에 참여한다.
	5. 학생들은 우정을 쌓고, 다른 사람들과 행사나 활동을 계획하며, 전화, 이메일, 대화하는 법을 배운다.
	6. 학생들은 자신의 장애와 능력, 즉 강점, 약점, 학습 양식과 이것이 자신의 학습에 어떤 영향을 주는지 배운다.
	7. 학생들은 자신에 대한 회의를 준비하도록 도울 수 있는 IEP와 ITP 절차에 대해 배운다.
	8. 학생들은 자신들의 미래를 위한 목표를 개발한다(개인중심계획을 도구로 여김).
	9. 학생들은 적절한 진로, 중등이후교육, 삶의 목표를 개발한다.
	10. 학생들은 변화와 전환, 즉 고등학교와 고등학교 이후의 삶, 성인 서비스 체계 간의 차이점에 대해 배운다. 이에 대해 자주 이야기한다.
	11. 학생들은 고등학교를 졸업하는 나이가 되기 전에 성인기 재정지원이 가능한 곳으로 의뢰되어 관계 형성을 시작한다.
	12. 학생들은 중등이후교육 및 삶을 준비시키는 고등학교에서 스스로 옹호하는 것을 배운다.
	13. 학생들은 의사결정을 하기 이전에 대학을 탐방한다.

예/아니요	기술
	14. 의사결정 시 학생들은 자신의 미래 목표와 수집된 모든 대학정보를 검토한다－가장 적합한 것은 무엇인가?
	15. 학생들은 고등학교 전환 코디네이터로부터 IEP와 3년 이내에 작성된 심리평가를 포함해 자신의 장애에 대한 서류를 받도록 도움을 받는다.
	16. 일단 의사결정이 되면 학생들은 등록 완료를 위해 대학 장애 코디네이터와 만나 대학생활 및 고등학교와의 차이에 대해 의논하고 조정 서류(accomodation packet)를 완성한다. 또한 해당 대학이 학생의 요구에 기초해 제공해줄 수 있는 지원 수준(튜터링, 과제지원센터, 노트 대필자 등)을 논의한다.
	17. 학기가 시작되기 전에 대학까지 가는 교통수단을 계획하고 연습한다.
	18. 학생은 대학 오리엔테이션에 참석한다.
	19. 학생은 대학 일정의 차이를 이해하고 고등학교 방학을 이용하여 대학에 참여하는 것에 대해 전환 코디네이터에게 도움을 받는다.
	20. 학생은 자신의 일정을 따르고, 과제를 마치고, 이동을 하며, 자신의 시간을 잘 계획하고, 도움이 필요할 때 가족, 대학, 고등학교 담당자와 의사소통하는 데 있어 더 많은 책임을 지게 된다는 것을 배운다.

부모용 중등이후 체크리스트

예/아니요	기술
	1. 학교가 성인 서비스기관과 공동으로 제공하는 모든 전환 연수에 참여하며 자녀가 참여하도록 격려한다.
	2. 자녀가 살면서 자기결정, 사회성 기술, 독립 및 상조기술을 배우도록 가르치고 격려한다.
	3. 자녀에게 개인안전, 긴급상황 절차, 휴대전화 사용, 이름, 주소, 전화번호, 사회보장번호(SSN), 생년월일, 나이를 가르친다. 자녀가 자동차등록청을 통해 신분증을 받았는지 확인한다.
	4. 적절하다면 자녀가 미국장애인법(ADA)상의 장애인 특별운송수단 서비스를 신청하도록 돕는다. 당신과 자녀가 이 교통수단 체계를 사용하도록 배운다.
	5. 자녀가 학교 안팎에서 구성원으로 참여하도록 격려한다. 관계 형성을 가르치고 시범을 보이며 다양한 사람들과 우정 및 인간관계를 맺도록 격려한다.
	6. 고등학교 입학 전과 재학 시 중등이후교육을 받기 위해 자녀를 대비시킬 수 있는 학업 관련 교과수업에 자녀가 등록되었는지 확인함으로써 자녀를 위한 강력한 옹호자가 된다.

예/아니요	기술
	7. 자녀가 성공하는 데 필요하며, 대학 수준에서 요구되는 학습전략과 도구(오디오북, 스크린리더, 녹음기, PDA 등)를 받을 수 있게 도와주는 보조공학 담당직원, 고등학교 교사, 학습전문가와 밀접하게 일한다.
	8. 자녀에게 자녀의 장애와 능력, 즉 강점과 약점, 학습 양식과 장애가 자녀의 학습에 어떠한 영향을 미칠 수 있는지에 대해 가르친다.
	9. 자녀에게 개별화교육프로그램(IEP)과 개별화전환계획(ITP) 과정에 대해 가르친다.
	10. 자녀가 자신의 IEP와 ITP에 출석하고 참여하도록 격려한다.
	11. 자녀가 미래의 꿈을 갖도록 함께 노력한다(이때 개인중심계획을 하나의 도구로 고려하라).
	12. 자녀가 진로, 중등이후교육, 적절한 인생의 목표를 개발하도록 돕는다.
	13. 자녀에게 변화와 전환 − 고등학교와 고등학교 이후의 삶, 성인 서비스 체계 및 이 둘의 차이 − 에 대해 교육한다. 이것에 대해 자주 이야기한다. 중등교육을 관장하는 법(IDEA)과 대학 수준을 관장하는 법(ADA)이 논의되어야 한다.
	14. 자녀가 고등학교를 졸업하기 전에 성인 재정지원을 받기 위한 담당 부서 및 담당자에게 연락해보도록 한다.
	15. 자녀가 중등이후교육과 삶에 대비하도록 하는 고등학교 시절에 자녀가 스스로를 옹호하도록 돕는다.
	16. 자녀가 입학요강을 구하도록 돕고, 자녀 및 고등학교 담당자와 함께 이를 검토한다.
	17. 자녀가 의사결정을 하기 전에 대학들을 돌아본다.
	18. 자녀와 의사결정을 하는 데 있어 수집한 모든 대학정보와 자녀의 꿈에 대해 자녀와 함께 검토한다 − 가장 적당한 것은 무엇인가?
	19. IEP와 3년 이내에 받은 심리평가를 포함해 자녀의 장애에 대한 서류가 최신의 것인지 확인한다.
	20. 일단 결정이 되면 접수면접을 치르도록 자녀가 대학 장애 코디네이터를 만나도록 하고, 대학생활이 고등학교와 얼마나 다른지에 대해 이야기하며, 조정 관련 서류를 작성한다. 또한 대학이 학생의 필요에 기초해 제공할 수 있는 지원(튜터링, 과제지원센터, 노트 대필자 등)의 수준에 대해 논의한다.
	21. 학기가 시작되기 전에 대학까지 가는 이동수단을 계획하고 연습한다.
	22. 자녀가 대학 오리엔테이션에 참석하도록 한다.
	23. 자녀가 대학 일정의 차이를 이해하고 고등학교 담당자가 휴가를 간 동안 자녀가 대학에 출석하기 위해 필요한 경우 대안적인 지원을 개발한다.

예/아니요	기술
	24. 자녀는 더 독립적이며 책임 있게 일해야 한다는 것을 인식한다. 대학 담당자는 자녀에게 직접 문제를 설명할 수도 있고 부모에게 항상 연락을 하지 않을 수도 있다. 자녀가 대학 경험과 요구에 대해 부모에게 직접 이야기할 책임을 준다. 이는 때때로 학생이 부모와 의사소통하지 않았기 때문에 숙제를 하지 않았거나 준비물을 챙기지 못하게 됨을 의미할 수 있다. 이것은 진행 중인 학습 과정이다.
	25. 모든 중등이후 활동을 조정하는 학교의 전환 코디네이터와 전 과정에 걸쳐 긴밀히 협력한다.
	26. 가족 구성원 중 하나로서 대학에서 자녀의 성적에 접근하기 위해 자녀에게 받은 서면 동의서가 필요할 것이다.
	27. 모든 노력과 꿈에 박수를 보내고 꿈꾸도록 격려한다 — 믿음을 가져라.

비상 연락처 양식 예시

LMN 지역공립학교

특수교육부서

전환서비스 프로그램

비상 내용

학생명:	생년월일:
주소:	전화번호:
응급상황이 발생할 시에는 최선을 다해 저에게 연락을 해주시리라 생각합니다. 하지만 만일 저에게 연락이 되지 않을 시에는 가까운 병원이나 안전한 의료처치를 받을 수 있는 곳으로 _____를 옮길 수 있도록 학교 담당자에게 권한을 위임합니다.	

비상 시 의료정보

담당의사 이름:
담당의사 주소:
담당의사 전화번호:
의료보험: 정책 #:
학생 주민등록번호:
현재 학생 건강상의 문제:
학생의 알레르기(음식, 약물, 꽃가루, 라텍스 등) 및 알레르기 반응:
복용 약물(횟수와 복용량):
공포증이 있는 경우(예: 물, 높은 곳, 소음 등):

비상 연락처

이름:	주소:
학생과의 관계:	전화번호:
이름:	주소:
학생과의 관계:	전화번호:
위 사람이 학생을 동행하도록 허락했는가? 예 _____ 아니요 _____	

부모 이름:

전화번호: (집) _____ (직장) _____

고등학교와 대학 비교

고등학교	대학교
미국장애인교육법(IDEA) 적용	미국장애인법(ADA), 재활법 504, 508조항 적용
IDEA는 성공에 대한 법률	ADA는 접근성에 대한 법률
수업 및 교수의 주요 수정(modification)이 요구됨	조정(accommodation) 이외에 어떠한 수정도 필수는 아님
학교지역구는 장애를 판별해야 함	학생 스스로 요청해야 함
학교지역구는 학생 계획을 결정하기 위한 개별화교육프로그램(IEP)을 개발해야 함	학생은 스스로 서비스를 요청 혹은 요구해야 하며, 개별화교육프로그램(IEP)은 없고, 이는 법적 서류가 아님
학교지역구는 무상 평가를 제공함	학생은 자기 비용으로 평가를 받아야 함
학생은 부모 및 교사의 도움을 받음	학생은 (필요한 경우) 장애서비스센터의 도움을 스스로 요청해야 함
학교는 여러 범위의 조정을 제공할 책임이 있음	학생은 조정을 받기 위해 스스로 준비하고 자기 옹호해야 함
개별 서비스 필수	개별 서비스 없음
부모는 학생 기록에 접근할 수 있음	부모는 학생의 문서상 동의 없이 학생 기록에 접근할 수 없음
부모는 학생의 옹호자임	학생 스스로가 자신의 옹호자임
한 학년도는 9월부터 다음 해 6월까지임	한 학년도는 두 학기로 구분되며, 9월부터 12월, 1일부터 5월까지임
매일 수업	한 주에 1, 2, 3번 혹은 4번 수업함
일반적으로 수업은 한 건물에서 진행됨	수업은 캠퍼스 내 여러 장소에서 진행됨
평균 수업시간은 35~45분임	수업은 50분에서 3시간까지 다양함

고등학교	대학교
교사와 매일 연락함	교수 및 조교와 만나는 횟수 더 적음
학생은 대부분의 활동 참여 시 부모 동의가 필요함	학생은 성인이며, 자신이 동의함
학생의 지원 서비스 일정은 진로상담교사 및 기타 담당자가 계획함	학생은 모든 지원 서비스의 일정을 계획해야 함
학교(혹은 교무실)는 활동의 중심임	학생은 정보 및 지원을 받기 위해 어디로 가야 하는지 알아야 할 책임이 있음
수업은 약 30명의 학생으로 구성됨	강의는 약 100명의 학생으로 구성될 수 있음
교사는 학생에게 과제 및 제출일을 자주 상기시켜줌	교수는 학생이 강의계획안을 읽을 것이라 생각하며, 사전 활동에 대해 상기시켜주지 않음
고등학교는 무상임	학생은 재정보조 및 기타 협의 등을 통해 대학 등록금을 지불해야 함

중등이후 목표와
학교 직무지도원의 역할

장기 목표

복사하기, 스캔하기, 우편물 보내기, 문서분류 등의 사무기술, 독립적으로 지원 환경에서 사회적 기술, 기억/지시기술을 사용해 지역사회 내에서 유급 고용으로 일하기

단기 목표

로렌은 복사하기, 스캔하기, 우편물 보내기, 문서분류 등의 사무기술, 독립적으로 지원 환경에서 사회적 기술, 기억/지시기술을 사용할 수 있는 인턴십을 통해 진로를 탐색하는 데 관심이 있다.

단기 목표 성취를 위한 단계

로렌과 진로 계획팀은 다음 단계를 수행할 것이다.

1. 로렌은 자신의 이력서를 갱신한다.
2. 직무지도원은 가정의학과 코디네이터와 함께 연속 이틀 동안 가족건강센터에서 로렌이 일할 수 있는지 탐색할 것이다.
3. 로렌의 어머니는 대표자를 만나 가정의학과에서 의료 기록을 스캔하거나 세단하는지 점검한다.
4. 교육 코치와 스태프는 안내데스크 직원이 하는 일과 직무지시 및 채용일정 등을 알아내기 위해 지역 내 여러 대학을 확인한다. 적절한 직책을 둘러보기 위한 장소에는 학생회, 도서관, (학생들이 가방을 맡길 수 있는) 서점, 운동

시설 등이 포함된다. 이는 로렌이 한 달 동안 해당 업무를 좋아하는지 살펴보기 위해 시도해본다는 생각이다. 로렌의 어머니는 직무안내서를 얻기 위해 추후 관리를 할 것이다. 일단 인턴십을 하는 데 적당한 장소를 찾으면, 로렌의 아버지는 연락처를 구하기 위해 대학 측과 연결하는 일을 도울 것이다.

5. 처음 초점을 두는 세 영역은 가정의학과, 대학 환경, 하루의 일부 동안 할 수 있는 일인 스캔하기(이는 하위에 둠)이다.

6. 로렌은 일주일에 1~3번 자신의 장애인 교통서비스를 좀 더 독립적으로 활용할 것이다.

학교 직무지도원의 직무안내서

자격

- 2년제 대학
- 학사학위 우대
- 훌륭한 의사소통 및 조직기술
- 긍정적 관계 형성 능력 및 훌륭한 대인기술
- 급변하는 환경과 멀티태스킹 환경에서 대학생과 일할 수 있는 능력
- 고등교육 관련 경험자 우대

직무 목표

이 직책은 대학 수업과 캠퍼스 생활에서 학생의 통합을 촉진 및 지원하는 것이 목적임

직무 수행 시 책임

- 긍정적인 학업 환경 유지 도움
- 필요한 경우 학업 관련 튜터
- 요구가 있을 경우 학생의 건강 문제 점검
- 학생의 수업 과제 보조
- 학생과 관련하여 정확한 기록 유지
- 팀 구성원으로 일하기

- 교육정보 및 기록 관련 기밀 유지
- 추가 연수 받기
- 부가된 기타 업무 및 책임 수행
- 필요한 경우 노트필기
- 독립성 증진
- 매일 이동 보조
- 시간관리 보조
- 금전기술 보조
- 과제 기록 보조
- 사회적 상황 이해 보조
- 학생진보에 대해 담당자와 정보 교환
- 다른 학교의 직무지도원 결근 시 해당 업무 담당
- 기타 특별 업무 수행

미국장애인법(ADA)의 장애인 교통서비스 안내서 목차 예시

부록
4.10

우드버리 공립학교 전환서비스

장애인 교통서비스 간편 지침

목차

대학의 관점과 쟁점

Laura Eisenman & Karen Mancini

이 장의 목적은 장애와 관련된 전문가, 장애인, 그리고 그들의 가족에게 중등 이후의 관점에서 지적장애청소년들이 갖고 있는 목적과 중등이후교육기관들의 목적 간의 적합성(goodness of fit)을 창조해낼 수 있도록 도울 수 있는 정보를 제공하는 것이다. 중등이후 환경의 일부인 보편적인 실제에서 도전이 되는 점들과 지원들에 대한 특별한 관심이 주어졌다.

전통적으로 지적장애학생들을 가르치는 것은 고등교육의 역할로 간주되지 않았다. 우리가 지적장애학생들이 어떤 수준의 교육이라도 받을 수 있도록 보장해온 것이 최근 30년 이내의 일이라는 것을 고려하면 이는 놀라운 일이 아니다. 그러나 지적장애 청소년을 가르치는 것은 중등이후교육기관의 교육, 연구, 서비스 사명의 범주 안에서 감당하기에 적합할 수도 있다. 지적장애학생들은 중등이후교육에 대한 증가된 접근성으로부터 혜택을 받아온 전통적인 소수집단의 성장하는 일부이며, 일생에 걸쳐서 직업과 개인의 목적을 추구하기 위해 그들의 지식과 기술을 확장해 나가기 위한 기회를 추구하고 있다.

대학이 이러한 새로운 수요 집단을 교육하고 지원하기 위한 방안들을 모색함에 따라, 전문적 혹은 개인적으로 지역사회 내에서 장애인들과 함께 일하고 생활해나갈 가능성이 점차적으로 증가하고 있는 캠퍼스 내의 다른 학생들에게도 잠재적인 이익을 주고 있다. 캠퍼스 내의 다양성이 증가함에 따라 장애학생들뿐만 아니라 다양한 학습자에게 혜택을 줄 수 있는 교육적 서비스와 편의시설들을 마련할 기회가 생기고 있다. 캠퍼스 공동체 내에서 장애를 인간 상태의 자연스러운 일부분으로 인지하는 것은 모든 장애인에 대한 이해와 통합을 촉진할 것이다. 교육기관의 연구와 전문적인 프로그램들이 서비스의 전달과 장애인에 대한 지원을 위한 새로운 접근의 산출에 종사하는 것은 장애 분야에만 혜택을 주는 것이 아니라 다양한 학문 간의 연구와 지식의 보급이라는 교육기관의 목적에도 기여할 수 있다. 마지막으로, 지역 내의 학교들과 지적장애인과 협력하는 지역사회단체들과의 확장된 제휴관계는 지역사회의 요구에 대한 서비스와 수용에 대한 교육기관의 평판을 향상시킬 수 있다.

학습에 대한 공통점: 사례연구

델라웨어 대학교(University of Delaware)는 지역사회의 학교지역구와 10년 이상 조용하게 상호 지원적인 관계를 맺어왔다. 중도 지적장애를 가진 청소년을 나이에 적합한 지역사회 환경 내에서 교육하는 데 소명을 갖고 있던 학교지역구 스태프는 장애중심의 연구, 훈련, 서비스에 참여하고 있는 같은 마음을 가진 대학교 스태프와 협력하였다. 그들이 고안해낸 제휴관계는 18~21세 사이의 학교지역구 학생 25명에게 도움을 주는 캠퍼스기반 및 지역사회기반 교육 프로그램의 모델이 되었다. 청소년들은 이중으로 등록되었다—그들은 공립학교 학생들로서의 자신들의 신분을 유지하면서 동시에 대학이 인가한 비전형적인 캠퍼스 프로그램의 참가자가 되었다. 학교지역구 교사와 보조교사들은 캠퍼스 안과 캠퍼스 주위에서 찾은 사교적, 여가오락적, 직업적 기회들을 잘 활용하면서 학생들의 개별화교육프로그램(IEP)에 따라 그에 적합한 교육적 서비스와 활동을 제공하였다. 지역구의 재정지원을 받는 계약을 통해 대학 교수(faculty)는 대학 공동체의 연락 담당자 역할을 하였고, 프로젝트 자문위원회를 조직하였으며 주기적인 평가를 실행하였다. 그 프로젝트는 실질적 분리 모델로 여겨졌을 것이다(Hart, Grigal, Sax, Martinez, & Will, 2006). 학생들은 대학에 와서 그들의 대학생 동료 및 근무환경 내에 있는 스태프들과 상호작용했으며, 자신들의 대학 신분증을 체육관이나 캠퍼스 셔틀을 타는 데 잘 활용했고, 대학생의 전환중심과정 프로젝트에 참여하면서 캠퍼스에 오는 것을 즐겼다. 그러나 주요한 초점은 학생들이 중요한 생활기술들을 습득하는 것을 촉진하기 위해서 캠퍼스 환경들을 사용하는 데 있었고, 학생들을 전형적인 캠퍼스 경험에 참여하게 하는 것에는 덜 주력했으며, 대학에 입학이 허가된 학생신분을 추구하는 것에는 거의 주력하지 않았다.

최근에는 그러한 관점들에 변화가 생기기 시작했다. 2개 이상의 지역구가 18~21세 사이 지적장애학생들의 캠퍼스 접근성을 얻는 것과 관련해 교원 연락 담당자에게 연락을 취했다. 그 결과, 3개 학교지역구에서 대학과 결연하는 것에 대한 재정지원을 제공했고, 대학이 시간제 프로젝트 코디네이터를 고용하도록 했으며, 프로젝트가 캠퍼스 내에서 학문적, 고용적, 사교적으로 더 큰 통합을 이루는 데 주력하도록 확장하였다. 비전형적 · 전형적 캠퍼스 프로그램, 서비스, 활동들을 통합한 혼합 모델에서(Hart et al., 2006), 프로그래밍 방식은 분리된 생활기술 교육을 계속해서 제공하는 동시에 더욱 전형적인 대학 경험들을 반영한 캠퍼스 활동들을 포함하도록 확장되었다. 예를 들면 학생들은 비공식적으로 대학 수업을 청강했고, 개인을 대학-학생 기반의 사회적 활동들에 어울리게 하기 위한 더욱 체계적인 노력이 이루어졌다.

여러 해 동안 이 프로젝트와 대학의 다른 공동체 활동들에 익숙한 부모들은 지적장애 청소년들을 위한 기숙대학교 설립의 가능성을 탐색하고 구체적인 중등이후교육의 기회를 알아보기 위해서 대학의 스태프 및 교수들에게 개별적으로 연락을 취해왔다. 비록 어떤 공식적인 중등이후교육 프로그램도 대학에 의해서 구체적으로 지적장애인을 위해 설립되지는 않았지만, 일부 개인들은 스스로 평생교육원 학생으로서 대학 강의를 수강할 방법을 찾고, 대학생들을 대상으로 하는 캠퍼스 근처의 아파트 내에서 거주할 곳을 찾고, 캠퍼스 내의 사교적, 여가오락적 그룹들에 연계될 자신만의 방법들을 찾았다.

중등이후교육으로의 공식적/비공식적 통로들이 캠퍼스에서 개발되었다는 사실은 이 장의 중요한 주세를 나타낸다. 지적장애인을 위한 중등이후교육 환경에 접근하는 것은 중등이후교육을 추구하는 구체적인 이유가 분명하고 중등이후교육기관의 다양한 사명을 이해하며, 제휴관계를 구축하고 지원을 찾기 위해서 전문적이고 사교적인 네트워크들을 활용하는 사람들에 의해 주도된다. 원동력은 중등이후교육이 지적장애인들에게 장기적으로 사회적 · 고용적 혜택을 줄 수 있는 사회적으로 가치가 있는 경험이라는 것을 인지하는 장애인들이나 그들의 가족뿐 아니라 장애인을 위한 교육적 기회를 확장하기 원하는 학교나 대학 전문가들로부터 나올 수도 있다 (Hughson, Moodie, & Uditsky, 2006; Zafft, Hart, & Zimbrich, 2004).

중등이후교육을 위한 선택

대학에 진학하는 것에 대해서 생각해볼 때, 대학에서 제공 가능한 다양한 선택과 중등이후교육기관들의 서로 다른 임무(소명)들을 고려하는 것이 중요하다. 전형적인 선택들은 4년제와 2년제 교육기관, 중등이후의 직업기술학교, 성인 교육 등을 포함한다.

4년제 단과대학이나 종합대학은 보통 학사학위를 받고자 하는 학생들을 대상으로 하는 그들만의 프로그램과 서비스에 중점을 둔다. 이러한 교육기관의 일부에서는 고급 학위(석사나 박사학위)를 제공하거나 2년제의 준학사(associate's degree)를 제공할 수도 있다. 전형적으로 이러한 대학들에서는 고등학교 프로그램의 이수, 성적, 적성이나 성취도검사 점수, 또는 지원자들이 학위 프로그램에서 성공할 수 있을 것 같은 다른 지침들과 관련된 입학 요구 사항들이 있다. 4년제 단과대학은 때때로 학생 유치율, 졸업률, 학생들이 학위를 마치는 데 걸리는 시간, 학생들을 매료하는 경쟁력 등에 의해서 평가된다.

4년제 교육시설들은 종종 기숙학교이다. 일부 학생은 캠퍼스 내에 거주하도록 요구될 수도 있고, 대학이 여러 학생을 위해서 캠퍼스 내에 기숙사 및 관련서비스에 투자를 할 수도 있다. 4년제 대학의 등록금과 기숙사 비용은 천차만별이다. 공적 재정지원을 받는 대학에 다니는 학생들은 그들이 그 주의 거주민인 경우 훨씬 적은 등록금을 낼 수도 있지만 그 비용은 여전히 상당한 부담이 된다. 2006년과 2007년에 공립교육시설의 학부교육 비용은 1년치 등록금, 방값, 식비 등을 포함해서 평균 12,796달러였고 사립대학에서는 평균 30,367달러의 비용이 들었다 (College Board, 2006). 최근에는 장애학생들의 4년제 대학 등록이 증가했지만, 비장애 동료에 비해서 그 비율은 6% 대 28%로 여전히 낮은 편이다. 미국장애인교육법(IDEA)의 각 장애 범주에 속한 전국의 성인과 청소년 표본에 대해서 고등학교 시절과 졸업 후의 경험을 조사하는 전미전환서비스종단연구(Newman, 2005)의 두 번째 연구에 따르면, 지적장애를 가진 표본집단 학생들은 아무도 고등학교 졸업 이후 4년제 교육기관에서 수강하지 않은 것으로 나타났다. 2년제의 공립교육시설 인 커뮤니티 칼리지 또한 학위를 받기 원하는 학생(주로 준학사를 받기 원하는 학생) 에게 도움이 될 수 있다. 그러나 커뮤니티 칼리지는 4년제 대학보다 직업중심의 자 격증 프로그램을 훨씬 더 많이 제공할 가능성이 있다. 이러한 학교들은 특히 지역 의 직업시장(job market)에 중점을 두고 지역의 요구를 충족시키기 위해 그들의 중등이후교육 자격증 프로그램을 설계할 수도 있다. 게다가 커뮤니티 칼리지들은 학생들이 학문적 진로 선택에서 다음 단계를 추구하는 공식적인 메커니즘을 창조 할 수 있고, 한 교육기관에서 다른 교육기관으로의 자격증이나 학위의 교류를 제공 하는 대학 간 연계협정(articulation agreement, 편입학 협정)을 지역 내의 고등 학교 및 대학들과 체결할 수도 있다. 커뮤니티 칼리지는 특히 특정 주제에 대해 더 배우기를 원하거나 학위를 취득하지 않고 특정 기술을 개발하기 원하는 모든 연령 의 비전형적인 학생들에게 개인적인 수업을 제공할 수 있다.

커뮤니티 칼리지는 공적 재정지원을 받아 상대적으로 비용이 덜 드는 경향이 있다. 캠퍼스 내의 기숙사와 관련서비스들은 전형적인 선택사항이 아니다. 2007 년 1월 기준으로, 1년치의 평균 학비와 부대비용은 2,272달러였다(American Association of Community Colleges, 2007). 모든 장애 청소년의 약 20% 정도 가 고등학교를 떠난 후 2년 이내에 2년제 대학이나 커뮤니티 칼리지의 수업에 등 록을 했다. 장애학생들은 다른 유형의 중등이후교육보다는 2년제 교육시설에 등록 하는 가능성이 높았고, 그들의 현재 등록비율은 비장애 동료들과 대체적으로 다르 지 않았다. 그러나 지적장애 청소년들은 단지 5%의 참여율을 나타냈다(Newman, 2005).

직업기술학교는 학력인정이 되는 공립고등학교나 공립 혹은 사립, 2년제 또는 4년제 대학의 일부가 될 수 있다. 직업기술학교는 또한 단독 직업 영역(예: 미용, 자동차 기술)에 관한 훈련과 자격증에 중점을 둔 독립적인 사립기관일 수도 있다. 직업기술학교에 다니는 비용은 교육시설의 유형(공립 대 사립), 학위와 자격증 선 택사항, 평판 등에 따라 매우 다양하다. 직업기술학교 프로그램의 거의 3분의 2는 사립학교를 통해서 제공되며 약 40%가 영리기관들이다(U.S. Department of Education, 2004a). 장애 범주를 넘어서, 약 6%의 학생들이 고등학교 이후 2년 이내에 기술학교에 다닌 경험이 있다고 보고하였고, 지적장애학생들의 11%가 이러한 유형의 중등이후교육 프로그램에 참여했었다고 보고하였다(Newman, 2005).

성인 교육도 직업기술 프로그램처럼 지역의 학교지역구, 사립 비영리단체, 커뮤니티 칼리지, 자발적인 문맹퇴치기구와 같은 다양한 기관을 통해 제공될 수 있다. 성인 교육은 16세 이상의, 고등학교 학위가 없는, 현재 학교에 등록되지 않은 사람들을 위해 만들어졌다. 공적 재정지원을 받는 성인 교육을 통해 현재 제공 가능한 3가지 주요 프로그램은 다음과 같다: (1) 기본 읽기와 쓰기 기술을 향상시키기 원하는 사람들을 위한 성인 기초교육, (2) 고등학교 검정고시 자격증명을 얻기 원하는 보다 진전된 읽기와 쓰기 기술을 가진 사람들을 위한 중등교육, (3) 영어를 배우고 있는 사람들을 위한 영어 읽기와 쓰기 교육. 후원하는 기관에 따라서 다양한 직업적, 여가오락적, 학업적인 면에 초점을 맞춘 프로그램들이 제공 가능할 수 있다. 비록 성인 기초교육 프로그램들의 지도자들은 참가자들의 주된 하위집단이 학습장애나 주의력결핍장애를 갖고 있다고 믿고 있지만(National Institute for Literacy, 1998), 정확히 얼마나 많은 수의 장애인이 성인 교육 프로그램에 참가하고 있는지는 알려져 있지 않다.

중요한 법적 전환

이러한 중등이후교육의 각 선택들은 지적장애 청소년의 학업적, 직업적 목적에 따라서 그들에게 관심대상이 될 수 있다. 어떠한 중등이후교육이 선택되었는지에 상관없이 청소년들과 그들의 가족은 중등교육에서 중등이후교육으로 전환할 때 생기는 중요한 법적 전환들에 관해 인지하고 있어야 한다. 고등학교 졸업 전까지 학생들의 특수한 교육적 요구에 적합한 교육을 다루는 주요한 법 중 하나인 2004년 미국장애인교육개선법(Individuals with Disabilities Education Improvement Act[IDEIA], PL 108-446)은 중등이후의 교육에는 적용되지 않는다. 장애를 가진 학생들에게 무상의 적합한 공교육을 보장하는 1973년에 제정된 재활법 504조항 (PL 93-112)의 적용도 고등교육에 있어서는 상당한 차이가 있다. 그 대신, 1990년의 미국장애인법(Americans with Disabilities Act[ADA], PL 101-136)은 중등이후교육을 받고 있는 사람들의 법적 권리와 책임에 상당한 영향을 끼쳤다.

자격 대 적격성

미국장애인교육개선법은 대부분의 주에서 최고 21세까지 모든 장애학생의 교육을 보장한다. 미국장애인교육개선법에서는 장애를 가진 모든 학생을 위한 무상의 적합한 공교육을 보장하기 위해 학교와 각 학교의 장이 특수한 요구가 있는 학생들을 판별하고, 그들의 요구들을 결정하며, 특별한 교수와 관련서비스 및 지원들을 제공할 것을 의무화한다. 유치원에서부터 고등학교까지(K-12)의 장애를 가진 학생들은 또한 재활법 504조항하에 접근성과 관련된 교수적 조정 및 관련서비스를 받을 자격이 있다. 부모들은 개별화교육프로그램(IEP)의 계획과정이나 504조항의 계획들을 통해서 그들의 자녀를 옹호할 기회를 갖고 있다. 부모나 학생들이 중등이후교육을 포함한 장기간의 전환목표들을 세울 수 있는 것은 IEP 과정을 통해서이다. 그러나 이러한 법률들이나 미국장애인법(ADA) 가운데 어떤 것도 고등교육의 보장을 제공하지는 않는다. 표 5.1은 이러한 법률들 간의 주요한 차이점을 강조한다.

대학에 이중으로 등록되어 있으면서 그들이 속한 지역의 학교 체계를 통해서도 지속적인 지원을 받고 있는 지적장애학생들은 독특한 상황에 처해 있다. 그들은 IEP에 제시된 대로 장애인교육개선법하에서 지역의 교육기관으로부터 교육적 서비스를 여전히 받고 있지만, 이러한 서비스가 제공되는 고등교육 환경은 장애인교육개선법하에서 운영되지 않는다. 그러므로 이러한 학생들과 그들을 지원하는 사람들은 그들의 경험을 지배하는 법률들의 진정한 이중성에 대한 분명한 이해를 가실 필요가 있다: 접근성과 함께 지역 내의 교육기관을 통한 장애인교육개선법 서비스를 받을 자격이기는 하지만 고등교육 프로그램과 서비스를 받을 수 있는 자격은 아니다. 이중등록된 학생들의 옹호자들은 그러한 학생들을 위한 서비스들을 협상할 때 양쪽에서 법적인 보호를 받을 수 있는지 여부를 고려해야 한다.

장애학생들이 학위나 수료증을 받고 제도권 교육에서 벗어나거나 21세가 넘는

〈표 5.1〉 IDEA, ADA, 504조항

IDEA	ADA와 504조항
무상의 적합한 공교육을 제공한다. IDEA는 자격을 보장한다─학교들에게 학생들이 일반교육과정 내에서 진전을 보이도록 보장할 것을 요청한다.	모든 프로그램, 서비스, 대중에게 개방된 모든 활동을 포함한 활동들에 대한 접근성을 보장한다. 교육을 보장하지는 않지만 그들이 들어간 프로그램들에 '별도의 자격을 갖춘' 개인들에게 동등한 기회를 제공한다.
학교지역구는 학생들을 판별하고 학생들의 학습 문제를 다루기 위한 서비스를 시작할 책임이 있다.	학생들은 고등교육기관(IHE)에 있는 해당 사무실에 그들 스스로를 장애를 가진 학생으로 판별해야 한다.
장애와 개별화교육프로그램(IEP)이나 교수적 조정들에서 다루어질 기능적 제한들을 평가하고 문서화하는 것은 학교의 책임이다. 공립학교들은 적합한 진단적 평가를 제공할 책임이 있다.	학생들은 고등교육기관의 문서 지침을 충족시키는 장애에 대한 문서를 제공해야 한다. 고등교육기관이 검사를 제공할 의무는 없다. 검사를 제공하는 고등교육기관에서는 유료 학습 클리닉을 통해 검사를 제공한다. IEP는 일반적으로 그 자체로는 장애를 증명하는 문서로 충분하지 않다.
적격성은 나이와 장애에 기초한다. 학생들이 21세가 되면 해당 연령에서 제외된다.	장애인은 "별도의 자격을 갖춘" 한 타당한 조정을 받을 자격이 있다. 그에 대한 연령제한은 없다.
IEP는 수업 면제나 대체(보결)를 포함할 수 있다. 시간제한이 없는 시험이나 대체시험 형식들이 허용된다. 특별히 고안된 교수가 적절하다.	특별히 고안된 교수는 타당한 조정으로 간주되지 않는다. 대학들은 과목이나 프로그램의 통합된 부분들을 바꾸도록 요구되지 않는다. 학생들에게 접근성이 제공되며 그들이 등록한 프로그램과 과목의 요구 사항들을 충족하도록 기대된다. 시험시간의 연장은 타당한 조정으로 제공된다.
IEP팀은 학생, 전문가, 부모들을 포함할 것이다.	학생들은 대부분 종종 장애서비스센터를 통해 조정들을 직접 요청해야만 한다.
IDEA는 학교들이 학생들을 위해 전환계획을 제공하도록 요청한다.	일부 고등교육기관에서는 전환서비스와 프로그램을 제공하지만 이러한 것들이 어떤 법으로 의무화된 것은 아니다.
학교는 개인지원 서비스, 과제 지원, 튜터링 등을 제공하거나 조정할 수 있다.	고등교육기관은 개인적 특성의 서비스를 공급할 의무가 있지는 않다.
보조공학이 IEP팀에 의해 판별된 대로 제공된다.	보조공학은 단지 접근성을 갖게 하기 위해서만 제공되며 종종 고등교육기관에 따라 다양하게 제공된다.

나이가 되면, 그들의 주요한 장애 관련 법적 보호는 미국장애인법(ADA)하에 있게 된다. 미국장애인법(ADA)은 교육을 보장하지는 않지만 자격조건을 갖춘 개인에게 프로그램과 서비스에 관한 접근성을 보장한다. 미국장애인법(ADA)하에서 장애인들은 그들 자신을 위한 옹호자가 되어야 한다. 스스로 장애를 판별하고 자신들의 장애에 관한 증명 서류를 제공하고 필요한 조정들을 요구하는 것은 장애인 자신의 책임이다. 장애인들은 일생 동안 미국장애인법(ADA)하에서 제공되는 법적 보호를 받을 수 있지만, 그 법적인 보호를 보장하기 위해서는 적극적으로 자신들의 권리를 추구하고 책임을 수행해야 한다.

법적 전환을 위한 준비

이러한 법적 전환은 자녀의 교육적 요구들을 옹호할 때 선두자가 되는 데 익숙한 부모들에게도 어려울 수 있다. 부모들은 대학 환경 내에서 조정을 추구할 때 지원하는 역할을 해야 한다. 게다가 자녀의 대학 수강 과정 중 향상도와 신분에 관한 정보를 얻기 원하는 부모들은 종종 대학 관련자들이 그러한 정보들을 자녀들의 서면화된 동의 없이는 공유할 수 없다는 것을 알고는 놀라게 될 것이다. 이러한 권리들은 학생의 교육기록에 관한 개인정보를 보호하는 연방법으로 1974년에 제정된 가족교육권 및 사생활보호법(Family Educational Rights and Privacy Act[FERPA], PL 93-380)에 규정되었다. 이 법은 미국 교육부의 해당 프로그램 산하에서 재정지원을 받는 모든 학교에 적용된다. FERPA는 부모들에게 그들의 자녀가 고등학교에 재학할 때까지는 자녀의 교육기록에 관한 특정한 권리를 부여한다. 그러나 자녀의 나이가 18세가 되거나, 자녀가 고등학교 수준 이상의 학교에 재학할 때 이러한 권리들은 학생들에게로 전환된다. FERPA는 나이에 상관없이 대학에서 수강하는 모든 학생에게 적용되므로 대학의 이중등록 프로그램에 참가한 학생들에게도 적용된다.

이러한 중등이후교육에 대한 접근성을 지배하는 다른 법적 권리들과 짝을 이루는, 부모로부터 학생으로의 옹호에 대한 주요한 책임의 전이는 고등학교를 떠나기 전에 학생들이 계획, 기술, 서류들을 구비하고 있어야 한다는 것을 의미한다. 첫째, 자기결정기술의 개발은 중등이후의 학교들에서 보호와 교수적 조정을 위한 옹호과정에 중요하다. 자신들의 목적과 염원, 그리고 이러한 목적들을 추구하기 위해서 이성적이고 책임감 있게 행동하기 위한 결정에 대한 분명한 이해가 있는 학생들은 더욱 성공적일 것이다. 학생들은 자신들이 통합된 교실, 사회적 환경, 현장 등 다양한 환경 내에서 스스로를 옹호하도록 기대된다. 둘째, 대학에서 어떠한 교수적 조정을 받기 위해서는, 학생들은 장애지원 서비스(DSS) 사무실에서 자신의 장애를 스스로 식별하고(예: 장애를 공개하기) 자신의 장애와 필요한 교육적 지원에 대한 서류들을 제공할 필요가 있다. 대학 캠퍼스 내에 있는 장애지원 서비스의 역할과 요구되는 장애 서류의 종류들은 모두 이 장의 후반부에서 자세히 논의되지만 이러한 논제들은 반복적으로 전달되고 중등이후교육을 추구할 계획을 가진 모든 장애학생을 위한 전환계획과정에 포함되어야 한다.

장애지원 서비스에서 장애를 자가식별하기 위해서, 학생들은 자신들의 학업 스타일, 자신들이 받아온 교수적 조정, 이러한 교수적 조정이 학교와 사회적 환경 내에서 자신에게 어떤 이로움을 주었는지에 관한 분명한 이해를 갖고 있어야 한다. 고등학교 지도 상담사, 교사, 사례 담당자들은 학생들에게 그들의 학업 스타일과 자신들이 학생들에게 제공해왔던 지원에 대해서 교육할 필요가 있다. 학생들은 중등이후교육기관에서 자신들을 위해 어떤 지원들이 제공될 것으로 예상하고 있고 교육시설들을 통해서 어떠한 교수적 조정이 제공 가능할 것 같은지 알 필요가 있다(표 5.2 참조). 더욱이 교수적 조정에 대한 정보는 학생의 장애에 관한 서류와 함께 묶여 있어야 한다. 전형적으로 이러한 서류에 관한 요구 사항들은 3년 이내의 심리평가를 포함한다. 그러나 대학마다 서류 요구 사항이 다르기 때문에 적절하게 계획하기에 앞서 대학에 직접 연락을 취하는 것이 권장된다.

불행하게도, 많은 학생들이 자신이 직접적·간접적으로 받아온 특정 지원들에 대해 인식하지 못하고 자신들이 가진 장애의 특성과 그것이 여러 다른 환경 내에서 자신들의 기능성에 미치는 영향들에 대해서 설명하지 못하는 채로 고등학교를 떠난다. 2004년 장애인교육개선법(PL 108-446)하의 새로운 요구 사항 중 하나인 수행 요약서(Summary of Performance)는 이러한 것과 관련해 학생들을 도울 수 있는 도구가 될 수 있다. 그 요약서는 장애학생이 고등학교를 떠날 때 학교가 제공해야 하는 서류(exit document)이다. 그 요약서는 학생의 학업성취도와 기능적 실행 수준을 설명해야 하며 학생이 사전에 식별된 중등이후교육의 목적을 달성하도록 어떻게 도울 것인지에 관한 권장사항을 포함해야 한다. 학생, 가족, 전문가들은 학생의 장애 특성에 관한 가장 최근의 정보와 교수적 조정들이 그 요약서에 포함되어 있는지를 확인해야 한다.

이 장에서 ADA의 역할과 다른 중요한 대학 경험에 관해서 우리가 제시하는 예들은 주로 전통적으로 지적장애학생을 위해서 유력한 선택이라고 여겨지지 않았던 4년제와 2년제 교육시설에 중점을 두고 있다. 그러나 장애인들은 모든 유형의 중등이후교육 환경 내에서 ADA에 의해 보호를 받기 때문에 이러한 사례들은 다양한 대안적인 중등이후교육 옵션들을 탐색하기 위한 기초로 사용될 수 있을 것이다. ADA가 교육시설들에게 요구되는 최소한의 반응(response)에 관한 지침을 제공한다는 것을 기억하라. 중등이후교육 시설들은 그들의 사명, 정책, 프로그램, 기금 출처 등이 그렇게 할 수 있도록 지원하는 선에서, 지침에서 정해진 것 이상의 것들을 제공할 수도 있을 것이다. 학생, 가족, 지원팀들은 그들의 개인적인 교육적 필요들을 가장 잘 충족시켜줄 수 있는 대학들을 찾기 위해서 여러 대학들을 잘 알아보아야 한다.

과제와 기회

입학 과정

존(John)과 그의 가족들은 존이 기숙제의 4년제 대학생활을 경험하기 원했다. 그의 가족 구성원 모두가 대학을 다녔고, 그들은 존에게 동일한 사회적·교육적 경험들을 제공하기 위한 시도를 하기로 결정했다. 존의 입학 가능성에 대해 의논하기 위해 지역 대학의 입학 상담원을 만났을 때, 그들은 존이 다른 학생들과 동일한 응시과정을 거쳐야 할 것이라는 소식을 들었다. 존이 고등학교 학위 대신에 수료증을 받았다는 사실은 가족들에게 근처의 전문대학을 방문할 것을 제안하며 그 학교에서는 존이 보충과정(remedial courses)에 입학하도록 허락해줄지도 모른다고 했던 상담원을 우려하게 만들었다. 그녀는 존이 어떤 중등이후교육 프로그램에 "자격을 갖춘" 것으로 고려될 수 있을지에 관해서 의문을 나타냈다. 존의 가족들은 낙담했지만 다른 학교들의 입학정책에 관해서 좀 더 알아보기 위해 다른 학교들에 연락을 해보기로 결정했다.

존의 상황은 특이한 것이 아니다. 대학 캠퍼스에 입학하는 전형적인 학생들은 그들의 고등학교 성적, SAT나 ACT 시험 점수, 자신들의 삶에 영향을 끼쳐온 요인이나 경험들을 명료하게 표현한 자기소개서 등과 함께 응시원서를 제출할 것이다. 커뮤니티 칼리지는 개방적인 입학정책을 유지할 수도 있는 반면에, 4년제 대학은 교육시설에 대한 입학허가를 결정하기 위한 여러 조합의 기준들을 사용한다. 대학들은 고등학교에서의 과목 선정, 학급 석차, 각종 활동들과 참여, 성적, 응시 에세이, 표준화된 검사 점수, 어쩌면 면접까지도 본다. 정규 대학입학자로서 입학이 허가된 학생은 자격을 갖춘 학생 신분을 갖게 된다. 이 과정은 보통의 학생들에게도 어려운 과정이고, 지적장애를 가진 학생들에게는 불가능해 보일 수도 있다.

비록 지적장애학생들이 전형적인 입학 과정을 통해서 자격을 갖추게 되지는 못할지라도, 학생들이 4년제 캠퍼스에 접근할 수 있는 다른 통로들이 있다. 그들은 공개등록 학교들에만 얽매일 필요가 없다. 예를 들면 시간제 학업에 대한 선택권들은 4년제 대학교 내에 있는 대부분의 평생교육 프로그램을 통해서 가능하다. 이러한 프로그램들은 같은 입학 요구 사항들을 가지고 있지 않으면서도 비학점 과목이나 수료 과목뿐만 아니라 종종 학점 과목들도 제공한다. 지적장애학생들이 4년제 대학을 다니건 2년제 대학을 다니건 간에, 그들은 대학의 학문적 경험에 익숙해지면서 한 학기에 한두 과목을 수강하는 정도의 감량된 학업량으로부터 혜택을 받을 것이다. 만약 전일제 학생으로서 학문적 학위 프로그램의 입학자가 되는 것이 주요한 목적이 아니라면 전형적인 응시과정이 장벽이 될 필요가 없다. 사실, 이것이 존의 상황에 대한 해결책이 되었다. 그는 평생교육원 학생으로서 과정에 등록할 수 있다는 것을 알았다. 그는 첫 학기 동안 두 과목을 청강했고, 개인 튜터의 도움으로 성공적으로 과정을 마쳤다. 그는 또한 대학생들을 수용하는 캠퍼스 근처의 아파트로 이사를 했고 캠퍼스 내에서 시간제 일자리를 찾았다. 다음 학기에 그는 두 과목을 더 청강하기로 선택했고 또 다른 한 과목을 통과/낙제(pass/fail) 성적기반으로 수강하였다.

지적장애학생들을 위한 다른 중등이후교육 기회들은 통합적 개별지원 옵션이나 델라웨어 대학교의 이중등록 방책처럼 전형적인 캠퍼스 프로그램 등에 참여하는 것을 포함한다. 유치원부터 고등학교까지의 학교 체계를 아직 학위나 수료증을 받고 떠나지 않은 지적장애학생들은 그들의 IEP에 명시된 대로 지역사회나 대학 기반의 전환 옵션들에 대한 참여를 포함한 서비스를 계속해서 받을 자격이 있다. 이중등록 방책에 대한 입학허가는 공립학교 프로그램과 IEP팀의 재량에 달려있거나 학교와 고등교육기관들 간의 협력적 결정의 결과일 수 있다.

대학들은 대학 환경에 대한 대안적인 경로들을 제공하는 다양한 비전형적인 선택권을 제공할 수도 있다. 이러한 공식적으로 인정된 비학위 프로그램들은 많은 다른 방법으로 다양한 사람에게 폭넓게 제공될 수 있다. 예를 들면 나이가 든 성인들은 그들의 열망을 평생학습자가 되는 데 쏟으면서 그들의 삶의 경험들을 활용하는 과목이나 교육시설들에서 환영받을 수 있다. 소수문화 집단에서 온 학생들은 고등교육에 대한 그들의 관심과 연계를 격려하기 위한 방편으로 단기간의 집중적인 여름 대학 경험에 참여하도록 초대될 수 있다. 대학에서 인정된 비전형적인 캠퍼스 프로그램의 참가자들은 ADA와 504조항하에 대중에게 공개되거나 그들이 자격이 되는 모든 서비스나 프로그램들에 대한 권리를 가지고 있다.

비록 전형적인 대학입학기준이 이중등록 전환 프로그램에 속해 있는 비대학 입학자들에게는 적용되지는 않지만 그러한 입학기준을 학생들을 위한 기대치를 설정하고 전환계획을 지도하기 위해서 사용하는 것이 중요하다. 성공적인 중등이후 경험의 핵심적 요소 중 하나는 의도된 학습 프로그램에 대한 학생의 적합성이다. 프로그램은 개인적 목적과 그 학생의 직업적 목표들과 조화를 이루어야 한다. 그래서 전환계획은 중등이후 경험을 위한 목적과 목표들을 세우기 위한 중요한 매개물이며, 그 계획은 지적장애학생인 경우에도 고등학교 환경으로의 입학과 동시에 시작되어야 한다.

중등이후교육을 위한 재정지원

선입제 대학입학생 신분의 중요한 혜택은 시간제나 평생교육 학생들에게는 제공 가능하지 않은 정부의 재정지원을 받을 수 있다는 것이다. 심지어 대학생활에 적응하기 위해서 적은 과목을 수강하는 비장애 대학입학생들도 재정적 장벽에 부딪히게 된다. 이것은 지적장애학생들도 다르지 않다. 비록 시간제 과목 부담량이 지적장애학생에게 더 적절할 수 있지만, 등록금이 학생과 가족들에게 자가부담 지출이 된다. 더욱이 정부의 재정지원은 고등학교 학위나 동등한 학력을 갖지 못한 학생들에게는 만약 그들이 정부에서 승인된 혜택을 받기 위한 능력시험을 통과하지 않으면 제공 가능하지 않다(U.S. Department of Education, 2006). 이러한 시험들은 개인이 전형적인 자격인증서가 없음에도 불구하고 대학에서 잘 실행할 수 있는 잠재력을 가지고 있음을 증명하려는 의도로 실행된다. 2008년의 고등교육기회법 (HEOA, PL 110-315)의 최근 재승인은 정부의 재정지원을 관할하는 법이 지적장애학생을 위한 보조에 접근하는 것을 제한하는 일부 규칙을 수정하는 데 초점을 두고 있다.

예를 들면 이전의 조항들에서는 오직 전일제 대학입학생들만이 근로학습 (work-study) 재정지원에 해당되었다. 2008년 고등교육기회법의 새로운 개정은 비록 지적장애학생들이 전일제 대학입학생이 아니더라도 대학의 근로학습 프로그램에 참여하는 것을 허용한다(Association of University Centers on Disabilities, 2006). 게다가 새로운 HEOA는 지적장애학생들을 위한 중등이후교육에 관한 국가적인 기술지원센터나 모델시연 프로젝트의 창출을 지원한다. 이러한 새로운 HEA 발의안의 실행은 이에 상응하는 정부의 법규나 의회의 재정지원에 대한 학생들의 증가된 접근성으로 향하는 가능한 수단들을 제공하지만, 지적장애학생들을 위한 정부의 재정지원과 보조 선택권들을 향상시키기 위해서는 지속적인 옹호가 이루어질 필요가 있을 것이다.

부모들의 재정지원과 별도로, 중등이후의 환경 내에서 지적장애학생들을 위한 재정지원은 전통적으로 보조금 프로그램, 직업재활기관이나 학교지역구와의 제휴, 지역사회 서비스를 위한 아메리코(AmeriCorps)에서 주는 교육 관련 상, 지적장애학생들을 대상으로 하는 장학금 등을 통해서 제공되었다. 18~21세 사이의 이중등록된 학생들은 대학교육을 위한 IDEA펀드를 사용할 수 있다. 학교지역구와 IEP팀의 지원과 함께, 전환계획이 그런 경험들을 요청하는 학생들을 위해 개별적 으로 성취되거나, 대학 캠퍼스 내의 많은 학생들을 위해 고안된 이중등록 프로그램을 통해서 성취될 수 있다. 일단 학생들이 고등학교 프로그램을 마치면, 가족들은 외부의 재정지원 자원들을 살펴보아야 한다. 만약 학생들의 학습과제나 경험들이 경력개발이나 직업기술 향상에 주력되어 있다면, 직업재활기관들이 그 학생을 위한 재정지원을 제공할 수 있다. 공익상담사들(public benefits counselors)은 사회보장 PASS플랜과 같은, 다른 제한된 재정지원 자원들을 알아내고 조정하는 것을 도울 수 있다. 중등이후의 재정지원은 여러 기관에 걸쳐서 제한, 분산되어 있기 때문에 학생과 가족들은 미래에 재정지원을 해줄 수 있는 그들의 주정부나 국가의 발달장애 서비스, 직업재활, 기타 성인 서비스에 대한 적격성을 확립하기 위해서 전환계획과정의 초기에 준비를 시작해야 한다.

특히 비전형적인 캠퍼스 프로그램들에 대해서, 학생들과 가족들은 부가적인 비용의 발생 가능성에 대해 알아보아야 한다. 많은 대학이 입학허가를 받은 학생들에게 전반적인 여가활동비용을 감당하는 연회비 지불을 요구한다. 이것은 적게는 100달러에서 많게는 몇백 달러가 될 수도 있다. 이중등록된 학생들을 위해서, 이러한 비용들은 그 학생이 속한 학교지역구나 주정부기관에 의해 마련되거나 대학으로부터 면제받을 수도 있다. 그러나 많은 캠퍼스 활동들이 비용기반이 아니기 때문에, 학생들은 단지 학생증을 보여줌으로써 참가할 수 있을 것이다. 대학은 비전형적인 학생들이 학생증을 가질 수 있는지 없는지, 그리고 어떠한 특권들이 그 카드와 연계될 것인지에 관한 직권을 갖고 있다. 예를 들면 일부 이중 프로그램에 있는 학생들은 그들에게 학생 레크리에이션센터, 캠퍼스 셔틀버스, 도서관 등에 접근성을 제공하는 학생증을 가질 수 있지만, 그들이 책을 대출하기 위해서는 특별한 허락이 요구될 수도 있다.

마지막으로, 지적장애인을 위한 중등이후교육에 관한 연구와 프로그램 개발이 여전히 초보적 수준에 있다는 것을 고려하면, 이 영역의 연구, 교수, 서비스에 개입된 대학 교수(faculty)와의 협력을 모색하는 것이 가치 있을 수도 있다. 이러한 관심들이 축적되고 프로그램이나 통합적 선택권들이 더 제공 가능하게 됨에 따라, 사적 또는 공적 재정지원을 받는 연구와 데모 프로그램들이 관련 연구에 기꺼이 참가하기 원하는 학생들에 대한 추가적인 재정지원의 길을 활짝 열어줄 수 있을 것이다.

장애지원 서비스와 교수적 조정

어느 날 장애지원센터는 전임교수로부터 전화 한 통을 받았다. 특정 분야의 전문가인 이 교수는 대학에서 시간제로 일했다. 그녀의 당황과 좌절은 명백했다.

그녀는 자신이 "프로그램 코디네이터"라는 사람으로부터 그녀의 수업을 듣는 학생이 대필자와 함께 시험을 볼 것이고 분리된 공간을 필요로 한다는 메시지를 받았다고 설명했다. 그녀는 처음에는 이것을 대수롭지 않게 생각했지만 그러고 나서 걱정이 되었다고 인정했다. 교실이 최대 수용인원을 채웠을 때, 분리 시험을 감독할 만한 공간을 어디서 찾을 수 있겠는가? 그녀는 자신이 진정으로 그 학생을 돕기 원했지만 겸임교수로서 이것에 어떻게 대처할지 알아내기 위한 수단, 시간, 연락처를 가지고 있지 않다는 것에 대한 좌절감을 나타냈다. 그녀는 장소를 알아보고 다녔지만 장애지원센터가 때때로 교수적 조정을 다룬다는 것을 기억해낼 때까지 누구에게 연락을 취해야 할지를 알지 못했다.

디렉터는 그 학생의 이름을 물어보았고 그 학생이 장애지원센터에 등록되어 있지 않다는 것을 즉시 알아냈다. 그 강좌에 대해서 더 들어보면서 디렉터는 그 학생을 알아차렸고, 그 학생이 아마도 비전형적인 캠퍼스 프로그램 중 하나에 대한 지원으로 강좌들을 들었을 것이라고 계속해서 설명했다. 그 디렉터가 프로그램을 후원하는 단체와 견고한 협력관계를 가지고 있고 그 프로그램 디렉터를 알고 있기 때문에, 그녀는 그 상황에서 위기를 해소할 수 있었다. 디렉터는 비록 이 학생이 장애지원센터를 통해서 직접적으로 등록하지는 않았지만 그녀가 인증된 캠퍼스 프로그램의 참가자이기 때문에 장애지원센터 스태프가 교수적 수정 과정을 도와줄 수 있다고 설명했다. 디렉터는 장애지원센터에서 장소를 제공할 수 있다고 겸임교수를 안심시켰다; 교수들은 그 조정을 스스로 알아낼 필요가 없었다. 디렉터는 이 쟁점들을 해결하는 것에 관한 그녀의 진정한 관심에 고마워했고, 그 학생이 장애지원센터에 등록했고 시험을 위해서 장소가 배정될 것을 확인하기 위해서 프로그램 디렉터에게 연락할 것을 그녀에게 확신시켰다.

그날, 디렉터는 당황한 교수를 안심시킬 수 있었고, 프로그램 코디네이터를 교육했으며, 궁극적으로 그 학생에게 제공 가능한 도움이 되는 방편들을 만들었다. 바쁜 대학 캠퍼스에서 의사소통은 핵심이고, 장애지원 서비스 공급자, 학생, 교수진, 비전형적인 프로그램들 간의 협력관계는 모든 변화를 만들어낼 수 있다.

대학 캠퍼스들에 있는 장애지원센터들은 장애학생들을 위한 중앙 지원 사무실이다. 장애지원센터 스태프는 학생들이 ADA하에서 교수적 조정에 대한 자신의 권리들이 충족되고 있는지를 확인하도록 돕는 강한 동맹들이 될 수 있다. 그러나 대학 캠퍼스 내의 지적장애학생을 위한 교수적 조정 과정에는 몇 가지 잠재적인 장벽이 있다. 첫째, 장애지원센터들은 종종 업무가 너무 과중되어 있고 일손이 부족한 실정이다. 게다가 그들의 학생들 대다수가 전형적인 입학 과정을 통해 입학하고, 그들의 별도의 자격을 갖춘 신분은 입학 과정을 통해 확인되어왔다. 교수적 조정들을 고려할 때, 장애지원센터 스태프는 코스와 프로그램들의 통합성을 유지하면서도 장애와 관련된 장벽들을 줄이기 위해서 교수들과 함께 일한다. 장애지원 서비스 공급자들은 과목을 근본적으로 대체할 과목에 대한 기준이나 기대들에 대해서는 어떤 변화도 만들지 않도록 훈련된다. 그래서 장애지원 서비스 공급자들은 과목의 목적들에 대해 잘 인지하고 있을 필요가 있다. 만약 강좌가 청강되거나 비학위 자격증 프로그램의 일부라면, 타당한 교수적 조정을 결정하는 과정이 다를 수도 있다. 게다가 "별도의 자격을 갖춘" 사람들을 위한 리트머스 테스트는 학생이 참여하고 있는 프로그램의 목적 및 적격성 요구 사항들과 연관되어 있다. 초점은 강좌나 프로그램의 핵심적 요소들에 대한 타당한 교수적 조정을 위한 학생의 필요에 있다. 장애지원 서비스 공급자들은 효과적인 가이드를 제공하기 위해서 그 과정의 일부가 되어야 하고 개인의 진로 목적들에 대한 완전한 이해를 가지고 있어야 한다.

장애지원센터의 역할

장애지원센터의 조직과 구조는 캠퍼스마다 다를 수 있고 심지어 사무실의 이름도 다를 수 있다: 장애지원센터, 장애 서비스 사무실, 학업 서비스 사무실, ADA 사무실 등이 모두 가능한 이름이다. 비록 대학이 그 사무실을 어떻게 부를 것인지, 어느 학과에 배치할 것인지에 관해 결정할 수 있지만, ADA는 ADA 쟁점들을 다루기 위해 캠퍼스에서 배정된 개인이 되어야만 한다는 것을 명시한다. 그러나 장애지원 서비스 진문가들의 경험과 배경은 다양할 수 있다. 비록 그들은 입학이 허가된 학생들을 상대하기 위한 직접적인 훈련과 지원을 받을 수도 있지만, 많은 사람들이 비전형적인 프로그램에 있는 학생들을 위한 다른 필요와 가능한 지원에 대한 경험이나 인식을 가지고 있지 않을 수도 있다. 그래서 만약 장애지원 서비스 전문가가 ADA의 법적 요구 사항들이 비전형적인 학생들에게도 마찬가지로 확장된다는 것을 인지하지 못하고 일부 요구들에 대해서 "그것은 내 일이 아닙니다."라고 반응하더라도 놀랍지 않을 것이다. 교육과 옹호가 이러한 사람들에 대한 해결책이다. 지적장애학생들에 대한 경험과 지식의 부족은 교수적 조정을 제공하지 않는 것에 대한 수용할 수 있는 이유가 되지 않는다. 만약 초기의 노력들이 장애지원센터센터와의 관계들을 개선하는 데 실패하면 학생들과 가족들은 각 사무실이 ADA에 의해 유효하도록 요구되는 절차인 불만신청을 제기할 수 있다.

　　모든 프로그램 코디네이터가 장애지원 서비스 공급자들이 비전형적인 학생을 위해서 할 수 있는 역할을 인지하고 있지는 않을 것이다. 위의 예에서와 같이, 장애지원 서비스 공급자는 캠퍼스 내의 프로그램을 인지하고 있지만 코디네이터가 장애지원센터가 비전형적인 학생들을 지원할 수 있다는 것을 알지 못했기 때문에 학생의 상황에 대해 장애지원센터에 연락을 취하지 않아 왔다. 그러한 상황은 두 사무실이 이전에 갖지 못했던 협력적 관계를 맺기 위한 훌륭한 기회가 되었다. 어떤 경우에는 서비스와 관계들이 학생에 의해 제기된 요청의 결과로 성장한다. 이러한 경우에는 전문가들이 새로운 과정과 지원을 만들어 나가는 것에 대해 열려 있었다.

　　이러한 지식을 갖춘 장애지원 서비스 공급자들은 훌륭한 옹호자가 될 수 있다. 그들의 역할은 캠퍼스 내의 모든 서비스와 프로그램이 접근 가능한지를 확인하는 것이다. 이것은 모든 공립 프로그램이나 통합된 개인 지원을 포함한다. 예를 들면 극장 프로덕션, 캠퍼스 활동, 레크리에이션을 위한 시설 등은 모든 학생에게 접근 가능해야 한다. 지적장애학생들은 캠퍼스 내에서 자신들의 신분을 명확히 할 필요가 있다. 장애지원 서비스 제공자 같은 직원들의 지원과 더불어, 학생들은 처음부터 그들이 모든 캠퍼스의 시설과 활동에 대한 접근성을 가지고 있다는 것을 확실하게 인지해야 한다. 장애지원 서비스 제공자들은 보조공학과 더불어 물리적 접근성이 유효하다는 것을 보장하기 위한 주요한 연락책이다.

교수적 조정에 대한 접근

학업 환경 내에서, 장애지원센터 사람들은 보조공학, 테스트 시 연장된 시간, 그 외 표 5.2에 기술되어 있는 다른 보편적인 교수적 조정들을 제공할 것이다. 장애지원 서비스 제공자들은 교수 교육을 돕고 교수적 조정을 교실에 통합하면서 비전형적

〈표 5.2〉 중등이후교육 기관들에서의 보편적인 교수적 조정

연장된 시험 시간
방해요소들이 제한된 시험 환경
노트 대필자
서기
대독자
조교/대리인
청각장애인을 위한 수화통역자, C 프린트, CART 서비스
테이프에 녹음된 문장들이나 e-text
쓰기 시험을 위한 워드 프로세서의 사용
확대문자나 점자문자, 기타 교재들
캠퍼스 내의 지정된 컴퓨터실에 있는 화면읽기프로그램 죠스(JAWS for Windows), 줌 텍스트 (Zoom Text), 스캐너
학업자료센터의 사용
작문센터의 사용
교수적 조정들에 관해 교수들에게 통지
교수들과의 상담
감량된 과제의 양
접근성을 위한 교실의 재배치
접근 가능한 교통수단
제설 우선순위

인 선택들의 코디네이터들을 도울 수 있다. 장애지원 서비스 공급자는 개인적인 사정에 의한 요구가 아닌 교수적 조정을 제공하는 역할을 한다. 개인적인 보조원이나 교육 코치들은 대체적으로 단과대학이나 종합대학이 제공해야 하는 타당한 교수적 조정들로 간주되지 않는다. 일부의 경우에는 튜터링 서비스도 이용 가능할 수 있지만 이는 교육기관에 따라 다양하다.

　비록 그것들이 준비된 상태로 제공되지 않을 수도 있지만, 개인적 보조, 튜터, 교육 코치와 직무지도원들이 우리가 논의하는 모델들에서 학생의 참여를 위해 필요할 수도 있다. 분리된 이중등록 프로그램들에서, 프로그램을 촉진하는 스태프는 그러한 지원들의 원천이 될 수도 있다. 이러한 경우의 대부분, 그런 프로그램들의 재정지원을 하고 학생들을 위한 교사와 교육 코치/직무지도원들을 제공하는 것은 학교지역구이다. 이중등록된 학생들은 종종 대학에 연락책을 통해서 부가적인 지

원을 받을 수도 있다. 이상적인 상황은 연락책이 장애지원센터를 포함한 캠퍼스 내의 몇몇 학과와 견고한 협력관계를 갖는 것이다. 혼합 모델에서, 학생들은 대학 수업에 등록하는 것뿐만 아니라 직업훈련이나 레크리에이션 프로그램 같은 다양한 비학업적인 활동에 참여할 수도 있다. 이러한 활동들은 교육 코치/직무지도원, 학생 멘토, 또는 다른 개인적인 지원의 형태로 서비스나 지원을 필요로 할 수도 있다. 이러한 서비스들은 대학의 책임인 교수적 조정으로 필수적으로 간주되지는 않을 것이고, 보조금이나 성인 서비스기관과 같은 대체적인 재정지원의 공급책이 고려되어야 할 수도 있다. 통합 프로그램에서 학생들이 많은 과목에 등록하는 경우 교육 코치에 대한 필요가 있을 수 있고, 만약 학생이 캠퍼스 근처나 안에서 독립적으로 살고 있다면, 그들은 일상생활을 도와줄 생활 코치가 필요할 수도 있다; 많은 경우에 있어서 이것은 같은 사람이 될 수 있다. 이러한 지원들을 위한 재정지원 또한 다양할 수 있다. 대학은 일반적으로 개인적 특성의 교수적 조정들은 제공하지 않을 것이므로, 교육과 생활 코치의 비용은 주정부기관이나 사적인 재정지원을 통해 충족되어야 할 것이다. 장애 관련 코치들의 공식적인 네트워크가 존재하지 않기 때문에, 코치를 할당받기 원하는 가족과 학생들은 장애지원센터, 주정부 장애기관, 지역의 옹호 집단, 그리고 그들의 비공식적인 지원 네트워크에 자문을 할 필요가 있을 것이다.

장애 문서화

대학 캠퍼스에서 교수적 조정들에 접근하기 원하는 학생들은 캠퍼스의 교수적 조정에 대한 가이드라인을 따를 필요가 있을 것이다. ADA는 단과대학이나 종합대학 같은 공립 단체들로 하여금 접근성과 교수적 조정을 위해 사용 가능한 절차들을 만드는 것을 의무화한다. 그 과정은 학생들로부터 시작된다. 학생들은 자신을 장애인으로 판별하고, 장애에 관한 3년 이내의 문서를 제공하고, 타당한 교수적 조정을 요청하도록 요구된다. 대학들은 그들의 문서 요구 사항들을 일반적인 절차들을 출간하는 것과 동일한 방식으로 출간한다. 많은 경우 학교들은 그 문서 요구 사항들을 설계하기 위한 안내를 받기 위해서 고등교육과 장애에 관한 협회(Association on Higher Education and Disability, AHEAD)를 참고한다. 어느 학교에 지원할 것인지에 관해 불확실한 학생들은 미래의 교수적 조정을 위한 문서를 준비하기 위해서 AHEAD(2004) 가이드라인을 사용할 수 있다. AHEAD는 그들의 문서화 기준과 함께 장애와 고등교육에 관한 일련의 정보를 공지한다. 웹사이트(http://www.ahead.org 참조)는 학생과 가족들을 위한 좋은 정보공급원이 될 수 있다.

또 다른 훌륭한 정보공급원은 조지워싱턴 대학교(George Washington University) 교육과 인간발달 대학원의 HEATH 리소스 센터이다. HEATH는 장애인들이 중등이후교육과 훈련을 통해서 그들의 최대 잠재력에 다다를 수 있도록 돕기 위한 정보를 모으고 보급하는 온라인 정보교환센터이다. HEATH의 웹사이트는 http://www.heath.gwu.edu이다.

주거 옵션

> 캐롤(Carol)은 그녀가 대학 캠퍼스에서 단 한 블록 떨어진 집에 위치한 새로운 전환적인 독립생활 프로그램에 받아들여졌다는 것을 알고 흥분했다. 지원금, 주정부기관 재정지원, 그리고 대학과 사적인 지원의 결합을 통해 대학은 3명의 고등학교 이후의 발달장애 청년들에게 그들이 중등이후의 목적들을 명확히 하고 필요한 행동을 취하는 데 필요한 서비스와 지원을 얻기 위해서 6개월에서 2년까지 지원할 집중적인 인간중심계획과정에 종사할 수 있는 기회를 제공할 수 있었다. 캐롤은 항상 비즈니스 사무실에서 일하고 그녀 자신만의 공간에서 사는 것을 꿈꿔왔다. 자신의 목적을 위해 일하면서 캠퍼스에서 매우 가까이 살게 될 것이라는 생각은 그녀로 하여금 만약 그녀가 또한 일부 대학 강의들을 수강하거나 친구와 함께 미식축구 경기들을 보러 갈 수 있을지에 관해 궁금하게 만들었다.

내학에 의해 후원된 모델 프로그램은 대학 학생들을 위한 주거 옵션으로서 만들어지지는 않았지만, 캠퍼스 근접성과 대학 스태프들의 활발한 개입은 캐롤이 캠퍼스 생활을 탐색할 기회를 가질 수 있고, 만약 그녀가 원하면 평생교육과정 학생으로서 등록을 고려할 가능성을 만들었다. 캐롤처럼, 입학이 허가된 전일제 학생이 아닌 신분으로 대학생활의 경험을 원하는 지적장애학생들은 대부분의 중등이후교육기관들이 비전형적인 학생들을 위한 적절한 주거 지원 방법을 아직 고려하지 않았기 때문에 일반적으로 캠퍼스 근처에 살 필요가 있을 것이다. 비록 많은 대학들이 지금은 활동 보조인과 함께 학생들을 묵게 하려고 더 많이 시설을 구비하고 있지만, 캠퍼스 내의 주거는 일반적으로 전일제로 입학허가가 난 학생들을 위해 보류되어 있다. 일부 대학은 입학허가가 나지 않은 학생들을 위해서 예외를 만들고 접근 가능한 주거를 제공할 수도 있지만, 학교의 장애지원센터를 통해서 요청될 필요가 있을 것이다.

비록 비전형적인 학생들을 위한 주거를 제공하는 것이 공식적인 업무가 아닐지라도, 이에 관한 지식이 있는 학생들과 가족들은 대학 캠퍼스에 이러한 기회들을 창출하기 위해서 옹호할 수 있다. 장애지원 서비스 제공자들과 대학 행정가는 이러한 증가된 수준의 교수적 조정에 저항할 수도 있고, 그러므로 옹호의 목적이 학생의 학문적 연구에 대한 헌신에 기반한 지적장애학생의 "별도의 자격을 갖춘" 신분에 관해서 대학 직원을 교육하는 것이 될 것이다. 교육기관들은 이미 특별한 상황 하에서 입학허가가 나지 않은 학생들을 위한 캠퍼스 주거시설을 제공해왔을 수도 있고, 지적장애학생들을 위해서 이 가능성을 고려하지 못했을 수도 있다. 더욱이 기숙사에 살기 위해서 대학에 의해 "별도의 자격을 갖춘" 것으로 고려되기 위해서는, 교수적 조정을 가진 학생들은 학생의 행동강령을 따르는 것을 포함한 지역사회 생활의 요구 사항들을 충족하기 위해서 자기 자신을 돌볼 능력이 있어야 한다. 이 경우의 논리적인 교수적 조정은 학생이 대학 공동체에서 잘 기능하도록 도울 수 있는 활동 보조인이 될 것이다. 다시 말해 대학에 접근하기 전의 중요한 단계는 중등이후 학생의 목적과 적절한 개인적 지원을 설정하는 것이 될 것이다. IEP팀, 가족들과 함께, 학생은 기숙생활이 자신에게 잘 맞는지를 평가해야 한다. 일부 학생에게는 집에 살거나 캠퍼스 밖의 지원 거주 상황이 더 나은 선택이 될 수도 있다.

캠퍼스 내에 주거하는 것의 장점은 3가지이다. 첫째, 이것은 감독되는 공동체 환경이다. 공동체 내에 많은 학생들과 함께 사는 것은 증가된 사회적 기회들과 계획된 활동들을 제공한다. 캠퍼스 활동에의 참여는 삶의 질을 향상시킬 수 있고, 사회적 과정들에 관한 자신감을 형성해줄 수 있다. 둘째, 기숙사의 구조화된 환경은 독립적인 생활로의 더욱 점진적인 전환을 제공한다. 캠퍼스 내에 살 때, 학생들은 식당에서 밥을 먹고 음식 준비에 대해서는 책임을 갖지 않는다. 셋째, 기숙사는 외부 캠퍼스 지역보다 일반적으로 더 안전하다. 기숙사 스태프들은 문제나 위기상황을 돕기 위해 활용 가능하다.

반면에, 캠퍼스 내의 생활은 더 높은 행동기준을 요구한다. 학생 행동강령은 엄격하게 시행되며, 학생들은 공동체 생활 환경 내에서 독립적으로 기능하도록 기대된다. 학교들은 기숙사 내에서 활동 보조인을 편안하게 지원하는 생활 조정을 제공하는 능력을 가지고 있을 수도 있고 그렇지 않을 수도 있다. 일부 대학은 새로 지은 기숙사의 경우 활동 보조인이 장애인과 인접한 방에서 살도록 하는 방 2개짜리의 스위트룸을 구비하고 있다. 현재의 생각은 확장적 또는 복합적인 신체적 그리고/또는 건강 관련 요구들을 가진 개인들을 위한 지원으로서 이러한 조정에 중점을 두는 경향이 있다. 그러나 가족들과 비전형적인 학생들은 행정가에게 지적장애학생을 위한 이러한 주거적 조정의 활용 가능성에 관해 문의해야 한다.

간과할 수 없는 또 다른 고려사항은 학생들이 설문지 정보와 때로는 학문적 전공에 기초해서 초기에 기숙사에 배정된다는 것이다. 그 목적은 캠퍼스 내에서 활동적이고 건강한 환경을 제공하는 친밀한 공동체이다. 그러나 일부 경우에는 공동체가 건강하지 않을 수도 있다. 이것은 아마도 기숙사 내의 갈등, 일부 학생들 간의 반체제 철학, 또는 공동체의 환경에 반대되는 파벌 환경에 초점이 맞추어져 있기 때문일 수 있다. 부정적인 영향의 가능성을 사전에 측정하거나 비차별적, 통합적, 호의적 환경을 보장할 수 있는 방법은 없다. 일반적으로 기숙사 직원은 학생들 간의 차이에 대한 개방성을 설립할 수 있다. 기숙사 직원에게 그들의 접근방식과 철학에 관해 물어보는 것은 가족들에게 지적장애를 가진 개인을 위한 주거 환경의 질에 대해서 더 나은 감각을 제공할 것이다.

일부 영역에서, 성인 서비스기관들은 대안적인 주거 옵션(예: 지원 주거 서비스)을 제공할 수도 있다. 그러한 주거 옵션은 더 확장적인 지원을 필요로 하는 청년들을 위한 독립적인 삶을 촉진하기 위해서 활동적이고 개방적인 환경을 제공할 수 있다. 이러한 거주지들이 적절하게 스태프를 갖추고 있을 때, 학생들은 감독하에서 요리, 청소, 자기관리 등에 관한 독립적인 기술들을 배울 수 있다. 학생들은 캠퍼스 근처에 있고, 그들은 캠퍼스 프로그램에 참여할 수 있으며, 집에서 계획된 활동들로부터 혜택을 받을 수 있다. 감독기관—종종 주정부기관, 비영리 조직, 또는 기금에서 지원된 대학 프로그램—은 직원 훈련을 제공할 것이지만, 또한 지원되는 개인들을 위한 목적과 기관에 강하게 영향을 미칠 수도 있다.

캠퍼스 밖 주거는 항상 지역의 집주인과의 직접 연락을 통해 이용 가능하다. 학생은 여전히 캠퍼스 활동들에 참여할 기회를 갖지만 기존의 공동체 지원이나 프로그램에 참여하지는 못할 것이다. 대학의 협력이 없을 때, 학생들과 가족들은 활동 보조인을 준비하고 학생의 필요와 요구들에 적합한 생활 환경을 만들어야 한다. 활동 보조인은 캠퍼스기반 활동들에 접근하는 것을 도울 뿐 아니라 음식 준비, 청소, 집 관리, 자기관리 등의 독립적인 생활 영역들에서 교육자로서의 역할을 할 수 있다. 이런 경우에, 학생과 가족은 활동 보조인을 위한 목적과 지침들을 명시한다.

교수와의 협력

수업 15분 전에, 몇몇 학생들이 1950~1980년대 대중음악의 진화 강의가 열리는 대형 극장 스타일의 강의실에 벌써 자리를 정하고 앉아 있다. 빌과 피터(처음으로 비공식적으로 수업을 청강하는 이중등록된 학생들)가 교육 코치로서 활동하는 교육 보조인을 따라 딱 정시에 도착했다. 이것은 빌과 피터에게 있어 대학의 첫 학업적 경험이기 때문에, 그들의 지원 프로그램은 그녀에게 그들이 요령을 배우는 동안 주시하는 감독을 제공하도록 요청해왔다. 그녀는 빌과 피터가 몇 줄 더 아래의 자리를 찾는 동안 문 근처의 뒷줄에 비어 있는 자리를 발견했다. 수업 시작이 예정된 오전 8시까지 50명 이상의 학생들이 도착했고, 강의 진행 중에 몇 쌍의 더 많은 학생들이 조용히 자리에 앉았다.

교수가 그의 컴퓨터로 대중 기타 악절을 크게 틀어 수업을 시작한다. 오늘 그의 강의는 비치 보이즈와 그들의 선조들에 관한 정보를 포함하고 비틀스가 대중문화에 어떻게 영향을 끼쳤는지에 관한 설명의 중간에서 끝난다. 사이사이에 그는 음악적 용어와 악기, 연주와 녹음 기법, 역사적 사건, 그리고 문화적 경향들에 관해 설명한다. 그의 강의는 간결한 오디오 클립들과 칠판에 있는 도표들로 종결된다. 수업시간 내내 그는 그날의 주제들을 강의실 앞쪽에 있는 대형 스크린에 띄웠다.

많은 다른 학생들처럼, 빌은 노트를 가지고 온다. 일부 학생들은 자신들의 책에 필기한다; 빌을 포함한 일부 학생들은 필기하지 않는다. 다른 학생들은 노트북 컴퓨터로 타이핑을 하거나 게임을 한다. 일부 학생들은 집중해서 앉아 있고 다른 학생들은 때때로 졸고 있다. 교육 보조인은 빌과 피터의 참여를 눈에 거슬리지 않게 모니터링하면서, 책을 읽으며 강의를 듣는다. 빌과 피터는 대부분의 강의시간 동안 집중했으며 적어도 한 번 손을 들고 질문에 대답을 했다. 비록 이번에 또 다른 학생이 호명되었지만, 나중에 교수는 빌이 지난번에 질문에 대답을 했다고 설명했다. 교수가 강의를 마치고 학생들을 해산시킬 때, 빌과 피터는 그들의 외모와 행동에서 구별되지 않는 모습으로 다른 학생들과 함께 떠난다. 그들은 학생들이 모이는 근처의 잔디밭에서 교육 보조인을 만난다.

이 대중음악 강좌의 교수는 지적장애학생들을 위한 중등이후교육의 가능성에 열려 있는 캠퍼스 공동체 내의 인맥에 새로운 협력자가 되었다. 이 비공식적인 청강 경험 덕분에, 그 교수는 빌과 피터를 그의 강의에 포함시키는 것이 쉽다는 것을 배웠고, 그와 그가 상호작용하는 동료들은 지적장애를 가진 다른 학생들을 그들의 수업에서 더욱 환영하게 될 것이다. 교수들의 일반적인 우려를 고려하고 도울 수 있는 전략과 자원들에 관해 지식을 갖추는 것은 교수와 학생 모두를 위한 성공적인 경험의 가능성을 증대시킨다.

교수의 주요한 우려 중 하나는 가르치는 강좌의 완전한 상태를 보전하고 있는 것이다. 특히 강좌가 학위 프로그램의 일부일 때, 강사들은 내용이 다른 필수 강좌들과 조화를 이루고 전반적인 프로그램의 목적을 충족하는 것을 확실하게 하기 원한다. 강사들은 특정한 내용들을 가르치도록 요구되거나 학생들을 설정된 기준에 따라서 점수 매기도록 요구될 수도 있다. 학생들은 선수과목들을 마치거나 배경지식을 따로 증명하지 않으면 강좌 수강이 허락되지 않을 수도 있다. 강좌의 완전한 상태가 모든 학생에게 유지된다는 것을 보증하기 위해서, 교수나 프로그램은 지적장애학생들에게 그들이 학업적 기대를 충족시킬 준비가 되어 있다는 것을 증명하는 배치시험이나 자격검정시험을 보도록 요구할 수도 있다.

만약 학생이 학위 취득을 위한 학점을 받기 위해서 수강하고 있다면 선수시험이 요구되고, (필요한 경우 적절한 교수적 조정과 함께) 그것이 성공적으로 완료되어야 하며, 요구되는 기준을 위한 필수적인 내용을 배우는 것이 학생이 평가되는 기초가 된다. 이러한 강좌들에 참여하는 평생교육과정 학생들은 동일한 기준을 충족하고 학위를 추구하는 학생들과 동일한 태도로 행동하도록 기대된다. 그러나 비전형적인 프로그램의 일부로서 비학위기반으로 수강하는 학생들은 강사에게 개인적으로 말함으로써 접근성을 협상할 수도 있다. 마찬가지로, 학위 프로그램의 일부가 아닌 강좌의 강사들은 종종 강좌 내용과 기준들을 계획하는 데 더 융통성을 가질 수도 있고, 개별 학생들을 위해서 강좌의 일부 요소를 조정하는 데 더 개방적일 수도 있다.

강좌에 흥미는 있지만 평가나 점수를 받기 원하지 않는 학생들은 청강을 할 수 있다. 학생들은 여전히 강좌에 등록을 해야 하고, 그것이 그들의 성적표에 나타날 것이지만 학점으로 계산되지는 않는다. 청강하는 학생들은 강사의 출석, 참여, 과제 완성 등에 대한 기대들을 결정하기 위해서 강사와 의논해야 한다. 또 다른 대안책은 대중음악 강좌의 사례처럼 강좌를 비공식적으로 청강하는 것이다. 그러한 조정은 강사의 선의에 전적으로 의존하며 학생의 공식적인 수강 기록은 남지 않는다. 비공식적인 청강을 추구하기 전에 학생의 장기적인 진로 목적들을 고려하는 것이 중요하다. 문서의 결여는 만약 학생이 수강 내용의 숙련을 증명할 필요가 있다면 불이익이 될 수 있다.

교수가 수업에 비공식적으로 청강하는 학생을 받을 것인지에 관해서 전환 프로그램 담당자에 의해 문의받았을 때, 교수는 빌과 피터가 공간 제공이 가능한지 여부에 기반해서 참여할 수 있고, 강사에게 부가적인 일을 만들 과제나 시험을 요구하지 않을 것이라는 조건들을 부가했다. 게다가 강사는 전환 프로그램 담당자에 의해 빌과 피터가 주의 깊은 학생들이고 강의 스타일의 수업 세션을 실행하는 것을 결코 방해하지 않을 것임을 확신받았다. 학생 상호작용에 대한 요구가 낮았고, 그것은 강의시간 동안 조용히 앉아 있을 수 있는 빌과 피터에게 적합했다. 강의가 종종 그룹 활동을 포함하는 것이었다면 강사는 아마도 빌과 피터가 학생 상호작용을 독립적으로 할 수 있다는 확신을 어느 정도 원했을 것이다. 개별적인 학생 점수들이 산정되는 그룹 과제들이 있을 때에는 부가적인 쟁점이 발생할 수 있다.

시험을 보는 어느 날, 빌과 피터가 수업에 도착했을 때 사소한 문제가 발생했다. 강사는 시험 날짜를 변경하기 위해서 등록된 학생들만이 가입 가능한 교실 전체 이메일 시스템을 사용해왔다. 학생들은 교수가 어떻게 교실 밖에서 학생들과 의사소통하는지를 알지 못했기 때문에 몇 가지 중요한 정보를 놓쳤다. 그러한 문제는 학기 초에 교수에게 (또는 동료 학생에게) 어떻게 교수와 학생이 교실 밖에서 의사소통하는지에 관한 정보를 물어보고, 빌과 피터를 위한 대안책을 개발함으로써 쉽게 방지할 수 있다. 강좌 내용과 기준들에 대한 명확한 이해, 참여하는 학생들을 위한 행동적 기대, 교실에서 사용되는 의사소통 방법은 비전형적인 학생들이 강좌에 들어오고 만족스러운 참여를 유지하는 것을 결정한다.

일부 교수들은 지적장애학생들이 혜택을 받을 능력을 가지고 있지 않고 그러므로 대학 강좌에 참여하지 않아야 한다고 제안할 수도 있다. 궁극적으로, 그런 결정은 교수가 어떤 학생을 위해서 할 수 있는 것이 아니다. 만약 학생들이-장애 유무와 상관없이-그들의 신분에 따라 강좌 참여에 대한 교육기관의 요구 사항들을 충족시킨다면, 그들에게 강좌에 대한 접근성이 주어져야 한다. 교수가 가질 수 있는 또 다른 우려는 장애학생들을 위해 조정하는 것이 그들의 업무량을 늘릴 것이라는 것이다. 많은 인원의 장애학생들이 중등이후의 교육에 참여하지 않아왔기 때문에 일부 교수들은 교수적 조정에 대해 제한적인 경험을 가지고 있다. 그들은 자신들이 강의, 활동, 시험들을 바꾸기 위해서 부가적인 시간을 써야 하는지에 관해서 궁금해할 수도 있다. 그들은 교수적 조정이 교실 환경을 방해하거나 그들로 하여금 교수 스타일을 바꾸도록 강요할 것이라고 걱정할 수도 있다. 그들은 캠퍼스 내 장애지원센터 직원들의 활용 가능성이나 역할에 관한 정보를 알고 있지 못할 수도 있다. 학생들은 그들의 교수적 조정의 목적에 관해 잘 알게 되고 그러한 것들이 사용되는 방법을 평이한 언어로 설명할 수 있게 됨으로써 강사들을 위해 상황을 해명하는 것을 도울 수 있다. 장애지원센터로부터의 증빙자료와 장애지원센터의 연락정보를 포함한 정보를 제공하기 위해서 강사에게 먼저 다가가는 것은, 강사에게 질문들을 할 기회와 필요한 경우 부가적인 지원을 요청할 기회를 제공할 것이다.

교수적 조정에 관한 정보를 제공하는 것은 교수에게 개인의 특정 장애 명칭이나 진단을 공개한다는 것을 의미하지는 않는다; 그렇게 하는 것은 대부분의 경우에 필요하지 않거나 추천되지 않는다. 교수는 장애 용어에 친숙하지 않을 수도 있고, 장애에 관한 잘못된 개념을 가지고 있을 수도 있다. 이러한 2가지 요인은 중등이후의 교실들에 대한 장벽들을 낮추기보다는 높일 가능성이 더욱 많다. 비전형적인 캠퍼스 프로그램/선택들에 참여하는 지적장애학생들을 지원하는 직원들은 증가된 교육이 더 큰 수용을 이끌 것이라는 희망으로 교수들에게 장애에 관해 교육하고 싶은 유혹을 받을 수도 있다. 대신에 우리는 교수들의 관심과 더 밀접하게 연계된 대안적인 접근을 제안한다. 왜 그 강좌가 학생들에게 흥미로운지, 어떻게 그것이 학생들의 학업적 · 개인적 목적과 관련되어 있는지, 학생들이 그들의 목적을 성취하도록 돕는 데 사용 가능한 메커니즘을 설명하라.

마지막으로, 강좌를 선택하거나 특정 강좌를 위한 강사들을 선택할 때, 학생들은 융통성과 개방성으로 평판이 높은 강사를 판별하기 위해 다른 학생 및 교수들에 관한 그들의 비공식적인 사회적 네트워크를 활용해야 한다. 이러한 강사들은 학생들의 이해를 돕기 위해서 다양한 교수 방법을 사용하고 학생들이 자신이 아는 것과 할 수 있는 것들을 보여주는 다른 기회들을 제공함으로써 접근 가능하고 많은 학생들—단지 장애학생들이 아닌—이 참여하는 교실들을 창조해낸다. 이 접근은 강사가 더 융통성 있는 교수 및 학습 방법을 가지고 시도해보면서 오랜 시간에 걸쳐 개발해왔을 수 있다. 또한 일부 강사들은 보편적 설계 원칙과 실제에 관한 훈련을 받았을 수도 있다.

보편적 설계 접근을 사용하는 교사들은 그들이 교실 내에 다양한 장애와 관심을 가진 학생들을 가질 것이라고 가정하고, 따라서 중요한 개념들을 학생들에게 보여주고, 학생들을 학습과정에 참여시키고, 학생들로 하여금 그들이 배운 것을 연습하고 설명하게 하기 위한 다양한 방법을 계획한다. 예를 들면 대중음악 강사는 음악적 기법에 관한 그의 언어적 설명을 보충하기 위해서 종종 오디오 클립을 들려주고, 학생들이 논의되는 주제들 간의 연결성을 이해하도록 돕기 위해서 칠판에 시각적 조직도를 작성했으며, 그들이 다른 예들을 들을 수 있는 웹사이트를 언급했고, 대중음악에 관한 문헌에 관해 더 소개했다. 의사소통 개론 강좌를 가르친 또 다른 교수는 학생들로 하여금 자신들의 초고 구두 발표를 녹화하게 하고 동료와 강사로부터 지원적인 피드백을 받도록 했다. 보편적 설계 접근은 개인들을 위한 조정에 대한 필요를 완전히 제거하지 않지만, 학습에 대한 증가된 접근성이 때늦은 재고가 되기보다는 교수적 계획과정의 전면에 놓일 가능성을 증가시킨다. 다음은 고등교육에서의 보편적 설계와 관련된 웹기반 자료들이다.

- 고등교육에서의 공평함과 우수성은 장애학생을 포함한 모든 학생을 위한 대학 강좌에서의 접근과 참여를 증대시키기 위해 계획된다(www.eeonline.org 참조).
- 두잇(Do-It)은 장애를 가진 개인으로 하여금 도전이 되는 학업적 프로그램과 직업에 참여하는 것을 증대시키기 위해 사용된다(http://www.washington.edu/doit/ 참조).
- 패컬티웨어(FacultyWare)는 대학 교수들이 학습에 대한 접근성을 향상시킬 수 있는 방법의 사례들을 제공한다(http://www.facultyware.uconn.edu/UDI_examples.htm 참조).
- 캐스트(CAST[n.d.])는 모든 학년 수준의 교사들을 위한 다양한 전문적인 온라인개발 자료들을 가지고 있다(http://www.cast.org/pd/resources/index.html 참조).

비장애 동료의 참여

네이트(Nate)와 델리아(Delia)는 학생들과 고용인들이 다양한 운동시설을 사용할 수 있는 대학 피트니스센터의 로비에 있는 데스크 직원에게 그들의 신분증을 보여준다. 델리아는 장애연구를 부전공으로 하는 보건과학 전공의 학부생이다. 그녀는 네이트가 방과 후 매주 두 번씩 운동할 동안 네이트의 개인 코치로 일할 사람에게 기꺼이 보수를 지불하기 원하는 네이트 부모들의 광고를 보고 지원했다. 피트니스센터 내에서 델리아는 접수를 하고 유산소 운동 기구가 있는 위층으로 올라간다. 시간은 3시 조금 전이고, 기구를 이용하는 3명의 다른 사람들이 있다; 2명은 자전거 페달을 돌리면서 책을 읽고 있거나 기구에서 걷고 있다. 대중음악 라디오 방송이 배경음악으로 흘러나오고 있다. 네이트는 델리아가 그를 위해서 프로그래밍한 일렙티컬로 시작하기를 선택한다. 그녀는 그가 운동할 동안 "호흡하는 것을 기억해." 등과 같은 촉진과 격려를 때때로 제공하면서 옆에 서 있다. 네이트가 이 기구를 끝냈을 때, 델리아는 그가 한 것을 그의 운동 일지에 기록하고 다음 사람을 위해서 그 기구를 재설정한다. 네이트는 정수기에서 물을 한 잔 마시고, 자전거를 선택한다. 다시 델리아는 그 기구를 프로그래밍하고 필요에 따라 그를 코치한다─그가 너무 빠르게 할 때 그녀는 그에게 "천천히 가."라고 말하거나 그가 구부정한 자세로 운동할 때 "똑바로 앉아."라고 말한다. 또 다른 사람이 네이트의 옆에 있는 자전거를 선택하고, 그를 힐끗 보더니 이어폰을 꽂고 그의 운동을 시작한다. 네이트는 그 기구의 시간이 다 될 때까지 계속 조용하게 있는다.

유산소 운동 기구에서 약 30분간 운동한 후에, 델리아는 다리 스트레칭을 시범 보이고 네이트는 그녀의 안내를 따른다. 그리고 그들은 웨이트 기구들을 사용하기 위해서 아래층으로 간다. 웨이트 기구실 또한 한산하다. 2명의 동료가 기구를 사용하면서 수다를 떨고 있고 직원은 입구 근처의 작은 사무실에서 일한다. 다음 20분 동안 네이트는 5개의 다른 기구에서 운동한다. 그는 선호하는 기구가 있으며 그것들을 사용하는 순서를 알고 있다. 매번 델리아가 중량을 설정하고 그가 적절한 자세로 사용하고 있는지 확인하기 위해 필요할 때마다 코치한다. 네이트는 배경으로 흘러나오는 음악에 맞추어 제때에 고개를 끄덕거리면서 음악을 듣고 있는 것처럼 보인다. 운동을 마친 후, 네이트는 피트니스센터를 나가 복도에 있는 자판기에서 음료수를 사고, 차를 타고 집에 가기 위해서 주차장에서 그의 아버지를 만난다.

델리아와 네이트의 관계는 캠퍼스 내에서 특이한 것이다. 많은 학생들이 개인 트레이너를 가지고 있지 않다! 비록 그 협정이 전형적이지 않을 수 있지만, 네이트는 지금 캠퍼스 내의 운동시설에 부모나 교사가 아닌 동갑의 동료와 함께 접근하고 있고 운동에 있어서 그의 관심을 공유하는 누군가와 관계를 형성하고 있다. 그는 또한 그의 개인적인 운동과 여가 목적을 달성하고 있다. 이 이야기는 지적장애 청년이 그들을 학업적으로나 사회적으로 학생 생활에 통합한 경험이 거의 없는 캠퍼스 공동체의 일부가 될 때 직면하는 흥미로운 도전을 보여준다.

다른 신입생들처럼 지적장애학생들도 캠퍼스의 새로운 세상을 탐색하고 마음이 맞는 학생들과 학업적, 사회적 관계를 형성하기 위해 도움을 필요로 할 수 있다. 다른 학생들과 달리 그들은 그러한 관계들을 형성하고 유지하기 위해 부가적인 또는 더 집중적인 지원을 필요로 할 수도 있다(Hart et al., 2006; Neubert, Moon, & Grigal, 2004). 그들의 중등이후 학교교육의 성격에 따라, 지적장애학생들과 비장애 동료들은 상호적 사회관계들을 위한 제한된 기회들을 가졌거나, 그들의 역할이 고등학교 학업 상황에 적절한 방식으로 정의된 동료 친구 프로그램들에 참여해왔을 수도 있다. 대학 환경에서 동료와의 학업적, 사회적 관계들을 위한 목적과 가능성들은 무엇인가? 참여, 통합, 상호관계를 최대화하기 위해서 지원이 어떻게 구성되어야 하는가?

한 가지 명백한 접근은 다른 대학 학생들과 동일한 동료 지원과 활동을 활용하는 것이다. 예를 들면 더 많은 학업적인 도움을 원하는 학생들은 동료 스터디 그룹에 참여하고, 학급의 스터디 친구와 함께 숙제를 하고, 대학의 학업 강화나 장애지원센터를 통해서 동료 튜터를 찾는다. 사회적 생활을 확장하기 원하는 학생들은 대학에서 후원하는 학생 생활 이벤트에 참여하고, 캠퍼스 활동 박람회에 가고, 취미나 특별한 관심이 있는 클럽에 등록하고 서비스기관에 참여한다. 자연적인 지원들은 또한 교육기관의 활동들을 촉진하기 위해서 사용될 수 있다. 예를 들면 라모나(Ramona)는 그녀의 집에서 대학 캠퍼스까지 가는 대중교통수단이 없기 때문에 그녀가 수강하는 아동보육 강좌를 위한 교통수단에 대해서 학교지역구에 요청해야 했다. 그녀는 학교지역구에서 제공한 대중교통수단을 사용하는 것이 그녀를 눈에 띄게 만든다고 느꼈지만, 선택의 여지가 없다고 생각했다. 수업의 첫 주가 끝나갈 무렵, 그녀는 우연히 자신의 근처에 살면서 매일 대학 캠퍼스에 운전을 해서 오는 그녀의 수업에 있는 다른 학생과 친구가 되었다. 라모나는 자신의 일정을 이 친구와 조정해서 그녀가 강좌의 남은 기간 동안 캠퍼스에 올 때 자신을 태워올 수 있게 하였다.

대학 캠퍼스 내 지적장애 청소년들의 참여를 증가시키기 위해 고안된 일부 프로그램은 프로그램과 제휴된 유료 전문가 혹은 프로그램 관계자와 장애 청소년의 부모에 의해 캠퍼스 공동체에서 모집된 자원봉사자일 수도 있는 촉진자를 제공함으로써 이러한 상호작용을 지원해왔다(Grantley, 2000; Greenholtz, Mosoff, & Hurtado, 2005; Neubert et al., 2004; Saloviita, n.d.). 장애를 가진 사람에 의해 비용이 지불되는 활동 보조인이나 또는 장애를 갖지 않은 가족이나 동료들 또한 활동에 대한 접근성을 촉진할 수 있다. 네이트의 사례에서, 가족 구성원들은 그들이 알고 있던 교수들에게 연락을 취했고 장애연구와 특수교육에 관심을 가진 학생들에게 권고하였다.

유급 혹은 자원봉사자로 일하는 지원 담당자를 투입할 때에는 보조교육자, 직무지원, 활동 보조인이 학교, 직장, 지역사회 환경 내에 등장할 때 일어나는 동일한 쟁점들에 대한 주의를 요구한다 ─ 최소로 침해하는 방식으로 적절한 수준의 지원을 제공하는 방법(예: Giangreco, Edelman, Luiselli, & MacFarland, 1997; Rogan, Hagner, & Murphy, 1993 참조). 예를 들면 보조인들은 그들의 학생에 대한 근접성이 사회적 상호작용에서 동료들이 학생 대신에 보조인과 접촉할 가능성에 미치는 영향을 고려해야 한다. 초기에 보조인은 동료와 학생이 참여할 수 있는 활동이나 대화를 시작함으로써 사회적 상호작용을 위한 단계를 설정할 필요가 있을 수도 있다. 그러나 가능한 빨리 보조인은 그 상호작용에서 적극적인 구성원이 되는 것으로부터 물러나야 한다. 너무 많은 역할을 하는 보조인은 학생들의 상호작용 촉진자 대신에 상호작용의 초점이 되는 위험요소를 갖고 있다. 마찬가지로, 보조인은 동료들이 학생에게 질문과 대화를 하고 그 학생은 자신이 스스로 말할 기회를 갖는지 확인할 필요가 있다.

대학생들은 신체장애인을 돕는 활동 보조인들을 캠퍼스에서 보았을 수도 있고, 장애인을 위해 필기를 해주는 사람들을 보았을 수도 있다. 그들은 사회적 상황에서 보조인과 상호작용할 경험을 가졌을 것 같지는 않지만, 질문하기를 꺼렸을 수도 있다. 장애 청소년이나 그들의 보조인은 정보를 제공하기 위한 준비를 해야 하고, 지적장애 청소년을 다른 학생들과 공통적인 학업적, 사회적 목적을 가진 동료로 대해야 한다(Grantley, 2000; Greenholtz et al., 2005). 보조인이 그 과정을 제기하기 전에, 상당한 생각이 개별 학생을 위한 보조인의 목적, 다양한 캠퍼스 환경과 상황 내에서의 보조인의 역할, 그리고 가능한 곳에서 적극적으로 자연적인 지원을 개발하기 위한 활동들에 부여되어야 한다.

대학 캠퍼스 내에서 장애학생과 비장애학생의 상호작용을 증진하기 위한 또 다른 방법은, 특히 이중등록의 상황에서, 장애에 관해 전문적인 관심을 갖고 있는 교수나 학생들과 협력적으로 일하는 것이다. 예를 들면 델라웨어 대학교에서 학부생과 대학원생들은 캠퍼스기반 전환 프로그램에 참가하는 학생, 독립연구나 정규과정을 통해서 연구에 참여하는 학생들과 동료 멘토로서 일을 해왔다. 이러한 활동들은 학생들에게 직업적인 목적들을 성취하는 데 필요한 기술을 가르치고, 상당한 지원 요구를 가진 학생들에 의해서 사용되기 위한 목적 성취 전략들을 조정하고, 학교를 졸업하려는 학생들을 위한 지역사회 자원 연결 전략을 개발하고, 정기적으로 학생과 함께 피트니스센터에 동행하는 것들을 포함해왔다. 비록 우리는 장애학생들과 비장애학생들을 위한 혜택들을 살펴보았지만, 이 접근에 있어서의 위험은 장애학생들이 동료로서보다는 프로젝트로서 인식될 수도 있다는 점이다. 적어도 하나의 통합적인 중등이후교육 프로그램은 바로 그 이유 때문에 의도적으로 이러한 상황들을 피해왔다(Greenholtz et al., 2005).

행정적 · 논리적 문제

많은 면에서 대학들은 사업처럼 운영된다; 그러나 행정과 교수의 구조는 분산화되는 경향이 있다. 이런 이유로 각 개별적인 교육기관마다 의사소통 양상과 정보의 흐름이 다양할 것임을 이해하는 것이 중요하다. 장애지원센터는 캠퍼스 기능과 밀접하게 통합될 수도 있고, 각 학과에서 케이스별 사례에 근거한 판단과 업무하에서 운영될 수도 있다. 이러한 분산화된 접근은 혜택이나 걸림돌이 될 수 있다. 대학 사무실은 지적장애학생을 위한 프로그램을 설립하기 위해 요구되는 지원들을 요청하기 위해서 개인적이고 개별화된 접근 방식으로 운영될 수 있다. 그러나 캠퍼스 전역에 확립된 장애학생들을 위한 강력하고 보편적인 헌신이 없다면 의사소통은 붕괴되고, 부정적이고 제한적인 태도들을 만나게 될 수도 있다. 어떻게 이것이 대학 캠퍼스에서 작용할 수 있는지를 이해하기 위해서는 일부 반응, 태도, 행정이나 교수들에게 보편적일지도 모르는 근거 없는 통념들을 검토하는 것이 중요하다.

이미지와 엄격성을 유지

입학생과 가족들에게 엘리트적이거나 매력적인 이미지를 보여주는 것이 일부 대학에는 한 요인이 될 수도 있다. 캠퍼스 내에 지적장애학생을 갖는 것이 교육시설의 이미지에 부정적인 영향을 미칠 것이라는 인식이 있을 수도 있다. 통합 환경의 혜택을 이해하지 못하고 이러한 프로그램들이 더 감추어지고 교육기관의 이미지와 평판에 대한 두려움으로부터 벗어나기를 원하는 행정가와 교수들이 있을 수도 있다.

대학 당국은 캠퍼스 내의 지적장애학생들에게 서비스를 제공하는 것이 캠퍼스 프로그램들의 학업적 엄격함에 대한 면밀한 조사를 초래할 것이라는 일부 교수들의 근심을 공유할 수도 있다. ADA는 교육과정의 근본적이거나 통합적인 부분을 대체하는 교수적 조정은 타당하지 않다고 진술하는 데 있어서 명확하다. 그러므로 교육과정의 엄격성은 영향을 받지 말아야 한다. 강좌에 대한 성적과 전형적인 학점을 받는 학생들은 교수에 의해 설정된 학업적 기준이 적용될 것이다. 그러나 강좌를 청강하는 경우에는 강사들이 성적이나 과제, 시험에 관해 문제시하지 않을 것이기 때문에, 학생과 교육 코치 또는 프로그램 코디네이터는 성취기준들을 결정할 수 있는 선택권을 가지고 있다.

교수와 대학 당국은 지적장애학생들을 위한 캠퍼스 프로그램들에 자신들이 참여하는 것이 결코 교육과정의 통일성을 위협하지 않을 것이고 실제적으로 그 강좌가 더욱 다양한 사람에게 제공되는 것이라는 사실에 안도할 수 있다. 비록 그들이 2년제나 4년제의 주립 교육기관들에 더 많이 있을 수 있지만, 장애학생들의 중등이후 선택권들은 많은 유망한 대학에서도 제공된다. 이러한 프로그램들은 비전형적인 학생들에게 기회를 제공하며 비장애학생들에게 제공되는 기회들을 빼앗는 것이 아니다.

비장애학생들은 장애학생들에 대한 다양한 수준의 경험을 가지고 고등교육기관에 진학한다. 초등과 중등학교에서의 통합교육이 더욱 보편화되고 있다. 그러한 것처럼, 지적장애인들에게 통합적 기회를 제공하는 대학들의 이미지는, 많은 경우에 있어서, 친숙하고 긍정적으로 될 것이다. 교육에 있어서 학부 프로그램들을 제공하는 교육기관들은 의심할 여지 없이 통합적 교실의 이점들을 이해하고 조율하는 핵심 교수 집단을 가지고 있을 것이다. 대학은 장애학생들을 포함해서 충분한 서비스를 받지 못하고 전형적으로 과소평가되어온 학생 집단에게 중등이후교육에 대한 접근성을 향상시킴으로써 지역사회에 행해온 그들의 공헌에 대해 긍정적인 압력과 칭찬을 받을 수도 있다. 가족들이 대학과 그들의 학생들의 목적들 간의 적합성을 탐색하면서, 그들은 통합적이고 다양한 캠퍼스의 이점들에 관한 지식 수준에 관해서 물어보기를 원할 수도 있다. 프로그램 관리자, 장애지원센터 스태프, 캠퍼스 내의 다른 중요한 프로그램의 참가자들의 강한 헌신과 그들이 가져올 지식들은 그 학생과 캠퍼스 공동체가 가지고 있는 부정적 인식 사이에 완충장치를 제공할 수 있다.

　행정적인 관점에서는, 교육기관이 장애에 대해 우호적이 되는 것에 대해서 어느 정도의 두려움이 있을 수도 있다. 만약 그 교육기관이 능동적이고 수용적이며 통합적인 것에 대해서 평판을 쌓아왔다면 이것은 대학이 관리할 준비가 되어 있다고 느끼는 것보다 더 많은 장애학생들을 끌어들일 수도 있다. 일부 사례에서는, 장애학생들을 위한 교수적 조정들이 비용이 많이 들 수도 있고, 그러므로 대학 당국은 더 많은 학생들을 모집하는 것이 더욱 비용이 든다는 것을 의미할 것이라고 두려워할 수도 있다. 그러나 지적장애학생들은 일반적으로 대학이 지불해야 할 책임이 있는 비용이 많이 드는 교수적 조정을 요구하지 않는다. 대부분의 사례에서 가장 많은 비용이 발생하는 것은 활동 보조인이나 교육 코치이고 그들은 보통 대학의 책임이 아니다. 게다가 지금은 자리를 잡은 지 15년 이상 된 ADA와 함께, 일반적으로 대학들은 더욱 접근 가능한 건물들을 보유하고 있고 개조를 덜 요구한다. 예를 들면 델라웨어 대학에서는 새로운 공사와 건물 개조 작업이 지난 15년 내에 완성되었기 때문에 대부분의 건물이 접근 가능하며, 단지 심각한 장애를 가진 사람에게 접근성을 제공하기 위해 건축학적인 변화들을 필요로 하는 일부의 조정만을 요구한다. 현재 접근 가능하지 않은 건물들은 대부분 필요 시에 이동가능한 행정적인 기능을 담당한다. 게다가 확장적 지원을 필요로 하는 복합장애를 가진 대부분의 학생들은 학교에 가기 위해서 주 밖으로 이동하지 않는 경향이 있으므로 대부분의 사례에서 그런 학생들은 장애 우호적인 평판에 상관없이 학교에 다니고 있었을 것이다. 가족과 프로그램 코디네이터들이 지적장애인들을 위한 중등이후교육에 대한 접근성을 옹호하면서, 필요한 교수적 조정의 수준과 대학에서 제공되는 교수적 조정들과 가정이나 주정부기관들에 의해 제공되는 교수적 조정들에 대한 구분을 계속 강조해나가는 것이 중요하다. 많은 사례들에서, 대학에서 제공되는 교수적 조정들은 쉽게 성취될 수 있고 비용도 저렴하다.

공간적 문제

캠퍼스들은 또한 공간적인 제약을 가지고 있다. 캠퍼스 내의 제한된 공간과 함께, 비전형적인 이중등록에 개입된 비대학 스태프를 위한 사무실 공간을 할당하는 것에 대한 저항이 있을 수 있다. 비록 공간이 대학 캠퍼스들 내에서 항상 쟁점이 되겠지만, 어떻게 비전형적인 프로그램들이 조율되고 구성되는지를 아는 것은 이러한 우려를 경감할 수 있다. 행정가들이 대학과 지역사회 모두를 위해서 그러한 선택들의 이익들을 이해하도록 돕는 것은 이러한 관점을 긍정적으로 변화시킬 수 있다. 구체적으로, 대부분의 주립대학들처럼 지원을 받는 교육기관들은 그들 사명의 일부로 지역사회에 대한 서비스를 포함하고 그들의 프로그램 파트너들과 공간을 공유하는 것에 더욱 개방적일 수 있다. 공간 제약이 비전형적인 프로그램들에 대한 우려의 영역이 될 수 있기 때문에, 가족들은 이러한 제약들이 어떻게 프로그램을 제한하거나 서비스 제공을 위한 더 창의적인 접근들을 강요해왔는지를 알기 원할 것이다. 일부 캠퍼스는 매우 제한된 공간 때문에 종합적이고 통합된 프로그램들을 제공해왔다. 예를 들면 델라웨어 대학교에 있는 한 지역교육구에서는 학생들과 그들의 강사들이 만날 수 있고 학교 행정가들이 정보의 보급을 위해서 학생 및 직원들과 연락할 수 있는 특별장소를 갖는 것을 선호했다. 캠퍼스 내에 공간을 제공할 수 없을 때에는 학교지역구에서 이러한 요구를 창의적으로 다루기 위해 캠퍼스에서 한 블록 떨어진 곳에 위치한 아파트 두 채를 임대했다. 그러한 통합적이고 개인적인 지원을 실행하기 위해서 전용적인 교실 공간에 대한 요구는 없기 때문에, 공간은 큰 쟁점이 되지 않는다. 장애지원센터는 연락지점으로서의 역할을 할 수 있고, 휴대전화는 학생들의 매일의 일정과 지원들에 관해서 의사소통을 하기 위해 사용될 수 있다.

요약

비장애학생들과 다름없이, 지적장애학생들과 가족들은 중등이후의 목적들에 적합한 교육기관을 찾고, 전형적이고 비전형적인 캠퍼스 기회들에 관해 문의하고, 함께 도와줄 사람을 찾고, 캠퍼스 내의 사회적인 네트워크를 창조해야 한다. 중요한 점은, 그들은 미국장애인법(ADA)과 재활법 504조항 내에서 자신들의 권리와 책임을 알아야 하고 캠퍼스 공동체를 교육하기 위해서 장애지원 서비스 공급자 및 다른 전문가들과 함께 기꺼이 일해야 한다는 것이다. 중등이후교육을 추구할 때 장애인들과 가족들이 고려하기 원할 수도 있는 일부 관련된 주제들과 질문들이 표 5.3에 제시되어 있다.

〈표 5.3〉 중등이후의 교육 옵션을 모색하는 학생과 가족들을 위한 점검표

중등이후의 교육 프로그램에 참가하는 나의 목적은 무엇인가?
자격증이나 학위의 완성
임금을 받는 지역사회에 통합된 고용
지역사회 탐색
대학 강의 수강(학점 과목과 평생교육과정)
강의 청강
다른 동료 대학생들과의 사교의 기회
특정 캠퍼스 활동이나 시설에 참여
기숙사 경험을 통한 독립적인 생활
   캠퍼스 내 기숙사
   캠퍼스 근처 그룹홈
   캠퍼스 근처 아파트 생활
   집에서 생활

내가 고려하고 있는 교육기관은 어떤 유형의 중등이후 교육 옵션이 제공 가능한가?
공립 또는 사립
2년제 전문대학이나 기술학교
4년제 교육기관
성인 교육 프로그램

어떠한 편의시설을 내가 요청하거나 찾아야 하는가?
학업적 편의시설
대독자, 대필자/서기, 해석 서비스, 물리적 접근, 보조공학(FM 시스템/조정이나 인터넷 정보를 접하기 위한 문자음성변환 컴퓨터 소프트웨어), CD로 된 책, 기타 교수적 조정들
다른 비학문적 지원
직무지도원, 교육 코치, 개인적 지원, 생활 코치

〈**표 5.3**〉 중등이후의 교육 옵션을 모색하는 학생과 가족들을 위한 점검표(계속)

캠퍼스 내의 잠재적인 협력자들은 누구인가?
장애지원 서비스 공급자
대학의 발달장애센터
장애에 대해 우호적인 교수, 관리자, 교직원, 부서
장애 문제에 관심을 갖고 있는 전문가와 학생 집단

나의 중등이후교육에 대한 자금을 어떻게 마련할 것인가?
교육청 프로그램
IEP에서 판별된 서비스들
주정부와 지역의 기관들
　　기관의 적격성 요구 사항
　　주정부기관의 적격성에 대한 타임라인
연방정부의 학자금 대출과 근로학습 프로그램
비영리 보조금 기회
지역교육기관들에서의 보조금 기회
개인 대출
시간제 직업
개인 저축

비전형적 프로그램 선택에 대해 물어볼 다른 질문은 무엇인가?
지적장애학생들이나 다른 소수 집단들을 위해 캠퍼스 내에서 어떤 서비스나 프로그램이
　　제공되는가?
어떤 기관에서 그러한 프로그램들을 감독하는가?
프로그램 스태프의 규모는 어느 정도인가? 스태프들의 기능은 무엇인가?
누가 프로그램을 위한 적격성을 결정하는가?
캠퍼스 내에서 비전형적인 프로그램에 있는 학생의 신분은 무엇인가?
학생들은 캠퍼스 내의 시설과 활동에 완전한 접근성을 갖고 있는가?
학생들이 관심 있어 할 만한 어떤 유형의 활동들을 캠퍼스에서 제공하는가?
프로그램의 물리적인 배치는 무엇인가?
캠퍼스 내에서 어디에 위치해 있는가?
캠퍼스로 이동하고 캠퍼스에서부터 이동하기 위해서 어떤 유형의 교통수단이 제공 가능한가?
프로그램이 대학 공동체 안에 어떻게 통합되어 있는가?
장애지원 서비스 공급자가 프로그램과 프로그램에 속한 학생들의 필요사항을 잘 숙지하고 있는가?

　　지적장애 청소년들의 중등이후교육에 관한 선입견 있는 태도들은 대학에 있는
행정가, 교수, 스태프, 학생들 간에 여전히 존재할 수 있다. 지적장애학생들이 더욱

더 중등이후의 경험을 추구함에 따라 고등교육기관들은 장애학생들을 교육하고 적응시키는 데 더욱 숙련될 것이고 학생들의 중등이후 경험들과 관련된 결과들에 관한 더 많은 연구 결과들이 제공 가능하게 될 것이다. 결과적으로, 사람들은 이전에 고등교육에 제한된 접근성을 가졌던 학생들을 위한 중등이후교육의 가치에 관해 더욱 긍정적인 태도로 변하는 전국적인 변화를 보는 것을 기대할 수 있다. 교육이 태도를 변화시키기 위한 열쇠이다.

참고문헌

AHEAD. (2004). *AHEAD best practices: Disability documentation in higher education.* Retrieved July 3, 2007, from http://www.ahead.org/resources/bestpracticesdoc.htm

American Association of Community Colleges. (2007). *Facts 2007.* Washington, DC: Author. Retrieved June 5, 2007, from http://www2.aacc.nche.edu/pdf/factsheet2007_updated.pdf

Americans with Disabilities Act of 1990, PL 101-336, 42 U.S.C. §§ 12101 *et seq.*

Association of University Centers on Disabilities. (2006). *Expanding postsecondary and employment opportunities for students with intellectual disabilities through the Higher Education Act.* Retrieved June 5, 2007, from http://www.aucd.org/docs/policy/post_sec_ed/Fact_Sheet_%20on_Higher_Ed_Amends_5_06_07.doc

CAST. (n.d.). *Professional development resources.* Retrieved October 8, 2007, from CAST: Universal Design for Learning web site, http://www.cast.org/pd/resources/index.html

College Board. (2006). *Trends in college pricing.* New York: Author. Retrieved June 5, 2007, from http://www.collegeboard.com/prod_downloads/press/cost06/trends_college_pricing_06.pdf

Family Educational Rights and Privacy Act (FERPA)of 1974, PL 93-380, 20 U.S.C. §§ 1232 *et seq.*

Giangreco, M., Edelman, S., Luiselli, T., & MacFarland, S. (1997). Helping or hovering? Effects of instructional assistant proximity on students with disabilities. *Exceptional Children, 64,* 7–18.

Grantley, J. (2000). *Towards inclusion in university of people with intellectual disabilities.* Paper presented at the International Special Education Congress, University of Manchester, United Kingdom. Retrieved June 5, 2007, from http://www.stepsforward.homestead.com/R12ISEC2000FlindersUniversity.html

Greenholtz, J., Mosoff, J., & Hurtado, T. (2005). *STEPS Forward: Inclusive post-secondary education for young adults with intellectual disabilities.* Paper presented at Society for Research into Higher Education, University of Edinburgh, United Kingdom. Retrieved July 18, 2008, from http://www.stepsforward.homestead.com/Research/SRHE_Greenholtz_STEPS_2006.pdf

Hart, D., Grigal, M., Sax, C., Martinez, D., & Will, M. (2006). Postsecondary education options for students with intellectual disabilities. *Research to Practice,* no. 45. Boston: University of Massachusetts, Institute for Community Inclusion. Retrieved June 5, 2007, from http://www.communityinclusion.org/article.php?article_id=178

Higher Education Opportunity Act of 2008, PL 110-315, 122 Stat. 3078.

Hughson, E.A., Moodie, S., & Uditsky, B. (2006). *The story of inclusive post secondary education in Alberta: Final research report 2004–2005*. Edmonton: Alberta Association for Community Living.

Individuals with Disabilities Education Improvement Act of 2004, PL 108-446, 20 U.S.C. §§ 1400 *et seq.*

National Institute for Literacy. (1998). *Disability & literacy: How disability issues are addressed in adult basic education programs: Findings of a national focus group*. Washington, DC: Author. (ERIC Document 427187)

Neubert, D., Moon, S., & Grigal, M. (2004). Activities of students with significant disabilities receiving services in postsecondary settings. *Education and Training in Developmental Disabilities, 39*(1), 16–25.

Newman, L. (2005). Postsecondary education participation of youth with disabilities. In M. Wagner, L. Newman, R. Cameto, N. Garza, & P. Levine (Eds.), *After high school: A first look at the postschool experiences of youth with disabilities* (pp. 4-1–4-17). Retrieved June 5, 2007, from http://www.nlts2.org/reports/2005_04/nlts2_report_2005_04_complete.pdf

Rehabilitation Act of 1973, PL 93-112, 29 U.S.C. §§ 701 *et seq.*

Rogan, P., Hagner, D., & Murphy, S. (1993). Natural supports: Reconceptualizing job coach roles. *Journal of The Association for Persons with Severe Handicaps, 18*, 275–281.

Saloviita, T. (n.d.). *An inclusive adult education program for students with mild to severe developmental disabilities: A pilot project in Finland*. Jyväskylä, Finland: University of Jyväskylä. Retrieved June 5, 2007, from http://www.steps-forward.org/Research-Finland.html

U.S. Department of Education. (2004a). *Career/technical education statistics (CTES): Postsecondary /college level tables*. Washington, DC: National Center for Education Statistics, Integrated Postsecondary Education Data System. Retrieved June 5, 2007, from http://nces.ed.gov/surveys/ctes/tables/index.asp?LEVEL=COLLEGE

U.S. Department of Education. (2004b). *Undergraduate enrollments in academic, career, and vocational education* (Issue Brief, NCES 2004–018). Washington, DC: Institute of Education Sciences. Retrieved June 5, 2007, from http://nces.ed.gov/pubs2004/2004018.pdf

U.S. Department of Education. (2006). *The guide to federal student aid: 2007-08*. Retrieved June 5, 2007, from http://www.studentaid.ed.gov/students/attachments/siteresources/FundingEduBeyondHighSchool_0708.pdf

Zafft, C., Hart, D., & Zimbrich, K. (2004). College career connection: A study of youth with intellectual disabilities and the impact of postsecondary education. *Education and Training in Developmental Disabilities, 39*, 45–53.

학생과 가족의 관점

Amy Dwyre, Meg Grigal, & Janice Fialka

여러 해 동안, 지적장애학생과 가족들은 그들의 의사, 교사, 때때로 그들의 친척과 친구들로부터 다음과 같은 말을 끊임없이 들어왔다.

> 당신의 아들이나 딸은 다음의 것들을 할 수 없다…
> 정상적인 삶을 살기를 기대한다.
> 배운다.
> 지역사회 내의 학교에 간다.
> 직장을 갖는다.
> 버스를 이용하는 법을 배운다.
> 독립적으로 산다.

그리고 모든 할 수 없는 것들에 대해서 가족 구성원들은 반발해왔으며 많은 결정과 고된 일을 지속해왔고 그들의 자녀가 이러한 모든 것들을 할 수 있음을 계속해서 증명해왔다. 많은 지적장애학생들에게 최근에 제공된 또 다른 예상치 못한 성과는 다음의 결정과 비전이다: 대학 경험에의 참여. 지적장애학생과 가족들은 종종 여러 나라에 걸쳐서 지난 10년 동안 중등이후교육 환경에서 지적장애학생들을 위해 개발되어온 많은 혁신적인 프로그램과 서비스의 고독한 창시자(sole initiator)가 되어왔다(Grigal, Neubert & Moon, 2001).

옹호적이고 동등하게 헌신하고 소망적인 전문가들과 함께, 부모와 학생들은 과거에 존재하지 않던 기회들을 창조해왔다. 그리고 지금 이러한 기회들은 특수교육 연계적 서비스의 일부가 되기 위해서 많은 영역에서 확산되고 있다. 그러나 이 길은 여전히 불확실하고, 모든 학생과 그들의 가족들에게 해당되는 길은 아니며, 성공적으로 협상하기 위해서는 상당히 많은 계획을 요구하는 길이다.

이 장은 이러한 거의 미지의 영역을 여행해온 학생, 가족, 전문가들의 통찰력을 통해 이러한 길에 대한 안내를 제공한다. 이것은 또한 지적장애를 가진 청소년들의 결과가 역사적으로 어떻게 되어왔는지, 무엇이 학생들로 하여금 대학에 가도록 동기유발을 하는지, 대학에 다니는 지적장애학생들의 잠재적인 결과와 함정들이 무엇인지에 관한 개관을 제공한다. 이 장을 통해 중등이후의 교육 경험을 향하여 다음 단계로 나아갈 준비가 되어 있는 사람들을 돕기 위해서 이러한 과정들을 이미 겪은 학생과 가족들로부터 얻은 도구나 요령들과 함께, 우리가 지난 수년 동안 일해온 학생들의 모습을 엿볼 수 있다.

미래에 대한 계획: 연구가 보여주는 것

비장애학생: 끝없는 선택

전형적인 17세의 생활을 상상해보라. 그들은 고등학교 댄스파티와 졸업에 대한 준비를 하고 있을 것이다. 그들은 가족들과 함께 대학 진학에 대한 자신들의 전망을 살펴보고 있을 것이며 모든 지원서류를 작성하면서 도움을 구하고 있을 것이다. 또는 그들은 군대에 갈 준비를 하고 있거나, 전일제 직장을 다닐 준비를 하고 있을 것이다. 그들의 가족들은 교회나 회당, 마트에서 계산하기 위해 줄을 서서 기다리면서, 혹은 직장에서 자녀의 독립을 향한 도약과 곧 다가올 삶의 모험들에 대해 자랑스럽게 말하고 있을 것이다. 그들과 가족들은 앞에 펼쳐진 새로운 도전과 모험들을 고대하고 있으며, 삶의 다음 큰 단계로 나아갈 준비를 하면서 흥분되고, 희망에 부풀어 있고, 자랑스럽고, 활기차고, 약간은 걱정스럽게 느끼고 있을 것이다.

이러한 학생들에 대한 전형적인 결과들은 무엇인가?

일반적인 비장애학생들은 학위를 받고 고등학교를 졸업하고 집을 떠나서(60%) 바로 직장이나 군대에 가거나 또는 대학에 입학한다(68%): 2년제 전문대학, 4년제 고등교육기관, 또는 직업훈련학교. 청소년들이 이러한 선택 중 하나를 추구할 때, 그들의 주요한 목적은 그들이 원하는 유형의 직업을 결정하고 그 직업을 얻기 위해서 준비하는 것이다. 그 결과 비장애 성인의 79%가 시간제나 전일제 직업을 갖고 있다(Blumberg & Ferguson, 1999).

장애학생: 제한된 선택

이제 지적장애를 가진 전형적인 17세의 생활을 상상해보라. 그들은 아마도 동료들이 졸업하고 다음 단계로 나아가는 것을 보면서―잠재적으로 다음 3년 동안―자신들의 고등학교로 돌아가기 위한 준비를 하고 있을 것이다. 만약 그들이 일반학급에 통합되어왔다면, 그들은 자신의 여러 학급에서 가장 연장자가 되어 있을 것이고 일련의 새로운 학습 경험을 제공받지 않았을 것이다. 만약 그들이 제한적인 환경에서 교육을 받아왔다면, 그들은 아마도 제한적인 환경으로 돌아갈 것이고 또다른 1~3년 동안 같은 선생님을 만나게 될 것이다.

지적장애학생들은 21세가 될 때까지 학교에 남아 있을 것이지만, 일부는 그렇지 않다. 학교를 떠나는 지적장애학생들에 대한 기대들은 무엇일까? 종종 그들은 집에서 아무 할 일도 없이 있거나 아마도 장애인들만을 위해서 조직된 활동들을 갖춘 장애인복지센터에 다닐 것이라는 전망을 가지고 고등학교를 떠난다. 만약 그들이 특별히 운이 좋다면, 그들은 결국 직업을 찾는 데 도움을 받거나, 학창시절 동안에 그들이 가진 직업을 유지할 수 있을 것이다. 어떤 경우에도, 그들이 진정으로 필요한 어떤 지원들에 대해서, 그들은 지금 갑자기 스스로 자격을 갖춤 운명에 처해 있음이 분명하다. 그들은 더 이상 장애 서비스를 받기 위한 **자격을 부여받지** 않지만, 지금 불완전한 성인 **자격**(eligibility)의 세계로 들어간다. 그들과 가족들은 완전히 새로운 시스템 내에서, 앞에 있는 거친 길들을 통해 전략적으로 이동하기 위한 시도를 하면서 압도되고, 혼란스럽고, 아마도 약간 무기력하게 될 것 같다: 성인 서비스의 세상.

지적장애학생을 위한 중등이후의 전형적인 결과들은 무엇인가?

지적장애학생들은 전형적으로 일반학급에 통합되지 않았다. 사실, 국가적으로 2002~2003년에 미국 교육부에 의해 제시된 것처럼, 11% 이하의 지적장애학생들이 일반학급에 완전히 통합되었다(Smith, 2007).

지적장애학생들이 나이를 먹고 초등학교에서 중·고등학교로 진학하면서, 그들의 통합 수준은 감소한다. 고등학교 이후에는 단지 11%의 지적장애학생들이 중등이후의 교육에 참여하는데, 그것은 장애 범주 가운데 가장 낮은 비율이다(National Longitudinal Transition Study-2, 2003a). 더 크고 일반적인 모집단을 살펴보면, 미국 노동부의 노동통계국(2008)은 2007년에 졸업한 고등학교 졸업생의 67.2%가 대학에 등록했다고 2007년 10월 보고했다. 고등학교 이후 고용의 관점에서는, 전미전환서비스종단연구-2(2003b)에 따르면, 58.6%의 지적장애 청소년들이 고등학교를 마친 후 2년 이내에 일종의 유급 직업을 가졌다; 이것은 조사된 장애 범주 중에서 약간 더 낮은 비율을 보이는 자폐청소년들에 이어 두 번째로 낮은 비율이다. 이러한 자료들은 지적장애 청소년 모집단이 다른 장애 범주와 일반적인 청소년에 비해서 중등이후의 교육과 고용 모두에서 더 적은 경험을 가지고 있다는 것을 보여준다.

덜 고용되는 것과 함께, 일반 모집단의 60%에 비해서, 단지 37%의 장애 청소년들이 학교를 떠난 후 5년째에 약간의 독립적인 생활 상황에 있다. 그리고 마지막으로, 장애 청소년들은 장애가 없는 전형적인 성인보다 고등학교 이후에 훨씬 더 높은 수준의 사회적 고립을 보고한다(National Organization on Disability, 1998; U.S. Department of Education, 1996, 1999).

이것이 의미하는 바는 무엇인가? 장애 청소년과 비장애 청소년에 대한 다른 기대들은 다른 결과들을 이끌어낸다. 평균적인 학생들을 위한 실행 가능한 선택들로 인식되는 것들은 지적장애학생들을 위한 계획과정에서 예견되는 선택이나 결과로서 여전히 제시되지 않고, 그러므로 종종 전형적인 청소년들이 하는 것을 성취하기 위한 체계들은 지적장애 청소년 모집단을 돕기 위해서는 적절하지 않다. 대신에, 정체 뒤에 우회 뒤에 노상 장애물이 있다. 이것은 대학을 선택하는 경우 특히 더 그렇다.

나에게는 지적장애를 가진 남동생인 패트릭(Patrick)이 있다. 나의 부모님은 그가 고등학교에서 일반학급과 사회적 활동들에 통합되도록 열심히 투쟁해왔다. 부모님은 패트릭이 직업 경험들을 갖도록 격려했다. 그들은 패트릭이 엄마, 아빠와 떨어져 살도록 하기 위한 방법을 계획하기 시작했다. 그들은 종종 "문제 부모들"로 여겨졌다. 그들은 천천히 자신들의 기대들을 높이기 시작했고, 패트릭은 그것들에 잘 부응하기 시작했다. 불행하게도, 나머지 사회에서는ㅡ그리고 특히 패트릭의 서비스 공급자들ㅡ그렇지가 않았다. 그는 고등학교를 마치고, 그의 모든 일반학급 동료들과 무대에 걸어 나갔고, 그리고 집에 왔다. 여러 달 동안 그는 그의 서비스 공급자들이 마침내 그를 보호 작업장에 배치할 때까지 기다렸다. 거기서 그는 지겨워했고 그 결과 부적절한 작업 습관들을 보이기 시작했으며, 작업장에서 다른 참가자들의 이상한 행동을 모방하기 시작했다. 그들은 패트릭이 아직 확실한 준비가 되지 않았다고 하며ㅡ나의 어머니가 이 끔찍한 배치의 결과로 패트릭이 최근 보이기 시작한 행동이라고 지적한ㅡ부적절한 행동들을 다시 회부했다. 이것은 불쾌한 순환이 되어왔다. 패트릭을 작업장에서 빼내어 그가 더욱 생산적이고 즐겁게 할 수 있는 일을 하도록 하는 것에는 새로운 서비스 공급자를 향한 많고 많은 청원과 여러 달 동안의 힘든 싸움이 필요했다. 이것이 규칙에 대한 예외였나? 불행하게도, 이 시나리오는 사실이 아니라기보다는 전형적인 가족 경험에 가깝다.

ㅡ에이미 드와이어(Amy Dwyre)

지적장애학생: 새로운 선택

전문대학, 사립 4년제 대학, 기술과 무역학교, 또는 주립대학과 같은 대학 환경 내에서 지적장애학생들을 위한 전환서비스는 위에서 기술된 시나리오에 대한 대안책을 제공한다. 학생들은 다양한 방식으로 이러한 환경들에서 얻은 경험을 사용할 수 있다:

- 그들의 독립성을 기르기 위해서
- 사회적으로 인정받는 환경 내에서 그들의 전환 목적들을 성취하기 위해서
- 그들의 연령에 적합한 동료들과 함께 배우기 위해서

- 전형적이고 통합된 지역사회 환경 내에서 그들의 목적들을 성취하고 배우기 위해서

그러나 많은 사례들에 있어서 지적장애학생들에게 이러한 기회들을 제공하는 서비스는 거의 없다. 종종 학생과 가족들이 중등이후의 환경에서 프로그램과 서비스들을 창조하기 위한 촉매제가 되어야 한다. 가족이나 시스템을 위한 미래를 계획하는 데 있어서의 과제는 전형적인 기대들을 넘어서는 이용 가능한 선택(대부분 거의 걸어가지 않았던 길)을 이해하는 것, 적절한 서비스를 가지고 목적과 원하는 결과들을 조화시키는 방법, 그리고 이 모든 것이 부드럽게 진행되도록 하는 방법 등을 포함한다.

기대의 영향

기대는 전문가, 가족, 그리고 그들이 지원하는 학생들의 길을 인도하기 때문에, 기대의 쟁점은 특히 그들이 학생의 미래를 계획하기 위해서 함께 일할 때 중대한 영향력을 가지고 있다. 가족들과 지적장애학생들은 그들의 기대를 대학을 포함하는 것까지로 확장하기 때문에, 자신들을 기다리고 있는 일부 함정이나 걸림돌을 인지하는 것이 중요하다.

낮은 기대

슬프게도 지적장애학생들을 지원하는 우리의 역사는 많은 낮은 기대의 사례들로 채워져왔다. 공동 집필자인 에이미 드와이어의 가족은 그녀의 남동생인 패트릭이 1970년에 태어났을 때 이에 직면했다. 그녀의 부모들은 의사가 패트릭이 걷거나 말을 할 것이라고 전혀 기대하지 않았기 때문에 그들이 패트릭을 위해서 시설생활 배치를 고려해야 한다고 들었다. 패트릭과 그의 요구에 대해서 더 많은 정보를 모으면서, 그들은 아들에게 기대하는 것에 대한 자신들의 생각들을 조정할 필요가 있다는 것을 깨닫게 되었다. 그러나 그들은 패트릭이 어떤 일들을 하지 못할 것을 기대하기보다는 그 일들을 다르게 하는 것을 기대하는 것을 배웠다. 그러한 마음과 상

당한 인내와 지치지 않는 지속성으로 그들은 패트릭이 할 수 있는 최선의 방법으로 그 일들을 하는 것을 배우도록 도울 수 있는 서비스들을 추구했다. 그의 일생 동안, 부모들은 패트릭이 하고 싶어 하는 일에 대해 안 된다고 말하기보다는 어떻게 할 것인지를 물었다. 그래서 운이 좋게도—가족들과 떨어져 사는 패트릭은 그랜드 캐니언을 하이킹했고, 하와이에서 스쿠버 다이빙을 했고, 유타(Utah)에서 스키를 탔고, 그가 좋아하는 몇 가지 직업을 가졌었고, 게다가 끊임없는 수다쟁이가 되었다—그의 가족들은 의사의 초기 조언들을 마음으로 받아들이지 않았다.

> 우리 딸 케이티(Katie)는 단지 여섯 살이었고, 눈물을 머금고 우리는 소아과 의사에게 그녀에게 가능한 최대의 독립성을 주면서 그녀가 존엄성을 갖고 삶을 영위하도록 돕고 싶다는 우리의 바람을 이야기했다. 소아과 의사와의 이러한 대화는 주로 우리 딸의 제한점들을 강조하고 우리가 지금 어떻게 딸에 대한 기대를 낮추어야 하는지에 관한 그의 전문적인 조언들로 채워졌다. 의사는 그녀가 결코 "우리와 같은 종류의 삶"을 영위하지 못할 것이라고 말했다. 케이티가 한 살이 되기도 전에, 심지어 우리의 친척은 우리가 우리 딸의 제한점들을 이해하지 못하는 것에 대해서 비이성적이라고 느꼈다.
>
> —폴레트 아포스톨리드(Paulette Apostolides),
> 알로이시오 대학에 재학 중인
> 다운증후군을 가진 케이티의 엄마

심지어 특수교육과 통합 분야의 진보와 매년 소아과 의사들이 틀렸다는 것을 증명하는 많은 가족들과, 대학에 가겠다는 지적장애 청소년들의 생각은 여전히 보편적으로 받아들여지지 않는다; 이것은 여전히 대부분의 지적장애학생들과 그들의 가족들에게 기대되는 길이 아니다.

게다가 전미전환서비스종단연구-2의 보고서에 따르면 대부분의 장애 청소년들은 고등학교를 떠난 이후 교육을 지속할 것이라는 기대를 가족들에 의해 훨씬 덜 받는 것 같다—(13~17세를 대상으로 한 국립세대교육설문에 따르면) 일반집단인 그들 동료의 92%에 비해 단지 62%. 사실, 일반교육을 받는 학생 부모들의 88%에 비해서 장애 청소년 부모들의 단지 36%만이 자신의 아들이나 딸이 4년제 대학 프로그램을 마칠 것을 기대한다. 그리고 놀라울 것도 없이 말/언어장애, 시각, 청각 장애를 가진 청소년 부모들의 중등이후교육 등록에 대한 가장 높은 기대 수준부터 지적장애 혹은 중복장애, 자폐, 농-맹을 가진 청소년 부모들의 가장 낮은 기대 수준에 이르기까지, 장애의 유형과 정도가 부모의 기대 수준을 결정한다(Newman, 2005).

변하는 기대

대학 경험이 지적장애 청소년들에게 현실이 되기 위해서는 기대들이 다양한 수준에서 조정될 필요가 있다. 다양한 중등이후의 선택들에서 훈련과 기술적 지원(TTA) 및 긍정적인 학생의 결과에 대한 잠재력이 이러한 기대들을 조정하기 위해 사용될 수 있었다. 이상적으로 이러한 유형의 훈련과 기술적 지원들(TTA)이 다음과 같은 사람들에게 활용 가능할 것이다:

- 초기 단계에서 종종 가족들에게 조언을 제공하는 소아과 의사 및 기타 다른 의료인
- 핵심적인 특수교육과 전환서비스를 조율하는 학교 체계 내의 전문가
- 가족과 학생들, 그래서 그들이 이용 가능한 폭넓은 중등이후교육의 기회들을 이해할 수 있다.
- 이러한 선택들의 개발에 있어서 자연스러운 협력자가 되어야 하는 지역사회 서비스 제공자
- 학생들을 그들의 교육 공동체에 받아들이게 될 커뮤니티센터, 성인 학습 프로그램, 전문대학, 4년제 대학과 같은 중등이후교육 기관에 있는 담당자

높아지는 기대들

최근 지적장애 및 다른 저발생(low-incident) 장애를 가진 학생의 부모들이 대학 경험에 자신들의 자녀들을 참가시키는 것에 점점 더 관심을 나타냈다. Grigal과 Neubert(2004)는 부모들에게 전문대학, 4년제 대학, 군대, 시간제 일, 지원 고용, 분리 작업장의 선택들을 제시하고 부모들로 하여금 자녀에게 가장 바라는 결과를

선택하도록 요청했을 때, 지적장애를 포함한 저발생 장애를 가진 중학생 부모들의 36.2%가 4년제 대학을 기대했고, 21.7%는 전문대학을 기대했다. 이러한 결과들은 지적장애학생에 대한 부모들의 바람이 우리가 현장에서 보는 변화의 일부를 지금 반영하고 있다는 것을 보여준다. 그러나 열망만으로는 대학 경험을 가능하게 하는 데 충분하지 않다. 거기에는 또한 학생과 가족 구성원 부분에서 기회와 명확한 기대들이 존재할 필요가 있다.

> 우리는 무엇보다도 우선적으로 미가(Micah)의 대학에 가고 싶다는 꿈을 들어야 했다. 그는 항상 지역사회 내에서 살아왔고 동료와 같은 학급 및 활동에 참가했다. 그래서 그는 동료들이 가진 것과 같은 기대들을 내면화했다: 즉 고등학교 졸업 후 너는 대학에 간다. 이것이 딱 네가 우리 공동체 내에서 하는 것이다! 그가 대학에 갈 수 없으리라는 것은 그에게 결코 이해할 수 없는 일이었다. 우리는 또한 어떻게 우리가 이 일을 가능하게 할 것인지에 관해 걱정하지 않고 처음에는 미가의 꿈을 들어주어야 했다. 만약 우리가 그가 대학에 가는 것에 대한 장벽과 불가능성으로 시작했다면, 우리는 우리의 길에서 죽음으로 멈추었을 것이다. 우리는 항상 미가의 꿈에 의해 안내되어야 했다. 우리의 주문(mantra)은 "만약 그가 대학에 간다면"이 아니라 "어떻게 그가 대학에 갈 것인지"가 되었다. 이것은 우리가 무엇을 하고 어떻게 이것을 실현 가능하게 할지를 알았다는 것을 의미하는 것이 아니다. 우리는 정말 미가가 대학에 가도록 하기 위한 첫 단계에 관한 아무 생각도 갖고 있지 않았다. 그러나 우리는 비전을 창조하고 그것을 향해 나아가야 했다.
>
> ―제니스 피알카-펠드먼(Janice Fialka-Feldman)
> 미시간 주 오클랜드 대학교(Oakland University)에 재학 중인
> 그녀의 아들 미가에 대해 말하며

우리 사회에서 누군가가 "대학생"이라고 말할 때, 특정한 프로파일이나 이미지가 대부분의 사람들에게 떠오른다: 열심히 공부하고, 목적지향적이고, 영리하고, 정돈되고, 독립적인 프로파일이나 이미지. 그 프로파일은 지적장애를 거의 포함하지 않는다. 대학 환경 내에는 모든 연령, 특성, 지적 수준, 동기를 가진 사람들이 존

재한다. 자녀가 대학에 가기를 원하는 지적장애학생의 부모들에게는 자녀의 기술, 특성, 열망을 인지하고 어떻게 이러한 것들이 대학 경험과 조화를 이룰 수 있을지 혹은 그렇지 못할지 인지하는 것이 중요하다.

동기의 문제

자녀가 대학에 가는 것에 대한 열망을 표현하는 지적장애학생의 부모가 듣는 첫마디는 "당신 미쳤군요! 그들은 그것을 할 수 없어요!"이다. 그러나 청소년이 대학에 갈지 여부의 가능성을 넘어서 가족들은 그 자신과 자녀의 대학에 가고자 하는 동기를 이해할 필요가 있다. 우리 모두는 부모가 대학에 가라고 압력을 넣는 친구를 알고 있기 때문에, 이 쟁점은 지적장애학생의 가족들에게만 국한된 것이 아니다. 그리고 우리 모두는 잘못된 이유들로 대학을 가서 잘 안 풀린 친구를 알고 있다. 가능한 가장 성공적인 경험을 만들어내기 위해서, 지적장애학생과 가족들, 그리고 전환 과정을 통해서 그들을 지원하는 사람들은 동기에 관한 정직한 대화를 나눌 필요가 있다.

부모의 동기

사실 자녀들의 대학 진학이 성공적이기 위해서는 가족들이 자녀의 대학 진학에 지원적이 되는 것이 매우 중요하며 거의 필수적이다—만약 대학에 가는 것이 청소년들이 하기 원하는 것이라면 말이다. 부모들은 왜 자녀를 대학에 보내기 원하는지 자문해보아야 한다. 왜 부모들이 자녀가 학위 취득이나 직업 획득과 관련도 없는 대학에 가기를 원하는지에 관한 많은 보편적인 이유가 있다. 일부 보편적인 동기들은 다음의 요소들을 포함한다:

- 개인적 꿈: 그들은 항상 자녀가 자신들의 동문이 되기를 원했다.
- 개인사: 그들이 대학에 다녔기 때문이다.
- 가족력: 손위 형제, 자매가 대학에 갔기 때문이다.
- 자존심: 대학에 가는 것은 우리 사회에서 특정 사회적 지위를 나타내므로 그들은 자녀의 대학 선택에 관해 말하기 원한다.

부모들이 자녀가 대학에 가기를 원하는 것에는 잘못된 것이 없다. 그러나 장애의 유무와 상관없이 자녀가 대학에서 성공하기 위해서는 자녀들이 스스로 대학에 가기를 원해야 한다. 학생의 동기가 없는 부모의 동기는 대학 진학에 개입된 모든 사람에게 어려운 여정을 만들어낸다.

학생의 동기

학생들 또한 대학에 가기를 원하는 다양한 이유를 갖고 있다. 많은 사람들이 아주 어렸을 때부터 대학에 진학하도록 운명지어졌고 그들의 부모에 의해 그렇게 생각하도록 격려된다는 것을 알고 있다. 다른 사람들은 그들이 고등학교에서 직면한 고군분투와 재정적인 염려, 그들의 삶에서 무엇을 하기 원하는지 알지 못하는 것에 대한 전반적인 두려움 등 때문에 대학 진학에 대한 확신을 덜 갖고 있을 수도 있다. 대학은 종종 학생들이 난생 처음으로 자신의 경험들을 정의하고, 다른 잠재적인 미래들을 시도하도록 허용되는 시기이다. 그러나 그렇게 하기 위해 그들은 먼저 대학에 가기 원하는 데 있어서의 초기 장애물을 제거해야 한다. 지적장애학생들은 종종 대학이 무엇인지에 관한 이해를 도출하는 데 제한된 경험만 있기 때문에 그들이 대학 경험에 참여하도록 동기부여가 되는 것은 어려울 수도 있다. 다른 지적장애학생들에게는 이것이 그들이 항상 추구하기 원했던 목표이다.

지적장애학생들은 그들로 하여금 대학에 간다는 것이 무엇을 의미하는지 개념화하는 것을 돕기 위해서 약간의 시간, 지원, 반복적인 대학 방문들을 필요로 할 수도 있다. 학생들은 다른 대학생들에게 그들의 대학 경험에 관해서 물어보기 위해 다른 대학생들을 만날 기회를 제공받아야 한다. 지적장애학생들에게 그들이 대학 경험으로부터 얻기 원하는 것에 대해서 생각할 기회를 제공하는 것은 그들의 동기에 영향을 미치고, 그들로 하여금 그 경험을 위한 목표를 설정하는 데 더욱 잘 참여하도록 한다.

비록 동기의 결여가 경험의 부족에서 기인할 수도 있지만, 이것은 또한 학생 감정의 진정한 반영이 될 수 있고, 이것은 계획을 도와주고 있는 가족 구성원과 전환지원 담당자 모두에게 인지되어야 한다. 만약 학생이 대학 경험에 참여하는 데 어떠한 관심도 갖고 있지 않은데 대학 경험을 하도록 강요된다면, 그 학생은 성공하지 않을 것 같다. 학생을 위한 이 전환목표가 진정으로 학생의 소망을 반영한 것임을 확실히 하기 위해서, 가족들과 학교 담당자들이 학생과 함께 그들의 동기에 대해 솔직한 대화를 나누는 것이 중요하다.

우리 모두가 포기하고 특수교육의 전형적인 길로 들어서서 우리의 아름다운 딸을 위해 삶을 "더 편하게" 만들기 원한 것은 케이티의 교육 [초기의] 기간 동안이었다. 그러나 포기하지 않고 많은 (케이티와 나의) 눈물들로 고군분투함으로써 우리는 다음 15년간의 교육을 통해 케이티를 성인생활로 이끌어준 측량할 수 없는 교훈들을 배웠다. 첫 번째 교훈: 높은 기대를 갖고 케이티의 목표를 달성하기 위한 적절한 지원을 제공하라. "엄마의 관점"에서 이것은 케이티를 정상적인 자녀로 대하고 그에 상응하게 그녀의 특별한 요구를 지원하는 것을 의미한다. 그녀는 교실에서 행동하는 방법을 배우고, 열심히 일하고, 개인적인 책임을 지고, 자신의 진정한 목표에 이르기 위해 내면의 목소리를 들어야 한다는 것 등을 배울 필요가 있었다. 나에게 이것들은 사람이 일생을 통해 계속 추구해나가야 할 교훈들이다.

케이티를 위한 학교는 그녀가 즐기고 기량을 발휘할 수 있는 특별한 곳이었다. 케이티의 직업윤리는 심지어 가장 회의적이었던 교사로부터 그녀가 존경을 받을 수 있게 했다. 일반교사는 장애를 잊고 그 아이를 가르치는 것을 배웠다. 어려운 중학교 시절 동안, 케이티는 독립성을 나타내고 그녀의 마음을 표명하기 시작했다. 고등학교 첫해에, 케이티는 부모에게 자신이 일반 대학교에 갈 것이라고 알렸고 우리는 더 나은 준비를 했다. 케이티는 고등학교에서 대학 준비 수업들을 듣기 시작했고, 거기서 모든 사람들이 놀랄만큼 계속 뛰어나게 기량을 발휘했다. 그 수업들 중에는 완수하기 위해서 각별한 팀 협력 노력과 수학 응용이 요구되는 것도 있었다. 그러나 케이티는 잘 유지했고 매년 더 많은 원동력을 키웠다. 고등학교 두 번째 해에 우리는 케이티의 대학 선택을 의논하기 위해 일반 진로상담사를 만날 것을 주장했고, 모든 특수교육 학생들은 특수교육부를 통해서 다루어진다는 것을 들었다. 그녀 학교의 역사상 단 한 명의 특수교육 학생도 그들의 진로상담사와 일반전형으로 일한 적이 없었다. 이러한 일들에 변화가 일어나려 했다.

－폴레트 아포스톨리드

대학: 전환을 위한 자연스러운 환경

대학에 가는 것: 이것은 무엇을 의미하는가? 가장 보편적인 첫 반응은 다음과 같다: 대학에 가는 것은 학위를 받는 것을 의미한다. 끝. 그러나 이러한 기본적인 대답을 넘어서, 우리는 대학 경험이 많은 청소년들이 성공적인 성인이 되는 데 필요한 기술들을 배울 수 있는 장소라는 것을 알고 있다: 시간관리 방법, 일과 사회활동의 균형을 유지하는 방법, 새 장소들을 탐색하는 방법, 다른 배경에서 온 새로운 사람들과 만나고 상호작용하는 방법, 목표를 설정하고 이러한 목표들을 성취하도록 돕는 활동을 추구하는 방법, 결정을 내리는 방법, 다양한 미지의 길을 탐색하는 방법(수강 신청, 클럽 참여, 기숙사 선정, 구직, 학생증 만들기, 카페테리아, 도서관, 학생 식당 이해하기 등), 도움을 요청하고 필요한 것을 말하는 방법, 그 외의 훨씬 더 많지만 덜 체감할 수 있는 성과들. 대학에 다닌 사람들에게 시험 성적이나 과제물 주제를 기억할 수 있느냐고 물어보라. 비록 몇몇은 그 정보를 기억해낼 수도 있겠지만, 대부분의 사람들은 기억이 전혀 나지 않을 것이다. 그러나 만약 당신이 사람들에게 대학에서 배운 것들에 관해 말해볼 것을 요청한다면, 당신은 그 동일한 사람들이 모든 그들의 경험, 대학에서 사귄 평생 친구들, 그들이 시도했던 새로운 일, 심지어 그들이 했던 실수까지 수 시간 동안 이야기할 수 있다는 것을 발견한다. 이러한 기억들은 종종 대학에서 일어난 진정한 배움의 반영이다. 이러한 측면에서, 많은 다른 사람들이 그렇듯이, 대학 경험은 지적장애인들에게도 다르지 않다.

대학 경험은 다방면에서 지적장애학생들에게 의미 있는 것이 될 수 있다. 특히 중요한 것은 새로 학습된 기술과 정보들을 실생활의 성인 성과물에 연결하는 기회이다. 지적장애학생이 대학에 가기로 결정했을 때 개입된 모든 당사자는 그 학생에게 가장 요긴하고, 흥미롭고, 적합하고, 활용 가능한 대학 경험의 요인들과 그러한 경험과 성과물들이 무엇이 될지에 관해서 생각해보는 것이 중요하다. 청년의 부모들에게, 대학은 성인 세상으로의 멋진 디딤돌이다. 모든 부모는 현실 세계에서 자녀가 독립적이고, 행복하고, 기여하는 시민이 되고, 그들 스스로 뻗어나가기를 원한다. 그러나 동시에, 특히 17년 혹은 그 이상의 여러 해에 걸친 실질적인 모니터링과 지원 후에 갑자기 그들을 떠나보내는 것은 어려운 일이다. 대학 환경은 고유한

지원, 멘토, 점검과 균형, 권위의 모습, 규칙과 규율, 자아감 형성을 돕기 위한 실제 생활의 작은 집합, 연마기술, 미래에 중점을 둔 목표 창출 등과 더불어 성인 세상으로의 전환을 위한 이상적인 환경을 제공한다.

대학에서 충족되는 전환 목표

대학 캠퍼스는 성인 세상으로의 성공적인 전환을 위한 3가지 중요한 변인에 긍정적으로 영향을 끼칠 수 있는 기회를 제공한다: 고용, 사회적 네트워킹, 중등이후의 학습. 이러한 3가지 영역에서의 기본 토대를 가지고, 지적장애학생은 고등학교와 특수교육 이후의 세상에서 성공적이고 독립적인 시민의 길로 들어서기 시작할 수 있다; 이러한 것들은 독립성을 키우기 위한 기초물이 된다.

대학이 고용에 미치는 영향

모든 청소년은 21세기의 직업을 위한 준비가 되어 있을 필요가 있다. Ochs와 Roessler(2001)의 연구는 낙관적인 직업 전망을 가진 95명의 특수교육 학생과 99명의 일반교육 학생들의 직업 개발 수준을 비교했다. 불운하게도, 특수교육 학생들은 직업 결정 효율성, 직업 성과 기대, 직업 탐색 의도들에 있어서 덜 준비되거나 더 낮은 직업기대를 가진 것으로 (또는 이 2가지 모두) 보이며 유의미하게 낮은 점수를 나타냈다. 게다가 Dawn Rosenberg McKay(2006)에 의하면, 미국 노동부는 18~38세 사이의 고용인들이 보통 직업을 10번 바꾼다고 한다. 그러나 모두 신입 수준의 직업을 가진 지적장애 청년들은 그 직업에 수년 동안 머물러 있을 것이라고 너무 당연하게 여긴다. 사실 이러한 상황은 종종 성공적인 이야기로 칭송받는다. 현실에서 많은 장애 청년들과 비장애 청년들은 그들이 대학에 갈 때 어떤 직업을 원하는지 알지 못한다. 사실 1997~2001년까지 ACT 대학 배치시험을 보았고 자신들의 직업 진로에 대해 결정되지 않은 대학입학을 앞둔 고등학교 3학년의 비율은 9.6%에서 11.1%로 증가했다(*ACT News Release*, 2001). 그들은 다음 4년(또는 그 이상)을 자신들의 흥미를 끄는 것들에 관해 배우고, 네트워크를 개발하고, 마음을 바꾸고, 그들이 직업—자신들이 좋아하는 것을 하며 임금을 잘 받을 수 있는 길—을 찾는 것을 돕기 위한 지식을 얻는 데 소비한다. 지적장애 청년들도 다르지 않다. 그들의 흥미를 끄는 새로운 것들에 관해 배우는 것과 더불어, 의미 있는 직업을 위한 그들의 기회들이 증대된다.

전환계획과정을 통해서 그리고 중등이후 경험에 접근할 때, 가족과 학생들이 함께 논의할 필요가 있는 한 가지 사항은 그들의 목표가 고용과 어느 정도 관련되어 있는지에 관한 것이다. 학생이 추구하고자 하는 것이 어떤 유형의 직업인가? 이 질문에 대한 대답은 변인의 수에 따라 단순하거나 복잡할 수 있다.

고등학교에서의 직업 탐색

학생이 고등학교 재학 중에 어떤 형태로라도 직업 탐색을 경험해보았는가? 만약 학생이 직업현장 방문, 설명회, 직무참관 등과 같은 다양한 직업 선택들을 발견할 기회를 갖지 못했다면 그 또는 그녀는 관심 직업 영역에 기반을 둔 실제적인 경험을 가지고 있지 않을 수도 있다. 그런 경우, 고용 목표는 직업 탐색으로 시작할 수 있을 것이다. 이것은 다음의 몇 단계를 포함한다:

- 학생이 무엇을 하기 원하는지 전반적으로 알아보기 위해서 관심 직업목록 완성하기
- 대학 캠퍼스와 지역사회를 통해 학생이 하고 싶어 하는 것들과 관련된 사람과 장소들을 배정하기
- 학생의 관심과 관련된 직업들을 탐색하기, 관찰하기, 시도하기

직업 경험

학생이 전에 일해본 경험이 있는가? 일부 학생들은 고등학교 재학 중 직업 경험을 가질 기회를 얻는다. 이것은 학내의 직업, 사전 설정된 작업장에서 직업 시도 경험, 또는 지역사회 내의 유급 고용 형태가 될 수 있다. 경험 수준에 따라서—또는 학생이 직업 경험이 전혀 없다면—고용 목표는 직업기술을 개발하는 것이 될 수 있고, 이것은 스태프 지원과 더불어 인턴십이나 자원봉사 근무처를 통해서 이루어질 수 있다.

고등학교와 대학의 차이

고용에 직면했을 때 대학이 고등학교와 어떻게 다른가? 대학이나 지역사회기반의 경험이 고용의 영역에서 고등학교에서는 할 수 없는 것을 제공하는 것은 무엇인 가? 대학 경험이 지적장애학생의 고용 기회를 긍정적으로 지원하고 향상할 수 있 는 상당히 많은 방법이 있다.

확장된 네트워크

대학 캠퍼스 내에서 학생들에게 활용 가능한 새로운 상황이나 사람들의 확장된 네트워크는 더 넓고 더 다양한 경험들로 인도하기 때문에 더 많은 직업 기회로의 문을 열어준다. 일반적으로 사회적 네트워크는 사람들의 고용 상황에 긍정적인 영향을 미칠 수 있고 심지어 지적장애를 가진 사람들에게도 그렇게 작용한다 (Eisenman, 2007). 이러한 예는 스냅샷 A에서 공유된다: 한 학생의 사진에 대한 사랑이 그의 사회적 네트워크를 통해서 어떻게 4년제 대학에서의 유급 고용으로 전환되는지를 보여주는 로드니의 사례이다.

스냅샷 A: 로드니

로드니(Rodney)*는 지역교육청(LEA)에서 지원하는 주립대학교 캠퍼스의 이 중등록 프로그램에 재학 중이며 사진에 관심을 갖고 있는 지적장애 청년이다. 캠퍼스에서 만나는 사람들을 통해서 그는 대학신문 발행에 참여하게 되었다. 로드니에게는 신문에 게재되는 몇 가지 사진 과제들이 주어졌으며, 그는 스태 프(staff) 사진사로서 명단에 이름이 기재되었다. 캠퍼스에서 2년을 보냈을 때 쯤, 이 청년은 이중등록 프로그램을 떠나 대학에서 직접 과목에 등록했다. 학 점이수를 위해 수업을 듣는 시간제 학부 학생으로서, 로드니는 장래에 사진 저 널리즘을 직업으로 추구하려는 바람을 가지고, 대학신문사에서 유급 고용에 적격한 자격을 갖추게 되었다. 로드니는 두 회기 동안 사진 에디터로 선출되었 고 계속 이 대학에 고용된 신분을 유지하게 되었다.

---

* 사례 연구 스냅샷들에서 언급된 모든 학생의 이름은 (익명성 보장을 위해) 가명을 사용했다.

확장된 학습 기회

대학이나 지역사회기반의 경험들이 학생의 고용 목적을 지원할 수 있는 또 다른 방법은 학습 기회와 코스 제공을 통해서이다. 고등학교에서 졸업과 표준화 검사에 대한 요구 사항들을 충족시키는 데 중점을 두는 것은 종종 과목의 선택을 제한할 수 있다. 개인적으로 흥미가 있는 수업을 들을 기회는 거의 없다. 중등이후의 교육은 장애학생과 비장애학생에게 그들의 흥미와 관련된 수업을 들을 기회를 제공한다. 이러한 과목들은 그들에게 직업 분야에 대한 통찰력을 제공하고, 직업 분야에 진입하기 위한 기본 기술들로 그들을 무장시키며, 그들이 특정 직업 분야에서 진보하도록 돕기 위한 현존 기술들을 형성한다. 스냅샷 B: 매니와 스냅샷 C: 줄리아는 이 두 학생이 수업을 들음으로써 자신들의 직업 기회들을 어떻게 바꾸었는지를 보여준다.

스냅샷 B: 매니

매니(Manny)*는 대학기반에서 서비스를 받는 지적장애 청년이다. 매니는 지역사회 내 상점의 정육코너에서 일하고 있었다. 그는 그 상점에서 일하는 것을 즐겼지만 고기를 만지고 자르는 기계들을 사용하는 것을 좋아하진 않았다. 그는 그 대신 제과부에서 일하고 싶어 했다. 그러나 그곳에는 신입 수준에서 일할 수 있는 자리가 없었다. 대학 프로그램의 지원으로 그는 전문대학과 지역 공립학교 시스템의 협력을 통해 제공되는 야간 성인교육과정을 알아보았다. 그는 과정 이수 후에 자격증을 수여하는 케이크 장식 시리즈를 찾았다. 강좌를 수료하고 자격증을 받은 후, 그는 상점에 있는 슈퍼바이저를 찾아가 그의 관심과 기술 수준을 보여줄 뿐 아니라 그의 직업적 성장에 대한 헌신을 보여주었고, 신입 수준보다 더 높은 수준의 제과 직원으로 고용되었다. 그는 지금 자신이 즐기는 일을 가졌을 뿐 아니라 더 많은 돈을 벌고 있다.

스냅샷 C: 줄리아

줄리아(Julia)*는 전문대학기반의 이중등록 프로그램에 재학 중인 20세의 지적장애 여성이다. 그녀의 직업적 관심은 아동보육이었지만 그녀의 유일한 실제 경험은 형제와 사촌들을 돌보아온 것뿐이었다. 아동보육은 그녀의 지역사회에서 매우 경쟁이 치열한 영역이기 때문에, 그녀는 아동보육 보조인으로서의 직업을 찾는 데 어려움이 있었다. 그녀가 다니고 있는 전문대학에서는 아동발달 자격증 프로그램을 제공했고, 도움을 받아서 그녀는 이 프로그램 내에서 제공하는 강좌들을 탐색해보기 시작했다. 줄리아는 매 학기 그 프로그램 내의 다른 강좌들을 청강했고 지역의 커뮤니티센터에서 제공하는 응급구조강좌에 등록했다. 비록 그녀는 아동발달자격증을 받지는 못했지만, 그녀는 지금 자신을 고용주에게 관련 기술들을 배우고 있으며 응급구조강좌를 수료했고 열정과 헌신적인 잠재력을 가진 사람으로 보여줄 수 있다. 줄리아는 지역 내 아동보육센터의 아동보육 보조인으로서 직업을 구할 수 있었다. 그녀의 목표는 자신이 학점이수를 위해 강좌를 들을 준비가 되었다고 느낄 때까지 계속해서 아동발달강좌들을 청강하는 것인데, 그렇게 함으로써 그녀는 자격증을 따게 될 것이고 그녀의 직장 내에서 더욱 성장해나갈 수 있을 것이다.

이러한 사례들은 고등학교 이후 더 큰 공동체의 일부가 되는 것이 관심 분야의 직업영역으로 직접적으로 이끄는 새로운 기회로의 문을 열어준다는 것을 보여준다. 연구들은 중등이후 경험들과 관련된 다른 긍정적인 결과들을 제시해왔다.

매사추세츠 주에서 행해진 연구(Zafft, Hart, & Zimbrich, 2004)는 중등이후의 교육 경험을 가진 20명의 지적장애학생들과 중등이후의 교육 경험이 없는 20명의 비슷한 학생들을 비교했다. 그 결과 일을 하고 있는 중등이후의 교육 경험을 가진 학생들은 100% 모두 지역사회 내의 경쟁고용 환경에 있었고, 반면에 일하고 있는 그들 코호트의 단지 42.9%만이 경쟁고용에 배치되어 있었으며; 대부분은 비경쟁고용 또는 보호작업장 환경에 있었다. 게다가 그 결과는 중등이후의 교육 경험을 가진 학생들의 66.7%는 그들의 직업을 수행하기 위해서 직무지도원과 같은 직업 관련 지원들을 사용하지 않은 반면에 중등이후의 교육을 받지 않은 학생들의 28.6%만이 직업 관련 지원들을 필요로 하지 않았다는 것을 나타낸다. 그리고 임금률에 관해서는, 중등이후의 교육을 받은 어떤 학생도 시간당 6.75달러 이하를 받고는 일하지 않았으며, 반면 중등이후교육의 경험이 없는 몇몇의 학생들은 일한 분량에 따라 공임을 받는 일을 하거나 시간당 50센트나 시간당 4달러 10센트를 벌고 있었다. 이 연구는 중등이후교육의 경험이 잠재적으로 작업 환경, 필요한 지원의 수준, 임금률 등에 긍정적인 영향을 미친다는 것을 보여준다.

중등이후교육 환경에서, 지적장애학생들은 그들이 만나는 사람들과 그들이 접근해온 자원들을 통해서 직업 목표들을 개발하고 추구할 수 있다. 그들은 승진이나 직업 변경을 통해 그들의 직업을 향상시키기 위해 강좌들에 접근할 수 있다. 접근성, 기회, 그리고 지원이 주어졌을 때, 지적장애학생들은 자신들의 고용 결과에 대한 향상된 자신감과 통제력을 가질 수 있다.

사회적 네트워크에 대한 대학의 영향

대학 경험에 의해 제공되는 또 다른 중요한 기회는—단지 숫자적인 측면에서뿐 아니라 다양성의 관점에서—사회적 네트워크를 개발하고 확장할 수 있는 능력이다. 통계에 따르면 장애를 가진 고등학교 졸업생들은 일단 고등학교를 떠난 후 높은 수준의 사회적 고립을 나타내며 보통 장애인만을 위한 활동에 참여한다는 점을 상기해보라(National Organization on Disability, 1998; U.S. Department of Education, 1996, 1999). 이것이 지적장애를 가진 전형적인 청소년들의 현실이지만, 일반적인 대학생들에게는 정반대의 일들이 일어날 것이다. 청소년들은 대학에 가서 갑작스럽게 다양한 성격, 문화, 배경, 경험, 가치를 가진 모든 유형의 동료들에게 노출된다. 대학생들을 사회적으로 연합하기 위한 목적으로 공식적 또는 비공식적으로 계획된 활동들이 캠퍼스 전역에 있다. 대학생들이 함께 모이고 "어울리는 것"을 허용하기 위한 한 가지 목적으로 존재하는 장소들이 캠퍼스 내에 있다.

사회적 낙인에서 벗어남

일단 청년의 사회적 네트워크가 확장되면, 그들의 정체성 또한 확정되고 변화될 수 있다. 많은 지적장애학생들에게 대학은 그들이 공교육에 도입된 이래로 그들의 장애에 의해 정의되지 않는 첫 번째 기회가 될 수도 있다. 비전형 학생들로 가득 찬 대학 공동체는 위대한 평등사회가 될 수 있다. 대학 공동체는 다양한 다른 공동체, 문화적 배경, 가족 형태로부터 온 모든 다양한 인종, 학업 수준, 종교를 가진 사람들을 맞이한다. 다양성이 환영받는다. 이 새로운 정체성과 사회적 네트워크에 대한 접근성이 주어지면, 이전에는 대중교통수단에 접근하고, 교실에서 도움을 받고, 물건을 구입하는 것 등을 보조하기 위해서 유급 고용된 지원 스태프에게 온전히 의지해왔을지도 모르는 지적장애청년은 친구를 돕는 친구, 서로를 지원하는 동료 등과 같은 자연적인 형태의 성인 독립성에 접근성을 가질 수도 있다. 그리고 단순히 그 공동체의 일부가 되는 것만으로도 스냅샷 D: 론다의 사례에서 보여주는 것처럼 특정 지위와 인식을 나타내고 자신감 향상을 이끌어낼 수 있다.

스냅샷 D: 론다

볼티모어(Baltimore)에 있는 존스홉킨스 대학교(Johns Hopkins University)에 기반을 둔 대학 프로그램에 있는 지적장애학생인 론다(Rhonda)*는 그녀의 이동 훈련의 일부로 프로그램 관계자와 함께 버스를 기다리고 있었다. 그들은 몇몇 다른 존스홉킨스 대학교 학생들과 함께 있었는데 그들 중 한 명은 (론다가 버스 노선을 스스로 숙지할 때까지 그녀와 캠퍼스 버스에 동승하겠다고 동의했던) 론다가 캠퍼스 내에서 인턴을 한 사무실에서 만났던 어린 소녀였다. 그들이 기다리는 동안, 론다가 이전에 다니던 고등학교를 나온 젊은 남자가 버스 정류장에 나타났고 그녀를 알아보았다. 그는 그녀에게 무엇을 하며 지냈느냐고 물었고, 론다는 자신이 존스홉킨스 대학교에 다닌다고 대답했다. 그가 그녀의 말을 믿지 않아서, 론다는 자신의 학생증을 꺼냈고 그를 필리핀에서 온 철학전공생인 그녀의 친구에게 소개했다. 그 젊은 남자의 불신은 놀라움으로 바뀌었고, 론다의 자존심과 자신감은 부풀어올랐다. 이 사람이 바로 고등학교 때 너무 내성적이어서 거의 말을 못하는 것으로 알려진 어린 소녀였다. 그것이 지원 스태프가 론다와 버스를 함께 탄 마지막 날이었다; 그녀는 스태프에게 앞으로는 친구들이 도와줄 것이기 때문에 더 이상 오지 말 것을 요청했다.

대학에서의 자연스러운 사회적 환경

대학 캠퍼스 내에서는 자연스러운 사회적 상호작용이 일어날 기회가 많이 있다. 앞에서 소개된 지금은 대학신문사에서 일하고 있는 코네티컷 청년의 사례는 모두 그가 청강하고 있던 수업에서 대학신문사에서 일하는 또 다른 청년을 만났을 때 시작되었다. 그가 그 사람을 알았기 때문에, 그는 대학신문 관계자에게 다가가 자리가 있는지 물어볼 만큼 충분히 편안하게 느꼈다. 이것은 전형적인 동료 대 동료 네트워킹의 사례이다. 그러나 지적장애가 있든 없든 간에 모든 학생이 이러한 종류의 네트워킹을 할 수 있는 기술, 경험, 자신감 등을 가지고 있는 것이 아니고, 그들 스스로 사회적인 관계를 시작하고 유지하기 위해서 배워야 한다.

한때 나는 나의 사회복지사 킴(Kim)에게 캠퍼스에서 나와 함께할 활동 보조인을 찾는 것에 관한 질문을 받았다. 나는 부모님 대신에 어떤 일을 함께 할 수 있는 동료가 생기는 것은 매우 멋진 일이라고 생각했다. 그녀는 우리가 캠퍼스 전역에 붙이기 위한 전단지를 만들어야 한다고 말했다. 킴과 나는 전단지를 만들기 위해 함께 일했다. 나는 일주일 후에 5명을 인터뷰했다. 그녀와 나는 그 사람들이 나와 함께 무엇을 할 수 있을지에 관해 말했고, 1명의 소년과 1명의 소녀를 선택하는 것이 최선일 것이라고 생각했다.

처음에는 도우미를 갖는 것이 낯설게 느껴졌고, 그래서 나는 부모님에게 그것에 대해 이야기했다. 몇 주가 지나자 나는 편안하게 느끼게 되었고 즐겁게 지내고 있었다. 네이트와 아만다는 나의 숙제를 도와주었고 때로는 나를 학교에서 집까지 데려다주었다. 그들은 또한 나를 야구 경기나 클럽 모임, 힙합 에어로빅, 지역사회 서비스 행사 같은 캠퍼스 내의 행사들에 데리고 갔다. 나는 캠퍼스 내의 폭넓은 다양한 것들을 경험하게 되었다. 이것은 나로 하여금 캠퍼스 내의 더 많은 사람들을 만나고 많은 친구들을 사귀게 하였다. 나는 대학에 관해 더욱 흥미를 느끼게 되었고 이것은 나의 대학 경험을 더 좋게 만들었다. 나는 더 진짜 대학생처럼 느꼈다.

네이트와 아만다는 나와 함께 캠퍼스 밖을 어울려 다녔다. 우리가 숙제를 하지 않거나 이벤트에 가지 않을 때, 아만다와 나는 옷을 사러 쇼핑을 가거나, 영화를 보거나, 저녁을 먹거나, 커피를 마시거나 은행에 갔다. 한번은 아만다와 캠퍼스 내의 국제학생 파티에 갔다. 우리는 모든 문화에 관해 배우고 모든 다른 음식들을 맛보며 즐거운 시간을 보냈다; 우리는 심지어 초밥을 먹었다. 또한 그날 밤에 우리는 폴란드 클럽에 가입했다. 네이트와 나는 콘서트에 갔고 야구를 했다. 나는 심지어 그 밤을 그의 아파트에서 보냈다. 이것은 나로 하여금 학교 밖의 생활에서 내가 해야 하는 것과 더욱 독립적이 되는 방법들을 배우도록 했다.

나는 또한 보스(Boss)가 되는 방법을 배웠다. 나는 네이트와 아만다의 출퇴근 기록일지에 서명을 해야 했고 만약 내가 실수를 한다면 그들은 보수를 받지 못할 것이다. 나는 그들에게 내가 하기를 원하는 것을 말할 수 있어야 했고 나의 생각을 분명하게 설명해야 했다.

1년 반이 지난 지금, 아만다는 여전히 나를 돕고 있는 중이다. 나는 아만다가 학생 리더십 수련회에 가도록 해야 했지만, 아만다는 나를 성 주드 아동연구병원(St. Jude's Children Research Hospital)을 위한 캠퍼스 차원의 기금모금행사인 Up 'til Dawn(동틀 때까지)에 참여하게 했다. 우리는 친구와 가족들에게 그들이 병원에 기부할 수 있는지를 문의하는 편지를 보냈다. 나는 내가 아픈 사람들을 도울 수 있어서 이 일을 정말로 좋아했다. 2006년의 편지쓰기 파티에서 나는 아만다의 도움으로 113통의 편지를 보냈고 500달러의 기금을 모을 수 있었다.

가을 학기에 아만다는 나의 비디오와 파워포인트 자료를 캠퍼스 내의 모든 여학생클럽 학생들에게 보여주도록 주선하였다. 이로 인해 나는 사라와 제이미를 만났고 그들은 나의 새 친구가 되었다. 제이미와 나는 때때로 점심을 함께 먹었고 그냥 수다떨거나 어울려 돌아다녔다. 나는 사라와 수업을 듣는데 그녀는 나는 동료 튜터이다. 나는 사라와 제이미의 친구가 될 수 있어서 기쁘고 그들은 나에게 자신들 또한 나의 친구가 되어서 기쁘다고 말했다. 또한 사라, 아만다, 나는 모두 알파 파이 오메가(Alpha Phi Omega) 지역사회 서비스 연합 동아리에 가입하고 있다. 지금 현재 노력하고 있는 아만다와 나의 일부 목표는 돈을 관리하고, 식품을 구입하고 준비하고, 나의 읽기 기술들을 향상시키는 것이다.

-미가 피알카-펠드먼(Micah Fialka-Feldman),

미시간에 있는 오클랜드 대학교 학생

대학 캠퍼스에서의 사회성 기술 교수

선행연구들은 동료와 사회적으로 상호작용하는 능력이 실생활에서 성공과 관련된 중요한 기술임을 보여주었다(Andrews, 2005; Butterworth & Strauch, 1994). 그러므로 중등이후의 환경에서 사회성을 개발하는 것은 지적장애학생들을 위한 중요한 목표이며 관계자와 가족들에 의해 지원될 수 있고 지원되어야만 한다. 지적장애학생들은 역할극을 할 기회가 필요할 수도 있고 스냅샷 E: 바버라의 사례에 예시된 것처럼 낯선 환경을 다루는 기회를 필요로 할 수도 있다. 대학 환경의 성인적 특성 때문에 가족들은 캠퍼스 내의 약물과 알코올의 잠재적인 존재에 대처하는 방법에 관해 솔직한 대화를 해야 한다. 학생들은 자신들의 사회적 상호작용을 어떻게 느끼고 있는지에 관해 논의하기 위해 할당된 특정 시간을 필요로 할 수도 있다. 일부 중등이후교육 프로그램은 사회적 쟁점이나 관계와 관련된 문제들을 논의하기 위한 집단 세션을 열기 위해서 사회복지사나 상담사를 고용한다. 다른 프로그램들은 학생들이 대학의 사회적 현실을 더 잘 탐색하도록 돕기 위해서 학생들과 개인적으로 일하기 위한 동료 멘토들을 요청한다. 자신을 소개하기 위한 단계들을 세분화해서 과제 목록을 만드는 것, 역할극, 반복, 단순히 그들이 자연스럽게 가질 수 없는 것을 개발하기 위한 사회적 상호작용의 기회들을 만드는 것 등과 같이 학생들에게 사회성 기술과 역량을 가르치는 것을 돕기 위한 상당히 많은 기법이 연구되어왔다(Sukhodolsky & Butter, 2007; Chadsey-Rusch, 1990; Foxx & Faw, 1992). 각 학생들이 서로 다른 지원을 필요로 한다는 것을 기억하는 것이 중요하다.

스냅샷 E: 바버라

바버라(Barbara)*는 볼티모어에 있는 전문대학에 기반을 둔 학교 체계가 지원하는 이중등록 프로그램의 프로그램 코디네이터였다. 주중에 그녀가 사회적 상호작용을 촉진하는 것을 돕기 위해서 둘러보고 있을 때, 그녀의 학생들이 새로운 네트워크를 개발하는 것을 매우 잘하고 있다는 것을 깨달았다. 그러나 그들은 프로그램에서 멀어져 있을 때—주말이나 휴일—는 스스로 사회적 삶들을 시도하지 않고 있었다. 그 결과 그녀는 다양한 사회적 이벤트와 관련된 계획 카드를 개발했다. 예를 들면 그녀는 일부 학생들이 지갑에 소지하고 다닐 수 있는 영화 카드를 만드는 것을 도왔다. 이러한 카드들은—때로는 문자로, 때로는 그림이나 상징들을 사용하여—어떻게 영화를 선정하고, 극장의 위치와 상영시간을 찾고, 친구를 부르고, 버스 노선과 시간을 정하고, 어디서 친구를 만날지 의논하고, 영화와 음식비용을 계산하고, 안전하게 집으로 돌아오는지에 관한 단계적인 사용설명서를 포함했다. 주중에 바버라와 그녀의 스태프는 학생들과 영화 및 버스 일정표를 보고, 구입한 것에 대한 비용을 지불하고 음료를 사기 위해서 어떤 말을 해야 하는지 배우는 것 등을 연습했다. 역할극과 카드를 이용한 연습은 그녀의 많은 학생들이 스스로 친구와 저녁 외출을 시도하도록 돕기에 충분했다.

가족들이 도울 수 있는 방법

자녀가 사회적인 네트워크를 확장하도록 가족들이 어떻게 도울 수 있을까? 위의 시나리오에서, 가족 구성원들은 자녀가 일정표를 제대로 읽고 있는지 확인하는 것이나 그들이 계획된 활동에 참여할 충분한 돈을 가지고 있는지 확인하는 것 등을 돕는 것을 함께 할 수 있다. 가족들은 또한 지적장애학생들이 사회적 이벤트에 참여하는 데 큰 장벽이 될 수 있는 이동수단에 도움을 줄 수도 있다(Grigal et al., 2001). 대학에서 다른 학생들과의 많은 사회적 이벤트―콘서트, 운동 경기, 연극 등―는 저녁에 열린다. 만약 학생이 제한된 이동수단 때문에 저녁에 캠퍼스로 돌아오는 데 어려움을 갖는다면 그들은 이러한 사회적 기회들을 잘 활용하지 못할 것이다. 캠퍼스 내의 사회적 이벤트에 데려다주고 데려올 수 있는 이동수단을 배정하는 데 도움을 주거나 이동수단을 제공해줄 수 있는 가족들은 자녀가 사회적 네트워킹을 위한 부가적인 기회들에 접근하는 것을 도울 수 있을 것이다. 학교뿐 아니라 가정으로부터의 격려와 칭찬은 또한 학생들이 더 자신감을 느끼고 기꺼이 새로운 사회적 활동들을 시도하도록 도울 수 있다.

대학이 학습에 미치는 영향: 새로운 관점

초기에 언급된 것처럼, 고등학교와 대학의 중요한 차이는 활용 가능한 학습의 유형들뿐 아니라 학습에 대한 동기이다. 고등학교에서의 학습이 종종 시험, 표준, 졸업을 위한 필수 학점 등에 의해 주도되는 반면에, 중등이후의 학업은 더욱 개인적인 흥미의 반영이 될 수 있다. 이것은 많은 지적장애학생들에게 학습이 정말로 재미있고 그들의 삶에 의미를 가질 수 있는 것임을 발견하는 최초의 시기이다. 대학에 다니는 지적장애학생들에게 단순히 대학 수업을 듣는 행위는 중요한 의미를 갖지 않을 수도 있다. 그러나 수업을 듣는 과정과 이유를 이해하는 것―자신의 흥미를 이해하고, 그 흥미에 적합한 수업을 찾고, 수업에 등록하고 수업료를 내는 방법을 배우고, 교실을 찾아가는 방법을 알아내고, 수업을 둘러싼 여러 활동의 일정을 조정하는 것을 배우고, 도움을 요청하는 것을 배우고, 단순하게 이 모든 과정이 가능하고 바람직하다는 것을 아는 것—은 삶의 큰 교훈이고 학습이 고등학교로 끝나지 않는다는 것을 깨닫는 첫걸음이 된다. 지금 이러한 학생들은 개인적 향상, 진로 향상, 새로운 기술과 취미, 그리고 새로운 친구들의 네트워크로 이끌 수 있는 일생에 걸친 학습을 연습할 수단들을 가지고 있다.

지적장애학생은 다른 모든 학생과 마찬가지로 많은 이유로 수업을 듣기 원할 수 있다: 새로운 것을 시도하는 데 관심이 있다던지, 이미 가지고 있는 기술들을 향상시키기 원한다던지, 진로 목적과 연관되어 있고 직업을 찾는 데(또는 더 나은 직업을 찾는 데) 도움이 될 수도 있는 특정한 것을 배우기 원한다던지, 또는 단지 재미있는 것을 경험하기 원한다. 여기에 우리가 함께 일해온 몇몇 학생의 사례와 그들이 수업을 듣기 원하는 매우 다른 이유들이 있다:

- 섀넌(Shannon)*은 더 건강해지고 체중을 좀 감량하기 원해서 영양학 수업에 등록했고 에어로빅 수업을 들었다.
- 케이샤(Keisha)*는 아이를 돌보는 것을 좋아하고 친척들이 아닌 다른 아이들을 돌보는 것으로 범위를 확장하기 원했다. 그녀는 잠재적인 고객에게 제공할 특별한 기술을 가지고 시간당 보수를 조금이라도 더 요구할 수 있도록 하기 위해서 CPR/응급구조 수업을 들었다.
- 나단(Nathan)*은 사무실 환경과 멋지게 차려입고 일하는 것을 좋아했기 때문에 사무실에서 일하기를 원했다. 그는 사무 영역에서 직업을 얻을 수 있는 가능성을 높이기 위해 키보드 작업과 컴퓨터 기술 수업 몇 가지를 들었다.
- 연극을 좋아하지만 휠체어 사용 때문에 고등학교에서 공연할 기회를 한 번도 가져보지 못한 케리(Kerry)*는 연극 과목을 수강할 수 있었다. 그 수업에서 그녀는 공연에 관한 비디오들과 다른 학생들의 공연들을 볼 수 있었을 뿐아니라, 스스로 공연을 할 기회를 가질 수 있었다. 그녀는 또한 공연에 관심이 있는 많은 친구들을 사귀었고 그 새로운 그룹의 친구들과 캠퍼스 내의 몇

가지 공연을 관람했다.

이러한 각각의 학생들은 수업에서 성공적이기 위해서 다음과 같은 일련의 지원을 받았다.

- 수업시간 동안 학생 멘토와 짝이 되기
- 다른 형식으로 과제 받기
- 수업시간 사이에 개인교수와 함께 교재 살펴보기
- 교실을 찾기 위해 캠퍼스 지도 사용하기

이러한 모든 사례에서 학생들은 얼마나 잘 실행했고 그들이 배우고 있는 것을 실제로 얼마나 많이 즐겼는지에 관해서 다른 사람들과 자신들을 놀라게 하는 것으로 끝냈다. 유용한 정보 6.1은 학생들이 성공적인 경험을 준비하도록 돕기 위한 일부 전략을 보여준다.

•• 유용한 정보 6.1

당신의 자녀가 대학에서 성공하기 위한 준비를 하도록 돕기: 대학 경험을 준비하기 위해서 학생과 가족들이 할 수 있는 것

1. 지식을 갖추어라! 무엇을 기대할지에 관한 명확한 생각을 가짐으로써, 가족들은 그들의 자녀를 더 잘 준비시킬 수 있다.

   우리는 무슨 일이 일어났었는지를 살펴보아야 했다. 우리는 그 분야에 있는 지도자들에게 그들이 인지장애학생을 위한 대학에 대해 아는 것을 문의하기 위해서 이메일과 편지를 보냈다. 우리는 국립 학회들에서 열리는 워크숍에 참석했다. 우리는 지역의 대학에서 가르치는 친구들을 만났고 그들과 미가의 꿈에 대해서 의논했다.

   ─재니스 피알카─펠드먼

2. 개인중심계획팀의 일부가 되어라. 가족들은 그들의 자녀에 대해 가장 잘 알고 있으므로 성공으로 이끌 수 있는 다른 효과적인 지원들에 대한 자신들의 지원과 아이디어를 제공할 수 있고, 자녀의 목적 설정에 있어서 귀중한 정보를 제공할 수 있다. 게다가 가족들은 자녀가 집에서는 나타내지 않을 수 있지만 선생님이나 친구들에게 나타낼 수 있는 부가

적인 기술, 재능, 특성에 관해 배우는 것이 중요하다.

3. 대학 진학에 대한 계획을 일찍 시작하라. 많은 지적장애학생의 가족들은 자녀의 중등이 후교육을 기대하지 않는다. 이것이 잠재적인 옵션으로서 기대될 때, 학생들이 중학교나 더 이른 단계에 있는 동안 그 과정을 도울 수 있는 다음과 같은 많은 실행 단계가 있다:

- 학업 과정을 격려하라 — 학생들이 학업적 교실 환경에서 더 많은 경험을 가지면 가질 수록 대학 환경에 더 준비가 될 것이다.
- 재정적인 계획을 시작하라 — 지역교육청에 의해 지원되는 것부터 지역, 주정부, 연방정부의 재정보조와 장애 특화(직업재활 등) 프로그램에 접근하는 것에 이르기까지 대학 경험을 위한 재정지원을 위한 몇 가지 선택들이 있을 것이다. 가족들은 모든 가능성을 일찍부터 살펴볼 필요가 있다.
- IEP 전환계획에 일찍 개입하라 — 학생과 학교 담당자들은 적절한 준비가 이루어지도록 하기 위해서 대학을 옵션으로 고려할 필요가 있다.

4. 함께 대학들을 방문하고 강좌 카탈로그를 살펴보라 — 만약 학생이 이것을 가족 구성원들과 편안하게 해본다면, 나중에 대학 캠퍼스에 있게 되는 것이 그렇게 낯설게 느껴지지 않을 것이다. 경험으로부터 낯섦이나 새로움을 없애기 위해서 가족이 어떤 일들을 미리 해볼 수 있는 것은 학생이 나중에 전환을 더 쉽게 하도록 만들 것이다.

5. 자녀의 장애와 그것이 자녀에게 어떻게 영향을 미치는지, 그리고 당신의 자녀가 성공하기 위해서 가장 잘 도울 수 있는 조정과 지원들을 이해하라 — 그리고 당신의 자녀 또한 이 모든 것을 알고 있는지 확인하라. 장애를 설명하고 지원을 요청하는 것을 자녀와 함께 연습하라. 자녀들이 초기에 더 많은 연습을 할수록 그들이 자기옹호가 요구되는 대학 환경 내에서 자기옹호자가 되기 더 쉬워질 것이다.

독립으로의 길 닦기

대학에 진학하는 대부분의 청년들에게 이것은 독립을 향한 실질적인 첫 단계이다. 비록 학생이 캠퍼스 내에 거주하지 않고 여전히 가족들과 함께 집에서 살더라도, 대학생은 훨씬 더 많은 개인적인 책임, 자신의 일정관리권, 탐색할 자유, 그들에게 제공된 완전히 새로운 수준의 기회들을 갖고 있다. 이 모든 것을 성공적으로 수행하기 위해 장애학생과 비장애학생은 모두 자기결정기술을 개발할 필요가 있다.

자기결정과 중등이후교육

자기결정기술은 전환계획의 중요한 기여 요인이 되는 것으로 잘 연구되어왔고 (Agran, Snow, & Swaner, 1999; Eisenman & Chamberlin, 2001; Wehmeyer, Agran, & Hughes, 2000), 최근에는 장애학생들의 성공적인 중등이후 경험들과 상관관계가 있는 것으로 나타났다(Getzel & Thoma, 2008; Jameson, 2007; Thoma & Wehmeyer, 2005). 특수교육 분야에서 가장 빈번하게 사용되는 자기결정에 관한 정의 2가지는 다음과 같다:

> 한 사람의 삶에서 주된 행동의 주체로 행동하며 외부의 영향이나 방해에 얽매이지 않고 자신의 삶의 질에 관한 선택과 결정을 하는 것. (Wehmeyer, 1992, p. 305)
>
> 한 사람으로 하여금 자신의 개인적 목표들을 정의하도록 하고 그러한 목적들에 다다르기 위해 주도권을 갖도록 하는 태도, 능력 및 기술. (Ward, 1988, p. 2)

대학 환경은 작은 지역사회와 같다. 그곳은 개인의 날개를 펴기 위한 많은 기회를 제공하면서, 그곳의 조직과 구조 때문에 학생들에게 일부 안전망을 제공한다. 이러한 결합은 대학 환경을 지적장애학생들이 자신들의 자기결정기술을 연마하고 심지어 완전히 습득하는 것을 돕기 위한 이상적인 환경으로 만든다. 공립학교 특수교육 환경 내에서의 많은 지적장애학생들의 경험은 종종 매우 고립되고 보호된다. 공립학교 특수교육은 성인 환경에서 예견되는 행동과 상호작용을 다룰 수 있긴 하지만, 그러한 일들이 실제 일어나는 환경 내에서 그 기술들을 실제로 연습할 기회는 거의 없다. 대학 공동체의 일부가 되는 것과 대학 환경이 가지고 있는 모든 것은 지적장애학생들에게 다양한 기술을 실생활 환경에서 연습할 기회를 제공할 수 있다.

다른 대학생과 마찬가지로 지적장애학생은 다음의 방법을 배운다.

- 자신의 일정 결정하기
- 자신의 수강 과목을 적합하게 결정하기-흥미, 기술, 가능한 강의 시간 맞추기
- 자유시간 관리하기-갈 장소, 새로운 사람을 만나는 방법, 대학 캠퍼스를 혼

자 안전하게 돌아다니는 방법

- 강사, 장애지원센터 관계자, 튜터, 고용주, 친구 등으로부터 필요할 때 도움 요청하기
- 문제 해결하기
- 필요한 조정 설명하기

이러한 청년들의 경험과 책임들이 변화함에 따라서, 그들 가족들의 경험과 책임도 변화한다. 가족 내의 모든 아이가 한 시기를 떠나 다른 시기로 들어섬에 따라 가족 구성원도—그들의 관점, 태도, 중재의 수준과 유형, 심지어 감정 등을 조정하는 것을 포함해서—그러한 변화들에 적응해야 함을 기억하는 것이 중요하다.

가족들의 변하는 역할

대학에 가는 것은 가족들에게 종종 그들이 자녀를 어떻게 보는지에 있어서 변화를 촉진한다. 갑자기 아이가 새로운 역할과 책임을 가진 어른으로 보인다. 흥미로운 것은 이것이 부모의 역할 또한 주요한 옹호자로부터 지원자와 인도자 중 한 사람으로 변화시키는 것이 틀림없다는 것이다. 그러한 구분을 짓는 것은 종종 전형적인 청소년을 가진 부모들에게 어려운 일이지만, 지적장애 청년을 가진 부모들에게는 극한의 도전이 될 수 있다. 가족 구성원이 인도자, 관망자, 보호자, 결정자의 역할을 했다면, 이제 그들은 한발 뒤로 물러나서 자녀들이 더 많은 통제권을 갖는 것을 지지하는 것을 배워야 한다. 이것은 자녀가 새롭고 다르고 잠재적으로 덜 최적인 선택을 하는 것을 지켜보아야 하고, 휘청거리고 회복하는 것을 지켜보아야 한다는 것을 의미할 수도 있다. 가족들은 자녀를 위해 결정을 해주기보다는 일정 거리를 두고, 학생을 위험한 결정으로부터 멀어지도록 인도함으로써 계속해서 그들을 보호한다. 더 일찍 가족들이 결정자로서의 주요한 역할보다는 지원자 역할로 이동할수록 좋다. 이는 미묘한 차이처럼 들릴 수도 있지만 일생 동안 자녀의 일에 적극 참여해 진두지휘하는 역할을 수행해온 가족들에게는 그냥 두고보는 것이 극도로 어려울 수도 있다.

자녀를 막 대학 경험으로 보내는 부모에게 그들이 어떻게 느끼는지 물어보라.

그러면 그들은 두려움, 불안, 초조감, 불확실성과 더불어 자존감, 흥분, 기쁨, 그리고 심지어는 안도감 등이 혼합된 감정을 갖고 있을 것이다. 대학 경험을 시작하는 지적장애학생의 부모에게 물어보라. 그러면 이러한 동일한 감정들이 배가 된다. 전체 교육경력 동안 특수교육 프로그램에 있었던 아이들은 종종 많은 돌봄, 손잡아주기, 안전, 보호, 그리고 종종 분리를 경험한다. 비록 이러한 학생들이 적절한 행동과 생활기술들에 관해 배울지라도, 그들은 상당 부분 이것들을 다소 보호된 환경 내에서 배운다. 많은 학생들과 가족들에게, 대학 환경 내의 경험으로 들어가는 것은—학교 체계의 도움을 받더라도—실제 세상으로의 첫 단계이다. 그리고 이것은 두렵고 위험하다.

위험감수의 존엄

위험감수의 존엄은 Robert Perske(1972)와 Wolf Wolfensberg에 의해서 1970년대에 처음 소개된 개념이다. 그 용어는 적절하고 합리적으로 위험을 감수하는 것이 어떻게 지적장애인의 일상생활 경험에 작용할 수 있고 작용해야 하는지를 언급한다. "우리의 최상의 성취의 많은 부분은 어려운 방식으로 왔다: 우리는 위험을 감수했고, 변동이 없었고, 고통 받았고, 마음을 추스르고(picked ourselves up), 다시 시도했다. 때때로 우리는 성공했고, 때로는 성공하지 못했다. 심지어 그렇다 해도, 우리는 노력할 기회가 주어졌다. 특수한 요구를 가진 사람 또한 이러한 기회들을 필요로 한다."(Perske, 1972, p. 26)

위험감수는 "잠재적인 함정", "위험(danger)", "위기(jeopardy)"로 정의될 수 있지만 위험감수는 또한 "선호하는 결과에 대한 바람으로 도박을 하는 것"처럼 기회의 근간으로서 정의될 수 있다(www.wordnet.princeton.edu, *Webster's New World Thesaurus*). 잘 계산되고 분별 있는 위험들을 감수하는 것은 대부분의 사람들이 학습하는 방식이다. 모험의 정확한 결과에 관한 불확실성은 결과가 순조로울 때 우리에게 자존감과 성취감을 준다. 그리고 실패가 발생할 때—물리적인 상해나 위험을 포함하지 않는 실패—우리는 삶의 교훈과 적응하는 방식을 배운다. 대학에 진학하는 모든 사람은 불확실성과 미지의 사람들에게 노출된다. 더 많은 책임감, 자유, 선택의 기회, 매일의 일정에 대한 관리권과 함께 대학에 진학하는 것의 잠재적인 이점으로 초기에 논의된 모든 것은 위험부담을 안고 있다. 훨씬 더 적은 경험과 훨씬 더 적은 의사결정과 적응성 기술을 가진 지적장애학생들에게 위험부담의 수준은 훨씬 더 높다. 그것이 필요한 지원들과 안내가 지적장애학생들을 위한 중등이후교육 경험들의 서비스 제공에 내재되어야 하는 이유이다. 위험부담의 해로운 측면은 잠재적인 위험들을 예견하고 그에 대비함으로써 감소될 수 있다.

우리가 큰 기대와 기회를 가진 미가의 대학으로의 여정과 세상에 통합되어 사는 그의 이야기에 관해 이야기할 때, 우리는 이것이 — 계속해서 — 위험을 감수하는 것에 관한 이야기라는 것을 정확히 인지한다. 이것은 한계를 밀어내고 우리가 정기적으로 편안한 영역 밖으로 나아가는 것에 관한 이야기이다. 만약 그나 우리나 미가를 둘러싼 공동체가 위험을 감수하지 않았다면, 4학년 때 그가 친구와 함께 학교에 걸어가는 것을 시도하도록 허락되지 않았다면, 학교 연극에서 대사하는 역할을 맡도록 허용되지 않았다면(그가 그의 대사를 기억할까?), 또는 그가 21세였을 때 친구와 새벽 1시 30분까지 밖에서 놀도록 허용하지 않았다면, 이것은 훨씬 다른 이야기가 되었을 것이다—덜 기쁘고 덜 흥미진진하고, 덜 의미 있는 것이 될 것 같아서 두려운 이야기. 겪어온 모든 위험은 잘 숙고되었고, 위험을 줄이기 위한 의도적인 계획과 함께 장단점에 대한 토론, 협의 등을 수반하였다. 모든 위험은 우리가 공동체와 우리가 가진 모든 기회의 연계들을 구축해야 한다는 원칙에 토대를 두었다.

삶에서 보장되는 것은 없다. 위험감수는 풍부하다. 우리는 앞으로의 일들이 어떻게 될지 알지 못한다. 각 가정은 위험감수에 대한 자신들의 한계를 결정해야 한다. 그러나 우리는 이러한 위험을 감수하는 일에 대한 특정한 원리들을 배웠다.

우리 가족이 계속해서 배우고 있는 것은 지역사회 내에 더 많은 연계를 만들면 만들수록 우리가 더 많이 성취할 수 있고, 우리가 할 수 있는 지역사회 내의 삶이 더 많아지고, 책임감 있고 친절한 사람들이 다가올 가능성이 더 커진다는 것이다. 마찬가지로 중요한 것은 새로운 것을 시도함으로써(신중한 계획과 협의하에) 미가는 약간 복잡한 순간에도 어떻게 처리해야 하는지 배워왔다는 것이다; 그는 종종 도움을 요청하는 것에 편안해졌다. 그는 도움에 대한 자신의 요구에 더 잘 접근할 수 있다. 미가는 새로운 일들을 시도해왔고, 약간의 실수도 했고, 다른 사람의 도움을 받아 그 실수들을 재평가했고, 많은 새로운 도전을 충족하는 데 성공해왔기 때문에 더욱 자신감 있고 능숙하게 걸었다.

-재니스 피알카

위험 관리

대학에 진학하는 지적장애학생의 위험 수준을 통제하는 데 있어서의 핵심 요인은 불확실성이고, 특정 상황에서의 그 불확실성이 잠재적으로 위험한 상황들의 예견과 그것들을 다루기 위한 계획에 의해 대처할 수 있다. 학생이 이 새로운 상황에 들어가도록 완전히 준비하기 위해서, 그 학생의 삶에 존재하는 모든 관계자는 다음과 같은 계획과정의 일부가 되어야 한다.

- 가족 구성원
- 학생 당사자
- 학교 시스템 관계자
- 대학 관계자
- 기타 관련된 지역사회 조직

각 관계자들은 그들이 이 새로운 모험에 참여하게 될 특정 학생에 관해 갖고 있는 모든 지식—기술, 흥미, 지원 요구, 두려움, 개인적 특성 등—과 학생이 들어서게 될 새로운 환경에 관한 모든 지식—캠퍼스 문화, 행동 규범, 활동, 안전한 영역과 안전하지 않은 영역, 일정, 자료(또는 자료의 부족), 위치 등—을 불러모아야 한다. 모든 학생이 각기 다르기 때문에 다음과 같은 개별화된 지원이 잠재적인 위험을 최소화하기 위해서 설정되어야 한다.

- 캠퍼스 주위를 안전하고 효율적으로 돌아다니기
- 지역사회를 안전하고 효율적으로 돌아다니기
- 필요할 때 적절하게 도움 요청하기(어떻게, 누구에게)
- 사회적 상황에서 단서 찾는 법 배우기

그동안 작용해왔고 개인적 필요와 능력에 기초한 일부 지원은 다음과 같은 단순한 지원들을 포함한다.

- 색 분류 식별 체계를 가진 지도
- 관용적 질문들에 대한 참고용 쪽지
- 체크리스트
- 프로그램화된 전화번호 그리고/또는 색 분류 식별 체계를 가진 휴대전화

그리고 다음과 같은 집중적인 지원도 포함한다.

- 일대일 교육 코치, 동료 또는 멘토
- 팜파일럿(palm pilot), 아이팟(ipod), 그림차트(picture chart) 등을 사용하는 구조화되고 반복적인 이동 훈련

주의 깊은 계획을 가진 스냅샷 F: 카이의 사례에서 볼 수 있듯이, 잠재적인 위험은 지적장애학생에게 안전하면서도 새로운 도전적인 경험에 접근하고, 새로운 과제를 성취하고, 새로운 자유를 즐길 기회를 제공하면서 관리되고 제거될 수 있다.

스냅샷 F: 카이

카이(Kai)*는 지역교육청의 지원을 받는 시립대학 프로그램에 속해 있는 청년으로 처음으로 대중교통수단을 이용하는 것을 배우고 있는 중이었다. 그는 읽거나 쓸 수 없었고 그의 말은 종종 이해하기 어려웠다. 그의 가족들은 그가 쉽게 혼란을 느끼거나 길을 잃고 스스로 해결책을 찾을 수 없을 것이라는 점에 대해 매우 우려를 나타냈다. 이러한 우려의 결과로, 많은 계획과 내체계획이 그와 가족들이 편안하게 느끼도록 하기 위해서 개발되었다. 보통 길지도, 길사진들과 함께 그는 버스 기사에게 도움을 요청하는 방법과 기사에게 그가 어디에 가야 하는지를 정확히 말하는 방법에 관해 준비된 대본을 소지하였다. 수도관이 파열되어 버스 노선이 변경되는 날에 사용하기 위해서 이러한 모든 지원들이 만들어졌다; 카이는 길가 풍경이 그의 사진과 일치하지 않았기 때문에 그가 다

른 길로 가고 있다는 것을 알았고, 질문 목록들을 꺼내서 버스 기사에게 그가 해야 할 말들을 물어보았다. 후에 카이는 우리에게 자신이 매우 당황했었다고 말했지만, 그는 자신의 질문들을 가리켰고 그 버스 기사는 그것을 읽고 그가 가고 있는 곳에 도착한다는 것을 확인시켜주었다.

대학 경험에 의해 제공된 많은 기회와 잠재적인 결과들과 함께 개별 학생들의 필요와 마음속의 열망을 가지고 이 모든 것을 안전하게 계획하고 관리하는 것은 성공적인 여정을 위해 필수적이다. 지원팀은 지속적인 개방된 의사소통과 목적 및 계획의 재조정과 더불어 학생중심계획에 초점을 맞춤으로써 학생과 가족들이 안전하게 사회적, 학업적, 자기옹호, 고용, 그 외의 다른 많은 목적을 계획하고 성취하는 것을 도울 수 있다.

내 동생 패트릭이 마침내 보호 작업장에서 벗어났을 때, 나의 부모님은 그가 로스앤젤레스 카운티 학교 시스템에 의해 지원되는 새롭고 창의적인 프로그램에 참가하도록 열심히 투쟁했다. 지역의 커뮤니티 칼리지 캠퍼스에 있는 지적장애학생의 학급을 지원하는 것은 급진적인 생각이었다. 패트릭이 지역에서 Mt. SAC으로 알려진 캘리포니아 주 월넛(Walnut)에 있는 마운트 샌 안토니오(Mt. San Antonio) 커뮤니티 칼리지에서 그의 과정을 마쳤을 때, 그는 영어, 스페인어와 몇몇 여행 과목을 포함한 다양한 수업을 청강했고, 다른 대학생들과 함께 캠퍼스 숙소의 회의 테이블에서 토론했고, 집에서 통학하고 교실 간을 이동하고 캠퍼스에서 일하기 위해서 일반 버스와 캠퍼스 교통수단을 이용하는 것에 관해 훈련을 받았다. 그들은 캠퍼스 내에서 단과대학별로 색깔이 정해진 모자와 가운을 입고 대학 졸업식을 가졌으며, 그날의 기초연설자는 유명한 TV 시리즈인 Life Goes On에서 코키(Corky)역을 맡았던 배우 크리스 버크(Chris Burke)였다. 나의 어머니에 따르면, 이곳은 패트릭이 그의 직업윤리를 배우고, 자신감을 개발하며, 그의 일생에서 처음으로 다른 사람들과 똑같다는 것에 대해 자랑스럽게 느낀 곳이다. 그는 지금 나의 부모님으로부터 떨어져 그룹 홈에서 살고 있고 지난 10년 동안 (승진과 몇 번의 임금인상을 포함해서) 경쟁적으로 고용되었으며, 라스베이거스(Las Vegas)에서 열렬한 도박꾼이며 쇼를 보러 가는 사람이고 매년 그랜드캐니언(Grand Canyon)이나 하와

이로(또는 두 곳 모두로!) 여행을 하고, 한 여성과 10년 이상 사귀어오고 있다. 그리고 만약 당신이 오늘 패트릭에게 그가 그의 삶에서 중요하거나 진정한 의미가 있는 그의 삶에서 해온 모든 일에 관해 묻는다면, 그는 언제나 당신에게 대학에 다닌 것이라고 말할 것이다.

－에이미 드와이어

대학 경험 계획하기: 앞에 펼쳐진 여정 준비하기

대학 경험이 당신의 자녀에게 제공할 수 있는 것을 결정하는 것은 중요하며, 중등이후 환경의 선택뿐 아니라 학생의 요구, 열망, 기술 등에 따라서 다양할 수 있다. 무엇보다도 독립과 성장을 허용하면서 학생의 안전을 보장하기 위해 지원이 마련되어야 한다. 학생들은 또한 정립된 목적과 그러한 목적을 성취하기 위한 계획을 갖고 있어야 한다.

개인중심계획

가족 전체가 이 새로운 대학 경험의 길로 향해 가면서, 모든 사람은 자신들의 기대와 열망들과 더불어 두려움과 우려를 표현할 수 있을 필요가 있다. 명확한 의사소통의 부재는 오해로 이끌 수 있고 궁극적으로 학생의 성공을 방해할 수 있다. 예를 들면 만약 가족이 자녀가 직업을 얻는 것에 관해 걱정을 해왔고 그러한 염려들을 계획 과정에서 표현하지 않는다면 학생이 직업을 얻거나 유지하는 것에 성공적이지 못하게 될 것이다.

개인중심계획은 학생의 관심, 기술, 요구, 가치, 그리고 그 이상을 발견하는 것뿐 아니라 학생의 계획에 개입된 모든 당사자로부터 정보를 모을 수 있는 훌륭한 방법이다—학생과 함께 목적들을 개발하는 데 필요한 모든 요소. 개인중심계획(Garner & Dietz, 1996)은 많은 형태로 이루어질 수 있다. 코넬 대학교(Cornell University)의 개인중심계획 교육 웹사이트(http://www.ilr.cornell.edu/edi/pcp/)에 따르면, 개인중심계획은 장애인들의 요구에 초점을 맞춤으로써 그들이 역량을 강화하도록 돕는 과정이다. 이것은 활용 가능한 서비스와 자원들이 결과들을 지배하도록 내버려두는 것과는 반대로 장애인에게 주도권을 준다. 이것은 팀과 가족 구성원이 그 학생으로 하여금 개인적인 목적이 생기도록 하는 것을 지원할 때 가장 효과적으로 작용한다. 개인중심계획에는 MAPS(Forest & Lusthaus, 1990)로 알려진 실행 계획; GAP(Turnbull & Turnbull, 1992)으로 알려진 집단 실행 계획, PATH(Pearpoint, O'Brien, & Forest, 1993)로 알려진 희망으로 대안적인 미래들을 계획하는 것; 홀 라이프 플래닝(Butterworth et al., 1993); 그리고 긍정적인 개인 프로파일(positive personal profile, PPP)(Tilson, Cuozzo, & Coppola, 2001) 등을 만드는 것을 포함한 많은 접근 방법이 있다. 어떤 과정이 사용되는지에 상관없이 핵심 요소들은 다음의 내용을 포함한다.

- 계획이 개발되고 있는 사람을 위해서 그 사람에게 주요한 핵심 관계자 모으기. 이것은 개인, 가족 구성원, 친구, 동료, 학교 관계자, 지역사회 구성원, 이웃, 다른 서비스 공급자 등을 포함할 수 있다. 우리가 위험관리를 돕기 위해서 모든 관계자들의 중요성에 관해 논의한 것처럼, 전반적인 계획과정에 있어서 모든 사람들을 포함하는 것이 마찬가지로 중요하다(Benz & Blalock, 1999).
- 개인의 강점, 요구, 관심, 기술들을 탐색하기 위한 그룹이나 팀의 정기적인 모임
- 개인이 핵심 인물이고 그 과정을 통제한다는 것을 기억하기
- 이 그룹의 지원을 받아 행동 계획을 개발하는 개인

Miner와 Bates(1997)의 연구는 전환계획과정에 대한 향상된 부모의 참여와 전반적인 가족의 만족도가 개인중심계획에 참여한 가족들에게서 발생했다는 것을 발견했다. 게다가 그들은 개인중심계획 과정을 겪은 가정은 전반적인 과정에서 더 많은 준비와 가족과 학생의 참여를 보고했다는 것을 발견했다.

스냅샷 G: 매니 (계속)

이 장의 초기에 논의된 정육코너에서 제과부로 이직한 매니*는 그의 개인중심 계획 세션을 실행하기 위해서 긍정적인 개인 프로파일(PPP) 양식을 사용했다

제6장_학생과 가족의 관점 **273**

(Tilson et al., 2001). 그와 가족들은 매니의 집에서 열리는 모임에 학교 담당자, 친척, 친구들을 포함한 모든 주요 담당자들을 초대했다. 촉진자가 매니의 꿈과 목적, 그의 긍정적인 개인적 특성, 그의 작업 환경 선호도, 가치 등을 포함하는 매니와 관련된 특정 주제들의 목록에 관한 브레인스토밍 세션을 통해서 팀 구성원들을 안내했다(그림 6.1 참조). 그들은 또한 매니의 어려움과 가능한 해결책을 논의했다. 이러한 브레인스토밍 세션으로부터, 여러 목적들과 매니가 그러한 목적들을 달성하도록 돕기 위한 방법들을 판별하기 위해서 실행 계획(그림 6.2 참조)이 개발되었다.

학생의 목적 쓰기

각 학생의 관심, 기술, 지원 요구들이 독특하기 때문에, 대학 경험에 접근하는 각 학생은 그들 자신의 목적을 가지고 있어야 한다. 일부 학생에게는 대학의 궁극적인 목적이 진로기술을 개발하고 직업을 얻는 것이 될 수도 있는 반면에, 다른 학생들은 개인적 지식과 기술의 확장, 비슷한 관심을 가진 다른 사람들과의 만남, 또는 장래의 관심 주제 결정 등 다른 결과에 중점을 두게 될 수도 있다. 매니와 그의 계획을 지원하는 사람들은 초기에 그의 개인중심계획 세션에서 도출된 3가지 주요한 목적을 선택했다; 이것은 고용, 중등이후교육, 그리고 지역사회 참여였다. 이러한 영역들에 있어서의 그의 각 목적들은 적절하고 구체적으로 그의 삶에 의미 있는 것이었다. 고등학교와 대학교에 이중으로 등록된 학생이 고등학교 환경을 떠나서 대학 경험을 시작할 때, 그들의 개별화교육프로그램(IEP)의 목적은 그들이 새로운 환경과 잠재적인 결과들에 적합한지를 확실시하기 위해서 수정되어야 한다. 예를 들면 고등학교 밴드에 참가하거나 고등학교 안내실에서 직업 경험을 갖는 IEP 목적은 더 이상 대학 캠퍼스 환경에 적합하지 않고 학생이 대학 프로그램에 참여하는 것에 대한 바람직한 결과와 맞지 않을 수 있다.

시스템 탐색

중등이후교육 경험을 추구하는 지적장애학생과 가족들은 많은 요인에 근거해서 다른 견해들을 갖고 있다: 그들의 연령, 사는 곳, 공립학교에 등록(또는 미등록), 그리

[그림 6.1] 매니의 긍정적 개인 프로파일의 예

긍정적인 개인 프로파일
이름: 매니

꿈과 목적	관심
• 엄마를 더 좋은 집으로 이사하게 하는 것 • 좋은 직업을 얻는 것 • 혼자 도시를 돌아다니는 것 • 결혼을 하고 자녀를 갖는 것	• 요리와 제빵; 제과점에서 일하기 원함 • 운동 경기하기 • TV를 보거나 친구와 영화 보러 가기 • 헤드폰으로 음악 듣기
재능, 기술, 지식	**학업 스타일**
• 요리와 제빵 • 꼼꼼함 • 열심히 일하고 과제를 잘 완수하는 것에 집중함 • 도움이 필요할 때 질문을 함 • 매우 사교적; 고객과 잘 지냄 • 지시를 잘 따름 • 농구하기	• 개인 간 학습, 언어적 학습 • 보았을 때 정보를 가장 잘 얻음; 그때 단순한 체크리스트가 좋은 리마인더가 됨 • 자신의 속도로 진행할 필요가 있음 • 다른 사람들과 일하는 것을 즐김 • 느리고 꼼꼼하지만 결과물은 항상 좋음
가치	**긍정적인 개인적 특성**
• 당신이 할 것이라고 말한 것 하기 • 비록 시간이 걸릴지라도 일들을 잘 하기 • 존중하기 • 새로운 것 배우기 • 열심히 일하기	• 아름다운 미소와 사람들과 유대감을 가짐, 매우 자상함 • 자신이 좋아하는 것에 집중함 • 자율적; 독립적 • 문제 해결사 • 비판을 기꺼이 받아들이고 배움 • 인내함
환경적 선호도	**싫어하는 것**
• 활동적인 환경 • 다른 사람들과 일하는 환경 • 보통 실내를 선호	• 재촉받는 것 • 공평하지 않을 때 • 읽기의 어려움; 그것에 쉽게 좌절함 • 지루한 것 • 그와 엄마가 사는 곳
직업 경험	**지원 체계**
• 어린이 박물관에서 자원봉사직 • 지역 무료급식소(food shelter)에서 자원봉사 • XYZ 식료품점의 정육코너에서 근무	• 어머니 • 고모(이모)와 사촌들 • 친구들 • 선생님들

탐색할 진로 아이디어 및 가능성: 지역 제과점, 패밀리 레스토랑, 식료품점, 극장

[그림 6.2] 매니의 개인중심계획 세션의 결과로 개발된 실행 계획의 예

목적	실행 단계들/과제들	책임자	날짜
제과점에서 직업 얻기	1. 식료품점 내의 제과 근무처 알아보기 2. 구인을 하는 지역의 제과점 찾아보기 3. 케이크 장식 수업 수강하기; 버스 노선상에 있는 적당한 가격대의 강의 찾기	어머니와 교사의 도움과 더불어 매니	
지역사회 내에서 더욱 이동성 갖기	1. 시내버스 노선 배우기 2. 도시 지도 읽는 것 연습하기 3. 독립적으로 대중교통수단 이용하는 것 배우기	매니, 교수적 보조자, 어머니	
새로운 사람 만나기	1. 캠퍼스 내의 지역 클럽들과 이용자격 요건들 알아보기 2. 자신을 새로운 사람에게 소개하는 역할극 3. 친구에게 전화를 하고 영화를 보러 가자고 요청하는 것 연습하기	매니, 대학 멘토, 강사	

고 그들이 추구하는 서비스의 유형. 일부 경우에는 응시와 입학의 전형적인 관례를 통과하는 것이 가능할 수도 있고, 또 일부 경우에는 학생과 가족들이 대안적인 길을 추구할 필요가 있을 수도 있다. 3장에서 지적했듯이, 전국에 걸쳐서 중등이후교육 경험들을 추구하는 학생들을 위한 폭넓은 서비스 및 지원이 있고, 이러한 각각의 것들이 모든 지역에서 활용 가능할 수도 있고 그렇지 않을 수도 있다. 중등이후의 교육에 대한 접근성을 추구할 때 학생과 가족들이 취할 수 있는 첫 단계 중 하나는 어떤 유형의 서비스와 프로그램을 그들이 찾고 있는지를 결정하고 이것이 그들의 지역사회 내에서 활용 가능한지 여부를 결정하는 것이다. 이 과정에서의 첫 번째 결정 요인 중 하나는 지적장애학생이 여전히 IDEA하에서 서비스를 받고 있는지 아닌지가 될 것이다.

IDEA하에서 아직 서비스를 받고 있는 18~21세의 학생들을 위한 옵션

지역교육청의 지원을 받는 프로그램과 서비스

중등이후교육 프로그램에 대한—각각 다른 목적과 서비스 전달 접근을 가진—많은 다른 모델과 변인이 있고, 모든 프로그램이 모든 학생과 가족들이 바라는 결과

나 목적에 적합하고 부합하지는 않을 것이다. 학생과 가족들을 위한 첫 단계는 그들 자신의 요구, 선호도, 목적, 중등이후의 경험에서 바라는 결과들을 이해하는 것이다; 즉 그들은 중등이후교육 경험으로부터 그들이 원하는 것이 무엇인지를 알아야 한다. 학생이 전일제 기숙 대학 경험을 원하는가 아니면 단지 몇몇 과목들을 청강하기를 원하는가? 일단 그들이 찾고 있는 중등이후교육의 유형에 관해 모든 사람이 같은 의견을 갖고 있다면, 가족들은 그들의 옵션을 조사해보아야 한다. 보통 지역교육청의 지원을 받는 이중등록 옵션에 관한 정보는 IEP 모임 동안에 학생과 가족들에게 제공된다. 다른 경우에는, 부모들이 다른 부모들이나 전환 회의를 통해서 중등이후교육 옵션에 관해 듣게 될지도 모른다. 일부 학교 시스템은 전환기에 있는 청소년을 위한 다양한 대학기반 옵션을 갖고 있을 수도 있고, 반면에 다른 학교 시스템은 단지 한 가지의 옵션만을 갖고 있을 수도 있다. 때때로 이것은 완벽한 적합성―그 목적과 학생과 가족의 목적이 일치하는―이 될 것이다. 다른 경우에는, 중등이후교육 옵션의 일부가 학생과 가족의 요구와 일치하고 다른 측면들은 일치하지 않는다. 이런 경우 그 학생과 가족들은 학생의 요구에 더 잘 부합하기 위한 어떠한 조정들이 만들어질 수 있는지를 결정하기 위해서 전환 전문가나 특수교육팀, 관련된 지역교육청 담당자와 논의할 필요가 있다. 예를 들면 스냅샷 H: 호세의 사례에서 학생의 현재 필요와 목적들에 가장 잘 부합하는 가족과 학교 시스템 간의 타협이 이루어졌다.

스냅샷 H: 호세

호세(Jose)*의 가족은 아들에게 현재 IEP하에서 자격이 주어진 모든 서비스, 집에서 커뮤니티 칼리지에 통학하기 위한 방향정위와 이동성 훈련, 교실에 찾아가기 위한 대학 복도 탐색, 직업 등을 포함하는 대부분 고등학교에서 성인생활로의 전환과 긴밀하게 연관된 서비스들이 제공되지 않았다는 것에 우려를 나타냈다. 호세는 19세가 되었을 때 지역의 커뮤니티 칼리지에서 택시회사의 라디오 배차원이 되거나 라디오 방송국에서 DJ가 되고 싶은 그의 진로 목적을 지원할 수 있는 과목들을 청강하기 시작했고, 아직 고등학교에 재학 중이었다. 그는 많은 컴퓨터 관련 과목과 대중 연설 과목을 수강했으며, 동시에 몇몇 직업 청강 옵션들과 이러한 고용 목적들과 관련된 2개의 인턴십을 지원받았다.

그는 전맹 시각장애와 지적장애를 가졌고, 그로 인해서 성공적으로 수행하기 위해 다양한 서비스와 지원을 필요로 하는 청년이다. 이러한 서비스들은 호세가 참가할 새로운 청강 환경에서의 방향정위와 이동성 훈련 및 그의 과정을 성공적으로 수행하기 위한 교육 코치 그리고/또는 튜터링을 포함했다. 그가 아직 고등학교를 통해 서비스를 받고 있었기 때문에, 그는 그의 학교지역구로부터 무상의 적합한 공교육(FAPE)을 받을 자격이 되었고, 이러한 서비스들이 그의 IEP에 포함되었다. 목적을 이루기 위해서, 그의 학교지역구에서는 방향정위와 이동성 훈련, 그와 그의 학업 과목들과 인턴십들을 지원하기 위한 교육 코치를 포함하는 일부 관련서비스를 제공했다.

수정된 일정 제공, 이용 가능한 지원의 수준이나 빈도 조정, 실제 사용되는 환경 내에서의 서비스 제공 등은 학교 시스템이 학생으로 하여금 현재 활용 가능한 중등이후교육 서비스들에 접근할 수 있게 하는 방법 중 하나이다. 다른 경우에, 학생을 대학 환경에서 지원할 능력이 없는 일부 학교 시스템은 학생의 요구들을 충족시키기 위해서 다른 지역 학교 시스템과 연계를 할 수도 있다. 예를 들면 웨스턴 코네티컷 주립대학교의 웨스턴 커넥션 프로그램은 댄버리 공립학교들에 의해 운영되지만 6개의 다른 학교 시스템에서 온 학생들이 지역구 배치에서 벗어나서 그 프로그램에 접근한다. 또 다른 사례는 지적장애학생이 통합대학과정에 접근하는 것과 대학생활의 모든 면을 지원하는 매사추세츠 베이 커뮤니티 칼리지이다. 이러한 중등이후교육 옵션들은 모든 학교지역구에서 온 모든 지적장애학생에게 열려 있다. 현재 활용 가능하지 않은 프로그램과 서비스라고 해서 특정 학생이 중등이후교육에 접근할 수 없다는 것을 의미하지는 않는다; 이것은 다른 길이 추구될 필요가 있다는 것을 의미한다.

지역교육청의 지원을 받는 개인지원노넬

활용 가능한 중등이후교육 옵션들 가운데, 통합적 개별지원 모델은 가장 덜 빈번하게 제공된다. 이 개별지원 모델은 학생이 성인생활을 위한 진로 목적과 다른 목적들을 명확히 하는 것을 돕기 위해서 종종 개인중심계획과정의 일부 양식을 사용한다(예: 홀 라이프 플래닝, 파이브 볼드 스텝, PATH, MAPS). 그리고 그 목적들은 만약 학생이 아직 고등학교에 있다면 학생전환계획을 알리기 위해서 사용되고, 만약 그들이 성인 서비스들을 받고 있다면 성인 서비스 계획을 알리기 위해 사용된다. 학생의 진로 목적은 과목 선정을 안내하고, 대학에 가거나 다른 형태의 중등이후교육 옵션을 추구하는 데 관심이 있는 각 학생을 위해 필요한 지원들을 판별하는 것을 돕는다. 그러면 다양한 지원 서비스들과 재정 자원들(예: 지역 학교 시스템, 직업재활, 지적장애/발달장애기관, 원스톱 진로센터, 사회보장제도)이 대학, 직장, 지역사회에서 상세하게 그 학생이 필요로 하는 지원들을 제공하기 위해 결합한다. 교육과정은 학생이 대학과 지역사회에서 갖는 경험들로 구성된다: 캠퍼스에서 전략적으로 행동하는 방법 배우기, 대중교통수단 이용하기, 수강과목 신청하고 참석하기, 문제가 발생했을 때 해결하기. 학생, 가족, 학교지역구, 고등교육기관, 그리고(또는) 성인 서비스기관들은, 특히 그 지역구가 초등부터 고등까지의 서비스 전달에 있어서 통합적이어 왔고(왔거나) 만약 고등교육기관이 통합에 대한 철학적인 토대를 가지고 있다면, 이 통합적인 접근을 중등이후교육에서 지적장애학생들을 지원하기 위해 실행하도록 선정할 수도 있다. 이것은 또한 만약 제공되는 학교 지원 프로그램이 없다면, 그것을 추구하는 가족들을 위한 옵션이 될 수도 있다. 솔직히 이 모델은 개인 학생의 일정을 기억하고, 선수과목을 요구하는 과목에 대한 접근 협상, 배치고사에 대한 요구 면제, 발달/중재과목들을 회피하는 메커니즘, 그리고 "별도의 자격을 갖춘" 요구 사항 등과 같은 고등교육에 대한 대안책을 창조하는 것 등을 요구하기 때문에 실행하는 데 있어서 많은 어려움들이 있을 수도 있다. 스냅샷 I는 개인적 지원을 받는 한 학생의 경험을 묘사한다.

스냅샷 I: 자말린

지적장애 판정을 받은 자말린(Jamalin)*은 지금 26세이고 큰 국립애견회사의 애견 미용사로서 22세 때부터 전일제로 일해왔다. 그녀는 시간당 10달러 이상의 좋은 보수와 모든 혜택을 받는다. 이러한 고용으로 향한 자말린의 길은 그녀의 학교지역구인 매사추세츠 주 우스터 시 지역구가 18세 이상의 학생들과 그들이 22세가 될 때까지 계속해서 지역구로부터 서비스를 받을 학생들에게 중등이후교육을 포함한 더욱 연령에 적합한 옵션들을 지원하기 시작했을 때 시작되었다. 먼저 자말린은 관계자의 지원과 함께 그녀가 성인생활을 위한 목적들을 추구하는 데 도움을 줄 수 있다고 생각한 그녀의 친구들, 가족, 일부 성인 서비스기관 담당자들과 만나는 홀 라이프 플래닝을 소집하였다. 자말린이 극도로 수줍어했기 때문에 친구와 가족들이 모임에 함께하는 것은 그녀에게 매우 도움이 되었다. 그녀는 자신이 관심을 갖고 있는 것을 알아내고 자신의 목적을 성취하는 데 필요한 실행 계획들을 개발할 수 있었다. 예를 들면 한 친구는 자말린이 동물, 특히 개에 대한 상당한 소양이 있음을 알려주었다. 자말린은 자신이 개와 함께 일하는 것을 정말로 좋아한다는 것을 확신했지만 다음 단계가 무엇인지는 잘 몰랐다. 지역 커뮤니티 칼리지의 장애지원 서비스처 대표는 자신이 애견위탁 자격증을 주는 베커 대학의 브로슈어를 보았다며 그 브로슈어를 자말린에게 보여주겠다고 하였다. 자말린의 어머니는 더 많은 정보를 얻기 위해서 기꺼이 자말린을 베커 대학에 데리고 가겠다고 말했으며, 그렇게 함으로써 그들 모두는 대학과 학생들이 어떠한지에 관한 현실감각을 얻을 수 있었다.

그 후 무슨 일들이 일어났는가?

- 자말린, 그녀의 어머니, 지역구 전환 코디네이터는 그 대학을 방문해서 실제로 애견미용과목 강사를 만났다. 자말린은 자신이 정말로 기대하고 있으며 처음 수강과목으로 애견미용 I을 수강하기 원한다고 하였다. 그녀는 그 과목에 등록했고 청강을 선택했다. 그 수업의 막바지에 강사는 자말린이 그 수업을 학점이수로 재수강하도록 격려했다.
- 자말린은 애견미용 수업 I과 II, 애견위탁관리 과목을 수강했다. 또한 그녀는 마침 애견위탁소를 소유하고 있는 그녀의 애견미용과목 강사와 함께 두 번의 인턴십을 하였다.
- 4학기의 학점이수와 몇 번의 인턴십 후에, 강사는 자말린이 자신의 애견위탁소에서 전일제로 일하도록 고용하였다. 자말린은 매우 기뻤지만 곧 그 애견위탁소까지 가는 대중교통수단과 그녀 가까이에 사는 동료가 없기 때문에, 자신이 일하기 위해서는 자신을 데려다줄 가족에게 의존해야 한다는 것을 깨

달았다. 인턴십 동안에 학교지역구는 그녀의 교통비용을 담당했다. 그녀는 대중교통수단에서 가까운 곳에 위치한 자신이 독립적으로 일하러 갈 수 있는 직장을 찾기 위해서 지역구의 전환 코디네이터와 직업재활(VR)사례매니저 함께 일하면서, 여름 동안 그 애견위탁소에서 계속 일을 하였다.

- 22번째 생일이 되기 6개월 전에, 그녀의 직업재활상담사는 대중교통수단에서 가까운 국립애견회사에서 구인공고가 난 것을 발견했다. 자말린은 매우 흥분되었지만 두려웠다. 그녀의 전환 코디네이터와 (VR에서 보수를 받는) 직무지도원은 그녀가 그 직업에 지원하는 것을 도왔고, 그녀가 취직했을 때 그녀의 전환을 도왔다. 그녀는 지난 6년간 그곳에서 일을 해왔고 잘하고 있다.

학교 시스템과 일하기

지금까지 논의된 모든 옵션은 학교 시스템이 중등이후의 환경 내에서 현재 서비스나 프로그램을 제공하고 있는 18~21세 사이의 지적장애학생을 위한 것들이었다. 만약 당신의 지역 학교 시스템이 이러한 중등이후교육 옵션들을 인식하고 있지 않다면 어떻게 할 것인가? 전환기회들을 중등이후교육의 세상으로 확장하는 데 관심을 갖고는 있지만 아무것도 자리 잡히지 않은 학교 시스템과 일한다면 어떠할 것인가? 그리고 더 힘든 것은, 초기 반응이 '안 됩니다'인 시스템과 어떻게 일할 것인가?

변화를 만드는 첫 단계는 지식을 얻는 것이다. 종종 학교 시스템은 단지 관계자가 가능성을 인지하지 못하고 있기 때문에 지적장애학생들을 위한 중등이후교육 옵션들을 제공하지 않을 수도 있다. 가족들은 그들이 기존의 프로그램과 서비스, 재정 자원, 다른 지역에서 효과를 본 지역사회 파트너십 등에서 찾은 정보들을 공유함으로써 인식을 증가시킬 수 있다. 부모와 학생들 모두에게 중등이후교육은 진정한 가능성뿐만 아니라 진정한 필요와 기대라는 것을 분명하게 의사소통하는 것이 중요하다. 부모와 학생들은 중등이후교육이나 성인 학습에 접근하는 것과 관련된 목적들이 가능한 조기에 각 학생의 IEP에 포함되는 것을 확실히 해야 한다. 이것은 전환서비스의 일부분으로 이 학생이 고등학교 이후의 교육에 접근할 것임을 학생과 그의 가족이 기대한다는 지속적인 메시지를 제공할 것이다. 유용한 정보 6.2는 중등이후교육에 접근하기 위한 일부 전략을 소개한다.

지적장애학생을 위한 중등이후교육의 잠재적인 혜택들에 대해 잘 알지 못하는 학교 시스템 관계자와 관리자들은 초기에 부정적으로 반응할 가능성이 있다. 이 길을 걸어온 이 책을 읽는 많은 부모들은 아마도 고개를 끄덕이며, 자조의 웃음을 짓거나, 또는 "그것은 과소진술이다!"라고 말하고 있을 것이다.

●‒● 유용한 정보 6.2

'안 됩니다'의 연속과 그에 반응하는 방법

대부분의 학교 시스템에서, 참신한 아이디어로 접근했을 때 그에 대한 반응은 종종 "안 됩니다"의 연속이다. 이것은 종종 학교 시스템 내에서 전문가들의 기대를 높이는 가족들에게도 해당된다. 우리가 마주치는 모든 사례에는 장애물과 태도나 의견의 장벽이 되는 힘든 점들이 있다. 특정 시스템 내의 사람들이 "당신은 할 수 없어요!"라고 말하는 몇 가지 이유가 있다.

- 너무 어렵다.
- 전에 결코 실행된 적이 없다.
- 그것이 어떻게 실행되는지 이해할 수 없다.
- 나는 정말로 이것이 실행될 수 없다고 믿는다.

너무 어렵다, 그리고 전에 결코 실행된 적이 없다

시스템 내에서 일하는 사람들은 당신에게 현재의 시스템이나 현상(status quo)이 당신의 요구를 수용하기 위해서 설정되지 않았다고 말할 수도 있다. 변화를 위해 시스템에 영향을 미치는 데 도움이 될 수 있는 것들은 다음과 같다.

- 그들이 열망이 들리도록 하는 많은 가족들의 지원
- 어디선가 실행되고 있는 아이디어들의 통계나 사례
- 변화가 이루어진다면 전반적 시스템에 대한 혜택들의 목록
- 실행에 있어서 상당 부분 기꺼이 기여하고자 하는 의지: 만약 가족들이 진심으로 투자를 하고 기여한다는 것을 보여줄 수 있다면, 시스템이 더욱 가족들을 지원할 것이다.

그것이 어떻게 실행되는지 이해할 수 없다

종종 사람들이나 시스템들은 단지 이것이 그들에게 일어나지 않았거나 또는 단지 그들의 경험적 배경에 있지 않기 때문에 기회들을 제공하지 않는다. 인식의 부재가 반드시 능력의 부재를 의미하지는 않는다. 명확하게 다음의 내용들을 설명하고 묘사하는 제안서를 제출하라.

- 어떻게 이것이 다른 시스템에서 실행되어왔는지
- 어떻게 이것이 이 시스템에서 실행될 수 있는지
- 어떻게 이것이 다른 장소들에서 성공적으로 실행되어왔는지
- 만약 그들이 이것을 시도한다면, 어떻게 좋은 시스템의 결과들을 나타낼지

나는 정말로 이것이 실행될 수 없다고 믿는다

만약 전문가가 그 아이디어를 인식하고, 실행하는 방법과 어떻게 이것이 각 관계자들에게 혜택을 줄 수 있는지를 인식하면서도 단지 그 아이디어를 믿지 않는다면, 이것은 험난한 장벽이 된다. 모든 가능성에 있어서, 목적은 그 사람 없이 성취되어야 할 것이거나, 오직 이 길에 놓인 그 큰 장애물을 피할 수 있는 또 다른 길을 통해서 성취되어야 할 것이다.

대학들과의 파트너십을 제안하는 지적장애학생의 부모들은 종종 "우리는 비장애학생들을 위해 그런 것을 하지 않아요."나 "대학은 지적장애학생들을 위한 곳이 아닙니다."와 같은 말들뿐 아니라 "비현실적 기대"나 "미쳤군"과 같은 말을 들을 것이다. 가족이 지적장애학생을 지원하는 데 열정을 가지고 있는 학교 시스템과 대처하고 있든지 그렇지 않은 학교 시스템과 대처하고 있든지 간에, 이 길을 걸어온 사람들의 지혜와 격려를 유념하는 것이 도움이 될 것이다. 재니스 피알카의 아들 미가는 미시간 주에 있는 오클랜드 대학에 다닌다. 대학에 가고자 하는 미가의 꿈을 지원하는 데 있어서의 그녀의 여정은 아주 오래 지속되어왔다. 그녀는 특정 시스템이 미가의 대학 잠재력을 지원하고 인식하게 하기 위해서 노력해온 수년에 걸친 자신의 경험들에 근거해서 다른 부모들을 위한 다음과 같은 팁 목록들을 기술했다.

중등이후 경험들에 대한 접근을 추구할 때 모든 가족들이 할 수 있는 것

- 높은 기대를 갖는다.

- 비전을 창조한다.
- 지역적 · 국가적으로 다른 사람들과 연계한다.
- 조사를 한다.
- 불시에, 전문성과 경험을 가진 낯선 사람에게 전화를 한다.
- 도움을 요청한다.
- 반대론자가 당신을 제압하게 하지 않도록 노력한다.
- 친구와 가족들의 지원을 받는다.
- 잠시 휴식을 취한다.
- 결국에는 당신이 동의를 받는다는 것을 기억한다.
- 이것은 매우 힘든 일이고 쉽게 성과를 얻을 수 있지 않을 것임을 기억한다.
- 진 투쟁에 때문에 단념하지 않는다.
- 장벽을 그 길의 끝이 아닌 노상의 장애물로 본다.
- 그동안 도와준 사람들에게 감사한다(그리고 대부분의 사람들이 도울 수 있는 것을 가치 있게 생각한다는 것을 인식한다).
- 당신을 지원해줄 수 있고 문을 열어줄 수 있는(또는 적어도 문이 열리게 틈을 내줄 수 있는) 중요 결정권자를 찾는다.
- 다양한 주요 담당자를 모집한다(유용한 정보 6.3 참조).
- (심지어 그렇게 하기가 몹시 어려울 때에도) 긍정적인 태도를 갖는다.
- 사람들에게 그들의 걱정거리와 질문들을 공유해서 그 쟁점들이 먼저 다루어지도록 요청하고, 그들이 다른 관점을 공유하거나 장벽을 판별할 때 차단하지 않는다.
- 자각된 장애물들을 다음에 맞붙게 될 수 있는 쟁점들에 대한 단서로 보도록 노력한다.
- 자녀의 동료친구의 개입을 요청한다. 그들은 엄청난 아이디어를 가지고 있고 종종 당신이 필요로 할 때 "왜 미가는 대학에 가지 않을 거예요?"와 같은 딱 적절한 말을 한다.

더 이상 학교에 있지 않은 학생들을 위한 옵션: 21세 이상

일단 학생이 공립학교 시스템을 빠져나가면, 그들이 IDEA에서 재정지원을 받는 이중등록이나 중등이후교육 내의 지역교육청에 의해 조정되는 개별지원 서비스는 종료된다. 그런 경험이 있는 일부 학생들은 중등이후교육에 대한 그들의 접근을 지속하고 싶어 할 수도 있다. 다른 지적장애학생들은 중등이후교육의 어떤 경험도 갖지 못하고 그들의 중등특수교육 프로그램을 떠날 수도 있지만, 그들이 고등학교를 마친 지금 그런 경험들을 위한 기회를 찾기 위해 노력하는 데 관심이 있을 수 있다. 중등이후교육을 추구하는 지적장애 성인들에게는 어떤 옵션들이 활용 가능한가?

•••• •• **유용한 정보 6.3**

학교 시스템 지원을 얻기 위한 단계

많은 학교 시스템들은 중등이후교육 서비스를 지적장애학생들에게 확장하기 원한다. 다음은 학교 시스템을 중등이후교육 경험에 있는 지적장애학생들을 지원하는 아이디어에 끌어들이기 위한 단계들이다.

1. 견문 넓히기. 국가적 · 지역적으로 실행되고 있는 다른 프로그램들에 관해 배우기 위해 조사한다. 어딘가에서 중등이후교육에 접근하고 있는 사람들에게 그들의 의견과 경험을 듣기 위해 연락한다.
2. 지적장애학생의 전환에서 중요한 역할을 담당하는 학교 담당자 알아내기. 목표대상이 되고 완전히 정통하고 개입될 필요가 있는 사람들이 있다.
3. 모두 같은 비전을 가진 몇몇 가정, 학생, 전문가로 구성된 그룹이나 특별 전문위원회 형성하기. 이 그룹은 추진 집단, 탄력 유지 집단, 그리고 가이드가 될 필요가 있을 것이다.
4. 기존 성공 사례들의 기록, 연구조사, 증언, 대체 계획과 더불어 왜, 누가, 언제, 어디서, 그리고 구체적으로 어떻게를 개관하는 거의 사업계획서와 같은 프로그램 계획을 개발하기. 어떻게 위험이 최소화될 것인지, 어떻게 비용이 충당될 것인지, 그리고 특별히 어떻게 더 높은 결과들이 성취될 것인지에 관해서 설명한다. 누군가로 하여금 이 과정을 시작하도록 돕기 위한 훌륭한 자료로는 다음과 같은 책이 있다.

Transition Services for Students with Severe Disabilities in College and Community Settings(대학과 지역사회 환경 내의 중도장애학생들을 위한 전환서비스), Meg

Grigal, Debra A. Neubert, and M. Sherrill Moon. Avaiable from PRO-ED Publishers at www.proedinc.com.

1. 이 계획을 학교나 대학 또는 지역사회기반의 조직에 있는 적절한 결정권자에게 보여준다.
2. 일단 이 계획이 수용되면, 다음과 같은 것들이 중요하다.
    a. 요구 평가 실행하기. 학교 시스템 내에서 정확히 어디에 지적장애학생을 위한 전환서비스의 틈이 있는지와 (그리고 만약 그러하다면) 지역사회 내에서 어디가 그러한 요구들을 충족시켜주기 위한 최선의 선택이 될 것인지를 찾아내기.
    b. 목적들을 우선순위화하기
    c. 그 계획과 프로그램들의 진전 정도를 모니터링하기. 성공을 유지하기 위해 프로그램은 조정될 필요가 있고, 오직 성공과 실패를 모니터링하는 것을 통해서 올바른 변화가 만들어지게 할 수 있다.
    d. 파트너십 확장하기. 요구가 생겨나듯이, 기회들도 생겨야 한다 — 더 많은 파트너십이 더 많고 다른 기회들로 전환될 수 있다.

공식적인 옵션

중등이후교육에 대한 접근을 추구하는 지적장애학생들을 위해서 일부는 독립생활에 초점을 두고, 다른 일부는 고용에, 여전히 다른 일부는 좀 더 전형적인 대학의 학업 경험에 초점을 두는 다양한 옵션이 있다. 지적장애학생들에게 접근성을 제공하는 각 대학은 그들이 전형적인 과목 제공의 맥락 내에서 어느 정도 이러한 서비스들을 제공할 것인지를 결정한다. 일부 대학들은 장애학생들을 위해 특별히 고안된 일련의 이수과정에 대한 접근을 제공한다. 많은 프로그램들이 지난 몇 년 동안 개발되어왔고 지적장애학생들이 독립생활과 고용기술들을 개발하는 것을 지원하고 있다. 예를 들면, UCLA의 패스웨이 프로그램은 지적장애 청소년들을 위한 2년제 중등이후교육 프로그램이다. 학생들은 UCLA 캠퍼스 근처에서 살면서 평생교육과정들을 제공하는 UCLA 평생교육원을 통해 수업을 들을 뿐만 아니라 독립생활기술 훈련을 받고 직업 탐색을 진행한다. 이 프로그램의 비용은 전형적인 사립대학의 비용과 비슷하며 학비, 기숙사비, 식비, 도서비, 준비물 등을 위해 연간 약

35,000달러가 소요된다.

뉴저지 대학의 진로 및 지역사회 연구(Career & Community Studies) 프로그램, 태프트 대학(Taft College)의 독립생활로의 전환(Transition to Independent Living) 프로그램, 아이오와 대학교의 REACH 프로그램 등과 같은 비슷한 프로그램들이 전국에서 개발되어왔다. 이러한 프로그램들은 각기 약간씩 다른 부분에 중점을 두고 있지만, 18~25세 사이의 지적장애학생들이 성인기로 성공적으로 전환하도록 돕는 기술들을 획득하도록 한다는 목적을 가지고 대학에 의해 시작되어왔다는 면에서는 유사하다. 서비스에 대한 증가하는 요구를 반영해서, 최근에는 상당히 많은 프로그램의 개발이 이루어졌다. 2008년의 고등교육기회법(PL 110-315)의 통과와 함께(더 많은 정보를 위해서는 2장 참조), 더 많은 프로그램의 개발이 이루어질 것이 확실하다.

대학의 지원을 받는 다른 프로그램들은 별도의 분리된 과목들을 만들지 않기로 선택하고, 지적장애학생들을 전형적인 대학 과목에 통합시킨다. 학생들은 다른 대학생들처럼 같은 과목에 접근한다. 그런 프로그램 중 하나가 2006년에 뉴저지의 머서 커뮤니티 칼리지(Mercer Community College)에서 만들어졌다. 드림(Dream) 프로그램은 전미다운증후군협회를 통해서 Laura와 Steve Riggio의 재정지원을 받는 시범 프로젝트이다. 드림 프로그램에 참여하는 각 학생은 전형적인 과목에 대한 접근과 함께, 상담사의 지도하에서 경험들을 공유하기 위해 새로운 학생들이 서로 만날 기회를 제공하는 학생성공세미나 개론(Introduction to Student Success Seminar)에 참여한다. 많은 다른 프로그램들처럼 드림 프로그램은 지적장애학생들의 이수과정을 돕기 위해서, 현재 커뮤니티 칼리지 학생인 동료 멘토에게 의존한다. 게다가 드림 학생들은 캠퍼스 내의 모든 장애학생들이 대학 경험으로부터 최상의 것들을 얻을 수 있도록 돕기 위해서 옹호, 조정, 튜터링, 기타 서비스에 대한 추천 등을 제공하는 대학의 학업지원 서비스 스태프들에 의한 지원을 받는다.

비공식적인 옵션들

학생과 가족들은 대학에서 특별히 고안한 2년제 또는 4년제 프로그램에 참가하는 것에 제한되어 있지 않다. 거기에는 더 많은 비공식적인 옵션이 있다. 지적장애학생과 그들의 가족들은 개인지원 모델을 사용하여 대학 경험에 접근할 수도 있다. 이 접근을 사용하여 학생들은 자신들이 선택한 지역 내의 학교에 등록하려 할 수도 있고, 그들과 가족들은 직업재활, 대학, 성인 서비스기관들과의 협력을 통해서 (교육 코치와 같은) 필요한 지원을 조정하기 위한 방법을 결정한다(개인지원 모델에 대한 더 자세한 정보를 얻기 위해서는 3장을 참조). 지적장애학생들은 자신들을 장애학생들을 위한 과목에만 제한할 필요없이 자신들의 흥미와 학습적 필요를 충족하는, 그들에게 열려 있는 아무 대학 과목에 수강신청을 할 수도 있을 것이다.

무슨 과목을 수강할 것인지에 관한 결정은 그 과목이 장애인을 위해 개발되었는지 아닌지에 관한 사실에 달려있는 것이 아니라, 학생의 목적이 무엇이며 그 목적이 그 과목에 의해 충족될 수 있는지 아닌지에 따라서 결정되어야 한다. 선수과목이나 배치고사는 종종 지적장애학생들에게 어려움을 주기 때문에, 수강과목에 대한 결정은 또한 종종 그 과목에 대한 접근성을 얻는 것에 달려있을 수도 있다. 지적장애학생들과 가족들은 일부 과목이 그들의 요구와 능력에 적합하게 되어 있지 않을 수도 있다는 것을 인식할 필요가 있다. 어떤 경우 지적장애학생들은 과목을 학점으로 이수하는 대신 청강할 필요가 있을 수도 있거나 그 과목의 내용을 숙달하기 위한 충분한 시간을 갖기 위해서 재수강할 필요가 있을 수도 있다. 스냅샷 J: 하워드 커뮤니티 칼리지의 사례에서 보여주듯이, 일부 대학은 새로운 맞춤형 수강신청 방법을 만들어냄으로써 학생들이 학점 과목들에 접근하는 것을 더 쉽게 만들었다.

스냅샷 J: 하워드 커뮤니티 칼리지

메릴랜드에 있는 하워드 커뮤니티 칼리지(Howard Community College)는 지적장애학생들을 포함한 모든 학생에게 맞춤형 수업(CustomClass)이라고 불리는 수강신청 옵션을 제공한다. 이 옵션은 수업 일정에 명시되어 있는 대부분의 학점 과목들을 비학점 과목으로 수강할 수 있는 방법을 제공한다. 맞춤형 수업 학생은 학점이수 학생들과 같은 수업에 앉아 있다. 그러나 그들은 비학점 과목이나 평생교육과정 학생으로 등록되어 있다. 학생들은 같은 수업을 받지만 점수나 성적을 받지는 않는다. 이 옵션은 청강하는 학생이 여전히 선수조건을 충족해야 하고, 배치고사를 치르며, 학점이수 신청서를 작성하고, 청강비용

을 지불한다는 점에서 학점이수 과목과 다르다. 학생은 또한 시험을 볼 것인
지, 과제를 할 것인지 등에 관한 결정을 한다. 만약 시험을 치르거나 과제를 하
기로 선택하면, 강사는 프로젝트나 시험에 대한 점수를 부여하지만 그 과목에
대한 전반적인 점수를 부여하지 않을 것이다. 이러한 융통성은 지적장애학생
들로 하여금 선수조건 때문에 들을 수 없었을지도 모르는 다양한 수업을 수강
할 수 있는 기회를 제공한다.

다른 비공식적인 옵션도 대학 환경 외부에 존재하고 학습 경험에 접근하기 원하
는 지적장애 성인들에 의해 간과되지 않아야 한다. 모든 지역사회 내에는 다양한 주
제에 관한 학습 기회를 제공하는 다양한 비대학기반(non-college-based)의 성인 교
육 옵션이 있다. 지역의 공원이나 레크리에이션부에서는 뮤지컬 공연, 역사, 사진,
요리, 공예, 춤, 언어, 비즈니스 에티켓, 무술, 야외 레크리에이션 등과 같은 주제들
에 대한 과목을 제공한다. 이 목록은 결코 끝이 없다. 모든 배우려는 노력은 중등이
후교육으로 여겨져야 하고, 각각은 고유한 가치와 관련 결과물을 가지고 있다. 지적
장애학생들과 그 가족들의 또 다른 구동력(driving force)은 중등이후교육 경험을
추구하는 비용이다.

대학은 비용이 많이 든다. 이것은 대부분의 사람들에게 놀라운 일이 아니며,
이러한 현실은 지적장애학생들에게도 다르지 않을 것이다. 일부의 경우에는, 자폐
학생을 위한 채플 헤이븐(Chapel Haven) 프로그램과 같은 특화 프로그램의 등록
금이 1년에 80,000달러 정도로 비싸기도 하므로(www.chapelhaven.org), 지적장
애학생을 위한 프로그램에 접근하는 비용들이 전형적인 대학 프로그램들보다 비용
이 더 많이 들 수도 있다. 또 다른 장벽은, 비록 최근 2008년 고등교육기회법
(HEOA)의 통과로 인해 뒤에 설명된 연방정부 보조금에 대한 제한은 곧 바뀔 수도
있지만, 지적장애학생의 부모들이 정부 지원을 받는 529 대학저축구좌에 가입해
서 대학 학비 마련을 위해 저축할 수가 없고, 전형적인 연방정부 보조금을 신청하
거나 받을 수 없다는 것이다. 제한된 자원을 갖고 있는 가족의 학생은 더욱 제한된
고등교육 옵션을 가질 수 있다는 사실이 남아 있다.

요약

이 장은 지적장애학생들과 가족들에게 대학으로의 길이 항상 쉬운 길이 아니라는 것을 보여준다. 가족들은 그들의 지적장애 자녀에 대한 오래된 잘못된 신화들과 개념들을 깨기 위해서 열심히 노력해왔고 그들의 희망, 꿈, 그리고 기대들을 건설하기 시작했다. 대학 경험이 지적장애 청소년들에게 현실이 되기 위해서는 다루어져야 할 필요가 있는 많은 변수가 있다. 첫째로, 모든 이해관계자는 우선 중등이후교육 옵션들이 존재한다는 것과 그런 것들이 긍정적인 결과들을 이끌어낸다는 것을 이해하는 훈련이 되어야 한다. 그런 훈련은 다음과 같은 사람들에게 제공되어야 한다.

- 초기 단계에서 가족들에게 종종 조언을 하는 사람들인 소아과 의사와 기타 의료 담당자
- 가족들, 부모 훈련과 정보센터를 통해서 그들은 자녀들에게 활용 가능한 폭넓고 다양한 중등이후교육 기회들이 있다는 것을 이해할 수 있다.
- 중등 및 전환서비스들을 조정하는 고등교육기관에 있는 전문가
- 이러한 옵션의 개발에 함께하는 지역사회 서비스 제공자
- 이러한 학생들을 그들의 공동체에 받아들이고 있을 지역사회센터나 성인 학습 프로그램, 커뮤니티 칼리지, 4년제 대학과 같은 중등이후교육 기관 담당자
- 이러한 전체 집단의 가능성을 이해할 필요가 있고 이 여정에서 지적장애인과 그 가족들을 포함한 모든 사람의 최대 이익을 지원할 책임이 있는 입법자

우리는 사람들의 기대를 바꾸는 것뿐 아니라, 변화를 시스템 안으로 통합하기 시작해야 한다. 중등이후교육은 지역 학교 시스템 내의 전환서비스에서 옵션으로서 조기에 제시되어 지적장애학생들이 성공적으로 대학을 경험하도록 준비되어야 한다.

그들의 지적장애 자녀를 위해서 대학 경험을 향해 이 울퉁불퉁하고 거의 걷지 않은 길을 걷는 것을 선택한 가족들은 미래의 많은 다른 지적장애 청소년을 위해

길을 닦고 있다. 시간이 흐름에 따라서 우리 사회는 이 길이 향하는 곳을 보기 시작할 것이다: 지적장애를 가진 시민들을 위한 생산적이고, 더 잘 교육받고, 잘 적응된 삶. 대학 경험은 장애 유무와 상관없이 각 사람마다 다르다. 누군가가 왜 대학 경험을 추구하는지, 어떻게 대학에 가는지, 그들이 무엇을 배우는지는 상당 부분 적절한 계획과 지원들에 의존한다. 지적장애 청소년은 위험을 최소화하고 기회에 접근하기 위해서 지적장애가 없는 학생들과 다른 그리고 아마도 그들보다 더 많은 적절한 지원을 필요로 할 수도 있다. 그러나 동기, 개인중심계획, 자기옹호 훈련, 응집되고 지원적인 팀, 그리고 가능하다는 믿음을 갖고 지적장애 청소년들을 향상된 고용 결과와 확장된 사회적 네트워크로 이끄는 흥미진진한 새로운 중등이후교육 기회에 참여할 수 있다.

📘 참고문헌

Agran, M., Snow, K., & Swaner, J. (1999). Teacher Perceptions of Self-Determination: Benefits, Characteristics, Strategies. *Education and Training in Mental Retardation and Developmental Disabilities*, 34(3), 293-301.

Andrews, L.W. (2005). Hiring people with intellectual disabilities: employers are discovering that with a little help, workers with such disabilities can take on a wide array of jobs. *H R Magazine*, 50 (7). July 2005.

Benz, M., & Blalock, G. (1999). Community transition teams: Enhancing student involvement in transition through community transition teams. *The Journal for Vocational Special Needs Education, 21*(3), 4–12.

Blumberg, R., & Ferguson, P. (1999). *On transition Services for Youth with Disabilities*. Retrieved from http://www.spannj.org/transition/transition_onpoint.htm.

Bureau of Labor Statistics. United States Department of Labor (2008). *College Enrollment and Work Activity of 2007 High School Graduates*. (Economic News Release No. USDL 08-0559). Washington, DC: Author.

Butterworth, J., Hagner, D., Heikkinen, B., Faris, S., DeMello, S., & McDonough, K. (1993). *Whole Life Planning: A Guide for Organizers and Facilitators*. Children's Hospital, Boston, MA. Institute for Community Inclusion, Massachusetts University, Boston. Sponsored by the Office of the Assistant Secretary for Planning and Evaluation (DHHS), Washington, DC.

Butterworth, Jr., J., & Strauch, J.D. (1994). The relationship between social competence and success in the competitive workplace for persons with mental retardation. *Education and Training in Mental Retardation and Developmental Disabilities, 29*, 118–133.

Chadsey-Rusch, J. (1990). Social interactions of secondary-aged students with severe handicaps: Implications for facilitating the transition from school to work. *Journal of the Association of Persons with Severe Handicaps, 15*, 69–78.

Eisenman, L.T. (2007). Social networks and careers of young adults with intellectual disabilities. *Intellectual and Developmental Disabilities, 45*(3), 199–208.

Eisenman, T., & Chamberlin, M. (2001). Implementing Self-Determination Activities: Lessons from Schools. *Remedial and Special Education, 22*(3), 138-147.

Forest, M., & Lusthaus, E. (1990). Everyone belongs with MAPS action planning system. *Teaching Exceptional Children, 22*, 32–35.

Foxx, R.M., & Faw, G.D. (1992). An eight-year follow-up of three social skills training studies. *Mental Retardation, 30*, 63–66.

Garner, H., & Dietz, L. (1996). Person-centered planning: Maps and paths to the future. *Four Runner, 11*(2), 1–2.

Getzel, E., & Thoma, C. (2008). Experiences of college students with disabilities and the importance of self-determination. In *Career Development for Exceptional Individuals* 31, 77–84.

Grigal, M., & Neubert, D. (2004). Parents' in-school values and post-school expectations for transition-aged youth with disabilities. *Career Development for Exceptional Individuals, 27*(1), 65–86.

Grigal, M., Neubert, D., & Moon, M.S. (2001). Public school programs for students with severe disabilities in post-secondary settings. *Education and Training in Mental Retardation and Developmental Disabilities, 36*(3), 244–254.

Grigal, M., Neubert, D., & Moon, M.S. (2005). *Transition services for students with severe disabilities in college and community settings: Strategies for planning, implementation and evaluation.* Austin, TX: PRO-ED.

Higher Education Opportunity Act of 2008, Pub. L. No. 110-315 § 122 STAT. 3078 (2008).

ACT News Release. (2001). *Hot Jobs Get Cool Response from High School Grads.* August 15. ACT, Inc.

Individuals with Disabilities Education Improvement Act of 2004, PL 108-446, 20 U.S.C. §§ 1400 *et seq.*

Jameson, D. (2007). Self-determination and success outcomes of two-year college students with disabilities. *Journal of College Reading and Learning, 37* (2), 26-46.

McKay, D.R. (2006). *About.com Career Planning Newsletter.* Retrieved on July 18, 2008, from http://careerplanning.about.com/b/a/257170.htm

Miner, C., & Bates, P. (1997). The effect of person-centered planning activities on the IEP/transition planning process. *Education and Training in Mental Retardation and Developmental Disabilities, 32*, 105–112.

National Longitudinal Transition Study-2 (NLTS2) (2003a). *Parent/Youth Report of Postsecondary Education* (Table 257) [Data File]. Available from National Longitudinal Transition Study-2 (NLTS2) Web Site, http://www.nlts2.org

National Longitudinal Transition Study-2 (NLTS2) (2003b). *Parent/Youth Report of Youth Employment After Secondary School* (Table 274) [Data File]. Available from National Longitudinal Transition Study-2 (NLTS2) Web Site, http://www.nlts2.org

National Organization on Disability. (1998). *Harris survey of Americans with disabilities.* New York: Author.

Newman, L. (2005). *Family expectations and involvement for youth with disabilities* (NLTS2 Data Brief). *Reports from the National Longitudinal Transition Study, 4*(2).

Ochs, L., & Roessler, R. (2001). Students with disabilities: How ready are they for the 21st century? *Rehabilitation Counseling Bulletin, 44*(3), 170–176.

Pearpoint, J., O'Brien, J., & Forest, M. (1993). *Path: A workbook for planning possible positive futures: Planning alternative tomorrows with hope for schools, organizations, businesses, families.* Toronto: Inclusion Press.

Perske, R. (1972). The dignity of risk and the mentally retarded. *Mental Retardation, 10*(1), 24–27.

Rosemergy, J. (2007). Higher education options for intellectually disabled explored. *The Reporter, Vanderbilt University Medical Center.* (Week of May 18-25).

Salembier, G., & Furney, K. (2000). Rhetoric and reality: A review of the literature on parent and student participation in the IEP and transition planning process. Issues influencing the future of transition programs and services for students with disabilities (Ch. 7, pp. 111-126). In *Issues Influencing the Future of Transition Programs and Services in the United States.* Edited by Johnson, D., R., & Emanuel, E., J.Minneapolis, MN: University of Minnesota, Institute on Community Integration.

Sanders, M.G., & Epstein, J.L. (2000). Building school-family-community partnerships in middle and high school. In M.G. Sanders (Ed.), *School students placed at risk: Research, policy, and practice in the education of poor and minority adolescents* (pp. 339–361). Mahwah, NJ: Lawrence Erlbaum.

Smith, P. (2007). Have we made any progress? Including students with intellectual disabilities in regular education classrooms. *Intellectual and Developmental Disabilities, 45*(5), 297–309.

Sukhodolsky, D.G., & Butter, E.M. (2007). Social skills training for children with intellectual disabilities. In J. Jacobsen, J. Mulick, & J. Rojahn (Eds.), *Handbook of intellectual disabilities* (pp. 601–618). New York: Springer.

Thoma, C.A. & Wehmeyer, M.L. (2005). Self-determination and the transition to postsecondary education. In E.E. Getzel & P. Wehman. *Going to college* (pp. 49-68). Baltimore: Paul H. Brookes.

Tilson, G., Cuozzo, L., Coppola, J. (2001). *Positive Personal Profile: Helping all students become active participants in the post-high school transition planning process.* TransCen, Inc., 451 Hungerford Drive, Ste. 700, Rockville, MD 20850.

Turnbull, A., & Turnbull, R. (1992). Group action planning (GAP). *Families and Disability Newsletter,* 1–13.

U.S. Department of Education, Office of Special Education Programs. (1996, 1999). *Annual report to Congress.* Washington, DC: Author.

Ward, M.J. (1988). The many facets of self-determination. *NICHCY Transition Summary,* 5, 2-3. National Center for Children and Youth with Disabilities, Washington, D.C.

Wehmeyer, M.L., (1992). Self-determination and the education of students with mental retardation. Education and Training in Mental Retardation, 27, 302-314.

Wehmeyer, M., Agran, M., Hughes, C. (2000). A National Survey of Teachers' Promotion of Self-Determination and Student-Directed Learning. *The Journal of Special Education,* 34, (2), 58-68.

Wehmeyer, M.L., Kelchner, K., & Richards, S. (1996). Essential characteristics of self-determined behavior of individuals with mental retardation. *American Journal on Mental Retardation, 100*(6), 632–642.

Winsor, J.E., & Butterworth, J. (2007). *National day and employment service trends in MR/DD agencies* (Data Note #11b). Boston: University of Massachusetts, Institute on Community Inclusion.

Zafft, C., Hart, D., Zimbrich, K. (2004). College career connection: A study of youth with intellectual disabilities and the impact of PSE. *Education & Training in Developmental Disabilities, 39*(1), 45–53.

이중등록과 그 외 중등이후교육 경험의 계획 및 실행을 위한 핵심적인 요소

Meg Grigal & Debra Hart

과거 10년이 넘는 동안 우리는 지적장애인이 중등이후교육에 접근하도록 지원하기 위해 선구자적 활동을 지속해왔다. 연방기금에 의해 지원되는 아웃리치(outreach), 시범 모델, 그리고 연구 프로젝트들은 우리가 중등이후교육을 준비하는 지적장애학생 및 그들의 가족과 직접 일할 수 있도록, 지역 학교 시스템과 성인 서비스기관, 그리고 2년제 혹은 4년제 대학이 중등이후교육 서비스를 계획하고 실행하고 평가하도록 지원해왔다. 이 작업에서 많은 부분은 대학에서 18~21세 지적장애학생의 전환을 지원하는 이중등록 프로그램을 만들고 지원하는 것에 집중해 있다. 이 장은 (1) 학업적 · 정서적으로 지적장애학생이 중등이후교육을 준비하는 데 필요한 것, (2) 중등이후교육 서비스를 계획하고 실행하기 위한 전략, (3) 지적장애학생의 지속적인 성공을 위한 최고의 기회를 창출하기 위한 가능성을 연습하고, (4) 중등이후교육 발의안을 지속하기 위해 학생을 준비시키는 각 단계에 정보를 제공하기 위하여 지속적 평가와 자료수집에 관한 지금까지의 경험으로부터 배운 핵심적인 내용을 다룬다.

중등이후교육을 위해 지적장애학생을 준비시키기 위한 핵심적 내용

중등이후교육을 위해 지적장애학생을 준비시키려면 학생의 동기, 학생 준비, 보편적 학습설계, 자기결정, 가족과 학생의 기대를 설정하기를 포함한 핵심적인 요인을 고려해야 한다. 이 절에서 우리는 각각의 영향을 논의할 것이다.

학생 동기

중등이후교육에서 성공적인 학생 경험을 이끌어내는 데는 엄청난 계획이 필요하지만(Grigal, Neubert, & Moon, 2005) 최고의 계획도 흥미가 없는 학생에게서는 성공적인 경험을 이끌어낼 수 없다. 중등이후교육에서 학생의 성공을 위해 가장 핵심적인 요소 중 하나는 학생이 중등이후교육에 머무르고 배우고자 하는 학생의 바람, 즉 학생의 동기이다. 흥미의 부족은 많은 요소와 관련될 수 있다; 예를 들면 만약 학생이 어떤 의미 있는 성과를 얻기 위해 대학에서의 경험을 자신의 이전 학습 경험과 연결시킬 수 없다면, 그들은 대학에서 학습 경험을 지속하는 것이 이득이라는 것을 이해하기 어려워할 것이다. 학생이 대학에서 배우는 것이 그들의 삶을 변화시킬 수 있다는 점을 이해하는 것이 성공의 핵심이다. 학생들은 자신이 바라는 독립을 성취하기 위해 대학 프로그램에서 자신의 경험을 사용한 일레인 콕스(삽화 7.1 참조)와 같은 다른 학생의 경험을 들어볼 필요가 있다.

> 우리 학생을 위해 우리는 일종의 "성공을 위한 예측 요인" 목록을 개발하였습니다.…한 가지 예측 요인은 학생이 교실에 머무르기를 원하고, 학생이 일하기 원해야 한다는 것입니다. 학생은 교실에서 경쟁적이지 않을 수 있고, 일하며 어려움을 경험할지 모릅니다. 그럼에도 그들은 거기에 있길 원할 만큼 동기화되어 있어야 합니다. 5년 동안 이 프로그램에서 성공적이지 못했던 2명의 학생은 동기 부족이 원인이었습니다.
>
> —리치 에밋, 웨스턴 코네티컷 주립대학교
> 프로그램 코디네이터

부모의 조언과 지원, 이전 경험, 모르는 것에 대한 두려움을 포함하여 학생이

동기가 부족한지와 같은 요인들이 성공에 영향을 미친다. 동기의 문제를 언급하는 것은 약간의 탐구와 학습을 요구한다.

삽화 7.1 일레인의 이야기

일레인 콕스(Elaine Cox)는 26세를 앞두고 있다. 그녀는 메릴랜드 주 볼티모어 시에 있는 식료품점에서 2001년 9월부터 근무해왔으며 그동안 네 번 시급이 올랐다. 그녀는 시간당 6.15달러로 시작해서 지금은 8.95달러를 받으며 대부분의 경우 주당 40시간 일하고 있다. 수년간 일레인은 8,000달러 이상을 저축했으며 지난 봄에는 호숫가의 공원이 내려다보이는 아파트로 이사했다. 이때 그녀는 저축에서 3,000달러를 꺼내 식탁, 거실 세트, 침실 가구, 2대의 TV를 샀다. 또한 연말에 집세를 완불하였다. 그녀는 오늘날의 세계에서 일반적인 26세가 아니다: 그녀는 빚이 없으며 그녀가 직장을 잃거나 일을 할 수 없어도 매우 오랜 기간 동안 안락하게 살아갈 충분한 비상금이 있다. 이는 오늘날의 사회에서 다른 많은 사람들보다 더 장래에 대비한 계획이 되어 있음을 보여주는 것이다!

일레인의 이야기에서 또 흥미로운 점은 그녀가 일반적인 사람보다 더 많은 장애물에 직면해왔다는 것이다. 그녀는 안전하지 않고 폭력과 마약 거래로 잘 알려져 있는 볼티모어 도심 지역에서 홀어머니 밑에서 다른 몇 명의 형제자매들과 함께 자랐다. 일레인은 또한 지적장애가 있다; 퇴행성 시각장애; 그리고 자동차 추돌 사고로 그녀의 뇌는 정기적인 치료를 필요로 하며 그녀에게 참을 수 없을 만큼의 두통을 가져와 몇 년 동안 매주 병원에 가야만 했다. 여러모로 그녀는 오늘날의 세계에서 성공하는 데 불리하였다.

그러나 그녀가 가진 이점은 대학의 전환 프로그램을 졸업했다는 것이다. 볼티모어 시의 공립학교에서 볼티모어 전환 커넥션이라 일컫는 프로그램을 이수한 일레인은 코핀 주립대학교(Coppin State University)에서 3년을 보냈으며 2003년에 졸업했다. 그녀는 학생증을 받아 도서관과 컴퓨터실, 학교행사 등에 참여하고 학생식당에서 식사를 하고 대학 서점에서 쇼핑을 하고 볼티모어 시립 커뮤니티 칼리지와 YMCA에서 수업을 들었을 뿐만 아니라 코핀 주립대학교에서도 수업에 참석하는 등 캠퍼스 생활을 경험하였다. 이 프로그램은 또한 일레인에게 도어 투 도어 이동 프로그램을 통하여 대중교통수단을 이용하여 도시를 돌아다니는 법, 돈의 예산을 세우고 저축하는 법, 가게에서 물건을 사고 돈을 지불하는 법, 지역사회에서 재미있는 것을 찾아내고 그것을 위해 그 장소에 가고 돈을 지불하는 법을 가르치는 데 많은 시간을 들였다. 아울러 이 프로그램은 그녀의 첫 번째 저축 예금(계좌)을 개설하는 것을 도왔다—그 계좌에 그녀는 지금 5,000달러 이상을 저축하였다. 그리고 그녀의 첫 직장을 찾는 것을 도왔다—그녀는 현재 같은 직장에 다니고 있으며 진급과 네 번의 봉급 인상을 받았다. 그들은 그녀에게 작업 스케줄과 중요한 약속을 달력에 기록하는 법과 그녀가 필요한 것의 목록을 작성하는 법도 가르쳐주었다. 일레인은 여전히 그러한 기술을 사용하고 있으며 그녀는 그녀의 작업 스케줄을 7년 동안 결코 혼동한 적이 없고 그녀의 식료품은 거의 항상 그녀가 필요한 것으로 갖추어져 있다!

일레인은 코핀 주립대학교의 볼티모어 전환 커넥션에서 나오면서 성인 서비스 제공자와 연계되었다. 그녀는 같은 기관으로부터 그녀의 직무지도원과 정기적으로 만나 일 이외의 문제, 심지어 새로운 직업을 찾기 위한 생각도 논의한다. 그녀는 직장에서 늦게 끝나거나 안전하다고 느끼지 않을 때는 일반적인 버스 노선을 택하는 것 대신 그녀의 집 앞으로 그녀를 데려다줄 이동 서비스에 연락하여 시간을 정하는 법을 안다. 어머니의 도움으로 그녀는 도시주택부서를 거쳐 주택 보조금을 신청하는 데 필요한 모든 서류를 작성하였다. 그들이 그녀에게 대기 목록에서 3개의 옵션을 보여주었을 때, 그녀는 그것들 중 코핀 주립대학교 가까이에 있는 옵션을 선택하였다. 그 이유는 그녀가 그 부근과 버스 노선에 익숙하기 때문에 주변 환경에 적응하는 데 편안할 것임을 알았기 때문이다. 그녀는 그녀의 집 근처에 있는 공원에서 개최하는 축제에도 가고 그녀의 친구들과 영화를 보러 가기도 한다.

일레인과 그녀의 어머니는 코핀 주립대학교에 가기 전에는 이 모든 것이 가능하리라 생각하지 않았다고 솔직하게 말한다. 그녀는 먼저 이것이 가능할 수 있다는 것을 배울 필요가 있었고, 그러고 나서 실행하는 방법을 배울 필요가 있었다고 말한다. 그녀의 선생님과 가족들로부터의 많은 사랑과 지원, 기회에 대한 믿음을 가지고 있는 일레인은 행복하고 독립적이며 그녀의 공동체에서 성공한 젊은 여성이다.

부모의 조언과 지원

지적장애학생의 부모는 공교육 체계에 덜 긍정적인 경험을 가지고 있을지 모른다(Mueller, Singer, & Draper, 2008; Esquivel, Ryan, & Bonner, 2008). 너무 자주 부모는 자녀의 꿈을 거의 지원하지 않는다. 사실 자녀의 꿈이 무엇인지 묻지도 않는다. 특수교육에서 학생에 대해 낮은 기대가 만연해 있고(McGrew & Evans, 2003; Olson, 2004), 부모는 자녀가 고등학교 졸업 후 그 이상의 교육을 받는 것이 가능하다는 것을 믿지 않곤 한다. 지적장애학생의 부모가 과거의 교육 경험 혹은 미래 성과에 대해 부정적인 감정을 가지고 있을 때, 자녀가 중등교육 이상의 경험을 하도록 동기화하는 방향으로 그들을 격려할 것 같지는 않다.

이전 경험

학생에게 대학 진학 여부를 물어볼 때, 물음을 받은 학생의 이전 경험과 학생이 고등교육에 대해 이야기를 들은 적이 있는지에 대해 파악하는 것이 중요하다. 단지 고등학교 경험만을 갖고 있는 지적장애학생은 대학이 어떤 곳인지에 대해 전혀 모를 수 있다. 그들에게 고등학교를 졸업하고 대학에 간 친구나 형제자매가 있을지 모르는데, 자신이 들은 내용을 바탕으로 그들은 대학이란 끝없는 공부와 성인 감독이 거의 없는 지속적인 파티가 열리는 곳으로 인식할 수 있다. 장애가 없는 일반 학생도 대학을 방문해볼 것이 권유되는 것처럼, 1~2개 대학을 방문해보는 것이 지적장애학생에게 대학이 어떤 곳인지 이해하도록 하는 데 도움을 줄 수 있다. 지적장애학생은 그들이 고등교육기관에서 기대할 수 있는 것에 대해 직접적인 지식을 얻고자 하는 대학에 이미 다니고 있는 대학생과 이야기해보도록 격려되어야 한다. 몇 개의 강의를 청강해보는 것 또한 도움이 될 수 있다.

　학생의 이전 경험에 또 다른 영향을 줄 수 있는 측면은 장애로 인해 표찰된 학습 환경과의 연계 여부이다. 전환기에 있는 학생에게 고등학교를 졸업한다는 것은 정신지체 혹은 지적장애, 특수교육 서비스를 받는 학생으로 낙인찍힌 상황으로부터 해방되는 환영할 만한 것일 수 있다. 웨스턴 코네티컷 주립대학교의 웨스턴 커넥션(Western Connection)에 이중등록된 한 학생과의 최근 인터뷰는 그녀가 프로그램에 참여하고 있는 것을 그녀의 친구에게 알리기를 꺼리는 이유를 보여준다.

> 면담자: 웨스턴 커넥션에 간 것에 대해 어떻게 생각하나요?
> 학생: 전 정말 즐기고 있어요. 이건 저에게 유익해요. 제가 고등학교에 있을 때 알았던 많은 학생이 제가 여기에 있는 것을 몰라요. 왜냐하면 전 이 프로그램에 대해 그들에게 말하고 싶지 않기 때문이에요. 저는 제가 학습장애가 있다는 것을 사람들에게 말하고 싶지 않아요. 전 그들이 제가 특별한 프로그램에서 왔다는 것을 모르길 바라요.
> 면담자: 그러면 당신의 친구들은 당신이 어디에 갔다고 생각하나요?
> 학생: 그들은 제가 웨스턴 코네티컷 주립대학교에 갔다고 알고 있어요. 그리고 제가 학점을 이수하고 있고요. 그들은 프로그램이 무엇에 대한 것인지는 잘 몰라요.

학생이 만약 대학을 단지 그들이 표찰되는 또 다른 장소로만 인식한다면, 이것은 그들이 대학에 진학하는 동기에 영향을 미칠지도 모른다. 이러한 현상은 지적장애 학생에게만 해당되는 것은 아니다. 중등이후교육을 받는 장애학생 중 40%의 장애학생만이 스스로 장애를 갖고 있음을 이야기하고 그 장애에 대해 중등이후학교에 자신이 장애가 있음을 알린다(Wagner, Newman, Cameto, Garza, & Levine, 2005).

모르는 것에 대한 두려움

중등이후교육에 대하여 학생의 동기에 영향을 미칠 수 있는 다른 요인은 두려움이다. 크든 작든 대학교 캠퍼스는 고등학교 건물과는 확연히 다르다. 수업을 들으러 다니는 것 또한 다르다. 시작과 끝을 알리는 종소리도 없고; 캠퍼스를 돌아다니는 학생을 돕도록 배정된 사람도 없으며, 문제가 발생했을 때 방향을 잡아주고 지원을 제공하기 위한 도움실도 없다. 지적장애학생이 대학생활을 시작하기 전에 대학생활이라는 것이 어떤 것인지에 대해 미리 알아보는 것이 중요하다. 이러한 지식 없이 학생이 대학에 진학할지 여부를 잘 선택할 것이라고 기대할 수는 없을 것이다. 장애가 없는 다른 많은 학생들과 마찬가지로 지적장애학생은 대학에서 얼마나 광범위한 영역의 수업이 이루어지고 있는지 모를 수 있다. 수강과목에 대해 살펴보는 것은 학생과 부모 모두에게 괄목할 만한 경험이 될지도 모른다. 학생이 수강할 수 있는 학업/비학업 과목에 대한 정보가 제공된다면 어떤 수강과목을 들어야 할지에 대한 동기를 유발하는 데 도움이 될 것이다. 표 7.1은 부모가 지적장애학생이 대학에 좀 더 익숙해지도록 돕는 데 사용할 수 있는 몇 가지 유용한 정보를 제공한다.

학생 준비

중등이후교육 경험을 고려하는 지적장애학생은 일반적으로 다음 3가지 정도의 이전 경험을 가지고 있다. 어떤 학생은 일상생활기술, 지역사회중심 교수, 그리고 고용에 초점을 맞춘 기능적 교육과정을 사용하는 고등학교의 생활기술교실 혹은 전일제 특수학급에 참여했을 것이다. 다른 학생들은 일부 비학업적 수업에는 참여하고 학업적인 수업에서는 "배제되어" 도움교실이나 분리된 교실에서 수업을 받았을 것이다. 마지막으로, 빈번하지는 않지만, 어떤 지적장애학생은 비장애 동료와 똑같은 교실에서 수업을 들으며 고등학교에서 완전 통합된 경험을 갖고 있을 것이다. 이러한 각각의 시나리오는 중등이후교육에서 성공하기 위한 가치 있는 기술을 배울 수 있도록 돕지만 어떠한 것도 긍정적 성과를 확실히 하기 위해 필요한 모든 핵심적인 요소를 제공하지는 않는다.

도움교실이나 전일제 특수학급의 지원을 받는 처음 2가지 경험을 한 학생들은 일반적으로 대학에서의 교육 경험과 관련하여 기대되는 기술을 배우지 못한다. 이 경우 학생은 독립적으로 일하고, 시험을 보고, 보고서를 쓰거나 프로젝트에서 동료들과 협력하도록 요구되지 않는다. 많은 학생들이 교과서를 가지고 있지 않거나 컴퓨터나 다른 형태의 공학을 활용한 학습 기회를 갖지 않는다(Getzel, McManus &

〈표 7.1〉 대학으로 전환: 지적장애학생의 대학 진학을 고려하는 부모를 위한 정보

- 대학이 어떤 곳인지, 고등학교와 어떤 점이 어떻게 다른지에 대하여 말하라. 대학에는 수업 종소리도, 자율학습시간도, 교장도 없다. 학생은 그들이 해야 할 필요가 있는 것을 관리 혹은 도움 없이 하도록 요구된다.
- 대학은 또한 교사나 부모가 아니라 학생 스스로 배우고자 하는 것을 결정하는 곳이다. 학생은 자신이 흥미 있어 하는 주제 혹은 과목에 대하여 배우는 것을 선택할 기회를 갖는다.
- 지역의 한두 곳의 대학을 방문하라. 거기에서 점심을 먹고, 도서관에도 가고, 몇몇 학생들과 이야기를 나눠보라. 만약 당신이 할 수 있다면, 한두 강좌를 청강하라. 학생들이 서로 많은 시간을 보내는 곳의 문화를 느껴보라.
- 모든 학생이 이용할 수 있는 다양한 유형의 지속적인 교육과정을 자세히 살펴보라.
- 고등학교에 다니는 동안 성인의 학습 경험이 고등학교와 어떻게 다른지를 알기 위해서 당신의 자녀에게 한 과목을 수강하도록 격려하라.
- 당신의 자녀가 배우고자 하는 것을 이야기해보라. 배우고 싶어 하는 것이 학술적인 것이 아닐지라도, 자녀에게는 굉장히 의미 있는 것일 수 있다. 커뮤니티 칼리지의 수업이 이 주제에 관해 다루는지를 살펴라.
- 모든 종류의 성인 학습 기회(커뮤니티 칼리지, 평생교육원, 지역 내 레크리에이션 강좌, 각종 상점들을 통해 제공되는 훈련/수업)를 논의하라. 많은 상점들은 학생들이 흥미 있어 할 만한 기술에 관한 강좌와 주택 개조(home improvement) 프로젝트에 관한 강좌를 제공한다.
- 당신의 자녀가 자신의 학습 목표와 삶 사이에서 연관성을 찾도록 도와라: 요리 강좌는 학생이 부엌에서 보다 더 독립적일 수 있도록 도울 수 있다; 케이크 장식 강좌는 학생이 지역 식료품 가게인 제과점에서 직장을 얻는 것을 도울 수 있다; 컴퓨터 강좌는 사무실에서 직장을 얻는 것을 도울 수 있다; 강좌는 비슷한 흥미를 가진 사람들이 만나는 것을 도움으로써 즐거움을 가져다줄 수 있다.
- 당신의 자녀가 성공할 수 있도록 고등학교에서 어떤 편의를 제공하는지를 알아내라.
- 당신의 자녀가 다양한 환경에서 알지 못하는 사람들로부터 지원을 요청하는 연습을 하도록 도와주어라. 당신의 자녀가 의사소통에 어려움이 있다면 요청하는 다른 적절한 방식을 찾도록 도와라.

출처: Postsecondary Education Research Center(PERC) Project

Briel, 2004).

Wehman과 Yasuda(2005)는 장애학생이 충분한 학업적 성공을 성취할 수 없는 이유는 표준 이하의 내용; 기대의 부족; 자격 있는 (질 높은) 교사의 부족; 표준화된 교육과정과 표준화된 시험; 그리고 자기옹호기술의 부족 때문이라고 제안한다. 이러한 결점은 학문적인 진로를 추구하기에는 어린 시절에 학구적인 궤도를 이탈한 지적장애학생에게는 매우 클지도 모른다. 지적장애학생은 생활기술 수업과 기능적 교육과정에 노출됨으로써 부인할 수 없는 실용적 이익을 얻을 수 있다. 그

러나 단지 이러한 형태의 학습 경험만으로는 대학 수업에서 일어나게 될 대부분의 학습을 준비하는 데는 실패한다.

다른 측면에서, 통합된 환경에서 일반교육과정에 대한 접근은 지적장애학생이 중등이후교육에서 수업에 따라가고 비장애 동료와 사회적 상호작용을 하는 데 더 잘 준비되도록 허락하지만, 이러한 경험의 한 가지 결점은 학생들이 직업세계에 최소한으로 노출된다는 데 있다. 완전통합되어 있는 지적장애학생은 어느 정도 일한 경험이 있을 수 있고, 이는 전형적으로 학기 중에 지원 없이 실시되는 방과 후 일 혹은 여름방학 직업으로 구성된다(Moon, Neubert, & Grigal, 2002). 그러나 빈번히 완전통합되어 있는 많은 학생들은 직무기반 교수, 고용 인턴십, 직업 표본 혹은 진로 인식 활동에 참여해본 경험이 없는 18세의 고등학교 마지막 학년에 재학 중인 자신을 발견하게 될 것이다. 이러한 학생들은 중등이후교육 경험 중에 혹은 그 후 유급의 경쟁고용을 얻고 유지하는 데 직면했을 때 더욱 가파른 학습 곡선을 그리게 될 것이다.

이러한 시나리오 둘 다 중등이후교육 환경에서 학생을 지원하는 관계자에게 시사점을 제공한다. 처음 2가지 시나리오에서 묘사한 배경을 가진 학생의 경우 대학 강의에 처음으로 참여할 때 학업적이고 사회적인 측면에서 부가적인 지원을 필요로 할 수 있다. 대학 수업에서 학생에게 기대되는 것이 무엇인지를 명확히 알려주는 것은 지적장애학생이 대학에서 성공하는 데 핵심적인 것이다. 학생은 반드시 직원 혹은 그들의 교육 코치와 함께 과제를 확인하고; 적용 가능하다면 요구되는 읽기과제를 복습하고; 각각을 어떻게 한 학기 동안 다룰지 일정을 짜야 한다. 기대, 역할, 책임, 그리고 주간 진보와 도전이 되는 과제들을 검토하기 위한 매트릭스를 명확하게 조직하는 것은 떠오르는 쟁점에 빠르고 적절하게 대처하도록 도울 것이다. 유용한 정보 7.1은 대학 강좌에 학생이 참여하도록 지원하기 위해 프로그램의 코디네이터가 사용한 전반적인 과정을 보여준다.

고등학교에서 완전통합되어 있던 학생들은 또한 관계자의 추가적인 관심이 요구될 수 있다. 직무기반 학습 혹은 고용에 노출된 경험이 거의 없거나 전혀 없는 학생들은 진로 인식과 흥미와 관련된 몇 가지 초기 평가를 필요로 하기 쉽다. 학생들은 그들의 학업적 기술을 고용 환경에 전환하는 데 어려움을 보일 수 있고(Briel &

유용한 정보 7.1 웨스턴 커넥션 프로그램에서 강좌 검토 요약

학생은 일주일에 한 번 항상 같은 날짜, 같은 시간에 조교 혹은 나를 만난다(만남을 요구하는 개별 학생이 있다면 보다 더 자주 만남을 갖는다). 학생은 이 만남에서 그들의 강의 시간표; 교재; 노트/유인물; 보고서, 지난 주 교사가 낸 퀴즈 등을 제출해야 하고, 지난 주 동안 교수자가 검토한 것을 돌려받는다. 직원은 모든 결과물/과제들을 검토하고 향상을 논의하고 향상이 요구되는 부분들을 제안한다. 그 이후에, 우리는 학생이 다음 주 학습/수업 목표와 향상을 위한 자신의 전략을 말로 표현하도록 격려한다.

학생의 멘토링 회기 동안 비슷한 검토가 진행되면서 모든 직원들은 학생의 향상에 익숙해진다. 만약 멘토가 문제점이 있다고 느낀다면, 스태프를 투입해 즉시 지도한다. 왜냐하면 모든 직원이 학생의 작업을 검토하는 데 연관되어 있고 서로 의사소통을 하기 때문에, 학생은 그들의 작업을 무시하거나 연기할 수 없음을 빠르게 깨닫게 된다.

많은 학생은 이들 과정 검토가 그들 자신에 대하여 약간 자랑할 수 있는 기회일 뿐만 아니라, 그들의 직업윤리 및 성취를 보여주거나 말로 표현할 수 있는 기회를 제공하기 때문에 과정 검토를 기다린다. 대부분의 학생은 그들이 옳게 혹은 그르게 결정 내린 문제들을 통하여 그들이 그러한 문제를 어떻게 바로잡을 수 있는지에 대하여 독립적으로 생각하면서, 자신의 향상된 능력에 더 많은 자신감을 갖는다. 이는 학생에겐 큰 진전이며, 직원은 그러한 사고 및 결정 내리기가 그들이 중등이후교육의 수업 혹은 웨스턴 커넥션 프로그램을 수료한 후에 직장에서 직면할 수 있는 장애물을 다루기 위해 준비할 수 있도록 도울 것이라고 생각한다.

리치 에밋, 코디네이터
웨스턴 코네티컷 주립대학교
웨스턴 커넥션 프로그램

Getzel, 2005), 그들이 대학에서 배운 것을 진로와 연결시키는 데 지원을 필요로 할지 모른다. 이러한 가교 역할은 모든 학생에게 중요하다. 9장에서 Richard Luecking은 "중등이후교육 경험과 성인 고용과 삶의 목표에 대한 명확한 연계 없이는 불행히도 지적장애 성인들은 전반석으로 실업 혹은 불완전 고용되곤 한다." 고 언급하며 이 연계의 중요성을 강조하였다.

보편적 학습설계

보편적 학습설계의 등장과 관련된 원칙(Behling & Hart, 2008; Rose & Meyer,

2002)은 학습스타일, 능력, 준비도가 다른 학생들이 대학 강좌의 자료에 접근 가능하도록 만드는 것이다. 보편적 학습설계는 조정의 필요 없이 최대한으로 모든 학생에 의해 사용 가능한 교육과정, 교수, 평가, 그리고 환경을 포함한 문화적으로 반응적인 학습 기회를 설계하는 것이다. 보편적 학습설계의 적용을 훈련받은 교수는

- 모든 학습스타일을 조정하기 위해 내용의 제시를 다양화한다.
- 학생이 내용/활동에 참여하도록 다양한 수단을 제공한다.
- 학생이 자료의 지식과 자신감을 표현하도록 다양한 선택사항을 제공한다.

전반적으로 보편적 학습설계 접근은 모든 학생에게 유익하고 학습에 균등하게 접근하도록 돕는다. 교수는 학생이 강좌 내용에 접근하도록 다양한 공학(예: 스크린 리더, 음성 인식 소프트웨어)의 사용을 통합하는 것에 대해 적극적이게 된다. 그들은 또한 강의에만 의존하지 않고 비디오 클립, 프로젝트기반 교수, 교실에서 학생들이 학습하는 것을 적용할 기회를 갖고 그들이 기술을 숙달하였다는 것을 보여주는 봉사학습 기회를 포함하는 공학적이지 않은 전략을 도입한다.

자기결정

중등이후 경험에 성공적으로 접근하는 데 영향을 주는 주요 요소는 필요한 서비스와 지원을 얻기 위해 스스로 옹호하는 학생의 능력이다. 고등학교에서 자기결정기술을 연습할 기회의 부족으로, 많은 장애학생이 중등이후교육에서 조정을 요청하고 협상하는 데 어려움을 경험한다(Izzo & Lamb, 2002). 이것은 중등이후 경험을 추구하고자 하는 학생들은 자기결정과 자기옹호 영역에서 훈련과 지원이 필요하다는 것을 의미한다(Thoma & Wehmeyer, 200). 5장에서는 장애학생이 대학에 입학하여 장애지원 서비스부서에 자신의 요구를 밝히고 장애 관련 서류와 조정을 요청하는 서류를 작성하는 데 필요한 내용을 다루었다. 그러나 그 어떤 행동도 고등학생, 지적장애 고등학생에게 기대되지 않는 것이다. 중등이후교육의 세계로 성공적으로 전환하는 것은 장애학생이 어떻게 그들의 학업적인 지원에 접근하고 자신의 목표를 계획하고 모니터링하는 데 참여할지에 대해 직원들이 다시 생각해볼 것을 요구한다(Getzel &

Thoma, 2008). 지적장애학생은 자신의 고등학교 교사, 진로상담사, 가족, 그리고 친구들과 함께 자기결정과 자기옹호기술을 반복적으로 연습할 기회를 필요로 한다. 지적장애학생은 대학에서 자기옹호를 위한 능력을 향상시키기 위해 다음의 3가지 주요 영역에 초점을 맞출 필요가 있다.

1. **자신의 장애 알기.** 학생들은 자주 자신의 장애와 그것이 다른 사람에게 미치는 영향에 대해서 인식하지 못한다. 학생은 기능적인 용어로 자신의 장애가 어떻게 그들과의 상호작용에 영향을 미치고 대학 학습 경험의 맥락 안에서 필요한 지원이 무엇인지 판별하고, 최소한 서류로 설명하여야 한다. 예를 들면 학생의 장애가 "다운증후군"이라고 명명된 것을 안다는 것은 교수가 수업에서 그 학생이 성공적으로 수강하는 데 필요한 지원이 무엇인지에 대해서는 매우 적은 정보를 제공한다. 그렇게 명명된 학생은 교수에게 "저는 지적장애가 있습니다. 그 말은 저는 읽기에 어려움이 있고 질문을 하는 데 시간이 걸린다는 의미입니다. 저는 스크린 리더를 사용하므로 디지털 형식의 수업 자료를 필요로 합니다. 또한 구두시험을 볼 필요가 있습니다."라고 말할 필요가 있다.

2. **성인 환경에서 필요한 지원/조정을 알기.** 대학 강의에서 학생이 성공하는 데 필요한 것은 일에서 성공하는 데 필요한 것과 다를 수 있다(Briel & Wehman, 2005). 그리고 이것들은 사회 혹은 가정 환경에서 필요한 것과도 다를 수 있다. 자신의 학습스타일과 고등학교 때 자신에게 주어진 지원에 대한 지식을 제공하는 것은 좋은 첫걸음이다. 그러나 중등교육 환경에서 제공된 수정은 중등이후교육 환경에서 가능한 조정과 거의 일치하지 않을 것이다. 조정을 하거나 혹은 어떠한 성인 환경(교육, 고용, 혹은 사회)에서 지적장애학생에게 지원을 제공하는 가족과 전문가들은 그것에 대하여 학생과 정기적으로 의사소통할 필요가 있다. 학생에게 어떻게 그리고 왜 조정이 이루어지는지, 이것이 어떻게 그들을 돕기 위한 의도인지 정보가 제공되어야 한다.

3. **조정을 요청할 수 있도록 학생이 연습하는 것을 지원하기.** 전형적으로, 지적장애학생은 504조항 계획에 있지 않다면(504조항 계획에 있는 학생들은 거의 조정을 필요로 하지 않는다) 중등학교에서 교육과정 수정이 제공된다. 그러

므로 교수 혹은 고용주에게 조정을 제공해 달라고 요청하는 것이 특히 만약 이런 권위 있는 사람에게 이야기하는 데 학생들이 익숙하지 않다면 위축될 수 있다. 왜냐하면 지적장애학생은 이런 식으로 요청할 기회가 거의 없었고 이런 요청을 하리라는 기대도 거의 없었기 때문에 자주 자신의 요구를 명확하게 전달하는 데 부가적인 연습을 필요로 한다. 일단 학생이 자신이 필요로 하는 조정과 지원에 대한 정보가 주어지고 친밀한 사람에게 자신을 (언어적으로 혹은 글로 써서) 표현할 수 있게 되면, 그들은 덜 친밀한 사람들에게 자신의 요청을 연습할 기회를 제공받을 필요가 있다. 그림 7.1은 학생이 다양한 수준의 친밀함을 가진 개인에게 자신의 지원 요구를 명확하게 전달하는 데 사용할 수 있는 다양한 측면에서의 예시를 보여준다.

[그림 7.1] PERC 자기옹호 체크리스트
(출처: PERC Project)

중등이후교육 연구센터 자기옹호 체크리스트

학생의 이름

환경	단계	교사/멘토	날짜	지인	날짜	새로운 사람	날짜	실제 상황	날짜
교실	자기 소개하기								
	장점 기술하기								
	장애 기술하기								
	지원 요구들 기술하기								
	문서 제시하기								
고용	자기 소개하기								
	장점 기술하기								
	장애 기술하기								
	지원 요구들 기술하기								
	문서 제시하기								
사회/ 지역사회	자기 소개하기								
	장점 기술하기								
	장애 기술하기								
	지원 요구들 기술하기								
	문서 제시하기								

[그림 7.1] PERC 자기옹호 체크리스트(계속)

PERC 자기옹호 체크리스트 사용에 관한 안내

목록에 실려 있는 자기주장기술을 각각의 환경에서 당신의 교사 혹은 동료 멘토와 연습하라:

1. 당신의 멘토 혹은 당신의 교사 혹은 당신이 잘 아는 사람
2. 지인(당신이 전에 만난 누군가지만 잘 알지는 못하는)
3. 당신이 전에 결코 만난 적이 없는 사람(당신의 교사 혹은 멘토에 의해 주선된 사람)
4. 실제 상황에서 적절한 사람

당신이 어떠한 도움 없이도 이를 매우 잘 할 수 있다고 느껴질 때, 박스 안에 체크 표시를 하고 날짜를 써라.

도움이 되는 힌트

- 만약 당신이 장애라는 표찰을 불편하게 느낀다면 사용하지 않아야 한다. 단지 당신이 잘할 수 있는 것과 도움이 필요한 것을 기술하라.
- 당신이 자신에게 좋은 느낌을 주는 단어들을 발견했을 때, 기억하는 것을 돕도록 그것을 적고, 그 후 그 단어들을 다시 사용하라.
- 당신 자신에 대하여 말할 때 초조해지는 것이 당연하다는 것을 기억하라; 다른 사람들도 역시 그러하다. 연습할수록 초조함이 완화될 것이다.

당신의 장애를 기술하는 것을 돕는 몇몇 단어 혹은 구절:

수업에서

나는 듣기/보기에 어려움을 겪고 있어서 교실 앞쪽에 앉을 필요가 있다.
나는 강의를 이해하는 데 어려움이 있는 학습장애를 겪고 있다.
나의 장애는 내가 읽고 쓰는 것을 어렵게 한다.

직장에서

나는 당신이 나에게 설명할 때, 그 설명을 기억하는 데 어려움이 있는 학습장애를 겪고 있다.
나의 장애는 돈을 빨리 세는 것을 어렵게 한다.
나는 약물에 의해 조절되는 경련장애가 있다.

사회/지역사회 상황에서

나는 모든 것을 알아듣기 어려운 청각장애가 있다.
나의 장애는 나의 약에 관한 설명을 읽고 이해하는 것을 어렵게 한다.
나는 뇌성마비가 있어서 때때로 조금만 걸어도 지친다.

당신의 강점을 기술하는 것을 돕는 몇몇 단어 혹은 구절:

수업에서

나는 당신의 수업을 수강하는 것이 매우 기쁘다.
나는 아동발달에 항상 흥미를 느끼며, 빠른 학습자이다.
나는 항상 미술에 흥미를 느끼며 스케치를 잘한다.
나는 기억력이 좋다.

[그림 7.1] PERC 자기옹호 체크리스트(계속)

직장에서

나는 여기서 일하는 것이 매우 좋다.

나는 매우 준비되어 있으며, 꼼꼼하다.

나는 매우 외향적이며, 고객들을 잘 대한다.

사회/지역사회 상황에서

나는 새로운 사람을 만나는 것이 정말 즐겁다.

나는 버스 타는 법을 이해하는 데 굉장히 능숙하다.

당신의 필요를 기술하는 것을 돕는 몇몇 단어 혹은 구절:

수업에서

당신의 수업에서 성공하기 위해 나는 미리 노트를 받을 필요가 있다.

나는 이러한 조정들이 내가 잘 배우도록 돕는다는 것을 알았다.

당신이 말하는 모든 것을 분명하게 듣기 위해, 나는 줄의 맨 앞에 앉을 필요가 있다.

과거에 나는 시험을 볼 때 추가시간을 제공받음으로써 가장 성공적이었다.

직장에서

직업에서 성공하기 위해 나는 매일 지시들을 적을 필요가 있다.

과거에 나는 내 옆에서 실전 안내가 제공되었 때 금전 등록기에서 일을 훌륭하게 수행했다.

나에게 문제가 생긴 경우, 제일 먼저 찾아가야 할 사람이 누구인지를 알 필요가 있다.

사회/지역사회 상황에서

때때로 나는 사람들이 말을 너무 빠르게 할 때 이해하는 데 어려움을 겪는다; 조금 더 천천히 말해주시겠어요?

나는 메뉴판을 읽는 데 어려움을 겪는다. 점심 메뉴를 고르는 것을 도와주시겠어요?

나는 이 서류들을 이해하지 못하겠다. 나는 모든 정보를 갖고 있다 – 내가 이 서류를 작성하는 것을 도와주시겠어요?

만약 필요하다면, 서류를 제시하는 것을 돕는 몇몇 단어 혹은 구절:

수업에서

나의 장애와 내가 잘 활동하는 데 필요한 조정을 보여주는 문서로 기록된 서류가 있다.

직장에서

나의 장애와 내가 잘 일하는 데 필요한 조정을 알려주는 문서로 기록된 서류가 있다.

사회/지역사회 상황에서

나의 장애와 내가 필요한 도움에 관하여 적힌 문서로 기록된 서류가 있다.

일단 학생이 자신의 장애를 설명할 수 있고, 자신에게 필요한 조정을 적극적으로 협상하고, 조정이 일어나도록 한다면, 자신이 변화를 위한 조정자로서 역할을 할 수 있고, 자신이 받는 교육의 질을 보장하는 데 참여할 수 있게 된다. 학생

은 대학 교수(faculty)를 만나 자신의 장애와 조정에 대해 설명하고, 그러한 조정이 어떻게 최선으로 전달되도록 할지 협상할 수 있다. 학생이 자신이 필요로 하는 조정이 일어나도록 하는 데 적극적인 역할을 할 때, 그들은 대학 교수를 보조할 뿐 아니라 (대학 교수가 좀 더 다양한 집단의 학생에게 높은 질의 교육을 제공하는 기술을 얻도록) 미래의 고용 환경에서 자신에게 필요한 기술을 습득하게 된다(Izzo, Hertzfeld, Simmons-Reed, & Aaron, 2001, p. 7).

기대를 설정하기

중등이후교육 환경에는 많은 서비스와 활동이 존재하고 때때로 가족은 자신의 자녀에게 정확히 어떤 프로그램이 제공되는지 아는 데 어려움이 있을 수 있다. 어떤 중등이후교육의 선택사항은 대학 강좌에 접근하도록 하는 데 초점을 맞추고, 다른 것은 몇몇 대학 강좌와 유사하게 특별히 고안된 수업에 학생이 접근하도록 제공된다. 어떤 경우, 학생은 전형적으로 그리고 특별히 고안된 강좌 모두에 접근할 수 있다. 학생과 그들의 가족은 각 수업에서 기대되는 것과 기대되는 성과에 대한 정보를 제공받아야 한다. 만약 학생이 전형적인 수업에 등록되도록 기대된다면, 논의의 핵심은 강좌가 학점 과목 수강, 비학점 과목 수강 혹은 청강이 될 것인지; 혹은 그 강좌가 자격증과 연관되는지(예: 자동차 기능공, 사무실 관리, 사무보조, 아동 돌보기), 어떻게 학생이 기대되는 사항을 관리하고 자신의 스케줄과 다른 활동의 균형을 맞출 수 있을지가 포함되어야 한다.

다른 중등이후교육 선택사항은, 비록 대학에 기반하지만, 대학 강좌에 접근하는 것보다는 고용 혹은 독립적인 생활기술에 좀 더 초점을 맞춘다. 대학 캠퍼스에서 독립적인 생활 프로그램으로부터 직원은 지원 수준, 독립성, 행동, 그리고 안전 측면에서 기대되는 것이 무엇인지 학생과 가족이 이해하도록 도와야 한다. 대학생활경험(College Living Program)과 같은 프로그램은 대학에서 독립적으로 살아간다는 것이 무엇인지 미리 경험해볼 수 있도록 앞으로 입학할 학생에게 3주간의 여름 프로그램을 제공한다. 이 프로그램은 룸메이트와 기숙사 방을 함께 쓰기, 자신의 식사를 계획하고 준비하기, 자신의 기숙사 방을 정리하고, 도움을 받아 자신의 세탁물을 처리하기와 같은 상황을 준비시킨다. 이 시간 동안 학점을 위해 학생들은 "대학생활 개관" 수업을 듣는다. 그들은 또한 자신의 학업 영역에서의 진로를 추구할 가능성을 탐색할 수 있는 다양한 학점 과목과 함께 기초 보충 수학과 영어 수업을 수강할 수 있다(http://www.cleinc.net).

만약 대학 캠퍼스에서 서비스의 초점이 고용과 관련된다면, 부모는 추구할 고용의 형태를 준비할 필요가 있고 이것이 어떻게 가족 스케줄과 사회보장제도하에서 학생의 장애에 이익을 주는 데 영향을 미칠지에 대해 준비할 필요가 있다. 이익의 문제는 학교 시스템과 중등이후교육 서비스에서 자주 간과된다. 장애학생의 많은 부모들은 자녀가 일하기를 원하지 않을 수 있는데 이는 급여를 받는 일이 학생이 생활보조금 혹은 장애연금을 받는 데 문제를 가져올지 모른다고 생각하기 때문이다. 부모와 학생은 이러한 걱정을 다룰 수 있는 재무 전문가와 만나서 학생근로소득공제, 자활을 위한 계획 수립, 그리고 장애 관련 근로비용과 같은 사회보장 부서에 의해 사용되는 늘 변화하고 매우 혼란스러운 인센티브 제도에 대하여 살펴볼 필요가 있다.

이상적인 것은 학생과 가족이 대학에 등록하기 전에 대학을 방문하여 스케줄, 활동, 기대에 대한 질문을 할 기회를 갖는 것이다. 이것은 대학에서 지원과 제공받는 서비스가 어떻게 고등학교와 다른지에 대한 정보를 학생과 부모에게 제공하는 없어서는 안 될 과정이다(이것과 관련된 확장된 논의는 5장 참조). 높은 수준의 학생 감독, 교수와의 개인적 접촉, 직원으로부터 매일 혹은 주간 업데이트를 기대하는 부모는 이러한 기대가 대부분의 대학 프로그램에서는 현실적인 기대가 아니라는 것을 알 수 있을 것이다. 덧붙여, 관련 비용과 관련된 책임은 등록 전에 검토되어야 한다. 여기에는 등록금, 수업, 일, 사회 활동을 위한 교통비를 포함한다. 어떤 경우, 프로그램은 프로그램에 학생이 등록하기 전에 그 프로그램에 학생이 참여하는 동안 당사자들, 즉 부모, 학생, 그리고 프로그램으로부터 기대되는 책임이 무엇인지를 명료화하여 그것을 검토하고 목록을 만든다.

중등이후교육 서비스를 계획하면서 배운 교훈

중등이후교육 환경에서 새로운 서비스 혹은 프로그램을 계획하는 것은 엄청난 계획을 요구한다(Grigal et al., 2005). 이러한 계획은 기대되는 학생 요구, 이러한 서비스의 목표와 성과, 그리고 서비스와 활동을 창출하는 것을 안내할 철학적인 믿음과 가치를 고려해야 한다. 다음에서는 활동을 계획하는 동안 피해야 할 몇 가지 일반적인 함정에 대해 설명하겠다.

함정 1: 유행에 편승한 접근

'남의 떡이 더 커보인다' 는 말은 심지어 교육 분야에도 적용된다. 부모, 교육가, 기타 전문가는 이웃 혹은 지역사회에서 실행되는 지적장애인을 위한 새로운 대학 프로그램에 대하여 들으면 이를 좋은 아이디어라고 생각한다. 그래서 그들은 "저것도 해보자. 우리 고등학교 바로 아래 대학이 있다."라고 말한다. 그후 고등학교에 현재 존재하는 기능적 학업기술, 생활기술, 그리고 직업훈련을 배우는 지적장애학생을 위한 전일제 특수학급을 대학 캠퍼스로 옮겨 심는다. 이 예가 조금 극단적으로 보일지 모르지만 이것은 어떻게 몇몇 프로그램이 시작하는지를 보여주는 예이다. 사려 깊고 신중한 계획(4장에서 설명하였듯이)은 중등이후교육 경험이 단지 학생의 요구를 충족시키기 위해서뿐 아니라 실제 학생 성과를 향상시킬 것임을 보장할 필요가 있다.

활동을 계획하는 것은 1년 혹은 그 이상이 걸리고, 거기에는 이중등록 프로그램(Grigal et al., 2005; Grigal, 2003; Hart & Grigal, 2004)과 통합적인 대학 선도 프로그램을 개발하도록 돕기 위한 다양한 자원이 존재한다(www.innovations-now.net). 인터넷 사이트의 방문은 자주 다른 사람들이 제공할 수 있는 서비스의 범위를 확실히 하는 데 유용할 수 있다. 덧붙여, 많은 프로그램들에서 웹사이트에 서비스 적용, 샘플 스케줄, 그리고 조직의 사명의 예를 제공한다. 5년 전 중등이후교육 서비스를 시작하려고 할 때 많은 이들은 새로운 조직을 재창조할 필요성을 느꼈을지 모른다; 지금은 다양한 관계자들이 학생의 요구를 조심스럽게 평가하고, 필요한 파트너십을 구축하고, 지적장애학생을 위한 새로운 중등이후교육 선택사항을 효과적으로 계획하는 데 더 많은 자원과 전략이 존재한다(인터넷 자원은 7장 부록 참조). 이러한 전략 중 하나는 자원 연결 전략이다(Crane & Mooney, 2005).

자원 연결 전략은 자원과 구체적인 영역 혹은 목표를 위해 지역사회에서 사용 가능한 자산을 판별하도록 고안된 협력적인 과정이다. 일단 자원이 판별되면, 전략적 활동계획은 어떻게 자원을 좀 더 효과적으로 전달할지, 이중으로 자원을 전달하지 않을지, 그리고 어떻게 차이를 다룰 것인지 등에 대해 계획한다. 이 접근은 협력, 자원, 그리고 비용 나눔을 위해 촉매 역할을 하도록 고안된다.

자원 연결 전략은 전형적으로 4가지 요소를 포함한다:

1. 중등교육 기준에 관한 전미연합과 성공을 위한 전환 지침에 기초하여 전환 관련서비스와 실제, 그리고 중등이후교육 온라인 설문을 제작한다. 여기에는 설문 개발, 행정, 종합, 그리고 분석이 포함된다.
2. 자원 연결 전략이 무엇인지에 대한 개관과 중등이후교육 자원과 실제, 서비스가 겹치는 부분, 서비스와 실제 사이에서 차이가 있는 영역을 결정하기 위하여 설문 결과를 검토하는 현장 소통(모임 1)
3. 목표 판별, 과제, 측정 가능한 이정표, 팀 구성원의 역할과 책임, 일의 시각표를 명확하게 하는 것을 포함하는 중등이후교육 행동 계획을 개발하기 위한 현장 소통(모임 2)
4. 적어도 1년에 두 번 정도 검토한 중등이후교육의 전략적 행동 계획을 편찬하기

함정 2: 미흡하게 정의된 프로그램의 목표

목표는 우리가 특수교육 분야에서 많이 듣는 용어 중 하나이다. 2장에서 자세히 다루었듯이, 2004년 미국장애인교육개선법(Individuals with Disabilities Education Improvement Act[IDEIA], PL 108-446)은 학생의 개별화교육프로그램(IEP)에 전환서비스에 대해서 무엇을 서류화해야 하는지에 대한 변화를 가져왔다. 덧붙여, 주 성취 계획 지표 13과 14는 어떻게 이러한 목표가 문서화되고 실행되는지, 어떻게 그것들이 학생 성과에 영향을 미치는지에 대해 보고할 때 주(states)에 새로운 수준의 책무성을 추가적으로 요구한다. 그러나 중등이후교육 환경에서 지적장애학생을 지원하기 위해 시작된 많은 프로그램들은 서비스의 실행을 안내하기 위한 측정 가능한 목표를 설정하는 데 성공적이지 못했다.

중등이후교육 선택사항은 전국적으로 다양하지만 어떻게 서비스가 묘사되는
지에는 몇 가지 유사점이 있다. 일반적으로 대부분의 목표는 다음과 같다.

- 학생의 독립성 증가시키기
- 중등이후 학습에 접근하기
- 생활기술이 필요한 환경에서 그 기술을 배우기
- 자기결정, 옹호, 그리고 의사소통기술을 향상시키기
- 통합된 경쟁고용을 확보하고 유지하기
- 대학 공동체의 다양한 측면에 참여하기

이러한 모든 목표에는 장점이 있다. 사실, 많은 고등학교 전환 프로그램 또한
그들이 지원하는 지적장애학생을 위해 이와 같은 형태의 목표 목록을 가지고 있을
것이다. 하지만 이러한 목표 중 많은 목표가 결코 실행되지 않을 것이다. 그것은 너
무 많은 개별화교육프로그램 목표와 같이, 절대로 매듭짓지 못하는 학생의 공식적
인 해야 할 일 목록으로 남게 될 것이다. 왜냐하면 이런 식으로 목표가 쓰여졌을 때
목표가 달성되었다는 것을 결정하기가 어렵기 때문이다. 당신이 발전된 기능적 생
활기술을 습득했다는 것을 어떻게 아는가? 어떻게 향상된 자기결정과 자기옹호를
측정할 수 있는가? 고용은 심지어 이 영역에서조차 객관적으로 판단하는 데 쉬운
목표로 보이지만 많은 프로그램이 그들의 고등학교에 뿌리를 두고 있고, 급료를 받
고 고용되는 다음 단계로 도달하게 하는 특별한 계획 없이 학생을 끊임없는 직업훈
련의 순환구조에 남겨둔다. 만약 지적장애학생을 위한 중등이후교육 발의안이 그
들의 잠재력을 충족시킨다면, 서비스의 핵심적인 요소는 **측정 가능한 목표를 설정**
하는 것이다.

어떻게 "프로그램 목표"를 설정하면서 여전히 학생의 계획을 개별화할 수 있을까?

프로그램의 목표를 설정하는 것이 어느 정도 직관에 어긋나는 것처럼 보일지 모른
다. 이것은 우리가 중등이후교육에서 서비스를 받은 모든 학생은 똑같은 목표를 가
져야 한다고 제안하는 것처럼 보일지도 모르겠다; 어떤 면에서는 그렇다. 모든 학

유용한 정보 7.2 웨스턴 코네티컷 주립대학교의 웨스턴 커넥션: 프로그램 목표

1. 학생은 매년 자신의 꿈을 확인하고 다가오는 한 해의 목표와 필요한 지원을 결정하기 위해 개인중심계획에 참여할 것이다.
2. 학생은 정보를 제공하는 면접, 직무참관 그리고/혹은 직장 투어를 통해 흥미로운 3가지 영역에서 직업 기회를 탐색할 것이다.
3. 학생은 자신이 흥미 있어 하는 분야에서 통합된 유급의 지역사회 지원고용 혹은 경쟁고용을 얻을 것이다.
4. 학생은 해마다 1~2개의 대학 강의를 청강하고 교육과정표를 이용하여 향상을 점검할 것이다.
5. 학생은 그들의 계획과 관심사에 맞는 지속적인 교육이나 대학 수업을 선택하고, 스스로 수업에 오고 갈 교통수단을 결정하고, 독립적으로 수업을 듣는 능력을 입증할 것이다.
6. 학생은 고용 환경, 대학 교실, 지역사회 환경, 집에서 도움이 필요한 영역을 분명하게 표현하는 능력을 증명할 것이다.
7. 학생은 분기별로 목표를 향한 개인적 진보를 검토할 것이다.
8. 학생은 지역사회에서 돌아다니기 위해 필요할 때 공공 교통수단을 이용할 수 있는 능력을 보여 줄 것이다.
9. 학생은 최대한으로 IEP 모임에 참여할 것이며, 최소한 그들의 이름과 성취, 지원 요구, 다가오는 한 해의 목표를 IEP 모임에서 나눌 것이다.
10. 학생은 프로그램 밖으로 나와 통합된 고용 수준을 지속시킬 성인 서비스 제공자로 전환을 이룰 것이다.

생의 목표는 측정되어야 한다는 것과 관련되어야 하고, 각 학생이 하도록 기대되는 것이 무엇인지 다른 사람이 쉽게 이해할 수 있도록 묘사되어야 한다는 측면에서 유사해야 한다. 성공을 위한 특효약은 없다. 실패를 확실하게 하는 길은 당신이 무엇을 성취하고자 노력하는지를 모르는 것이다. 명료하게 표명된 목표 없이 학생이 진보하는지, 기대되는 성과를 성취하는지, 서비스가 성공적이었는지를 확인할 길은 없다. 목표를 설정하는 첫 단계는 당신이 무엇을 성취하고자 하는지 정확히 아는 것이다. 학생이 이러한 경험을 통해 무엇을 얻길 원하는가? 유용한 정보 7.2는 어떻게 한 프로그램이 각 학생을 위해 개별화될 수 있는 측정 가능한 목표를 설정할 수 있는지 예를 제시한다.

기대되는 성과를 명료화하는 것은 앞으로 제공될 서비스의 모든 측면에서 추진력이 될 것이다. 프로그램 목표는 앞으로 올 학생에 대해 당신이 수집할 필요가 있는 정보, 그들의 지식기반; 자기옹호 및 자기결정과 관련된 이전 경험; 이전 직업 상태; 어떠한 지원 혹은 전략이 그들의 고등학교 수업에서 학생이 성공하는 데 도움이 되었는지에 대한 안내를 제공한다. 프로그램의 목표는 어떻게 중등이후교육 프로그램이 학생과 학생 가족의 기호에 맞게 마련되는지에 영향을 미친다. 그것들은 또한 학생의 스케줄, 언제, 어디서, 어떻게 학생이 서비스와 지원을 받고, 프로그램이 성취하고자 하는 것이 무엇인지 결정할 때 교수의 장소에 영향을 미칠 것이다. 마지막으로, 프로그램 목표는 궁극적으로 어떻게 성과를 측정할지를 안내한다. 당신과 당신의 학생이 성취하고자 한 것을 성취하였는가? 이러한 목표 없이 성공과 실패를 결정하는 것은 가능하지 않을 것이다.

함정 3: 학생 경험의 통합을 제한하기

중등이후교육 발의안을 계획할 때 피할 수 있는 마지막 함정은 분리된 학습 경험에 학생을 제한하는 것이다. 이러한 선두적 계획의 노력이 학생이 지적장애를 갖고 있기 때문에 간단할 것이라고 가정해서는 안 된다. 지적장애학생은 통합된 대학 강의와 대학생활의 모든 다른 측면에 효과적으로 참여하거나 그것으로부터 의미 있는 지식을 끌어낼 수 없을 것이다. 그들의 성취가 때때로 다를 것인가? 아마도 그럴 것이다. 하지만 우리는 유치원 전부터 12학년까지 선택사항, 통합된 고용, 다른 성인생활 영역, 각 접근의 장기 성과와 비교하여 과거 분리된 학습 기회의 실패를 포함하여 지적장애학생의 성공만 볼 필요가 있다. 지적장애인이 철저하게 과소평가되어왔다는 것을 역사는 반복적으로 우리에게 보여준다. 장애학생, 특히 지적장애인을 분리한다는 고민 없이 자동적으로 나온 접근은 중등이후교육이 다시는 갈 필요가 없는 과정이다. 분리된 수업, 특별히 고안된 교육과정, 그리고 많은 지원 직원들이 있는 유치원부터 12학년까지 체계를 그대로 반영하여 중등이후교육 선택사항을 상상하는 것은 모두에게 너무 쉽다. 우리는 이것이 이전에 어떻게 실행되어왔는지 아는 것처럼 앞으로 어떻게 실행될지를 안다. 전국적으로 시행되고 있는 것으로 알려진 150여 개의 중등이후교육 중 16%만이 통합 프로그램이라는 것에서 알 수 있듯이 고등교육기관에서 통합적인 학습 기회를 창출하는 것은 더욱 어려운 과제이다(Hart & Grigal, 2008). 그렇다, 지적장애인의 풍부한 직업체험의 경험은 더욱 통합적인 선택을 향해 중등이후교육 프로그램의 방향을 안내한다.

고등학교와 중등이후교육에 이중으로 등록되어 있는 지적장애학생을 위한 통합 경험은 급료를 받고 통합된 환경에서 고용될 기회를 증가시켰다(Zafft, Hart, & Zimbrich, 2004). 2008년 고등교육기회법(PL 110-315)의 최근 개정은 재정적 보조를 받기 위해 지적장애학생을 적절하게 교육하는 프로그램의 한 요소로서 통합된 학습 경험의 제공을 강조한다. 컨퍼런스위원회의 공동설명문에서 상·하원의 원들은 "우리 평의원들은 통합된 활동과 수업 참여, 그리고 비장애인과 함께하는 중등이후 캠퍼스 환경에 지적장애학생이 통합되는 프로그램을 격려하고, 그러한 프로그램은 학위 혹은 수료증을 취득하는 것과 같은 측정 가능한 성과를 포함할 것"을 제안하였다.

지적장애학생을 위한 중등이후교육 서비스를 실행하면서 배운 교훈

중등이후교육에 접근하도록 지적장애학생을 지원하는 사람은 학생도 목표와 활동을 계획하고, 모니터링하고, 성취하는 데 참여할 수 있다는 높은 기대를 갖고 서비스의 실행에 접근해야 한다. 이러한 높은 기대를 통한 성과는 급료를 받는 고용에 접근하고 새롭고 더 나은 직장으로 옮겨가도록 학생의 능력을 향상시키고, 일반적인 대학 수업에 최대한으로 참여하도록 학생의 능력을 향상시키는 것이다. 중등이후교육 환경에서 서비스를 제공할 때, 이를 후원하는 주체는 학생 활동을 검토할 방법을 개발하고 사람과 체계가 포함될 만족스러운 수준의 평가를 시행할 필요가 있다.

지적장애학생을 위한 높은 기대의 필요성

4장과 6장에서 언급한 한 가지 지속적인 주제는 학생이 중등이후교육에 참여함으로써 성취길 원하는 것을 확실히 하기 위해 개인중심계획을 사용할 필요가 있다는 것이다. 이것은 학생이 그들의 가족, 친구, 지원을 제공하는 관계자들과 함께 파트너십을 갖고 서비스를 창출하고 필요한 지원의 수준을 판별하도록 자신의 요구, 두려움과 바람을 명료화하는 것이 필요하다. 이 과정은 처음에는 미래의 목표에 대한 대화에서 거의 혹은 전혀 공헌하지 않으면서 IEP 모임에 앉아 있는 데 익숙한 학생에게는 다소 낯설 수 있다.

학생은 광범위한 경험에 노출될 필요가 있다. 왜냐하면 선택 가능한 범위에 대한 지식 없이 학생이 개인적 목표를 선택하거나 목표를 향한 자신의 진보를 평가하는 것은 어려울 것이기 때문이다(Wehmeyer, Argan, & Hughes, 1998). 학교 체계와 대학이 서비스를 창출하면서 높은 기대를 설정할 때 첫 번째 단계는 목표를 세우는 과정에 학생을 포함시키는 것이다. Wehmeyer와 그의 동료들은 "고용의 범위와 사회적, 교육적, 지역사회 경험의 범위를 체험할 기회가 없는 제한된 상황에 살았거나 살고 있는 학생은 개인적 목표를 선택해야 할 때 제한적인 목록밖에는 생각할 수 없을 것이다."(p. 189)라고 주장하였다.

목표를 설정하고 검토하는 실제적인 경험이 거의 없거나 전혀 없었던 학생과 일할 때 한 가지 전략은 일을 간단하게 진행하는 것이다. 한 학기에 한 가지 목표를 세우고 학생이 그 목표를 검토할 스케줄을 잡도록 도와라. 자신이 선택한 목표는 학생의 학업적인 성과의 향상을 위해 교사가 선택한 목표보다 더 효과적이진 않더라도 교사가 선택한 목표만큼 효과적일 수 있다(Wehmeyer et al., 1998). 목표가 학업적 혹은 직업과 관련되지만, 이것은 개인적인 바람과 연계될 수도 있다(예: "저는 새로운 옷을 좀 갖고 싶어요.", "저는 캠퍼스에서 친구를 사귀고 싶어요."). 학생이 자신의 삶에 실제로 영향을 미칠 수 있는 실제적이고 성취 가능한 성과를 얻도록 목표를 세우는 것을 허락하는 것은 중등이후교육의 과정을 좀 더 의미 있게 만드는 것이다. 이것은 또한 학생이 자기 자신을 목표를 세우고 성취할 수 있는 사람으로 인식하도록 도울 수 있다. Agran(1997)은 또한 목표 세우기를 동기에 연결시키기를 주장하면서 다음과 같이 주장했다.

> 학생은 자신의 학업적 · 사회적 목표와 바람직한 수준의 성과를 선택하고 목표를 세우는 데 참여할 필요가 있다. 학생의 직접적인 참여는 매우 중요하다. 자신의 목표를 판별하거나 그들이 선택한 목표에 동의하는 학생들은 바람직한 행동에 더 참여하게 되기 쉽다. 목표를 세우는 것은 학생으로 하여금 목표를 달성하기 위하여 전략을 찾도록 동기화할 수 있다.

개별화교육프로그램 모임에 학생 참여

다른 장의 저자들이 지적하였듯이, 2004년 미국장애인교육개선법(IDEIA)에 의해 좌우되지 않았기 때문에 고등교육에서는 개별화교육프로그램(IEP)이 없다. 그러나 중등이후교육 환경에 이중으로 등록되어 있고 전환서비스를 받고 있는 학생은 지속적으로 IEP를 필요로 할 것이다. 중등이후교육에 있거나 있게 될 학생을 위한 IEP 목표를 개발하는 것은 초기에는 도전일 수 있다. 고등교육의 맥락에 IEP 요구를 부합시키는 것은 빈번하게 지역교육청 관계자에게 도전이 된다. 2004년 미국 장애인교육개선법하에서 학교 체계는 훈련, 교육, 고용, 적절하고 독립적인 생활기술에서 측정 가능한 중등이후 목표를 판별하는 데 학생을 돕도록 요구받고 있다. 앞에서 논의하였듯이, 개인중심계획은 이러한 영역에서 학생과 학생의 가족이 목표를 판별하도록 돕는 데 사용될 수 있다. 하지만 목표의 설정이 학생의 IEP 참여에의 끝이어서는 안 된다. 엄청난 준비, 실제, 그리고 추후지도는 학생이 자신의 IEP 모임에 적극적으로 참여하는 데 필수적이다. 학생은 어떻게 자신의 IEP 모임에 참여할 수 있을지 선택할 수 있어야 한다. 예를 들면 어떤 학생은 자신을 소개하고, 어떻게 자신이 수업에 참여하는지 논의하고, 자신의 미래를 위한 목표와 비전을 논의하길 원할 수도 있다. 이 수준의 참여는 자신의 마음속에 그려본 미래를 디지털 스토리로 만들어보기, 파워포인트 유인물, 혹은 개인중심계획으로부터 나온 이야기를 요약하도록 돕는 것이 포함될 수 있다. 유용한 정보 7.3은 자신의 IEP 모임 동안 한 학생이 자신의 의견을 다른 사람과 어떻게 나누는지를 보여주는 예이다.

어떤 상황에서 이것이 불가능해 보일지라도 학생은 미래에 대한 자신의 비전을 나누도록 지원되어야 한다. 어렵게 얻어진 정보는 학생의 목표와 동기에 필수적인 통찰력을 제공한다. 그들은 비현실적이 되는 것 혹은 그들은 결코 특정한 목표 혹은 진로를 성취하지 못할 것이라는 말을 들어서는 안 된다. 대신에, 학생들은 O'Net (http://onlinecenter.org), 직무참관, 그리고 정보를 제공하는 인터뷰와 같은 온라인 직업 데이터베이스를 사용하여 선택된 진로에서 요구되는 필수적인 기술을 판별하도록 도움을 받을 수 있다. 안내된 탐색과정에서 학생은 특정 진로가 한때 자신이 생각했던 것만큼 흥미롭거나 달성할 만하지 않을 수도 있다는 것을 스스로

유용한 정보 7.3

케이샤

IEP 모임

2009년 3월 29일 목요일

내가 좋아하는 것과 선호하는 것의 요약

나는 대학에 1년 이상 머무르고 싶다.

나는 교실 활동을 좋아한다.

나는 지역사회 견학을 좋아한다(특히 마트에서 과제).

나는 나의 학급 친구들을 좋아하며, 나는 캠퍼스 학생들을 좋아한다.

나는 나의 일을 좋아한다.

나는 내가 캠퍼스의 어디에서 식사할지 선택할 수 있다는 것이 좋다.

나의 강점

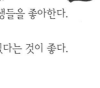

나는 수업에 항상 참여한다.

나는 수업에 항상 집중을 잘한다.

나는 지시를 잘 따른다.

나는 상냥하고 친절한 사람이다.

나는 독립적으로 혹은 다른 사람들과 팀으로 잘 활동한다.

나는 사람의 기분을 읽어내는 데 능숙하다.

나는 어휘 수업(내용)에 능숙하다.

나는 꽤 능숙한 독자이다.

나는 내가 도움이 필요할 때 질문을 한다.

_____

_____

내가 앞으로 노력할 필요가 있는 것

수학

돈 개념

읽을 때 어려운 단어들을 이해하기

지시를 듣고 필요하면 메모하기

MTA 타기

나의 왼팔을 조금 더 많이 사용하기

나의 보조기(bracce)를 부수지 않기

_____

_____

나는 다음과 같은 것들을 원한다

MTA 타는 법을 배우는 것

다음과 같은 다양한 직업 장소들을 방문하고 견학하는 것:

사무직

컴퓨터 관련 직업

건설 관련 직업

공항 관련 직업

사무 환경에서 유급 직장을 얻는 것

친구를 더 많이 사귀는 것

나의 미래

나는 <u>스스로</u> 대학에 가기 위해 MTA 타는 법을 배우기를 원한다.

나는 전일제 직업을 갖기를 원한다.

나는 얼마 동안은 나의 이모와 함께 살기를 원한다.

궁극적으로, 나는 내 이모댁 근처에서 독립적으로 살기를 원한다.

나는 대학 친구들을 항상 방문하고 싶다.

먼 미래에, 나는 결혼을 하고 2명의 아이가 있을
  것이다(그러나, 애완동물은 아니다!).

나는 운전 면허증을 취득하고 내 차를 사기를 원한다.

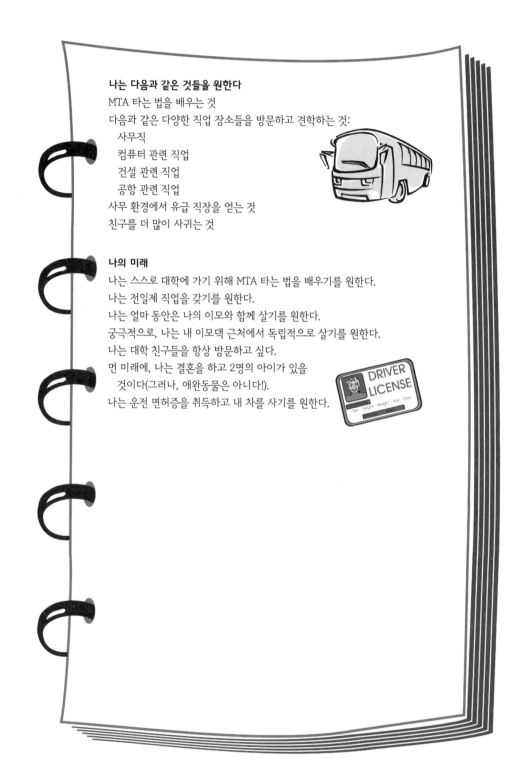

현실화해 가도록 돕는다. 덧붙여, 안내된 탐색과정은 관련된 진로를 판별하도록 도울 수 있다. 예를 들면 한 젊은 여성은 수의사가 되길 원했지만 그녀가 그 목표를 달성하기 위해서 해야 하는 일, 특히 오랜 기간 교육을 받아야 한다는 것을 알게 된 순간 그 진로를 추구하기를 원하지 않았다. 대신에 그녀는 동물과 일하는 데 다른 능력이 선호되는 3개의 대학 수업을 청강하였다: 애완동물 미용(Pet Grooming) I과 II, 그리고 애완견 관리. 그녀는 지금 전국 애완동물 보급품 회사에서 애완동물 미용사(pet groomer)로서 모든 혜택을 받으며 전일제로 일하고 있다.

과목 선택과 등록에 학생 참여하기

지적장애학생을 위해 높은 기대를 설정하고 유지하는 것은 어떻게 학생이 그들의 중등이후교육 경험의 다양한 측면에 참여할지 착수하는 것에서 시작한다. 모든 학생은 장애 유무와 관계없이 고등학교 과목을 선택하는 데 제한적인 경험을 가질지 모른다. 전형적으로, 고등학교 동안 수강하는 과목은 기능적 생활기술 교육과정 혹은 일반교육과정에 의해 미리 결정된 일련의 과목으로 한정된다. 수강과목의 선택과 관련하여 고등학교에서 학생에게 부여된 제한점 때문에, 지적장애학생은 대학 환경에서 학생이 수강하고 싶은 과목을 결정하는 데 어려움을 가질 수 있다. 비장애학생들이 대학에 진학하는 이유는 자신이 흥미로워하는 영역에서 좋은 직업을 얻기 원하기 때문이다. 대학 진학의 목표는 지적장애학생의 경우도 비장애학생과 마찬가지이고 그들의 진로포부가 수강과목의 선택을 안내할 수 있다. 중등이후교육에서는 자신이 등록한 전공, 학위, 혹은 자격증 프로그램과 관련된 수강과목을 선택하고 등록하도록 돕는 지도교수가 배정된다. 중등이후교육 발의안의 구조에 의지하여, 지적장애학생은 전통적인 대학 지도교수에 접근할 수도 있고 접근하지 못할 수도 있다. 지도교수의 지도를 받는 지적장애학생들 또한 학생의 학습스타일과 부합되는 수강과목과 교수를 판별할 수 있는 시설의 장애지원 서비스 직원으로부터 조언을 얻고자 할지 모른다. 여러 가지 교수 전략을 사용해본 경험이 있고 이전에 자신의 수업시간에 장애학생을 가르쳐본 경험이 있는 교수를 찾는 것은 도움이 된다. 학생은 만약 그들이 처음으로 엄격한 학업적인 과목을 수강한다면 학점을 얻기 위해 과목을 수강하기 전에 청강을 해보는 것도 고려해보아야 한다.

수강과목을 선택하는 것과 관련하여 고려할 점은 다음과 같다.

- 학생의 진로 목표
- 교수의 교수 스타일과 다양한 학생의 발전을 위한 전반적인 개방성
- 인턴십, 견습직, 대학에서 제공되는 서비스 학습 기회의 가능성
- 다양한 교통수단의 제공 여부
- 교육 코치와 튜터가 제공될 가능성
- 교실 조정의 가능성
- 학생의 고용 스케줄

과목에 등록하는 것은 다양한 학습 기회를 제공한다. 학생은 수강과목에서 제공하는 것을 어떻게(웹사이트 혹은 수강과목 카탈로그를 사용하여) 결정할지, 수강과목을 학점 과목으로 수강하거나 청강한다는 것이 무슨 의미인지, 요구되는 수강신청서를 어떻게 작성할지, 그리고 수강을 위해 등록금 내기와 같은 방법을 아는 것이 기대될 것이다. 등록금은 중등이후교육 발의안마다 다양하다. 어떤 프로그램은 학기별로 등록금을 내고, 등록금 고지서가 학생의 가족에게 보내진다. 지적장애학생이 이중으로 등록하여 일하는 다른 프로그램은 몇 과목을 수강하느냐에 따라 미리 정해진 등록금을 학교 시스템에 청구한다. 몇몇 커뮤니티 칼리지는 사회보장부서로부터 생활보조금을 받는 학생의 경우 등록금을 면제해준다. 어떠한 시스템이 적용되든, 학생은 수강신청 과정에서 수강신청을 하는 곳과 자신의 역할을 알 필요가 있다. 어떻게 수업의 비용이 결정되는가? 누구에게 수업료를 지불하는가? 프로그램은 이 과정을 통해 학생과 가족을 지원하기 위한 체계적인 과정을 밟을 필요가 있고, 학생은 이 과정이 존재한다는 것을 인식하고 있어야 한다. 궁극적으로 중등이후교육 경험에 참여하는 가장 큰 잠재적인 성과의 하나는 **성인으로서 어떻게 지식에 접근하는지**를 배우는 것이다. 지적장애학생을 돕는 것은 이러한 과정에서 각 단계를 배우는 것이고, 그들이 개인적인 학습 목표를 성취하도록 길을 찾아보는 방법을 배우는 것으로 이것은 중등이후교육 경험에서 필수적인 과정이다. 만약 성취된다면, 이 기술은 프로그램에서 그들의 대학에서의 수업기간이 끝난 다음에도 지적장애학생이 바

람직한 학습에 접근하도록 허락할 것이다.

고용의 중요성

장애가 있는 청년에게, 유급의 고용 경험은 중등이후 고용의 가장 강력한 예측요인임이 지속적으로 나타나고 있다(Brewer, 2005; Brown, Shiraga, & Kessler, 2006; Colley & Jamison, 1998; Fabian, Lent, & Willis, 1998; Luecking & Fabian, 2000). Wagner, Newman, Cameto, Levine과 Garza(2006)의 보고서인 장애 청년의 조기 중등이후교육 성과의 변화: 전미전환서비스종단연구-2 결과 (Changes Over Time in the Early Postschool Outcomes of Youth with Disabilities: A Report of Findings From the National Longitudinal Transition Study-2)는 중등학교를 졸업하기 전에 미리 급료를 받는 일을 하거나 근로학습 프로그램에 참여하는 중등학교에 재학 중인 장애학생의 경우 졸업 후에 고용될 기회가 증가한다는 것을 보여주었다. 그러나 우리의 가장 최근 전미 수준 자료는 고등학교를 떠나기 전에 지적장애학생의 경우 낮은 수준의 급료를 받는 일에 고용되었다는 것을 보여준다(Wagner, Gadwallader, & Marder et al., 2003). 지적장애학생을 위해 중등이후교육 안건을 일진보시킬 때 가장 고민이 되는 점은 그들의 고용과 대학 경험을 분리할 수 있는지다. 우리가 지적장애학생의 삶에 지속적인 영향을 미치길 희망한다면 대학과 고용에 둘 다 접근하도록 다루어야 한다는 것이다. 8장과 9장은 지적장애학생이 통합된 유급 지원고용 혹은 경쟁 고용 경험을 대학 경험의 한 부분으로 포함시키는 것이 중요하다는 것에 대한 확장된 논의를 제공한다.

학생 활동과 성과를 검토하고 평가하기

표준기반의 개혁이라는 현재의 분위기 안에서, 주 수행 계획과 교육 성과를 위한 더 높은 수준의 책무성, 프로그램 평가활동은 지적장애학생을 위한 중등이후교육을 포함한 새로운 서비스 전달 모델 안에 포함될 필요가 있다. 학생 성과 자료를 수집하고 이러한 결과를 체계의 향상과 관련된 전문적인 개발 요구(Hasazi, Furney, & DeStefano, 1999; Test, Eddy, Neale, & Wood, 2004)를 위한 전략을 결정하기 위해 사용하는 것은 지적장애학생의 요구를 충족시키고, 졸업 후의 성과를 향상시킬 수 있고, 협력적인 관계(예: 공립학교, 중등교육기관, 그리고 지역사회기관)가 학생 성공을 지원하도록 확실하게 도울 수 있다. 그러나 학교 체계는 종종 이러한 평가 서비스를 제공하는 데 어려움을 가질 수 있는데 왜냐하면 관계자의 부족, 전문성, 기금 문제 때문이다(Johnson, 1998; Levesque, Bradby, & Rossi, 1996; McLaughlin, 1993; Test et al., 2004). 대학은 역사적으로 성과 자료를 수집해오고 있다. 그러나 이러한 자료는 보통 유급 및 학위 취득과 관련이 있다. 중등이후교육에서 지적장애 성인 학생을 지원하는 대학 관계자는 프로그램 평가 방법에 대한 경험이 없을지도 모른다. 사실 전국 단위의 설문에서 Hart, Mele-McCarthy, Pasternack, Zimbrich와 Parker(2004)는 대부분의 중등이후교육 프로그램이 지적장애학생의 성과 자료 혹은 평가 자료를 수집하지 않는다는 것을 발견하였다.

Grigal과 그의 동료들(2005)은 수강과목의 이수과정에서 학생의 활동에 대해 수집할 수 있는 자료의 3가지 영역으로 대학 수강과목에의 접근, 고용, 모든 학생에게 적당한 사회적 혹은 레크리에이션 활동에의 참여를 제안하였다. 그들은 정기적으로 이러한 자료를 편집하고 검토함으로써 다음과 같은 것을 할 수 있다고 제안하였다.

- 학생의 목표 성취를 보여줄 수 있다.
- 다양한 학습 환경에서 학생을 지원하는 데 사용한 스태프의 시간을 문서화할 수 있다.
- 고용과 중등이후교육에서 성공적인 파트너십의 기록을 제공할 수 있다.
- 프로그램의 목표 성취 여부를 문서화할 수 있다.
- 학생이 활발하게 참여하지 않은 영역을 판별할 수 있다.

그러나 이러한 제안이 중등이후교육 프로그램의 특정 유형을 실행하는 데 더 쉬울 수 있다는 점을 주목하는 것이 중요하다. 이중등록된 학생을 지원하는 이러한 프로그램과 지적장애학생의 지원을 구체적으로 고안한 사람들은 이러한 검토활동을 다루기 위한 관계자 자원을 갖기 쉽다.

대학 수강과목 참여를 문서화하기

대학 캠퍼스에서 지적장애학생을 지원하기 위한 주요 자극제는 대학 수강과목에 접근하는 것이다. 그러나 Neubert, Moon과 Grigal(2004)은 그들이 설문한 프로그램에서 지적장애학생의 대학강좌 수강이 보편적인 것은 아님을 발견하였다. 프로그램에 참여하는 163명의 학생 중 단지 36%만이 대학 과목를 수강하고 있었다. 대부분의 학생은 우선적으로 건강 혹은 예술과 관련된 과목을 비학점 과목 혹은 청강생으로 등록하고 있었다. 만약 언급된 프로그램 목표가 지적장애학생이 대학 과목에 접근하는 것이라면, 이러한 참여의 빈도와 성과는 반드시 검토되어야 한다. Grigal과 그의 동료들(2005)은 수강한 과목명, 교수, 학기, 강의를 학점 과목으로 수강하는지 아니면 청강하는지, 학생 성적, 그리고 학생에게 지원되는 교육적 지원의 형태 등을 수집해야 할 목록으로 제안하였다. 대학 수업에서 학생 참여를 문서화하는 것은 대학 관계자와 행정가, 가족, 그리고 교육 전문가가 지적장애학생이 대학 수업에 참여하기 위한 능력과 대학 수업에 참여함으로써 얻게 되는 이익을 증명하는 데 사용될 수 있는 자료를 제공한다. 이러한 자료는 학생의 흥미와 목표가 과목의 참여에 반영되었는지 여부, 학생이 좀 더 광범위한 과목을 선택하도록 관계자가 돕는 것이 필요할지, 그리고 어떤 교육적 지원이 이 환경에서 학생에게 필요할지를 결정하기 위해 관계자에 의해 검토되어야 한다.

고용을 문서화하기

모든 중등이후교육 발의안이 고용에 초점을 두는 것은 아니다. 유급 고용과 관련된 성과를 얻고 필요하다면 학생과 연계되기를 원하는 기관의 경우 프로그램이 종료된 후에도 계속 지원을 제공할지도 모른다. Zafft, Hart와 Zimbrich(2004)는 중등이후교육 경험에 참여하는 지적장애학생은 중등이후교육에 참여하지 않는 학생보다 더 나은 고용 성과를 보인다고 하였다. 그러나 그러한 결과를 얻기 위해 학생 고용 자료를 정기적으로 수집할 필요가 있다. Grigal과 그의 동료들(2005)은 적어도 직장명, 유급 고용인지 무급 고용인지, 급료의 정도, 일주일에 일하는 시간, 일을 위한 지원을 누가 제공하는지, 가장 효과적인 지원의 종류, 그리고 직장에 오고 가는 데 필요한 교통수단과 같은 관련 고용 정보를 수집할 것을 제안하였다. 덧붙여, 학생이 직장을 옮길 때 이러한 전환이 일어난 이유를 문서화하는 것이 도움이 된다. 학생이 그만둔 것인가? 만약 그렇다면, 이유는 무엇인가? 다른 상황하에서 그들이 떠난 것인가? 이러한 종류의 직장을 다닌 역사는 앞으로의 직무개발 활동에 유용한 관련 정보를 직원에게 제공할 수 있고, 미래의 성인 지역사회 재활 제공자와 공유될 수 있다.

일단 이러한 자료가 수집되면, 스태프는 학생이 접근할 종류의 직업을 판별하고, 이러한 직업이 학생의 표현된 흥미와 고용을 위한 목표와 부합하는지 여부를 판별하기 위해 이러한 자료를 검토해야 한다. 스태프는 만약 필요하다면 어떻게 직업의 기회를 확장할지, 필요하다면 이익을 제공하기 위한 잠재력을 갖는 직장을 개발할지, 그리고 독립성을 촉진하기 위해 필요한 교통수단에 대해 다루어야 할지를 고려할 수 있다. 이러한 자료는 부가적인 직원이 필요하다는 것을 정당화하고, 필요하다면 직장 내 훈련과 이동 훈련을 제공하기 위해, 혹은 프로그램 고용 목표를 세우기 위한 진보를 문서화하기 위해 슈퍼바이저, 대학 행정가, 그리고 부모와 공유될 수 있다.

대학과 지역사회 활동을 문서화하기

중등이후교육에서 지적장애학생을 지원하는 한 가지 장점은 같은 나이의 비장애 동료와 상호작용할 기회가 증가한다는 것이다(Dolyniuk et al., 2002; Hall, Kleinert, & Kearns, 2000). 그러나 163명의 학생 중 64%가 학교에서 보내는 시간 이후에 대학 이벤트에 참여하였다는 것을 보고한 Neubert와 그의 동료들 (2004)의 연구를 제외하고는 이 가정을 지지할 연구는 거의 없는 실정이다. Grigal과 그의 동료들(2005)은 스태프가 활동의 종류, 장소, 빈도, 일시, 활용한 교통수단을 포함한 대학 혹은 지역사회 활동에 학생의 참여에 대한 정보를 수집하도록 제안하였다. 이 정보는 스태프와 행정가에게 학생들이 정기적으로 접근하는 활동과 더 중요하게도 어떠한 활동에도 참여하지 않는 학생을 도울 수 있도록 정확한 그림을 제공할 수 있다. 여러 해에 걸쳐 이러한 정보를 검토하는 것은 캠퍼스에서 사회적 참여와 관련된 성과와 우리가 강조해야 할 점이 무엇인지에 관한 지표를 제시할 수 있다.

자료수집과 검토를 위한 일정을 잡는 것의 중요성

자료를 수집하고, 정기적으로 검토하고, 더 나은 실천을 위한 정보를 수집하는 것을 보장하기 위해 우리는 중등이후교육 프로그램과 관련된 직원들이 모든 프로그램 평가활동을 위한 스케줄을 잡을 것을 제안한다. 이 스케줄에는 수집되어야 하는 자료의 종류(예: 고용, 대학 과목 접근, 사회/레크리에이션 활동에 참여), 자료를 수집하도록 할당된 사람(예: 코디네이터, 직무지원자, 교육 코치), 그리고 언제 자료가 수집될 것인지(예: 매월, 분기별, 필요할 때마다)를 포함해야 한다. 이러한 평가 활동은 모든 사람이 알아야 하고 직원의 달력에 포함되어 있어야 한다. 평가의 마지막 측면은 어떻게 이러한 자료가 사용될 것인지이다. 평가 자료는 프로그램의 장점을 결정하고 향상이 필요한 영역을 판별하는 데 사용되어야 한다. 이것은 자료가 검토되고, 논의되고, 이 논의가 긍정적인 변화에 영향을 미치는 행동 계획을 개발하도록 이끌지 않는다면 일어나지 않을 것이다.

변화를 가져오기 위해 자료 사용하기

중등이후교육에서 프로그램과 서비스를 처음으로 만들고 계획하는 데 엄청난 시간과 에너지가 투여된다. 그러나 일단 실행이 시작되면 프로그램 향상과 확장을 위한 초점은 직원들이 매일매일의 일에 참여함에 따라 점점 약해진다. 3장에서 보았듯이, 학생이 중등이후교육에 접근할 수 있도록 지원하는 데 사용된 많은 다른 모델이 있다. 초창기 일련의 질 지표를 설정하고 타당화하기 위한 노력이 있었지만 현재 중등이후교육 프로그램을 시작하거나 서비스를 실행하기 위한 표준은 없다(Grigal & Hart, 2008). 더구나 지적장애학생을 위해 제공되는 중등이후교육 프로그램 혹은 중등이후교육 프로그램의 성과를 평가하기 위해 고안된 상업적인 평가 도구는 없다.

이 필요를 다루기 위해 TransCen, Inc.를 통해 조정된 중등이후교육 연구센터(PERC) 프로젝트는 PERC 중등이후교육 프로그램 평가도구(1장 그림 1.1 참조)를

만들었다. 이 도구는 존재하는 서비스의 질에 관한 스냅사진과 구체적인 평가 보고
서를 사용자에게 제공하고, 향상이 필요한 영역을 다루기 위한 항목을 작성할 행동
계획을 만들 수 있도록 선택사항을 제공한다. PERC 중등이후교육 프로그램 평가
도구는 프로그램 계획, 스태핑, 행정, 학생 계획, 학생 활동, 고용, 자기결정, 기관
협력, 검토, 그리고 평가를 포함하는 10개의 절로 구성된다. 아울러 도구는 학생이
참여하는 고용 경험에 대한 구체적인 정보를 수집할 기회를 사용자에게 제공한다.
이것은 PERC 프로젝트 웹사이트에서 무료로 제공된다(www.transitionto-
college.net).

평가는 무(無)에서는 실시할 수 없다. 모든 평가 활동의 목표는 현재의 서비스
와 성과를 검토하고, 진일보하도록 하거나 향상시키는 것이어야 한다. 지적장애학
생을 위한 중등이후교육 프로그램과 서비스에 대해 수집할 수 있는 다양한 자료의
형태가 있다. 아래의 목록은 자료가 수집될 수 있는 다양한 영역이다.

- 문서화된 혹은 개인적인 면담을 통해 수집된 학생, 가족, 대학 관계자, 그리
  고 중등이후교육 발의안의 지역사회 관계자의 만족
- 학생의 삶의 질 변화(예: 더 독립적이고, 더 자기결정적이고, 더 지역사회와
  연계된)
- 어떻게 실행 계획이 다루어지는지 문서화하기(예: 중등이후교육으로 오고
  갈 교통수단, 약물 보급, 무료 혹은 반값 점심, 개별화교육프로그램 모임 장
  소, 훈육, 고등교육기관 행동수칙의 고수)
- 어떻게 중등이후교육 관계자가 자신의 시간을 사용할지에 대한 문서화(예:
  활동의 유형, 활동 시간)
- 중등이후교육과 지역사회 관련인과 함께하는 공식적 혹은 비공식적 파트너
  십에 대한 문서화
- 개별화교육프로그램 목표, 중등이후교육 참여를 위한 목표, 개인중심계획을
  통해 판별된 목표를 포함한 학생 목표 도달에 대한 문서화
- 중등이후교육 발의안을 종료하기 위하여 각 학생을 준비시킬 때 종결 자료
  의 기록(예: 장애인 생활보조금, 고용 배치, 성인기관에 의뢰 혹은 동의, 미

래를 위한 목표)

- 추후지도 활동의 기록(예: 고용, 독립적 생활, 성인기관에 참여, 사회 활동에 대한 학생의 이전 성과의 문서화)
- 중등이후교육 프로그램 목표의 문서화(예: 만약 목표가 고용 지원과 기회를 제공하는 것이라면 이것이 대부분의 학생에게 일어나는 것인가?)

만약 지적장애학생을 위해 중등이후교육에 접근하기 위한 원동력이 그들의 삶의 향상이라면, 확대된 교육 기회, 향상된 고용 성과, 혹은 증가된 사회적 네트워크와 연계를 통해서, 그다음 우리는 이러한 성과가 일어나는 것을 확실히 하기 위해 이 그룹의 개인에게 빚을 지고 있다. 우리는 학생과 그들의 가족에게 대학은 선택사항이고 초등학교, 중학교, 그리고 고등학교를 통해 학업적 측면과 자기옹호기술의 개발이 지원된다는 것을 기대하도록 격려해야 한다. 우리는 정보와 경험을 가지고 그들의 두려움과 오해를 풀어야 하고, 성공 이야기로 불안감을 가라앉혀야 한다. 우리는 지적장애학생이 어떤 지식을 대학에서 추구해야 하는지 고려하도록 하기 위해 행동을 취함과 동시에 비전을 강화하도록 지적장애학생을 안내해야 한다. 우리는 그들에게 그들의 삶에서 필요하거나 바람직한 학습을 추구하는 데 필요한 기술을 습득할 수 있도록 기회를 제공해야 한다. 마지막으로, 우리는 중등이후교육이 지적장애 개인—젊든 나이가 들었든—의 삶에 변화를 가져올 수 있다는 것을 보여주기 위하여 이러한 경험의 성과를 보여줄 수 있어야 한다. 이 장에서 우리가 배우고 공유한 교훈이 좀 더 사려 깊고 신중한 방식으로 이러한 서비스를 시작하고 실행하고 평가하는 중등이후교육 환경에서 지적장애학생을 지원하기 위해 계획을 세우고 도움을 지원하고자 하는 모든 이에게 정보를 제공할 수 있기를 희망한다.

참고문헌

Agran, M. (Ed.). (1997). *Student-directed learning: Teaching self-determination skills.* Thousand Oaks, CA: Brooks/Cole.

Behling, K., & Hart, D. (2008). Universal course design: A model of professional development. Strategies for bringing UCD to a college campus and ensuring its sustainability. In S. Burgstahler (Ed.), *Universal design in post-secondary education: From principles to prac-*

tice. Cambridge: Harvard Education Press, pp. 109-125.

Brewer, D. (2005). *Working my way through high school: The impact of paid employment on transitioning students with disabilities.* Ithaca, NY: Cornell University, School of Industrial and Labor Relations Extension, Employment and Disability Institute. Retrieved November 6, 2008, from http://digitalcommons.ilr.cornell.edu/edicollect/109

Briel, L.W., & Getzel, E.E. (2005). Internships and field experiences. In E.E. Getzel & P. Wehman (Eds.), *Going to college: Expanding opportunities for people with disabilities* (pp. 271–290). Baltimore: Paul H. Brookes Publishing Co.

Briel, L.W., & Wehman, P. (2005). Career planning and placement. In E.E. Getzel & P. Wehman (Eds.), *Going to college: Expanding opportunities for people with disabilities* (pp. 291–305). Baltimore: Paul H. Brookes Publishing Co.

Brown, L., Shiraga, B., & Kessler, K. (2006). The quest for ordinary lives: The integrated post-school vocational functioning of 50 workers with significant disabilities. *Journal of Research and Practice for Persons with Severe Disabilities, 31*(2), 93–126.

Colley, D.A., & Jamison, D. (1998). Postschool results for youth with disabilities: Key indicators and policy implications. *Career Development for Exceptional Individuals, 21*(2), 145–160.

Crane, K., & Mooney, M. (2005). *Essential tools: Community resource mapping.* Minneapolis: University of Minnesota, Institute on Community Integration, National Center on Secondary Education and Transition.

Dolyniuk, C.A., Kamens, M.W., Corman, H., DiNardo, P.O., Totaro, R.M., & Rockoff, J.C. (2002). Students with developmental disabilities go to college: Description of a collaborative transition project. *Focus on Autism and Other Developmental Disabilities,7*(4), 236–241.

Esquivel, S.L., Ryan, C.S., & Bonner, M. (2008) Involved parents' perceptions of their experiences in school-based team meetings. *Journal of Educational and Psychological Consultation, 18*(3), 236–258.

Fabian, E.S., Lent, R.L., & Willis, S.P. (1998). Predicting work transition outcomes for students with disabilities: Implications for counselors. *Journal of Counseling & Development, 76,* 311–315.

Getzel E.E., McManus, S., & Briel, L.W. (2004). An effective model for college students with learning disabilities and attention deficit hyperactivity disorders. *Research to Practice,* 3(1). Retrieved January 14, 2008 from http://www.ncset.org/publications/researchtopractice/NCSETResearch Brief_3.1.pdf.

Getzel, E.E., & Thoma, C.A. (2008). Experiences of college students with disabilities and the importance of self-determination in higher education settings. *Career Development for Exceptional Individuals, 31*(2), 77–84.

Grigal, M. (2003). Needs assessment for students with significant disabilities. In *Online training modules from the University of Maryland On-Campus Outreach.* Retrieved June 17, 2008, from http://www.education.umd.edu/oco/training/oco_training_modules/start.html

Grigal, M. & Hart, D. (2008). *Quality Indicators of Postsecondary Education Services for students with intellectual disabilities.* Presentation at the Division on Career Development and Transition International Conference. Milwaukee, WI.

Grigal, M., Neubert, D., & Moon, M.S. (2005). *Transition services for students with severe disabilities in college and community settings: Strategies for planning, implementation and evaluation.* Austin, TX: PRO-ED.

Hall, M., Kleinert, H.L., & Kearns, J.F. (2000). Going to college! Postsecondary programs for students with moderate and severe disabilities. *Teaching Exceptional Children, 32*(3), 58–65.

Hart, D. (2008). [National survey of postsecondary education programs that support students with intellectual disabilities]. Unpublished raw data.

Hart, D., & Grigal, M. (2004). Individual support to increase access to an inclusive college experience for students with intellectual disabilities. In *Online training modules from the University of Maryland On-Campus Outreach*. Retrieved June 17, 2008, from http://www.education.umd.edu/oco/training/oco_training_modules/IndividualSupports/start.html

Hart, D., & Grigal, M. (2008, March). New frontier: Postsecondary education for youth with intellectual disabilities. *Section 504 Compliance Handbook*, 10–11.

Hart, D., Mele-McCarthy, J., Pasternack, R.H., Zimbrich, K., & Parker, D.R. (2004). Community college: A pathway to success for youth with learning, cognitive, and intellectual disabilities in secondary settings. *Education and Training in Developmental Disabilities*, *1*(1), 54–66.

Hasazi, S.B., Furney, K.S., & DeStefano, L. (1999). Implementing the IDEA transition mandates. *Exceptional Children*, *65*(4), 555–566.

Higher Education Opportunity Act of 2008, Pub. L. No. 110-315 § 122 STAT. 3078 (2008).

Individuals with Disabilities Education Improvement Act of 2004, PL 108-446, 20 U.S.C. §§ 1400 *et seq.*

Izzo, M., Hertzfeld, J., Simmons-Reed, G., & Aaron, J. (2001). *Promising practices: Improving the quality of higher education for students with disabilities*. National Center for Postsecondary Educational Supports, Center on Disability Studies. Available from http://devtest.cds.hawaii.edu/rrtc/products/phaseII/pdf/022d(1)-H01.pdf

Izzo, M., & Lamb, M. (2002). Self-determination and career development: Skills fur successful transitions to postsecondary education and employment. Unpublished manuscript.

Johnson, L.R. (1998). *Program evaluation in special education: An examination of the practices utilized by local education agencies*. Jonesboro: Arkansas State University. (ERIC Document ED424291)

Joint Explanatory Statement of the Committee of Conference, the House and the Senate (2008). H.R. 110-803 at 592. Higher Education Opportunity Act Conference Report.

Levesque, K., Bradby, D., & Rossi, K. (1996). *Using data for program improvement: How do we encourage schools to do it?* (Centerfocus No. 12). Berkeley: University of California at Berkeley, National Center for Research in Vocational Education. Retrieved June 24, 2002, from http://vocserve.berkeley.edu/CenterFocus/CF12.html

Luecking, R., & Fabian, E. (2000). Paid internships and employment success for youth in transition. *Career Development for Exceptional Individuals*, *23*, 205–222.

McGrew, K.S., & Evans, J. (2003). *Expectations for students with cognitive disabilities: Is the cup half empty or half full? Can the cup flow over?* (Synthesis Report 55). Minneapolis: University of Minnesota, National Center on Educational Outcomes. Retrieved January 18, 2009, from http://education.umn.edu/NCEO/OnlinePubs/Synthesis55.html

McLaughlin, M.J. (1993). Promising practices and future directions for special education. *NICHCY News Digest, 2*.

Moon, M.S., Neubert, D.A., & Grigal, M. (2002). Postsecondary education and transition services for students ages 18–21 with significant disabilities. *Focus on Exceptional Children*, *34*, 1–11.

Mueller, T.G., Singer, G.H.S., & Draper, L.M. (2008). Reducing parental dissatisfaction with special education in two school districts: Implementing conflict prevention and alternative dispute resolution. *Journal of Educational and Psychological Consultation*, *18*(3), 191–233.

Neubert, D.A., Moon, M.S., & Grigal, M. (2004). Activities of students with significant disabilities receiving services in postsecondary settings. *Education and Training in Develop-*

mental Disabilities, 39(1), 16–25.

Olson, L. (2004). Enveloping expectations. *Education Week, 23*(17), 8–20.

Rose, D.H., & Meyer, A. (2002). *Teaching every student in the digital age: Universal design for learning.* Alexandria, VA: ASCD.

Test, D.W., Eddy, S., Neale, M., & Wood, W.M. (2004). A survey of data collected by transition teachers. *Career Development for Exceptional Individuals, 27,* 87–100.

Thoma, C.A., & Wehmeyer, M.L. (2005). Self-determination and the transition to postsecondary education. In E.E. Getzel & P. Wehman (Eds.), *Going to college: Expanding opportunities for people with disabilities* (pp. 49–68). Baltimore: Paul H. Brookes Publishing Co.

Wagner, M., Cadwallader, T., & Marder, C. (with Cameto, R., Cardoso, D., Garza, N., Levine, P., & Newman, L.). (2003). *Life outside the classroom for youth with disabilities. A report from the National Longitudinal Transition Study-2* (NLTS2). Menlo Park, CA: SRI International. Available at www.nlts2.org/reports/2003_04-2/nlts2_report_2003_04-2_ complete.pdf.

Wagner, M., Newman, L., Cameto, R., Garza, N., & Levine, P. (2005). *After high school: A first look at the postschool experiences of youth with disabilities. A report from the National Longitudinal Transition Study-2 (NLTS2).* Menlo Park, CA: SRI International. Available at www.nlts2.org/reports/2005_04/nlts2_report_2005_04_complete.pdf.

Wagner, M., Newman, L., Cameto, R., & Levine, P. (2005, June). *Changes over time in the early post-school outcomes of youth with disabilities. A Report from the National Longitudinal Transition Study-2* (SRI Project P11182). U.S. Department of Education, Office of Special Education Programs. Menlo Park, CA: SRI International.

Wagner, M., Newman, L., Cameto, R., Levine, P., & Garza, N. (2006). *An Overview of Findings from Wave 2 of the National Longitudinal Transition Study-2 (NLTS2).* Menlo Park, CA: SRI International. Available at www.nlts2.org/reports/2006_08/nlts2_report_2006_ 08_complete.pdf.

Wehman, P., & Yasuda, S. (2005). The need and the challenges associated with going to college. In L. Getzel & P. Wehman (Eds.), *Going to college: Expanded opportunities for individuals with disabilities* (pp. 3–23). Baltimore: Paul H. Brookes Publishing Co.

Wehmeyer, M., Agran, M., & Hughes, C. (1998). *Teaching self-determination skills to students with disabilities: Basic skills for successful transition.* Baltimore: Paul H. Brookes Publishing Co.

Wehmeyer, M.L., & Palmer, S.B. (2003). Adult outcomes for students with cognitive disabilities three years after high school: The impact of self determination. *Education and Training in Developmental Disabilities, 38*(2), 131–144.

Zafft, C., Hart, D., Zimbrich, K., & Kiernan, W. (2004). College career connection: A study of youth with intellectual disabilities and the impact of postsecondary education. *Education and Training in Developmental Disabilities, 39*(1), 45–53.

지적장애학생을 위한
중등이후교육 선택사항에 관한
인터넷 자원

부록

www.ThinkCollege.net

www.transitiontocollege.net

www.education.umd.edu/oco

www.transitioncoalition.org

www.STEPS-Forward.org

www.heath.gwu.edu

www.innovationsnow.net

www.ahead.org

www.inclusioninstitutes.org

고용의 중요성:
연결되지 않은 고리

Meg Grigal & Debra Hart

중 등이후교육을 추구하는 것과 관련한 장점은 무수히 많지만, 고등교육을 통해 얻는 한 가지 거부할 수 없는 장점 중 하나는 향상된 고용 성과로 이끌 수 있다는 것이다. 장애학생, 비장애학생과 그들의 성인 상대자들은 고등교육을 통해 성공적인 고용 혹은 더 나은 직장으로 나아갈 수 있다는 것을 지속적으로 보여주었다(Wehman & Yasuda, 2005). 중등이후교육을 받은 장애학생은 단지 고등학교 졸업장만 가진 장애학생보다 고용될 확률이 2배나 높다(Gilmore, Bose, & Hart, 2001). 중등이후교육에 참여하는 지적장애 청년은 26% 이상 고용되어 직업재활 프로그램에서 졸업하기 수월하고, 73% 더 많은 주급을 받았다(Migliore & Butterworth, 2008). 그래서 우리는 중등이후교육이 더 나은 직장을 얻도록 이끈다는 것을 안다. 그런데 왜 우리가 아는 것과 지적장애학생이 경험하는 성과 사이에 차이가 있을까? 그리고 어떻게 대학에 재학 중인 지적장애학생의 참여를 증가시키는 것과 관련된 우리의 노력이 실제로 더 나은 고용 성과로 이끌 수 있도록 확실히 할 수 있을까? 첫 번째 질문에 대한 답은 장애학생, 특히 지적장애학생의 고용 기회와 성과는 전반적으로 인식되는 다양한 요인에 의해 부정적으로 영향을 받음에도 거의 변화를 추구하지는 않는다는 점이다. 여기에는 직업훈련 경험의 과도한 사용, 전환과 재활 담당자의 부적절한 훈련, 지적장애학생이 직장에서 다른 직장으로 전환하는 과정에 대해 거의 배우지 못하는 것이 포함된다. 이 장에서는 이러한 도전을 개관하고 지적장애학생을 위한 중등이후교육 프로그램의 맥락 안에서 고용경험에서 변화의 필요성을 어떻게 반영할지에 대하여 이야기한다. 더 나은 고용 성과를 어떻게 확실히 할 수 있을지 두 번째 질문에 대한 답을 제공하기 위하여 코네티컷 주의 중등이후교육 프로그램이 어떻게 이러한 쟁점을 다루고 있으며 학생의 성과를 향상시키도록 이끌 수 있었는지를 보여주고, 결론 부분에서는 몇 가지 제언을 하겠다.

유급 고용과 함께 시작

2006년 더 효과적인 고용 체계를 개발하고 자원을 최대화하기 위하여 각 주의 발달장애기관이 서로 간의 협력을 최대화하기 위하여 전미 발달장애 서비스 책임자 협회와 보스턴 매사추세츠 대학교의 지역사회 통합 센터는 주 고용 리더십 네트워크를 설치하였다(www.selnmembers.org). 주 고용 리더십 네트워크와 연계하여 일하는 많은 주는 고용이 발달장애인에게 제공되는 첫 서비스이고 높은 지원 요구라는 것을 고려하는 고용우선 발의안을 이루어내기 위해 각각의 주 안에 연합체를 설립하였다.

이러한 고용우선 발의안은 각 주의 정신지체 및 발달장애국을 통해 서비스를 받는 성인에 초점을 맞춘다. 그러나 중등교육 동안에 지적장애학생을 위한 이와 유사한 발의안은 없다(Wehman, 2006). 유급 고용이 학교 졸업 이후 고용 성공을 예측하는 요인으로 지속적으로 입증되고 있음에도 불구하고, 고등학교에 다니는 동안 유급 고용은 지적장애학생에게는 거의 일어나지 않는다(Brewer, 2005; Wagner, Newman, Cameto, & Levine, 2005). 유급 고용은 지적장애학생이 얻게 될 궁극적 성과로 간주되고, 빈번히 전환계획 과정에서 추구해야 할 성과로 여겨져서 고등학교 졸업 즈음에야 유급 고용을 찾아보곤 한다.

일정 짜기, 교통편 이용, 스태핑 등의 제한성과 고등학교 환경과는 다른 자유로움 때문에, 중등이후교육 프로그램은 비장애학생과 마찬가지로 지적장애학생에게 더 나은 교육에 접근하고 고용에 참여하는 데 초점을 맞추기 위한 이상적인 기회를 제공한다. 지적장애학생을 위한 중등이후교육 경험에서 고용 요소는 학생은 가능한 빨리 지역사회에서 통합된 유급 고용 기회를 얻을 수 있고 또 얻어야 한다는 전제에서 시작해야 한다(Wehman, 2006).

그러나 학교 체계에 의해 운영되든 대학에 의해 시작되든, 지적장애학생을 위한 너무 많은 중등이후교육 발의안은 실패한 전통적인 중등학교 직업훈련 모델의 희생자가 된다(Neubert & Redd, 2008). 이 모델은 이미 형성된 직무 경험 혹은 일련의 여러 고용 영역에서의 인턴십(예: 조리, 유지/보수, 조경, 사무직, 소매업, 아동 돌보기)을 통해 학생들에게 돌아가면서 직업훈련을 제공하는 것으로, 이러한 직업훈련 경험이 장애학생을 잠재적인 고용 기회에 많이 노출시키고, 그들의 개인적인 진로 목표에 초점을 맞추도록 도우며, 어느 정도 직무 관련 기술을 배울 기회를 제공한다고 가정한다(Hutchins & Renzaglia, 2002).

이런 식의 프로그램은 전국의 고등학교에서 특수교사와 전환 및 근로학습 코디네이터에 의해 수년간 실시되고 있고, 비록 증거기반의 실제와 지적장애학생을 위한 유급 고용 성과의 결과가 문서화되지는 않지만, 현재 대학이 선도하는 중등이후교육 프로그램과 새롭게 개발된 이중등록에서 반복되고 있다. 동부 해안가의 주에서 지적장애학생을 위한 14개 중등이후교육 프로그램에서 일하는 담당자에게 실시한 최근의 출판되지 않은 설문조사에서 그들이 직면한 가장 큰 도전이 무엇인지 물어보았더니, 응답자들은 "캠퍼스에 더 많은 생활보조비를 받는 직업 기회를 마련"하고, "'생활보조비' 프로그램/과정을 얻도록 하는 것", 그리고 "한곳에서 3~4명의 학생을 받을 직장을 찾기"라고 대답하였다(Grigal, 2008). 이러한 반응은 학생을 위한 유급 고용 기회의 증가에 초점을 맞춘 새로운 **직업훈련** 경험을 개발하려는 지속적인 노력을 반영하는 것이다. 놀랄 것 없이, 같은 주의 프로그램 성과를 살펴보니 이러한 실제를 사용하였다. 14개 프로그램에서 2007~2008년에 서비스를 받은 129명의 학생 중 단지 15명의 지적장애학생만이 유급으로 고용되어 있었다(Grigal, 2008).

Hutchins와 Renzaglia(2002, p. 91)는 다음과 같이 주장하였다.

지역사회 고용 기회를 평가하고, 직장에서 개인의 강점과 선호를 평가하고, 가족의 걱정을 고려하고, 성공적인 고용을 위해 필요한 모든 관련 직무과 직무 관련 기술을 체계적으로 가르치는 것과 같은 최소한의 노력을 통해 직업교육에서 분열된 방법으로 제공하는 이 자유방임주의 전략이 성공적이라는 어떠한 지표도 없다.

잘 고안된 직무기반 학습 경험이 유급 고용을 얻도록 학생을 지원하는 진로 개발 과정에서 필수적이지 않다고 말하는 것은 아니다. Luecking과 Gramlich (2003)는 질 높은 직무기반 학습 경험의 몇 가지 지표로 (1) 직장에서 학생 활동에 관한 명확한 기대, (2) 명확하게 정의된 교사와 현장 슈퍼바이저의 역할, 그리고 (3) 학생의 성취에 관한 잘 구조화된 피드백을 언급하였다. 지적장애 고등학생의 직무 관련 행동기술과 고용의 개발을 지원하기 위한 이러한 경험의 사용은 대단히 가치 있다. 장애학생이 필수적인 고용기술을 습득하고 미래의 바람직한 고용 목표를 결정할 수 있는 경험을 넓히도록 돕기 위해서는 목표 지향적인 양질의 직무기반 학습 경험을 갖는 것이 필수적이라고 수많은 출판물이 말하고 있다(Guy, Sitlington, Larsen, & Frank, 2008; Luecking, 2009; Wehman, 2006). 그러나 "잘 고안된" 지적장애학생을 위한 중등이후교육 프로그램을 실행하여 지적장애학생이 직업훈련 경험을 많이 갖도록 하는 것이 그들을 경쟁적인 유급 고용까지 거의 이끌지 못한다는 것이 문제이다.

다음 장에서 Richard Luecking은 어떻게 중등이후교육의 궁극적 목표 중 하나가 지적장애학생을 위한 유급 고용을 이끌 수 있는 기반을 마련할 수 있는지에 대하여 논의한다. 그는 질 높은 직무기반 경험을 위해 필요한 특성과 고등학교에서 실행되는 전통적인 직업훈련 프로그램에서 빈번히 부재하는, 그리고 지금 지적장애학생을 위한 중등이후교육 발의안에서 반복되고 있는 특성을 개관하고, 이러한 직업훈련 경험의 대부분은 학생이 표현하는 바람, 욕구, 혹은 흥미에 대한 반응으로 설립되는 것이 아니라, 단지 가능한 범위 내에서 혹은 이미 설치되어 있는 것에 기반해서 설립된다는 점을 지적한다. 대부분의 과제는 앞에서 언급한 조리, 유지/보수, 조경, 사무직, 소매업, 아동 돌보기와 같은 장애학생을 위한 틀에 박힌 직업 영역에 속하는 이러한 경험을 포함한다. 이러한 형태의 직장이 가치가 없다는 의미는 아니다. 많은 개인들이 이러한 산업에서 오랫동안 만족스러운 진로를 찾을지도 모른다. 하지만 지적장애인은 그들의 개인적 선호나 성공에 대한 기회를 줄이는 이러한 직업만 경험하도록 제공된다는 것이 문제이다. 덧붙여, 이러한 경험은 의미 있는 사정 자료를 거의 사용하지 않거나 혹은 그들이 선택한 진로 분야에서 유급 고용을 얻도록 학생이 필요로 하는 구체적인 기술을 개발하도록 지원하는 데 거의 사용되지 않는다.

어떤 지적장애학생들은 중등이후교육 프로그램에 들어가기 전에 수년 동안 단 한 번도 직무기반 학습 활동에 참여하지 못할지도 모른다. 이런 경우에는 직무참관, 정보를 얻는 면담, 그리고 아마도 잘 고안되고 구조화된 시간 제한적인 직업훈련 혹은 인턴십 경험에 참여함으로써 그들의 흥미를 판별할 수 있을지도 모른다. 그러나 여기서 핵심 단어는 **시간 제한적인**이다. 이러한 경험은 좋은 유급 직업을 얻을 기회가 올 때까지 대체하는 자리 혹은 학생의 스케줄에서 시간 때우기로 사용되어서는 안 된다. 이러한 경험은 학생이 2가지 중 하나를 하는 데 도울 수 있도록 전략적으로 사용될 필요가 있다. 2가지란 (1) 학생이 거의 경험이 없지만 흥미 있어 하는 영역을 찾도록 하는 것, 혹은 (2) 구체적인 직업기술을 배우도록 해서 학생이 현장에서 유급 고용될 기회를 증가시키는 것이다.

일단 학생이 어떤 구체적인 영역에서 진로를 추구할지 확실히 알 기회를 얻는다면, 스태프는 학생이 필요로 하는 기술과 지원 요구를 결정하기 위해 필요한 사정 자료를 수집한다. 이때 초점은 가능한 조기에 더 나은 유급 고용이 될 수 있도록 직업훈련의 방향을 바꾸는 것이다. 구체적인 목표 혹은 성과와 관련 없는 반복적이고 돌고 도는 직업훈련 경험에 참여하는 것은 중등이후교육 환경에서 지적장애학생을 지원할 때 사용되어서는 안 되는 모델이다. 왜냐하면 직업훈련은 유급 고용을 위해 학생의 능력을 보여주거나 실제 직장과 진정으로 똑같지는 않을 것이기 때문이다.

직업훈련 경험에 접근하기

직업훈련 경험에 참여하는 학생은 자주 그들의 의견과 상관없이 이러한 경험에 배치된다. 스태프는 가능한 교통편이 있고, 접근성이 좋으며, 자리가 비어 있는 등 다양한 이유로 특정 훈련 장소에 학생을 배치할지도 모른다. 학생은 그들이 어디에 갈 것이고, 들은 내용을 하도록 기대된다는 이야기를 들을 것이다. 여러 주 혹은 여러 달이 지나면, 스태프는 이 경험이 지금 끝나면 다음 경험이 어디일지에 대하여 학생에게 이야기한다. 비록 이것이 이 과정을 심하게 단순화한 것이라도, 이러한 묘사는 중요한 쟁점을 보여준다. 유급 직장에 당신은 그저 나타나는 것이 아니다. 직장을 찾고 고용되는 데는 많은 단계가 있고, 직장을 찾는 각 단계에서 중심이 되는 것은 직장을 찾는 사람이다. 흥미가 있는 진로를 선택하고, 채용공고를 탐색하고, 지원서를 쓰고, 면접날짜를 잡는 단계들을 밟아가는 과정은 직업훈련 혹은 인턴십 경험에서는 요구되지 않는 기술들이다.

기대

학생과 고용주 양측의 기대 또한 직업훈련 혹은 인턴십 경험에서는 매우 다를 것이다. 직업훈련에 참여하는 학생들은 해고되는 것에 대하여 걱정할 필요가 없고, 공정 노동기준법의 훈련자 정의에 따라 전형적인 고용인이 하는 일을 하도록 요구되지도 않을 것이다(Simon & Halloran, 1994). 직업훈련과정에 있는 학생은 항상 일한 시간표를 가지고 자신이 일한 시간을 모니터링하거나, 일한 시간을 적은 종이를 채워넣거나, 하루 휴가를 내거나, 병가를 위해 전화할 것으로 기대되지 않는다. 더구나 훈련 경험은 일시적이라는 성격 때문에 고용주의 기대는 직업훈련 동안 실제적으로 다를 것이다. 학생이 학생 자신의 성과를 성취하기 위해 고용주가 장기적 기대를 하도록 많은 투자를 하기는 쉽지 않을 것이다. 전형적으로 고용주는 유급 고용자에게 제공하는 수준의 감독, 피드백, 훈련을 제공하도록 기대되지 않는다. 마지막으로 직업훈련과 유급 고용은 궁극적으로 보상 체계가 다르다. 직장에서 높은 성취를 하기 위한 학생의 동기와 높은 기대를 설정하기 위한 고용주의 동기는 손에 잡히는 재정적 성과, 즉 월급이라는 것과 의심할 여지없이 연결되어 있다. 월급은 대부분의 비장애 고용인들을 동기유발하고 이것은 대부분의 고용주가 높은 성취에 대한 보상으로 사용하는 것이며, 이는 지적장애학생의 고용에도 똑같은 영향을 미친다. 일터에서 학생이 잘하도록 학생의 동기를 유발하는 데 있어 월급의 힘을 평가절하해서는 안 된다.

직업훈련과 유급 고용 경험 사이의 전환과정 또한 매우 다르다. 직업훈련 경험이 끝났을 때 학생은 간단하게 훈련 장소를 옮기지만 실제로 직장을 떠날 경우 학생은 사직서를 제출하거나 해고되거나 한다. 이러한 어려운 경험이 직업훈련 혹은 인턴십 동안에는 없다.

직장에서 직장으로의 전환

"학교에서 직장으로의 전환"이라는 문구가 특수교육의 세계에서 일반적인 것이 되었다; 그러나 이것은 지적장애학생이 배울 필요가 있는 가장 중요한 전환기술 중 하나에 반영되지 않고 있다: 직장에서 직장으로의 전환. 최선의 의도를 가지고, 많은 학교가 학생이 고등학교에 다니는 동안 인턴십 경험 혹은 일련의 무급 직업훈련에 학생을 참여시켜 경험을 쌓도록 하고, 고등학교 졸업 전에 학생이 유급 직장에 취업할 수 있도록 노력한다. 어떤 경우에는 성인 서비스 제공자 혹은 주 직업재활 제공자와 함께 이러한 일들을 전개한다(Redd, 2004; National Council on Disability, 2008). 유급의 직장을 잡고 고등학교를 졸업하는 것은 긍정적인 성과지만 이것은 영원히 지속되리라고 기대할 수는 없는 성과이다. 6장에서 Dwyre와 그의 동료들이 제안한 것처럼, 학교 체계는 몇 해에 걸쳐 학생이 한 직장에 머무르는 것을 성공 이야기로 너무 자주 미화하는 경향이 있다. 몇몇의 경우에는 이것이 사실이고 학생의 직업 유지가 높은 수준의 직무만족도를 반영하는 것일 수도 있다. 하지만 장기간의 근무가 항상 그들이 자신의 직업에 만족한다는 의미는 아니다. 많은 경우 지적장애학생은 어떻게 새로운 직장으로 이직해야 하는지를 모르기 때문에 만족스럽지 않은 직장에 계속 남아 있는 경우가 많을지 모른다.

1957~1964년 사이에 태어난 사람을 대상으로 18~42세 사이에 다닌 직장의 수를 조사한 미국 노동통계국 자료가 2008년 6월 보고되었다. 이 젊은 베이비부머들은 24년이라는 시간 동안 평균 10.8개의 직장에 다녔다. 이 직장 중 대부분은 10대와 20대 초반 막 일을 시작한 시기의 직장이 대부분이었다. 만약 비장애인이 직장을 옮긴다면 대부분 10대나 20대에 좀 더 빈번하게 이직이 일어나고, 지적장애인도 비슷한 패턴을 보일 것이라고 가정하는 것이 합리적일 것이다. 학생의 중등이후교육 초기의 유급 고용 경험은 학생이 잘 알지 못하는 직업의 세계를 탐색할 기회를 제공하고, 그들의 목표에 익숙한 직원으로부터 지원과 안내를 받는 동안 직장

을 옮겨보는 기회를 제공한다. 직장을 옮길 때 지원이 요구되는 3가지 요소가 있는데 직장 잃기, 직장 떠나기, 그리고 새로운 직장 얻기가 그에 해당한다.

직장에서 해고되거나 직장을 떠나는 경험을 다루기

직장을 잃는다는 것은 모두에게 힘든 일이다. 해고되거나 더 이상 당신의 서비스가 필요하지 않다는 이야기를 듣고 기분 좋을 사람은 어디에도 없다. 특히 자신의 첫 직장에서 해고된다면 더 힘들 수 있다. 불행히도, 지적장애학생이 해고되는 일은 매우 일반적이고(Moran, McDermott, & Butkus, 2002; Wehman, Inge, Revell, & Brooke, 2007), 이는 장기간 무직 상태로 이끌거나 분리된 환경으로 돌아가도록 이끌지도 모른다(Wehman et al., 2007). 어려운 질문은 당신이 해고되었을 때 생긴다. 어떻게 자기 자신을 추스릴 것인가? 당신의 고용주 혹은 가족에게 무엇이라고 말해야 하는가? 다음 직장을 찾을 때 자신의 경험을 어떻게 사용할 것인가? 그리고 인터뷰 중 이전 직장을 왜 떠났는지 질문받으면 무엇이라고 대답해야 하는가? 이 모든 질문에 대한 대답은 대부분 자신의 특별한 경험과 개인에게 달려있을 것이다. 이상적으로 만약 중등이후교육 프로그램이 그들의 초기 경험 동안 유급 고용을 격려했다면, 자신의 직장을 잃은 학생은 자신의 고용 역사를 알고, 그들이 미래의 고용 경험에서 배운 것을 사용할 수 있도록 도울 수 있는 사람들과 함께 이 어려운 전환과정을 헤쳐나갈 수 있을 것이다. 그러나 만약 학생이 중등이후교육 경험을 떠나면서 직업을 얻었다면, 지원 제공자는 학생의 과거에 대해 거의 아는 게 없는, 많은 사례를 관리하는 누군가일 가능성이 높다. 이런 경우 지적장애학생은 같은 수준의 지원을 제공받거나 효과적으로 실업의 경험을 탐색하긴 쉽지 않을 것이다.

직장을 바꾸고자 하는 바람을 어떻게 판별할 것인가

유급 고용된 지적장애학생의 다른 긍정적 성과는 직장이 계획대로 진행되지 않을 때 가능한 빨리 어떻게 직장을 바꾸는 과정을 진행시켜야 할지 결정하도록 도울 수 있게 된다는 점이다. 다른 모든 고용인처럼 지적장애학생은 막 직장을 다니기 시작하려 할 수도 있고 그들에게 더 이상 직장이 적합하지 않다는 것을 결정해야 할 시점도 있다. 때때로 그들은 이것을 분명히 표현할 수도 있고; 다른 경우에는 직장에서의 행동으로 명백하게 나타날 수도 있다. 학생의 태도 변화와 성과의 변화를 관찰할 수 있는 지원 관계자는 무엇이 적합하고 왜 그런지 학생과 대화를 시작하고 중재를 할 수 있을지 모른다. 스태프는 학생이 자신의 직장을 당장 떠남으로써 발생할 수 있는 잠재적 결과를 생각해보도록 도울 수 있고 따라서 급작스러운 결정을 피할 수 있게 도울 수 있다. 지금 바로 그만두고 싶은가 아니면 계속 현재의 직장에 다니면서 다른 직장을 알아보고 싶은가? 그만두고 싶다는 것을 상사에게 어떻게 말해야 하는가? 자신의 직장을 떠나기로 결정한 어느 누구라도 고용주에게 사직서를 제출하는 것은 경험이 많은 직장인에게조차 쉬운 일이 아니라고 말할 것이다. 이것은 직장 경험이 적고 이직의 경험이 없는 지적장애학생에게는 더 도전적일 수 있다. 유급 고용되어 있는 학생이 직장을 떠날 가능성이 있을 때 가능한 빨리 믿을 만한 관련자의 지원 및 안내와 함께 직장을 바꾸는 과정과 직장을 바꿀 때의 감정을 다룰 준비를 하는 것이 바람직하다. 가장 중요한 것은 지적장애학생은 미래에 새로운 직장을 찾을 때 어떻게 지원을 찾고 얻는지를 배울 수 있다는 것이다.

새로운 직장 얻기

이상적으로, 모든 직업 개발 활동은 중등이후교육 프로그램 관계자에 의해 실시되고 발의안은 학생이 고용을 찾고 얻는 과정에 능동적으로 참여하는 것이다. 지적장애학생은 자신의 이력서 혹은 포트폴리오를 개발하고, 지원서를 작성하고, 면접 날짜를 잡고, 면접을 보고, 언제 어떻게 자신의 장애를 고용주에게 알려야 할지를 결정할 수 있어야 한다. 면접 동안 질문에 잘 대답하고, 고용주에게 자신의 능력과 기술에 대해 설명하며, 자신이 왜 이 직장에 적합한지를 설명하고, 의사소통에 어려움이 있다면 고용주와 의사소통할 때 포트폴리오를 사용할 수 있게 되기까지는 시간이 걸릴 것이다. 그들은 또한 무엇이 적합했고 무엇이 적합하지 않았는지를 결정하는 데 이전의 고용 경험이 필요할지도 모른다. 한 직장에서 다른 직장으로 옮길 때 학생이 겪는 전환과정은 자주 산산조각난다. 너무 자주, 지적장애학생이 유급 고용될 때, 직장에 매우 오랫동안 다니게 될 것이라고 기대한다. 중등이후교육 프로그램에서 고용 서비스는 학생이 유급 고용될 것이라는 가정뿐만 아니라 그들이 중등이후 경험 동안 한 직장 이상에서 일할 수도 있을 것이라 기대할 수 있을 것이다. 직장을 옮기는 것은 직업의 세계에서 전환이라는 과정에서 기대되고 받아들여지는 과정으로 생각되어야 한다. 학생이 자신의 진로를 판별하고, 찾고, 바꾸는 과정에서 학생을 지원하는 것은 중등이후교육에서 제공되는 서비스의 한 부분이어야 한다.

적절하게 훈련된 직업 개발자의 부족

지적장애학생을 위한 중등이후교육 프로그램이 직업훈련 모델에 관여하는 이유는 아마도 장애인의 고용을 다룰 때 그들이 전문가(experts)라고 믿는 전문가(professionals)로부터 그들이 주도하기 위해서이다. 이러한 "전문가"에는 자주 특수교사, 전환 전문가, 그들이 협력하는 직업재활 전문가들이 포함된다. 그러나 이러한 종류의 서비스 제공자의 극히 일부만이 어떻게 지적장애학생이 효과적으로 직업을 개발할지에 관한 심도 있는 훈련을 받았을 뿐이다. 뉴욕 시의 장애청소년을 위한 전환서비스에 대한 요약문에서, Mueller(2002, p. 40)는 다음과 같이 보고하였다.

> 전환·연계 코디네이터가 전환 문제를 다루기 위해 어떠한 특별한 훈련을 받아야 하는지에 대한 필수조항이 없다. 전환 전문가를 위한 승인된 주 자격증도 없다. 사실, 주에서는 특수교사 자격을 위한 필수조항에 어떠한 전환 관련 과목도 요구하고 있지 않다. 이것은 전환 연계 코디네이터 자리에 지원하기를 원하는 자격증이 있는 교사는 누구나 그 자리에 적합한 것으로 고려될 수 있다는 것을 의미한다.

최근의 전환 역량에 대한 특수교사의 인식에 대한 여러 주의 설문 결과에 따르면, 교사들은 전환 개별화교육프로그램(IEP)을 계획하고 개발하는 데는 어느 정도 준비되어 있는 것으로 느끼지만 고용을 포함한 다른 핵심 전환 영역에 관련된 지식과 기술은 부족한 것으로 느끼고 있었다(Benitez, Morningstar, & Frey, 2008). 적절하게 훈련된 전환 관계자 분야에서 문제는 지역사회중심 직업 교수에서 학생이 직업을 얻고 유지할 수 있도록 직접적으로 돕는 관계자가 특수교사나 전환 코디네이터가 아니라 지역사회에서 직무지도원으로서 역할하는 준전문가나 보조원이라는 현실이다. 이러한 준전문가나 보조원은 보통 전환 코디네이터나 특수교사보다 덜 훈련되어 있다. 사우스캐롤라이나의 특수교사나 전환 코디네이터를 대상으로 한 설문에서 Whitaker(2000)는 반 이상의 학교에서 직업교육시간에 장애학생을 도울 적어도 1명 이상의 준전문가를 고용하고 있다는 것을 발견하였다. 비록 대부분의 설문 응답자들이 직무지도원에게 특별한 훈련이 필요하다고 느끼고 있었지만, 단지 지역구의 3분의 1만이 그들에게 훈련을 제공한다고 보고하였다.

많은 교재(Griffin, Hammis, & Geary, 2007; Luecking, 2009; Wehman, Inge, Revell, & Brooke, 2007)와 조직(예: 훈련 자원 네트워크[The Training Resource Network Inc.], 버지니아 코먼웰스 대학교(Virginia Commonwealth University) 재활연구센터, 기술적 보조와 평생교육 피수여자, 지역사회 통합센터, TransCen, Inc.)은 효과적인 직업 개발, 훈련, 지적장애학생을 위한 지원을 실행하는 데 필수적인 기술과 관련된 종합적인 정보와 훈련을 제공한다. 중등교육에서 장애학생을 위한 작업에 접근하는 과제는 학생에게 학업을 가르치는 과제만큼 가치 있는 것으로 간주되지 않는다(Guy et al., 2008). 전환 코디네이터에게 필수적인 자격의 부족을 설명할 때, Sitlington, Clark와 Kolstoe(2000, p. 197)는 다음과 같이 언급하였다.

> 전국에 걸쳐 대부분의 주에서 적합한 자격 요건을 가진 합법적이고 매우 바람직한 공립학교의 자리에 자격요건을 충족시키지 못하는 사람이 배치되는 것처럼 보이는 것은 이상하다. 주와 지역교육기관이 몇 가지 교사 자격증 이외의 자격요건이 없는 사람을 그처럼 중요한 자리에 배치하도록 허락하는 것은 직무태만에 가깝다.

그러므로, 지적장애학생의 불완전 고용과 실업의 주요 원인 중 하나로 학생이 고용되도록 도울 책임이 있는 스태프의 전문기술 및 적절한 훈련의 부족을 연결시키기는 쉽다(Benitez et al., 2008). 그들의 책임은 학생이 일할 수 있도록 학생을 지원하는 것이고 그 이외의 부분은 누군가가 담당할 것이라고 전제한다. Hutchins

와 Renzaglia(2002, p. 68)는 다음과 같이 결론 내렸다.

> 학교 프로그램은 장기간의 지역사회 고용을 확실히 하기 위한 필수 서비스를
> 아무도 효과적으로 제공하지 않을 수도 있다는 시나리오와 서비스에서 잠재적
> 인 차이는 직면하지 않은 채 학생은 "고용준비되었다"라고 제안하며 개별화교
> 육을 끝마친다.

이러한 행동 패턴은 전국적으로 중등이후교육 프로그램에서 보이는 모습으로
지적장애학생에게 똑같은 불행한 성과인 '실업'이라는 결과를 이끌기 쉽다.

그러나 직업 개발 기술에서 훈련과 전문성의 부족은 지역 학교 체계에 의해 고
용되는 전환 혹은 중등 특수교육 관련자에 국한되지 않는다. 일단 지적장애학생이
학교를 떠난 후에 그들의 전환을 지원하는 지역사회 재활 제공자에 의해 고용된 고
용 전문가, 직업 개발자, 그리고 직업 지원 관련자는 훈련되어 있지 않고, 자주 지
적장애학생을 유급의 통합 고용현장에 비효과적으로 배치한다. 재활 서비스 행정
웹사이트에 따르면, 이것은 고용 전문가 자리를 얻기 위해 특별한 교육적 자격요건
이 없다는 사실 때문일 것이다(http://www.ed.gov/students/college/adi/
rehabv/carsupem.html). 자격요건의 부족이라는 점에 덧붙여, 지적장애학생을
위한 고용기회에 관련된 재활 전문가에 의해 사용되는 빈번한 방법은 자주 실패한
다(Metzel, Boeltzig, Butterworth, Sulewski, & Gilmore, 2007). 그러나 수많
은 전문가 조직(예: 지원고용자협회)과 전문적 개발 제공자(예: TransCen, Inc.,
버지니아 코먼웰스 대학교 재활연구센터)는 이러한 쟁점을 인식하고 있고 이러한
상황을 개선하기 위해 기술적 지원과 질 높은 훈련을 제공하고자 노력하고 있다.

미국 노동부 산하 장애인고용정책부서에 의한 최근 보고서(Domzal,
Houtenville, & Sharma, 2008)에는 장애인 고용에 관한 고용주의 인식에 대한 설
문 결과가 반영되어 있다. 장애인을 고용할 때 어떠한 형태의 정보가 그들을 고용하
는 데 설득력 있게 다가왔느냐는 질문에 고용주들은 성과, 생산성, 그리고 장애인을
고용하는 것이 어떻게 회사의 최종 결산 결과에 이익을 미칠지에 대한 정보가 가장
설득력 있는 정보라고 밝혔다. 불행히도, 지적장애인을 돕는 많은 재활 전문가들은

그들이 대표하는 지적장애인의 잠재적인 공헌을 강조하는 데 실패하고 대신에 사전 방문 없는 전화접촉, 세금 감면 등을 이야기하며 고용주에게 접근한다.

훈련의 부족과 열악한 마케팅 전략과 더불어, 직원 회전율과 부정확한 역사적 정보 또한 재활 서비스 제공자의 성공적인 성과를 방해한다. 미국 국가장애위원회 (2008)의 최근 보고에서, 한 부모는 자기 아들의 경험이 이러한 쟁점을 어떻게 반영하는지에 대해 언급하였다.

> 우리 아들은 센터중심의 일주일간의 재활평가 과정에 참여하도록 초대받았던 졸업 전의 여름이 될 때까지 [재활 서비스 부서의 상담사]를 만나지 못했다. … 평가 결과 아들은 분리된 기관중심 혹은 지원고용에 적합하지만 경쟁고용에는 적합하지 않을 수 있다는 내용을 들었다. 이때까지 그는 [직업재활사가 참여한 개별화교육프로그램을 통해서] 18개월 동안 경쟁고용되고 있었는데 말이다.

관련자와 기금이라는 자원의 부족은 종종 소비자의 요구를 충족시키고자 하는 지역사회 재활 제공자를 방해하곤 한다(Hutchins & Renzaglia, 2002). Targett (2007, p. 94)은 다음과 같이 주장하고 있다:

> 적절한 훈련과 개발이 없다면, 고용 전문가는 가장 심한 장애인의 욕구를 적절하게 충족시킬 수 없을 것이다. 준비를 제대로 하지 못한 직원은 질 높은 서비스의 전달과 비용적인 측면 모두에서 효율적이고 효과적이지 않을 것이다.

지적장애 성인에게서 관찰되는 낮은 고용 성과는 확실히 이 언급을 증명한다.

메릴랜드 주에 거주하는 16~26세 사이의 장애 청년의 전환을 돕는 10개 기관의 대표적인 26개 프로그램을 대상으로 실시된 최근의 주 설문조사에서, 마지막 보고서에 따르면 어떠한 종류의 맞춤식 고용 서비스도 거의 없는 것으로 보고되었다. 덧붙여 단지 몇 군데의 기관이나 프로그램만이 직무지도원, 지원고용, 혹은 맞춤형 고용을 제공하고 있었다. 이 보고서는 똑같은 수의 기관이 청년들을 무급 고용과 유급 고용 기회에 배치하고 있고, 몇몇 무급 직장 경험은 경쟁적인 환경이 아니며 유급 고용으로 옮기지도 않았음을 보여주고 있다(TransCen, Inc., 2006). 같은 보고서의 포커스그룹 연구 결과도 이러한 설문 결과를 반복해서 보여준다. 몇몇 포커스그룹 참여자는 진로 준비와 직장 배치가 학생의 개인적 선호도, 흥미, 능력에 기초하여 개별화되지 않고 있음을 지적하였다. 대신에 배치는 기관에 자리가 나는지에 기초하여 이루어지고 있었다. 청년들이 고용되었을 때, 고용을 성공적으로 유지하기 위한 필수적인 직장 내 지원은 제공되고 있지 않았다(TransCen, Inc., 2006).

따라서 학생이 경쟁적 유급 고용을 향하여 나아가도록 안내하는 데 학교 체계 전환 관련자가 빈약하게 훈련되어 있을 뿐 아니라 학교 체계에서 전통적으로 학생의 전환을 담당한다고 가정하는 성인 서비스 관련자도 지속적으로 유급 고용될 수 있도록 학생을 지원하고 돌보는 데 잘 준비되어 있지 않다.

미국 국가장애위원회(2008)는 제공자를 위한 부가적인 훈련의 요구에 대해 다음과 같은 제안을 하였다.

> 재활 서비스 부서와 주 직업재활기관은 전환 연령기 청년의 욕구를 충족시키기 위해 현재와 미래의 재활 상담가를 준비시키기 위한 부가적인 직원 개발 자원을 할당해야 하고, 이 분야에 있는 자격이 있는 장애인에게 매력적인 신규채용과 전문적 개발 활동을 목표로 해야 한다. 현재 관련자 준비 노력은 모든 직업재활 전환 상담가와 성인 상담가가 장애 청년이 학교를 졸업하면서 필요로 하는 복잡한 지원을 충족시키는 데 필요한 지식과 기술을 습득하도록 완전히 준비시키지 못하고 있다. 이러한 스태프 개발 노력은 전환 연령의 청년과 일하는 직업재활 전환 상담가 혹은 성인 상담가로서 성공하는 데 필요로 하는 전문가적 특성과 자격을 경험적으로 판별하여 종합적인 요구 평가와 역량기반의 훈련 프로그램에 기초해야 한다.

지적장애학생을 위한 고용 성과의 향상을 위한 제안

성공의 특징으로 유급의 통합고용을 성취하는 것의 중요성에 대한 안내와 리더십 없이는, 학생이 중등이후교육 프로그램과 서비스에 접근하도록 돕는 담당자는 실업 혹은 무직보다는 조금 나은 결과를 가져올 수 있는 직업훈련 경험에 학생을 참여시키기를 지속할 것이다. 그러나 지적장애학생의 성과와 고용 경험을 더 나은 방향으로 이끄는 변화는 가능하다. 다음의 예는 어떻게 초기에는 직업훈련 모델을 사용한 중등이후교육 프로그램이 그들의 실제를 변화시킬 수 있고 그렇게 함으로써 1년 동안 학생의 유급 고용률을 0%에서 90%로 증가시켰는지를 보여준다.

웨스턴 코네티컷 주립대학교의 웨스턴 커넥션 프로그램은 2003년 코네티컷 주 교육부의 승인을 받아 설립되었다. 이 프로그램은 과거 6년 동안 7~13명의 학생을 지원해왔다. 프로그램이 시작될 당시 7개의 다른 학교 체계로부터 온 학생들을 지원했는데 이들은 대학에서 매 학기 수업을 들을 수 있었고, 대학 내 그리고 가까운 병원의 직업훈련 장소에서 교육을 받을 수 있었다. 2005년, 연구와 혁신 프로젝트(Research and Innovation project)에 의해 기금이 지원된 특수교육국 프로그램과의 한 부분으로 웨스턴 코네티컷 프로그램은 중등이후교육 연구센터(PERC) 프로젝트에 참여하게 되었다. 이러한 협력을 통해, 웨스턴 커넥션 프로그램은 PERC 중등이후 프로그램 평가도구(그림 1.1 참조)를 사용하여 집중적인 프로그램 평가를 실시하였다. 이 평가 결과 웨스턴 커넥션 프로그램에는 다양한 장점이 있었지만 어떤 영역에서는 지원이 필요하였다. 지원이 필요한 부분 중 하나는 유급 고용 분야로 이 프로그램에서 지원하는 어떠한 학생도 유급의 직장에서 일하고 있지 않았다.

이 평가 결과는 프로그램 목표와 기대하는 성과, 그리고 프로그램의 몇 가지 바람직한 변화를 시행하는 데 초점을 둔 실행 계획을 세우기 위한 논의를 이끌었다. PERC와의 파트너십에서, 웨스턴 커넥션 관계자는 학생이 유급 고용을 얻는 데 3가지 주요한 방해 요소를 찾아냈다. 첫 번째 문제는 프로그램에 있는 학생들이 다양한 다른 학교 체계로부터 왔다는 것이었다. 각각의 학생을 이곳에 보낸 지역구가 학생의 진로 개발 서비스에 소유권을 갖고 있어서 각 학생의 고용 상황을 모니터할 중심적인 사람이 없었다. 두 번째 문제는 유급 고용이 프로그램의 목표, 활동 혹은 성과로 구체화된 적이 없었다는 점이었다. 이것은 프로그램을 계획하는 단계에서 언급되지 않은 문제로 기본적 활동은 학교 체계에서 이전에 실행한 직업훈련 실제를 계속하고 있을 뿐이었다. 세 번째 문제는 적절하게 훈련받은 직업 개발 스태프의 부족이었다. 프로그램 코디네이터는 캠퍼스 밖에서는 자신의 자리가 없다고 느꼈고, 지역사회의 유급 고용 경험을 개발할 수 있는 직원이 현재는 없었다.

이러한 쟁점들은 실행 계획의 개발과 실행을 통해 해결되었다. 첫째, 학생을 보내는 지역구와 일하는 프로그램 코디네이터는 프로그램에 있는 학생의 고용 서비스에 대한 소유권과 감독을 지역구에서 웨스턴 커넥션으로 가져왔다. 둘째, 유급 고용을 판별하고 유급 고용되도록 하는 것을 프로그램의 주요 활동으로 확장했다. 또 다른 중요한 변화는 유급 고용에 우선권을 준 것과 관련이 있다. 초기에, 프로그램 스태프는 학생이 프로그램에 들어오면 그들이 나갈 준비가 될 때까지 직업훈련 배치에 남아 있을 것이라고 가정하였다. 마지막 학기 동안, 스태프는 유급의 직장을 찾아보기 시작하였다. 이러한 마지막 순간 접근 대신에 프로그램 직원은 학생이 프로그램에 들어온 첫해에 어떤 종류의 유급직장이 가능한지 결정하기 시작하였다. 기본적인 계획은 가능한 빨리 유급 고용을 찾는 것이 되었다. 고용 경험이 없거나 거의 없는 몇몇 학생은 그들의 흥미를 측정하기 위한 직업훈련 자리에 배치하여 그들의 고용기술을 평가하기 위한 기초선을 제공한다. 그러나 이러한 배치는 유급 고용을 찾는 과정과 연계하여 시행된다.

유급 고용의 필요를 충족시키기 위해 프로그램 스태프에 의해 취해지는 마지막이자 가장 중요한 조치는 프로그램에서 시간제 직업 개발자 자리를 만들어보는 것이었다. 시간제 직업 개발자는 매 학기를 통해 유급으로 학생이 고용될 자리를 창출하고 지원할 수 있는 유연한 스케줄을 가진 사람이어야 할 것이다. 덧붙여 이 개발자는 확장된 직무 개발 훈련을 받았고, PERC 스태프에 의해 질 높은 직무 개발 활동을 실행할 수 있는 현장기반 모델링을 제공하였다. 고용 서비스의 제공, 유급 고용을 "첫 번째" 목표로 세우고, 훈련된 헌신적인 직원의 고용을 중심으로 한 이 공식은 이 프로그램이 학생의 유급 고용률을 빠르게 증가시키는 요인이 되었다. 2006-2007학년도 동안, 92%(혹은 13명 중 12명의 학생)가 유급의 경쟁고용에 취업하였다. 이러한 경향은 몇 명의 스태프가 바뀐 2007-2008학년도 동안에도 지속되어 10명 중 9명의 학생이 유급의 직장에 다니고, 1명의 학생은 두 곳의 유급 직장에서 일하며, 5명의 학생은 한 곳의 유급 직장과 생활보조비가 지급되는 직업훈련 경험을 하고 있었다. 일하는 학생은 평균적으로 시간당 8.40달러를 받고 있으며(전년도에 비해 평균 1달러가 상승한 것임) 지역사회의 옷가게, 식당, 아이스링크, 식료품점 등에서 일하고 있다.

요약

경쟁고용은 지적장애인이 쉽게 성취 가능한 것인가? 이 장에서 논의한 많은 이유 때문에 대답은 '아니요'이다(Wehman, Revell, & Brooke, 2003). 어떠한 중등이후교육 경험이라도 실제 잠재력은 학생의 출석기간 동안 무엇을 제공하는지가 아니라 이것이 그들을 어디로 이끄는지에 달려있다. 지적장애학생을 위한 중등이후교육 프로그램의 임무 중 하나는 교육적 경험이 유급 고용이라는 성과로 이끌어야 한다는 것이다. 지적장애학생을 직업훈련 장소에서 관련 없는 경험을 하도록 여기저기 보내는 것을 중단한 것은 오래전이면서, 갑자기 ―거의 기적적으로― 그들이 고용되기를 기대한다. 더구나, 거의 훈련을 받지 못했거나 경험이 없는 특수교육, 전환, 재활 전문가가 지적장애학생이 유급의 직장을 얻도록 성공적으로 도울 수 있다는 기대를 이제는 접을 필요가 있다. 적합한 훈련, 안내된 실제, 그리고 무엇보다도 경험은 누군가가 숙련된 고용 전문가 혹은 직업 개발자가 되게 하는 데 필수사항이다. 그렇다면 어떻게 이러한 경험이 중등이후교육 프로그램의 부분으로서 실행될 수 있을까?

- 훈련되지 않은 관련자를 직무 개발에 활용하는 것은 학생에게 해를 끼치는 것이고 고용주들 사이에서 나쁜 평판을 가져올 수 있다.
- 그들의 배경이 무엇이든지 스태프는 직무 개발 전략과 기술을 습득하기 위한 질 높은 훈련을 받아야 한다.
- 대학원생, 동료 멘토, 교육 코치, 보조원은 모두 유효할지 모르지만 필수적으로 가능하거나 자격이 있는 것은 아니다. 누구나 효과적인 직무 개발자가 될 수 있다고 가정하지 말라.

중등이후교육 프로그램과 서비스는 실제에서 지적장애학생을 위한 유급 직장 경험의 중요성을 강조하고 존중해야 할 뿐만 아니라 이러한 성과를 성취하기 위한 최선의 방법으로서 학생들과 일할 숙련된 직무지원원과 고용 전문가를 훈련하고 고용하는 것임을 깨달아야 한다. 그렇지 않으면 과거에 지적장애학생이 경험한 똑같은 열악한 성과를 얻을 가능성이 높다. 우리는 학생을 "일할 준비를 시켜야 한다"는 말을 이제 그만할 필요가 있다. 지적장애학생은 기회와 적절한 지원이 주어진다면 일할 준비가 되어 있다. 그렇게 만드는 것은 우리에게 달려있다.

참고문헌

Benitez, D.T., Morningstar, M.E., & Frey, B.B. (2008). A multistate survey of special education teachers' perceptions of their transition competencies. *Career Development for Exceptional Individuals*. First published September 8, 2008, as doi:10.1177/0885728808323945

Brewer, D. (2005, February). *Working my way through high school: The impact of paid employment on transitioning students with disabilities*. Ithaca, NY: Cornell University, School of Industrial and Labor Relations Extension, Employment and Disability Institute. http://digitalcommons.ilr.cornell.edu/edicollect/109

Domzal, C., Houtenville, A., & Sharma, R. (2008). *Survey of Employer Perspectives on the Employment of People with Disabilities: Technical Report*. (Prepared under contract to the Office of Disability and Employment Policy, U.S. Department of Labor). McLean, VA: CESSI.

Gilmore, S., Bose, J., & Hart, D. (2001). Postsecondary education as a critical step toward meaningful employment: Vocational rehabilitation's role. *Research to Practice, 7*(4).

Grigal, M. (2008). [The Postsecondary Education Research Center Project]. Unpublished raw data. Rockville, MD: TransCen.

Guy, B.A., Sitlington, P.L., Larsen, M.D., & Frank, A.R. (2008). What are high schools offering as preparation for employment? *Career Development for Exceptional Individuals*. First published May 29, 2008, as doi:10.1177/0885728808318625

Hutchins, M.P., & Renzaglia, A. (2002). Career development: Developing basic work skills and employment preferences. In K. Story, P. Bates, & D. Hunter (Eds.), *The road ahead: Transition to adult life for persons with disabilities*. St. Augustine, FL: TRN, Inc.

Luecking, R. (2009). *The way to work: How to facilitate work experiences for youth in transition*. Baltimore: Paul H. Brookes Publishing Co.

Luecking, R., & Fabian, E. (2000). Paid internships and employment success for youth in transition. *Career Development for Exceptional Individuals, 23*(2), 205–221.

Luecking, R., & Gramlich, M. (2003). *Quality work-based learning and postschool employment success* (Issue Brief 2[2]). National Center on Secondary Education and Transition.

Metzel, D.S., Boeltzig, H., Butterworth, J., Sulewski, S., & Gilmore, D.S. (2007). Achieving community membership through community rehabilitation providers services: Are we there yet? *Intellectual and Developmental Disabilities, 45*(3), 149-160.

Migliore, A. & Butterworth, J. (2008). Postsecondary Education and Employment Outcomes for Youth with Intellectual Disabilities. Data Note Series, Data Note XXI. Boston: Institute for Community Inclusion.

Moran, R., McDermott, S., & Butkus, S. (2002). Getting, sustaining and losing a job for individuals with mental retardation. *Journal of Vocational Rehabilitation, 16*(3, 4), 237–244.

Mueller, R. (2002). *Missed opportunities: The state of transition services for youth with disabilities in New York City*. New York: New York Lawyers for the Public Interest. Retrieved October 5, 2008, from www.nylpi.org/pub/NYLPI_Transition_Report.pdf

National Council on Disability. (2008). *The Rehabilitation Act: Outcomes for transition-age youth*.

Washington, DC: Author. Retrieved October 28, 2008, from http://www.ncd.gov/newsroom/publications/index.htm

Neubert, D.A., & Redd, V.A. (2008). Transition services for students with intellectual disabilities: A case study of a public school program on a community college campus. *Exceptionality, 16*, 220 – 234.

Redd, V. (2004). *A public school-sponsored program for students ages 18 to 21 with significant disabilities located on a community college campus: A case study.* Unpublished doctoral dissertation, University of Maryland, College Park.

Riehle, J.E., & Daston, M. (2006). Deficit marketing: Good intentions, bad results. *Journal of Vocational Rehabilitation, 25*, 69-70.

Simon, M., & Halloran, W.D. (1994). Community-based vocational education: Guidelines for complying with the Fair Labor Standards Act. *Journal of the Association for Persons with Severe Handicaps, 19*, 52-61.

Sitlington, P. L., Clark, G.M., & Kolstoe, O.P. (2000). *Transition education and services for adolescents with disabilities.* Boston: Allyn and Bacon.

Targett, P.S. (2007). Staff selection, training, and development for community rehabilitation programs. In P. Wehman, K.J. Inge, W.G. Revell, & V.A. Brookes. *Real work for real pay.* (pp 75-103). Baltimore: Paul H. Brookes Publishing Co.

TransCen, Inc. (2006). *Final report on Maryland Resource Mapping Initiative.* Retrieved February 27, 2007, from http://www.mdtransition.org

U.S. Department of Labor, Bureau of Labor Statistics. (2008). *Number of jobs held, labor market activity, and earnings growth among the youngest baby boomers: Results from a longitudinal survey.* Report. Washington, DC: Author. Retrieved October 18, 2008, from http://www.bls.gov/news.release/nlsoy.nr0.htm

Wagner, M., Newman, L., Cameto, R., & Levine, P. (2005, June). *Changes over time in the early post-school outcomes of youth with disabilities. A Report from the National Longitudinal Transition Study-2* (SRI Project P11182). U.S. Department of Education, Office of Special Education Programs. Menlo Park, CA: SRI International.

Wehman, P. (2006). Integrated Employment: If not now, when? If not us, who? *Research & Practice for Persons with Severe Disabilities, 31(2)*, 122–126.

Wehman, P., Inge, K.J., Revell, W.G., & Brooke, V.A. (2007). *Real work for real pay: Inclusive employment for people with disabilities.* Baltimore: Paul H. Brookes Publishing Co.

Wehman, P., Revell, W.G., & Brooke, V. (2003). Competitive employment: Has it become the "first choice" yet? *Journal of Disability Policy Studies, 14(3)*, 163–173.

Wehman, P., & Yasuda, S. (2005). The need and the challenges associated with going to college. In E.E. Getzel & P. Wehman (Eds.), *Going to college: Expanding opportunities for individuals with disabilities* (pp. 3–23). Baltimore: Paul H. Brookes Publishing Co.

Whitaker, S.D. (2000). Training needs of paraprofessionals in occupational education classes. *Career Development for Exceptional Individuals, 23*, 173–185.

무엇을 위한 준비인가?
중등이후교육, 고용, 그리고 지역사회 참여

Richard Luecking

앞장에서 지적장애 청년의 성공적인 중등이후교육을 보장하기 위해 준비하고 지원해야 할 특성을 설계하고 실행하기 위한 중요한 요소에 대하여 다루었다. 비록 중등이후교육 경험이 이들에게 중요한 기회와 약속을 제공하지만, 이러한 약속은 경험과 성과에 동시에 초점을 맞추지 않는다면 달성되지 않을 것이다. 중등이후교육 경험과 성인기 고용 및 삶의 목표 간의 명확한 연계 없이는 불행히도 지적장애 성인들 사이에서 일반적으로 만연한 실업 혹은 불완전 고용에 여전히 노출되어 있다. 다음 단계는 무엇인가? 젊은이들이 중등이후교육 환경에 들어가야 한다는 것이 모든 사람의 마음속에 질문으로 떠올라야 할까? 학생의 과목 선택이 대부분 학생의 진로 목적에 의해 인도되어야 하고, 직무기반 학습 기회가 계획되어야 한다.

이 장에서는 궁극적으로 장기간의 직업과 적극적인 지역사회에서의 삶을 이끌게 될 중등이후교육 등록 동안에 의미 있고 목표가 있는 일과 지역사회 참여 경험을 개발하기 위한 정당성과 전략을 개관하고 논의한다. 일과 관련된 경험과 중등이후교육의 중요한 특징인 유급 고용을 포함한 사례를 제시한다. 또한 직장 경험을 조직하고, 이러한 경험을 제공하는 고용주를 찾고, 교육과정 속에 이러한 경험을 통합하고, 그들의 직장에서 학생을 지원하기 위한 전략을 살펴본다. 이 장은 이러한 고용을 지속적으로 지원하는 자원과 중등이후교육을 떠난 후의 삶을 연결하기 위한 고려사항과 전략을 제시한다.

지적장애학생에게 유효한 일련의 다른 중등이후교육 선택사항들 때문에 잠재적인 서비스와 지원이 필요할 것이라는 사실은 놀랍지 않다. 이러한 서비스와 지원을 제공하는 사람들은 전환 코디네이터 혹은 교육 연락 담당자와 같은 여러 가지 직업 타이틀을 갖고 있고, 지역교육청 혹은 주 직업재활기관과 같이 다양한 곳에서 재정적으로 지원을 받는다. 이 장에서 **전환 코디네이터**라는 용어는 우선적으로 중등이후교육 경험을 하는 지적장애학생을 지원할 뿐만 아니라 통합된 고용 기회와 유급 고용을 찾는 학생을 적절한 성인 서비스기관(예: 직업재활), 지역사회 재활 제공자와 포괄적인 지역사회 지원(예: 원스톱 진로센터, 대학 진로 서비스)에 연결시키는 역할을 하는 개인을 의미한다.

왜 일이 중요한가

학생의 교육적 경험의 정점은 생산적인 성인으로 시작할 수 있도록 이끌 수 있어야 한다. 대부분의 사람들에게 이것은 직업 혹은 진로를 의미한다. 중등이후교육 경험에 참여하는 지적장애학생과 그들의 가족도 지적장애인이 장기간의 진로를 시작할 수 있는 이상적인 직장에 들어갈 그날을 기대한다. 그러나 통계는 이러한 기대가 여전히 일반적인 것이 아니고 고용이 여전히 지적장애 젊은이에게는 달성하기 힘든 중등학교 이후의 성과임을 보여준다. Luecking(2009)은 다음의 상황이 향상된 고용 성과에 도전하는 예를 보여준다고 하였다.

- 공교육에서 성인생활로 전환하는 지적장애 청년을 대상으로 가장 최근에 실시된 전미 설문조사 결과는 그들이 학교를 떠날 때 낮은 비율의 지적장애인만이 직업을 갖는다는 것을 보여준다(National Longitudinal Transition Study-2, 2003).
- 중등학교 이후 고용 지원 서비스는 젊은이들이 전환하는 데 필요로 하는 요구를 충족시키기에는 충분하지 않고 이러한 서비스의 질 또한 각양각색이다(Braddock, Rizzolo, & Hemp, 2004; Mank, Cioffi, & Yovanoff, 2003;

Wehman, 2006).

- 지역사회 고용 서비스기관은 지적장애 성인에게 질 높은 지원고용을 제공하는 데 어려움을 겪는다(Boeltzig, Gilmore, & Butterworth, 2006; Braddock et al., 2004; Connelly, 2003).
- 지적장애가 있는 75%의 성인 지역사회 재활서비스 참여자는 일종의 분리되고 집합적인 환경에서 서비스를 받는다(Braddock et al., 2004).
- 최저기준 이하의 임금과 보호작업장 취업은 수많은 지적장애인에게 처해진 운명이다(U.S. General Accounting Office, 2001).

대학 과정과 지역사회 접근에 제한된 중등이후교육 경험에 초점을 맞추는 것은 가치가 있긴 하지만 충분하지 않다. 성과로서 경쟁고용에도 초점을 맞추어야 하고, 그렇지 않으면 중등이후교육에 있는 학생의 운명은 앞에서 인용한 낮은 고용성과를 그대로 반영할 것이다. 좋은 소식은 젊은이와 그들의 가족들은 이러한 역사적으로 실망스러운 결과에 만족하지 않아도 된다는 것이다. 직무참관, 인턴십, 협력적인 작업에 배치, 봉사 학습, 자원봉사 같은 직무기반 경험은 성공적인 중등학교 이후 고용 성공에 효과적이고 중요한 요소라는 것이 반복적으로 나타나고 있다(Colley & Jamison, 1998; Sitlington & Clark, 2005; Wehman, 2006). 더구나 유급 직장이든 보조 활동으로서든 아니면 교육과정의 핵심적인 측면으로서든 교육과 짝지어질 때, 모든 장애 청년들은 성인으로서 고용되고 고용을 유지하기가 매우 쉽게 된다(Hart, Zafft, & Zimbrich, 2001; Wagner, Newman, Cameto, Garza, & Levine, 2005).

교육의 부산물로서 유급 직장 경험의 가치를 예로 보여주는 여러 연구가 있다. 예를 들면 Luecking과 Fabian(2001)은 중등학교의 마지막 해에 다른 장애가 있는 청년뿐만 아니라 협력 회사에서 유급 인턴십의 기회를 가졌던 지적장애 청년은 그것을 성공적으로 수행하였고, 인턴십 이후 고용 제안을 받았음을 알아냈다. 더구나 인턴십을 성공적으로 끝낸 이러한 청년은 학교를 졸업한 후에 2년까지 성공적으로 고용되기 쉬웠다. 다른 연구에서는 중등학교에서 목표로 한 지역사회 일 경험에 참여했던 지적장애 청년이 학교를 떠난 후 20년까지 추후조사를 해보니 일반적인 지적장애인의 전형적인 고용 비율과 비교해볼 때 그들이 성인 고용에서 더욱 성공적이었음이 나타났다(Brown, Shiraga, & Kessler, 2006).

이러한 연구 결과를 통해 명백한 것은(예: Tymchuk, Lakin, & Luckasson, 2001; Walker & Rogan, 2007) 중등이후교육을 포함한 어떤 학교 경험이라도 지적장애 청년과 젊은이가 그러한 경험을 통해 궁극적으로는 성과에 초점을 두어야 한다는 것이 명백하다는 점이다. 중등이후 시기에 직업과 진로 목표를 계발할 수 있는 잠재적으로 흥미 있는 영역에 노출될 기회가 제공되지 않았던 지적장애 청년에게 이것은 특히 중요하다. 이 장의 나머지 부분은 일을 위하여 중등이후교육에서 학생을 준비시키는 방법을 탐색하고자 한다.

직무기반 경험의 유형

직장 경험의 여러 가지 유형은 직장에 대한 기대에 학생을 노출시키고, 구체적이고 일반적인 직업기술을 계발하도록 도우며, 직무 환경을 판별하고 개별 청년에게 적합한 직장에서의 조정을 판별하는 데 가치 있을 수 있다. 이러한 경험은 학생에게 제시간에 출근하기, 지시 따르기, 감독을 받아들이기, 동료들과 잘 어울리기와 같은 직장에서 성공하는 데 필요한 개인 간 상호작용기술을 학습할 기회를 제공한다. 또한 그것들은 고용을 판별하고 진로 선호도를 판별하도록 돕는다. 직무기반 경험은 학생이 궁극적으로 직장 출근과 수행에 영향을 미치게 될 사회적 쟁점과 건강 문제를 다루는 것과 같이 장기간 직장에서 성공에 핵심적일지 모르는 지원과 조정을 판별하도록 돕는다. 직장과 고용주와 접촉하러 오는 학생의 어떤 경험이라도 직무기반 경험으로 간주될 수 있다. 다양한 유형의 직무기반 경험은 표 9.1에 요약되어 있다.

위에서 판별된 이유들은 고용된 성인으로서 중등학교 이후의 삶을 준비하는 젊은이를 위한 직무 경험의 가치를 지적하면서, 직무기반 경험에의 노출은 학생이 중등이후교육에 등록하기 전인 고등학교에서 이루어지는 것이 이상적이라고 지적한다. 그렇지 않으면 중등이후교육에 참여하는 학생에게 이러한 노출이 일어나도록 조직할 필요가 있다. 그러나 중등이후교육의 과목과 관련이 없거나 무급의 경험

〈표 9.1〉 직무기반 경험의 종류

진로 탐색	청년들이 직무를 수행하는 데 요구되는 기술과 직무에 대하여 배우기 위해 직장에 방문하기. 직장 밖에서 확인된 직업에서 고용주, 사람들과의 방문 및 만남들은 또한 청소년들이 직업과 직장생활에 대하여 배울 수 있는 진로 탐색 활동들이다. 일반적으로 그러한 방문들은 청소년들이 보고, 듣고, 배운 것에 대한 논의를 동반한다.
직무참관	확장 시간, 종종 종일 근무 혹은 며칠간의 근무일, 청소년들이 매일의 업무들을 수행하는 직원들과 동행하며 직장에서 시간을 보낸다. 많은 회사들은 "일하는 날에 당신의 아들 혹은 딸을 데려오라"고 하며, 몇몇 회사들은 매년 그들이 청소년들로 하여금 회사에서 시간을 보내도록 초대하는 공식적인 직무참관의 날을 지정한다.
자원봉사	고용주가 물질적으로 청소년들에게 이익을 주는 것이 아니라, 청소년들이 근무 환경에서 잠재적인 직업의 측면들을 배우고 직장에서 필요로 하는 기능 중 쉬운 기능들을 배우는 의미 있는 시간을 보내도록 하는 청소년들에 의한 무보수의 일. 전환 코디네이터가 자원봉사를 위한 요건인 1938년 공정근로기준법(PL 75-718)을 익히 알고 있어야 한다.
봉사 학습	과정 목표들과 통합되는 지역사회에서 직접 해보는 자원봉사자 서비스. 이것은 봉사 경험, 기술의 증명과 습득한 지식을 사용해보기 위한 시간을 제공하는 구조화된 과정이다.
인턴십	예정된 기간 동안 직장에서 젊은이들이 구체적인 과제들을 할당받는 공식적인 준비. 인턴십 기간에 회사와의 협정에 따라 돈이 지불되거나 지불되지 않는다. 많은 중등과정이후의 기관들은 구체적인 학위 수여 프로그램의 한 요소로서 지역 회사들과 이들 경험을 체계화하는 것을 돕는다. 그들은 이를 "협동교육 경험", "협동작업" 혹은 간략히 "협동조합"이라 부른다.
견습직	견습직은 장기간에 걸친 기간에 목수일, 배관 작업, 제도 등과 같은 표준화된 직업과 관련된 구체적인 기능을 배우는 공식적이며 승인된 직업 경험이다. 많은 견습직은 또한 일부 유급 작업을 포함한다.
유급 고용	고용주와 협상하는 회사에서 기존의 표준 직업 혹은 개개인의 요구에 맞춘 작업 배당을 포함하지만, 항상 젊은이들에게 곧장 급여를 지급하는 것으로 특징지어진다. 그러한 직업은 학교를 다니는 동안이나 학교를 다닌 후에 예정될 수 있다. 그것은 학습 과정에 통합되거나 단지 분리된 부속 경험일 수도 있다.

은 짧아야 하고 유급 고용은 가능한 빨리 시작해야 한다. 사실 황금률은 유급 고용이다. 문헌에서 명백하게 판별한 모든 유형의 직무 경험 중 공식적 교육기간 동안 믿음직한 직무 환경에서 유급으로 일하는 경험이 학교이후 고용 성공의 가장 강력한 예측변인이다. 이것은 비장애 청년(Haimson & Bellotti, 2001)과 지적장애 청년(Brown et al., 2006)을 포함한 장애 청년(Luecking & Fabian, 2001)에게 사실이다. 이러한 이유만으로 모든 중등이후교육 프로그램은 학생의 수업 과목의 필수적인 요소로서 유급 고용 경험을 조직하고 촉진하는 방법을 찾아야 한다. 모든 직무기반 경험을 위해, 위에서 판별한 일반적인 장점과 더불어, 유급 고용의 경험은 청년이 장기간의 학교이후 성공적인 고용과 진로를 위해 중요한 기초가 될 가치 있는 기술을 습득하고 더불어 이력서를 준비하도록 돕는다. 다음 절은 이것이 발생할 수 있는 과정을 설명한다.

의미 있는 직무 경험을 개발하기 위한 전략

전환 코디네이터가 학생이 장기간의 성인 고용을 목표로 인턴십이나 직장과 같은 직무기반 경험을 찾도록 돕든 아니든, 일반적으로 적용할 수 있는 전략들이 있다. 직무 경험과 직업 개발 전략에 대한 엄청난 양의 문헌이 있고, 많은 접근이 지적장애학생이 직업을 판별하고 확실하게 하도록 돕는다(예: Griffin, Hammis, & Geary, 2007; Luecking, Fabian, & Tilson, 2004; National Center on Workforce and Disability/Adult, 2005; Wehman, 2001). 이 절은 교육 관계자, 진로 개발 관계자, 중등이후교육 환경에 있는 청년과 관계가 있거나 흥미 있어 하는 사람들에 의해 채택될 수 있는 이러한 과정의 공통적인 특징들을 보여준다.

학생을 알기

학생이 어떠한 종류의 직무기반 경험을 찾던, 학생에 대한 지식을 과정의 시작점으로 잡는 것은 중요하다. 이것은 성공적인 진로 탐색에 매우 결정적인 학생의 자기이해에 기여할 수 있는 경험을 제공하기 때문이다. 따라서 장애학생을 잘 받아들이는 고용주가 있는 직장만을 찾으려 하는 일반적인 관습을 피하는 것이 중요하다. 가장 성공적인 직무 경험과 직장은 학생의 특정 상황을 고려한 것이다. 즉 흥미, 기술, 바람직한 진로 목표와 지원을 위한 요구, 직장 탐색과 직업에 있어서의 조정이 그것이다. 이것은 이러한 특성을 판별하는 과정에서 학생을 보조하는 것이 요구된다.

직무 경험 혹은 직장 탐색의 전주로서 학생을 파악하기 위한 유용한 과정은 개인중심계획과 긍정적인 개인 프로파일의 개발을 포함한다. 명칭이 암시하듯이, 개인중심계획은 학생과 학생의 독특한 속성에 초점을 맞춘다. 장애학생을 가장 잘 아는 사람과 함께 학생의 속성, 선호도, 흥미, 지원 요구를 판별하는 것이 최상의 방법이다. 활동계획짜기(Making Action Plans)(Mount, 1992)와 희망 있는 대안적 내일을 위한 계획하기(Planning Alternative Tomorrows with Hope, PATH)(Pearpoint, O'Brien, & Forest, 1993)와 같이, 이것을 성취할 수 있는 다양한 도구가 있다. 이러한 도구들은 직장 경험과 직업을 위해 진로 목표와 계획을 판별하도록 학생을 돕는 데 사용될 수 있을 것이다.

개인중심계획에서 얻은 정보 혹은 학생에 대한 정보를 다른 자원을 통해 조직하기 위한 실제적인 도구는 긍정적인 개인 프로파일이라고 불린다(Luecking et al., 2004; Luecking, 2009). 이것은 학생의 직업 탐색을 준비하는 데 특히 유용하다. 미래의 고용주에게 학생이 가진 시장성 있는 속성과 개인적인 상황들이 프로파일의 초점이 된다. 그 후 프로파일의 목표는 장애학생이 가능한 많이 자신에 대한 긍정적인 정보를 판별하도록 도움으로써 미래의 고용주에게 보여줄 내용이 학생의 결함에 초점이 맞추어지기보다는 장점에 기초하도록 한다. 학생과 전환 코디네이터는 개인의 직업 탐색 계획을 개발하는 데 이러한 정보를 사용할 수 있다.

직업 탐색 계획은 다음을 포함한다.

- 학생의 흥미와 선호도, 긍정적인 개인 프로파일로부터 수집한 정보의 요약
- 일하길 선호하는 지역적 위치, 예를 들면 버스 정류장이나 학교와 가까운 위치
- 선호하는 스케줄, 예를 들면 시간제, 아침 혹은 저녁시간
- 교통 자원, 즉 직장에 출근하는 데 혹은 직장에서 퇴근하는 데 가능한 교통수단은 무엇인지
- 피할 수 있는 상황의 요약(예: 소음을 싫어하는 개인을 위한 시끄러운 환경)

- 직무지도원 혹은 시각적 촉진과 같은 잠재적으로 필요한 조정
- 접촉을 시작할 일련의 고용주 리스트(가장 중요함!)

이 정보와 함께 학생과 전환 코디네이터는 직장을 찾을 준비를 시작한다. 또한 계획은 고용주와 궁극적인 협상을 위해 중요한 점을 판별하는 방법으로서 역할한다. 이것에는 일하는 시간, 생산성 요구 사항, 급여와 같은 것이 포함된다.

직무 경험과 직업을 위한 탐색과정에서 자기결정

지적장애학생을 위한 직업 개발은 잡역과 푸드 서비스 같은 전형적인 직업으로 빈번히 특징지어진다. 왜냐하면 이러한 직업이 찾기 쉽고 많기 때문이 아니라 그들에게 최선이라고 잘못 믿기 때문이다(Griffin et al., 2007). 직장 경험과 직업에서 성공하기 위해 학생은 이러한 경험을 판별하고 선택하는 과정에 적극적으로 참여해야 한다. 탐색과정을 조절하고 구직자의 선택의 중요성을 지지하는 연구는 상당히 많다(Wehmeyer, Gragoudas, & Shogren, 2006). 이것은 자기결정이라고 일컬어진다. 고용 개발의 맥락에서 자기결정은 장애인이 이러한 직업 선택에서 자유롭게 행동할 수 있는 권한이 부여되고 직업을 선택할 수 있는 지식에 접근하는 것을 의미한다. 이것이 왜 직무기반 경험이 매우 도움이 되는지에 대한 이유이다. 왜냐하면 다양한 경험이 학생을 학업적인 과목 선택뿐만 아니라 이후의 직업과 진로 선택을 하는 데 기초가 되는 직장, 일하는 조건, 작업 환경에 노출시키기 때문이다. 이러한 기회가 중등이후교육 등록 전에 없다면, 이러한 과정을 자기결정적 유급 고용의 전주로서 제공하는 것이 중요하다.

자기결정적 학생이 주도하고 긍정적인 개인 프로파일을 개발하는 데 요약된 정보를 가지고 학생에 대한 지식을 사용하면서, 전환 코디네이터는 학생의 궁극적인 장기간 고용과 진로에 공헌할 직장 경험과 직업을 찾도록 돕기 위해 준비한다(관련 기사 9.1 참조). 그러나 이것이 일어나려면 고용주가 기꺼이 직장에 학생을 초대할 수 있어야 한다. 다음 절은 이러한 목적을 위해 어떻게 고용주를 판별하고 협상하는지에 대하여 설명한다.

관련 기사 9.1

테레사

테레사(Theresa)는 연극을 사랑하며 여배우가 되고 싶어 한다. 중등과정 후 교육 경험의 일부로서, 테레사는 교육 코치로부터 지원을 얻어 입문자들을 위한 연기 수업을 청강했다. 그 수업은 연극 분야에서 일하고 싶다는 그녀의 바람을 부채질했다. 고등학교에서 그녀는 하기 싫었던 구내 식당 봉사자로 일했다. IEP 모임에서 그녀는 "탁자들을 닦는 것"이 아니라, 자신이 흥미 있는 분야에서 직업을 갖기를 원한다고 주장했다.

그녀의 선호에 대해 강력히 언급한 결과, 그녀의 직업 조사 계획은 지역사회의 연극 회사 및 연락 가능한 단체들의 목록을 포함했다. 테레사의 허락을 얻고 그녀의 전환 코디네이터는 3개의 단체에 연락을 하였고, 각각의 단체에서 경영진과 정보를 제공하는 인터뷰를 하였다. 1개 연극 회사는 시즌에 따라 3개의 다른 부서에서 도움이 필요하다고 말했다. 마케팅 부서는 새로운 제작을 위한 마케팅 자료들을 수집·분석하고 배부하는 도움이 필요했다. 의상 부서는 연극이 제작 단계일 때 도움을 필요로 했다. 인사 부서는 바쁜 고용 시기 동안 도움을 필요로 했다. 테레사와 그녀의 이행 조정자는 각 부서의 사람들과 만났다. 그리고 그녀가 각 부서들을 통해 어떤 부서든지 도움을 가장 필요로 하는 곳을 돕는 직업이 창출되었다. 이전에 회사는 이들 각각의 필요를 위해 단기간의 인력을 고용했다. 테레사를 고용하면서 이러한 일은 더 이상 필요치 않았다.

테레사의 직업에 대한 강한 선호는 이 특별한 직업으로 이어졌다. 그녀는 아직 배우는 아니지만, 자신이 굉장히 흥미 있어 하고 자신의 꿈의 직업으로 이어질 수도 있는 활동의 종류와 가까운 장소에서 일하는 중이다. 그녀의 자기주장과 개인적인 선택의 추구는 그녀로 하여금 직업을 위해 지역대학에서 그녀의 경험을 쌓을 수 있는 역할을 하였다.

고용주와 그들이 원하는 것에 대하여 알기

직장에 장애 청년을 초대하기 위해 고용주를 언급하는 데는 3가지 이유가 있다 (Luecking, 2004). 그것은 (1) 일자리 채우기, 생산성 다루기, 혹은 서비스 요구와 같은 구체적인 회사의 요구를 충족시키고; (2) 기술 산업에서 잠재적인 신입사원을 준비시키는 것과 같은 산업 분야의 요구를 충족시키고; 그리고/혹은 (3) 청년이 생산력 있는 시민이 되도록 돕는 것과 같은 지역사회의 요구를 충족시키기 때문이다. 위의 3가지 점을 살펴보는 것이 고용주의 자비심에 호소하는 것을 피하기 위한 최선의 방법이다. 즉 장애인을 고용하는 가치에 대해 고용주를 설득하려는 시도를 피해야 한다. 개별 학생에게 직무 경험과 직장을 제공하기 위해 고용주를 찾고 설득하는 가장 효과적인 방법은 미래의 고용주가 직원을 고용하고 회사를 운영하는 데 가장 중요하게 생각하는 것이 무엇인지를 알아내는 것이다. 고용주가 가장 중요하게 생각하는 것이 무엇인지 알아내는 가장 좋은 방법은 정보를 얻기 위한 인터뷰를 하러 직장을 방문하는 것이다.

적절하게 구조화되었다면, 정보를 얻기 위해 인터뷰를 마련하는 것은 일반적으로 쉽다. 왜냐하면 대부분의 고용주는 그들의 사업에 대하여 기꺼이 이야기하기 때문이다. 정보를 얻기 위한 인터뷰의 목적은 고용주가 학생을 초대하거나 고용하도록 하는 것이 아니라 고용주의 요구를 알기 위한 것이다. 고용은 다음 차례이다. 첫째, 이것은 과정에서 필수적인 첫 단계이다. "당신의 분야에 대해 좀 더 알고 싶습니다. 제가 학생의 고용을 준비시키는 데 도움이 될 수 있도록 지원하기 위해서입니다. 제가 잠시 들러서 당신과 이야기할 일정을 잡을 수 있을까요?" 혹은 "제 친구가 말하기를 당신의 회사에 일할 사람이 필요하다고 하더군요. 잠시 당신과 만나 당신의 고용 요구가 무엇인지 좀 더 알 수 있었으면 좋겠습니다."와 같은 쉽게 성취될 간단한 요청이 최고이다.

일단 만남 날짜가 잡히면, 관계를 형성하고 고용주가 자신의 회사에 대하여 편안히 이야기할 수 있도록 만남의 분위기는 비공식적이고 대화하는 분위기여야 한다. 만약 몇 가지 법칙을 따른다면, 정보를 얻기 위한 면담은 매우 생산적인 경험이 될 수 있고, 이후 학생이 직장 혹은 직업 경험을 할 수 있도록 고용주와 협상할 수 있는 자리를 마련할 수 있을 것이다.

연결시키기

일단 정보를 얻기 위한 인터뷰를 통해 잠재적인 직장이 판별되면, 그다음 단계는 고용주와 협상을 시작하는 것이다. 학생은 협상 단계에 함께해야 한다. 학생은 전환 코디네이터에 의해 지원받으며 협상을 실시하거나 혹은 다른 조정 요구 혹은 의사소통 때문에 자기표현이 가능하지 않을 때 학생의 허가를 받아 전환 코디네이터가 초창기에는 학생의 대리인이 될 수 있다. 이 과정은 학생이 직장에서 할 수 있는 일이 무엇인지 고용주로부터 정보를 얻고, 고용주의 입장에서 어떠한 이익이 있는지를 알아가는 비공식적인 교환의 과정이다. 즉 학생이 가지고 있는 기술이 고용주의 사업에 유익할지; 어떤 조정이 직장에서 학생의 성공을 지원하는 데 필요한지와 같은 내용을 다루게 된다. 학생과 고용주가 희망하는 업무 분야가 서로에게 유익해야 한다는 것이 핵심이다.

자신이 관심 있어 하는 비디오 아트 분야에서 일하기를 원해 커뮤니티 칼리지에 등록한 지적장애학생인 제이슨을 떠올려보자. 그와 전환 코디네이터는 비디오 아트 수업에서 그의 경험을 사용했고, 직업 탐색 계획을 세우기 위한 기초로서 제이슨은 비디오 가게에서 자원봉사를 하였다. 몇 군데의 비디오 편집 회사와 접촉한 후에 그들은 DVD를 복사하고 파일을 보관하기 위해 시간 기록을 도울 누군가가 필요하다는 것을 발견하였다. 고용주와의 협상에서 제이슨은 그 과제를 할 수 있다는 것을 보여주었고 이러한 과제를 할 수 있는 그의 일이 다른 고용인들이 좀 더 복잡한 비디오 편집일에 시간을 쓸 수 있도록 한다는 점을 강조하였다. 그러므로 고용주는 소비자의 주문을 더 빠르게 처리하고 사업의 규모를 키울 수 있다. 제이슨에게 명확한 이점은 자신이 흥미 있어 하는 영역에서 직장을 얻는 것이다. 회사 측면에서의 이익은 잠재적으로 조직의 기능을 향상시키고 더 많은 돈을 버는 것이다. 이 협상은 제이슨의 장애나 고등교육기관과의 관련 때문이 아니라, 회사에 제이슨이 기여하는 공헌에 기초한다. 이 글을 쓰는 시점에 제이슨은 이 비디오 편집 회사에서 2년 동안 일하고 있다.

장애의 공개, 조정, 그리고 배치후 지원

자신의 장애를 공개하는 것은 개인적인 문제이다. 자신의 장애를 미래의 고용주에게 밝힐지 말지, 어떤 방식으로 말할지에 대해 학생이 결정권을 갖는 것이 중요하다. 만약 재능, 기술, 긍정적인 자질들 — 그리고 어떻게 이것들이 고용주의 조직에 공헌하는지 — 이 고용주와의 협상에서 우선적인 초점이라면, 장애는 궁극적으로 두 번째 고려점이다. 그러나 과제 완수를 위해 추가시간이 필요하거나 학생이 직무를 배우도록 돕기 위해 현장에서 코치를 허락받는 것과 같은 고용주로부터 조정을 받기 위해서는, 어떤 의미에서 자신의 장애를 드러내는 것이 중요하고 필수적이다.

자신의 장애를 공개할 것인지에 대한 결정을 돕기 위해 학생과 전환 코디네이터에게 도움이 되는 자료로는 장애청년의 인력개발을 위한 국립협력협회(National Collaborative on Workforce and Disability/Youth, 2005)가 출판한 "장애 공개에 대한 411(The 411 on Disclosure)"이 있다.

앞 절에서 논의했던 것처럼, 조정의 유형과 요구는 자주 고용주와의 협상에서 한 부분을 차지한다. 그러나 고용주는 고용인이 직무의 **핵심적인** 기능을 수행하기 위해 조정이 필요하다면 그것을 법적으로 제공해야 한다. 즉 공식적인 직무기술서에 판별된 기능을 수행하기 위해 요구되는 조정이라면 법적으로 조정을 제공해야 한다. 어떤 학생은 조정의 여부와 상관없이 직무의 공식적인 직무기술서에서 언급한 대로 직무와 관련된 과제를 수행할 수 있을 것이다. 이러한 경우, 만약 학생의 장애로 인해 조정이 필요하다면, 고용주는 만약 회사에 지나친 어려움이 없다면 그것들을 제공해야 한다. 이것은 휠체어 접근성, 수정된 키보드, 혹은 직장 접근성과 만족스러운 직무 수행을 확실히 하기 위한 다른 조정과 같이 확대된 경우에도 마찬가지이다. 그러나 많은 지적장애학생은 표준 직무기술서에 언급된 몇몇 과제만 수행할 수 있을지도 모른다. 이 경우 고용주는 청년을 고용하거나 조정을 제공할 의무가 없다. 이것은 교육 환경과는 좀 다른데, 1990년 미국장애인교육법(IDEA, PL 101-476)에 따르면 학생이 필요로 하면 신체적 조정 및 학습 조정을 제공해야 한다. 그러나 고용주에게 이것은 고용인이 궁극적으로 직무에서 바람직한 성과를 내도록 하는 데 최소한으로 필요한 조정을 제공하는 것으로 간주되는 것이 대부분이다. 그러므로 전환 코디네이터가 학생의 긍정적인 자질과 회사에 잠재적으로 공헌하는 것에 기초하여 미래의 고용주와 협상을 준비할 때, 학생이 직장에서 직무를 수행하는 데 필요한 조정이 무엇이든 간에 고용주가 조정을 실행해줄 수 있도록 하는 것이 중요하다.

직장에서 학생이 초창기에 편안하고 환영받으며 장기간의 성공적인 직장생활을 확실히 하는 방법으로 직무 인사 담당자와 동료에게 장애에 대한 구체적인 정보나 훈련을 제공하는 것은 자주 도움이 된다. 학생이 직장에서 성공하도록 명확하게 하는 방법은 학생에게 필요한 구체적인 조정에 대한 정보를 제공하고(물론 학생의 허락을 받고), 학생을 편안하게 지원하고 조정을 제공하기 위해 고용주가 어떤 정보를 더 원하는지 물어보고, 학생에게 적합한 상호작용과 지원에 대한 모델링을 제공하는 것이다(Luecking, 2005). 때때로 직장에서 장애 인식 교육을 제공하는 것이 도움이 된다. 예를 들면 고용주가 자폐가 있는 청년이 어떻게 동료에게 반응해야 하는지에 대해 특히 걱정을 한다고 하면, 고용주는 전환 코디네이터에게 자폐에 대하여 동료에게 정보를 제공하고 자폐가 있는 청년과 의사소통하는 방법에 대한 교육을 요청할 수 있다. 전환 코디네이터는 동료가 청년과 어떻게 효과적으로 상호작용해야 하는지 구체적인 기술을 제공하였다. 동료들이 회사에서 청년의 존재에 대해 점점 편안해짐에 따라 직장에서의 경험은 청년과 고용주 모두에게 성공적이었다. 다시 말하지만, 학생의 장애에 대한 정보를 공유하는 것은 학생의 허락하에서만 해야 한다. 고용주에게 제공할 수 있는 장애 인식 정보에 대한 몇 가지 유용한 자원을 참고하기 바란다(예: ADA & IT Information Center, 2004 참조).

이직과 실업

직장을 한 번이라도 다녀본 모든 사람이 경험하듯, 지적장애학생도 때때로 이직해야 할지도 모르는 문제에 직면하고, 그 문제를 어떻게 다루어야 할지를 고민하게 될 것이다. 그들은 주어진 일에 지루해할지도 모르고, 동료와의 관계에서 어려움이 발생할지도 모르며, 감독에서 변화를 경험하게 될지도 모르고, 심지어 해고될지도 모른다. 혹은 단지 더 나은 일을 찾고 싶어 할지도 모른다. 어떤 경우든, 전환 코디네이터는 학생이 효과적으로 이러한 상황을 탐색하도록 도울 필요가 있을 것이다. 학생이 새로운 일을 찾는 데 어떠한 도움을 필요로 할 것인가? 고용 경험이 다음 직업 탐색에 어떠한 영향을 미칠 것인가? 전환 코디네이터와 그들의 파트너는 다음 배치에서 성공을 위해 무엇을 할 수 있을 것인가?

직장을 찾고 일하는 경험에 대하여 위에서 논의한 모든 전략을 여기에 적용해 보자. 다른 말로 하면, 청년의 흥미에 대하여 알고 있는 것, 특히 보유한 기술과 장점, 그리고 조정과 지원에 대한 요구에서 시작하라. 직장을 옮길 때마다 이전 직장의 경험은 새로운 직업 탐색에 유용한 새롭고 중요한 정보를 제공한다. 왜냐하면 그것이 가장 최근의 직무 경험이기 때문에, 학생과 전환 코디네이터는 어떤 종류의 직무 환경을 피해야 하는지, 어떤 종류의 환경이 이상적인지, 어떻게 조정이 판별되어야 하고 실행되어야 하는지, 학생이 잘할 수 있는 종류의 과제는 무엇인지에 대해 더 잘 알게 된다. 그것이 다음 직장을 찾는 데 실제적인 장점이 된다.

사실, 논리적인 시작점은 새로운 긍정적인 개인 프로파일과 새로운 직업 탐색 계획이다. 고용주를 찾고 협상하는 다른 전략(정보를 얻기 위한 인터뷰를 기억하라!), 연결시키기, 장애가 있다는 것을 공개할 것인지 결정하기, 추수지원 등은 초기의 직업 탐색에서처럼 새로운 직장을 탐색하는 데도 적용할 수 있는 것이다. 모든 직장 경험에서 새로운 직무기술이든, 향상된 직무 행동이든, 혹은 직장에 대한 고조된 인식이든 새로운 것을 배운다는 것을 인식하는 것이 중요하다. 심지어 성공적이지 않은 직무 경험도 모든 측면에서 유용하다. 전환 코디네이터는 학생이 일터나 직장을 옮기길 원할 때 학생을 돕고 안내할 준비가 되어 있어야 한다는 것을 기억하는 것이 중요하다.

질 높은 직무기반 학습

이 장에서 지금까지 논의한 전략들은 무급 직무 경험이든 고용된 직무 경험이든 청년이 이를 판별하고 확실하게 하도록 돕는 데 적용될 수 있다. 가장 이상적인 환경에서는 이러한 직무 경험과 직장이 교과목 이수와 가깝게 연계되거나 중등이후교육 경험과 연계된다. 청년이 이러한 직무 경험으로부터 최대한의 이익을 얻도록 하기 위해 몇 가지 요소가 고려되어야 한다. 직장과 학교기반 학습 간의 연계는 직장에서 학생 활동을 명백하게 기대하고, 전환 코디네이터와 직장 감독자의 역할을 명백하게 정의하고, 학생의 수행에 구조화된 피드백을 제공하는 것이다.

과거 20년이 넘는 동안 상당히 많은 연구는 질 높은 직무기반 경험을 개발하고 육성할 때 고려해야 하는 것이 무엇인지에 대해 제안한다(Benz & Lindstrom, 1997; Haimson & Bellotti, 2001; Hamilton & Hamilton, 1997; Hoerner & Wehrley, 1995; Wehman, 2006). 이러한 요소 중 중요한 것은 직장에서 기대되는 지원과 성취를 확실히 하기 위한 과제를 잘 정의하고 모든 사람이 각자의 역할을 명확하게 설명하는 것이다. 그러나 중등이후교육 환경에서의 지적장애 청년과 관련된 핵심 쟁점은 직무기반 경험이 교수적 교육과정과 관련이 있는지다. 중등이후교육에 있는 많은 지적장애학생은 21세까지 의무적인 공교육에 등록되어 있을 것이다. 이 학생들을 위해 직무기반 학습 경험을 통합한 IEP 목표를 포함할 것을 조언할 수 있다. 그러나 그것은 단지 고려사항의 일부분이다. 학생이 유급 직장을 포함한 직무기반 학습에 참여할 때, 학생이 공적으로 지원되는 중등교육기관에 등록되어 있든 아니든 학생이 직장에서 학습하는 것과 학생이 교실에서 배우는 것과 다른 중등이후교육 통로를 통해 배우는 것이 연관될 기회를 갖는 것이 바람직하다.

예를 들면 자마커스는 학교지역구의 특수교육 서비스와 지역 커뮤니티 칼리지의 중등이후교육 경험에 동시에 등록되어 있는 20세의 학생이다. 그의 IEP는 그가 흥미 있어 하는 제빵 분야에서 고용 경험을 갖도록 하는 목표를 포함하였다. 그의 전환 코디네이터는 그가 이웃동네의 제과점에서 시간제 직장을 찾을 수 있도록 도왔다. 매일 직장 일이 끝나고 돌아오면, 그의 전환 코디네이터는 그와 직장에서 배운 것을 검토하는 시간을 가졌다. 그는 주어진 일을 잘 수행하긴 했지만 그에게 주어진 대부분의 청소 일을 좋아하지 않았다. 그는 케이크를 장식하길 정말 원했지만 그의 감독관은 그가 자격증반을 마칠 때까지 그가 케이크를 장식하는 것을 허락하지 않았다. 그의 고등학교 전환 코디네이터는 그가 커뮤니티 칼리지의 성인 교육 부서에서 케이크 장식반에 등록하도록 도왔다. 그가 그 수업을 다 마치고 배운 것을 그의 고용주에게 시범보였을 때, 그는 케이크 장식가로서의 직업을 얻었다. 이 경우, 중등이후교육에서의 그의 경험은 그의 직무 경험과 직접적으로 관련될 뿐만 아니라 자마커스의 직무 경험은 그가 커뮤니티 칼리지에서 수강할 과목에까지 영향을 끼쳤다. 제빵사와 케이크 장식가로서의 그의 진로는 그가 교육을 끝내는 시점에 맞추어 잘 진행되었다.

중등 특수교육 서비스에 동시에 등록하지 않은 학생들에게조차도 다른 중등이후교육 수업과 직장에서의 관련 학습을 연계하는 것은 여전히 중요하다. 예를 들면 만약 학생이 구체적인 직업훈련 프로그램에 참여하고 있다면, 이상적인 직무 경험은 그 프로그램과 관련될 뿐만 아니라 직장에서 학생이 경험하는 것과 교실 수업과 연계시킬 기회를 제공하는 것이다. 또는 만약 학생이 의료 서비스와 같은 구체적인 분야에서 진로를 목표로 한다면, 학생과 전환 코디네이터는 어떻게 하면 직무 경험이 그 분야의 직업을 수행하는 데 필요한 기술과 지식을 얻을 수 있을지를 논의할

〈표 9.2〉 질 높은 직무기반 학습 특징

- 분명한 프로그램 목표
- 직장 관리자, 멘토, 전환 코디네이터, 지원 부서 담당자, 다른 동업자에 대한 분명한 역할 및 책임
- 개별 학생에 맞춘 학습 목표와 학생 학습과 연관된 구체적인 결과를 (구체적으로) 명시하는 훈련 계획
- 학생, 학교, 고용주 간의 가까운 관계(유대)
- 실습으로 배우는 학습
- 직무기반 학습 기회들의 범위, 특히 전통적인 청소년의 고용 산업 밖에 있는 기회(예: 식당, 소매)
- 직장에서의 멘토
- 목표를 향한 진보를 측정하기 위한 분명한 기대와 피드백
- 직장에서 기술, 흥미, 지원 요구를 확인하기 위한 평가
- 일 이외의 직장에 기반을 둔 학습의 강화
- 학생, 고용주, 모든 동업자를 위한 적절한 학술적, 사회적, 관리상의 지원

출처: Luecking, R., & Gramlich, M. (2003). *Quality work-based learning and postschool employment success.* Minneapolis: University of Minnesota, Institute on Community Integration, National Center on Secondary Education and Transition.

명백한 기회를 가져야 한다. 교육과정의 초점이 무엇이든, 직장 학습의 많은 측면, 특히 지시 따르기 및 동료와 어울리는 것과 같은 대인관계기술의 습득은 비노동 환경에서 강화될 수 있다. 더구나 학생이 직장에서 배운 것을 검토하고, 논의하고, 심지어 연습할 기회를 다른 교수에 통합시키는 것은 중요하다. 반대로, 교실에서 배운 수업내용이 직장에서 강화되는 방법을 판별하는 것 또한 중요하다. 그 후 직무기반과 다른 중등이후교육 교수를 짝짓는 것은 중등이후교육을 졸업한 후 오랫동안 직장을 잘 다닐 수 있도록 필요한 기술을 배우는 것이다. 표 9.2는 직무 행동과 기술의 습득을 촉진할 잘 고안된 직무기반 경험의 특징을 요약하여 보여준다.

중등학교이후 지원과 서비스 연계하기

대부분의 학생들에게, 중등이후교육의 끝이 필수적으로 필요한 지원의 끝을 의미하거나 지역사회에서 다른 활동에 참여하는 데 지원의 끝을 의미하는 것은 아닐 것이다. 직장에서, 성취와 좋은 직무 행동을 유지하고 새로운 직업 과제를 배우기 위해 주기적인 코치가 필요할지도 모른다. 만약 그들이 직장을 잃었거나 직장을 바꾸고

자 한다면 새로운 고용을 위해 도움이 필요할지도 모른다. 그들은 일하러 다니기 위해 교통수단을 이용하는 데 도움이 필요할지도 모른다. 그들은 현재의 지역사회 통합과 참여의 수준을 유지하기 위해 도움을 필요로 할지 모른다. 그들의 주거 요구, 가족의 위기, 혹은 개인적 재정을 관리하는 것과 같은 그들의 출근과 성취에 주기적으로 영향을 주는 일과 관련 없는 도전에 직면할지도 모른다. 생활보조금 및 의료 지원과 같은 공적 이익을 관리하는 데 지속적인 도움이 필요할지도 모른다.

이러한 이유 때문에 학생을 돕기 위해 전환 코디네이터가 한 가지 혹은 그 이상의 영역에서 지원과 도움을 제공하는 서비스와 프로그램에 그들을 연계하는 것은 중요하다. 아래의 목록은 청년, 가족, 전환 코디네이터가 인식하고 있어야 하는 다양한 서비스와 프로그램으로, 학생은 중등이후교육을 공식적으로 종료하기 오래 전부터 그것들에 접근할 수 있어야 한다. 목록이 결코 모든 것을 포함하는 것은 아니지만, 여기서 제공되는 정보는 교육에서 성인 고용으로 전환하는 지적장애학생들이 대부분 전형적으로 접근하는 서비스들이다.

고용 지원

중등이후 고용 지원을 위한 2가지 중요한 자원에는 주 직업재활(VR)국과 지방 지역사회 재활 제공자가 있다. 또한 지역사회 재활 제공자는 성인 고용 서비스국으로도 불린다. 직업재활은 고용을 찾고 유지하기 위해 필요한 직무보조, 보조 도구 및 기타 조정과 같은 서비스를 촉진하고 비용을 지불할 수 있다. 직업재활은 직장을 찾도록 도움을 제공할 수 있고, 직업재활과 주 발달장애국에 의해 비용이 지불되는 장기간 직무지도하는 지역사회 재활 제공자에 학생을 자주 의뢰할 것이다. 직업재활과 지역사회 재활 제공자를 통해 가능한 중등이후 지원 서비스에 의뢰하는 것은 학교를 졸업하기 전에 서비스가 제공될 시간을 충분히 확보할 수 있도록 가능한 빨리 이루어져야 한다. 더 나은 것은, 조기 의뢰는 종종 학생이 직장을 잡고 유지하도록 돕는, 특히 이러한 직장이 그들이 학교를 졸업한 후 성인으로서의 생활을 목표로 한다면, 이러한 기관들의 공동 노력의 성과이다. 이러한 형태의 협력은 이상적인 매끄러운 전환을 이끈다. 즉 학생은 직업이 있는 상태에서, 그리고 직업에서 성공할 수 있는 지원을 받을 수 있는 상태에서 고등학교를 다니게 된다. 공립학교와 중등이후교육에 이중등록되어 있는 청년들이 많이 있는 고등학교는 학교를 졸업한 후의 첫날이 학교에서의 마지막 날과 다르지 않도록 모델을 실행하고 있다 (Rogan, Luecking, & Grossi, 2007).

모델의 한 예는 지역 2년제, 4년제 대학과 볼티모어 시 공립학교 시스템에 의해 설립된 볼티모어 전환 커넥션(Baltimore Transition Connection)이다 (Grigal, Dwyre & Davis, 2006). 이곳에 등록된 학생들은 1~3개의 대학 캠퍼스와 지역사회의 다양한 일터를 포함한 연령에 적합한 환경에서 교수를 받는다. 학교 지역구로부터 서비스가 가능한 마지막 해가 되기 전에, 학생들은 직업재활과 주 발달장애기관에 의뢰되어 중등이후 지원고용 서비스에서 지원을 받을 자격이 있도록 돕는다. 학교지역구와 지역사회 재활 제공자 사이의 협력적 동의를 통해 지역사회 재활 제공자는 학생이 학교에서의 마지막 해 동안 교실수업을 보충할 수 있는 직업 기회를 찾도록 돕는다. 지역사회 재활 제공자는 또한 중등이후교육에서 일하는 성인의 삶으로 매끄럽고 성공적인 전환을 확실히 하기 위해 학교를 떠난 이후에 필요하다면 즉시 지속적인 직무지도를 제공할 수 있다.

혜택에 대한 상담

많은 지적장애 청년은 생활보조금을 이미 받고 있거나 받을 자격이 있다. 이것은 재정적으로 도움이 필요한 장애인을 위해 정부 차원에서 제공하는 혜택이다. 18세 이후에 더 많은 장애인이 이러한 혜택을 받는 데 적합하게 된다. 왜냐하면 그들의 가족 소득과 자산이 재정적 요구를 결정하는 데 더 이상 포함되지 않기 때문이다. 보조적 보장소득이 있는 청년과 그들의 가족은 일을 통해 얻는 소득이 생활보조금과 저소득층 의료보장제도라고 불리는 관련 의료보험에 미칠 잠재적 영향에 대해 걱정한다. 이는 사회보장국에 의해 제공되는 근로장려금 때문인데, 그들이 일하지 않을 때보다 일함으로써 더 많은 돈을 벌게 될 경우가 빈번하기 때문이다.

그러나 일해서 번 돈으로 인해 학생과 그들의 가족이 수령하는 장애인 생활보조금과 의료 혜택에 미칠 영향에 대한 걱정은 일반적인 것이다. 이러한 이유 때문에, 그리고 직장에 의해 어떻게, 어떤 상황하에서 생활보조금 혜택에 영향을 미치는지 결정하는 복잡한 절차 때문에, 학생과 가족은 조언과 도움을 받기 위해 근로장려금 프로그램 보조원(WIPA)이라 불리는 지역 전문가를 찾아가 도움을 받을 필요가 있다. 이러한 개인들은 다른 지역사회의 다른 기관과 연계되어 있지만, 지역의 사회보장국 사무실은 그들의 지역에 할당되어 있는 근로장려금 프로그램 보조원에게 전환 코디네이터가 연락할 수 있도록 도울 수 있다. 전환 코디네이터는 학생과 그들의 가족이 연결될 수 있도록 그들의 지역사회의 이러한 자원에 친숙해질 필요가 있다. 보조적 보장소득에 대해 소개하는 자원과 관련 근로장려금은 지역 사회보장국 사무실을 포함한 몇몇 자원에서 얻을 수 있다.

원스톱 진로센터

장애 청년을 포함하는 모든 지역사회는 주로 원스톱 진로센터라고 불리는 지정된 장소가 있다. 여기는 한곳에서 직업과 직업정보를 찾아보는 등의 다양한 서비스가 가능한 곳이다. 또한 여기서는 이력서 쓰기나 인터뷰 기술을 위한 교실뿐만 아니라 자격이 있는 고객을 위한 직업훈련과 청년 고용 프로그램 같은 취업 증진 서비스를 제공하곤 한다. 주 직업재활기관이 종종 그곳에 위치하기 때문에, 전환 코디네이터가 원스톱 서비스에 익숙해지는 것이 유용하다. 전환 코디네이터는 직무기반 기회와 직장을 위해 연락할 고용주를 찾을 기회를 확장하고 진로 개발 정보를 위한 추가적 자원과 같은 학생의 전환 계획에 공헌할 수 있는 서비스를 찾을 수 있다. 다른 고용 서비스기관 또한 원스톱 진로센터에 위치할 수 있다. 원스톱 진로센터의 청년 프로그램과 다른 서비스를 통해, 장애 청년은 그들의 학업적인 교육과정에 중요한 한 부분으로 혹은 핵심이 될 수 있는 직무 경험에 그들을 노출시킬 수 있는 활동에 참여할 수 있다(Luecking & Crane, 2002). 원스톱 진로센터의 핵심 서비스는 자신이 진로의 어떤 시기든 18세 이상의 개인이라면 제공 가능하다. 이러한 기회는 그들이 학교를 떠난 이후에 적격성의 결정이나 지정된 프로그램 의뢰를 기다릴 필요없이 진로나 직업을 찾을 수 있도록 해준다.

보조적인 사회 · 지역사회 서비스의 연결고리

중등이후교육과 그 이후를 통해, 지적장애 청년은 고용의 성공에 영향을 미치는 삶의 환경을 다루기 위해 필수적인 자원에 접근하고 사용하기 위한 지원이 요구된다.

어느 누구의 삶에서나 이러한 상황이 발생할 수 있겠지만, 젊은 지적장애인은 그것들을 적절하게 다루기 위해 지원을 필요로 한다. 이러한 상황에는 주택을 유지하는 데 필요한 지원 혹은 재정적인 도전을 다루고, 건강과 관련된 쟁점을 다루고, 관계, 가족, 결혼생활에서 오는 문제 등을 관리하는 데 지원이 포함될 수 있다.

덧붙여, 직장 밖 지역사회 활동의 참여와 통합적인 사회적 활동에의 접근은 젊은 청년의 근로생활을 원숙하게 하는 데 중요할 것이다(Walker & Rogan, 2007).

이러한 이유 때문에, 전환 코디네이터는 학생이 학교와 직장 밖에서 이러한 쟁점을 다룰 수 있도록 도울 수 있는 지원 서비스를 연계해야 한다는 것을 인식하고 연계할 수 있도록 도울 필요가 있다. 많은 경우, 이러한 서비스는 학생과 그들의 가족이 중등이후교육에서 성인 삶으로 전환을 계획하도록 돕는 데 중요한 파트너가 될 것이고, 학생의 성인기 동안 전환 시점과 그 후에도 간헐적으로 이러한 지원이 필요할지 모른다. 이러한 서비스에는 발달장애인이 주거, 사회복지기관, 상담 및 정신건강 서비스, 그리고 지역사회 여가와 레크리에이션 프로그램을 유지하도록 지원하는 데 그치지 않는다. 각 학생의 고용과 진로가 독특하듯이, 다른 삶의 환경 또한 독특할 것이다. 따라서 이러한 서비스의 어떠한 형태를 연계하는 데는 개인적인 결정을 필요로 할 것이다.

중등이후교육 전환 파트너의 역할

다음 단계를 계획할 때 학생, 가족, 전환 코디네이터와 협력적으로 일할 많은 잠재적 파트너가 있다. 아래는 이러한 잠재적 파트너와 학생이 중등이후교육에서 빠져나간 이후에 성공적인 고용과 진로로 특징지어지는 성인으로서의 삶을 살아가도록 확실히 하는 데 있어 그들의 역할을 보여준다.

학생

- 자기옹호와 자기결정기술 개발하기
- IEP를 총괄하기 (만약 동시등록되어 있다면)
- 고용 선택을 총괄하기
- 책임감 있는 직무 행동 배우기

- 고용주에게 만족스러운 직무를 수행하기

가족

- 자기옹호와 자기결정 측면에서 학생 지원하기
- 직무 경험과 직장에서 학생을 격려하고 지원하기
- 학생이 보조적 지원 서비스를 찾도록 돕기

공립학교 지역구 (전환 코디네이터)

- 교육과정에 직무기반 경험과 직업을 포함하기
- 이러한 경험을 IEP 목표와 연계하기
- 중등이후 지원 서비스를 위해 조기 의뢰하기
- 필요하다면 파트너를 소집하기
- 학생에게 필요한 보조 서비스를 연결하기
- 이전 학생을 지속적인 성인 교육의 제공과 평생교육 기회에 연계하도록 돕기

직업재활

- 의뢰된 학생이 학교를 졸업하기 전에 잘할 수 있도록 사례를 제공하기
- 진로연계 코스, 보조 도구, 직업 개발 및 직무지도와 같은 고용 목표에 공헌할 수 있는 서비스를 촉진하고 기금 제공하기

지역사회 재활 프로그램

- 중등이후교육이 끝나기 전에 조기 의뢰를 받아들이기
- 전환 코디네이터와 함께 협력적으로 직무 경험과 직업을 개발하기
- 필요한 만큼 학교를 졸업하고 직업과 지역사회생활에서 학생을 지원하기

보조적 사회사업 프로그램

- 초대되었을 때 적절하게 계획 모임에 참여하기
- 서비스 전달에서 다른 파트너와 협력하기
- 자격이 있는 학생에게 필요한 만큼 서비스 전달하기

고용주

- 일할 기회를 제공할 때 중등이후교육 프로그램과 협력하기
- 학생의 성취 기대를 설정하기

● 필요하다면 조정 제공하기

이것은 단지 가능한 파트너일 뿐이긴 하지만 그래도 가장 자주 포함되는 파트너들이다. 확실히, 학생은 포함되는 파트너와 계획에서 그들의 역할을 결정하고, 직무 경험과 직장을 개발하고 마무리하는 과정에서 통제권을 갖고 있어야 한다. 이 과정에서, 전환 코디네이터는 학생이 자신의 선택사항을 판별하는 것을 돕고, 파트너들의 역할과 그들 사이에서 상호작용을 관리하도록 그들을 지원하는 중요한 위치에 있다.

요약

지적장애학생에게 최대한의 혜택을 제공하기 위해서는 중등이후교육 경험이 중요함을 기억하는 것이 중요하다. 즉 무엇이 이러한 경험의 이상적인 정점일까? 대부분의 사람에게 직업은 장기간의 진로의 시작이다. 또한 많은 사람들에게 직장과 온전한 지역사회의 참여에 성공하기 위해 필요한 지원을 의미한다. 이 장은 학생의 수업과정과 이상적으로 연계하는 부속 활동으로서 직무 경험과 직장을 포함하는 이유를 설명한다. 이것은 또한 지속적인 고용과 진로에서 성공을 확실히 하기 위한 곳에서 필요한 것을 다룬다.

이러한 것을 안내하는 철학은 장애와 상관없이 모든 사람이 직업을 가질 수 있고, 지원을 위한 그들의 요구 혹은 지역사회에서 경제적인 활력을 찾을 수 있다는 것이다. 중등이후교육에서 청년이 배우는 것은 이것이 실현될 수 있도록 공헌할 것이다. 학교와 직장 경험이 효과적으로 짝지어질 때, 중등이후교육의 정점은 성인 고용과 진로가 될 것으로 기대된다.

참고문헌

ADA & IT Information Center. (2004). *Workforce discovery: Diversity and disability in the workplace*. Rockville, MD: TransCen, Inc.

Benz, M., & Lindstrom, L. (1997). *Building school-to-work programs: Strategies for youth with special needs.* Austin, TX: PRO-ED.

Boeltzig, H., Gilmore, D., & Butterworth, J. (2006, July). *The national survey of community rehabilitation providers, FY 2004–2005: Employment outcomes of people with developmental disabilities in integrated employment.* Boston: Institute for Community Inclusion, University of Massachusetts.

Braddock, D., Rizzolo, M., & Hemp, R. (2004). Most employment services growth in developmental disabilities during 1988–2002 was in segregated settings. *Mental Retardation, 42,* 317–320.

Brown, L., Shiraga, B., & Kessler, K. (2006). The quest for ordinary lives: The integrated post-school vocational functioning of 50 workers with significant disabilities. *Journal of Research and Practice for Persons with Severe Disabilities, 31,* 93–126.

Colley, D.A., & Jamison, D. (1998). Postschool results for youth with disabilities: Key indicators and policy implications. *Career Development for Exceptional Individuals, 21*(2).

Connelly, R. (2003). Supported employment in Maryland: Successes and issues. *Mental Retardation, 41,* 237–249.

Fair Labor Standards Act of 1938, PL 75-718, 29 U.S.C. 203(g).

Griffin, C., Hammis, D., & Geary, T. (2007). *The job developer's handbook: Practical tactics for customized employment.* Baltimore: Paul H. Brookes Publishing Co.

Grigal, M., Dwyre, A., & Davis, H. (2006). *Transition service for students aged 19–21 with intellectual disabilities in college and community settings: Models and implications for success.* Minneapolis: National Center on Secondary Education and Transition, University of Minnesota.

Haimson, J., & Bellotti, J. (2001). *Schooling in the workplace: Increasing the scale and quality of work-based learning.* Final report. Princeton, NJ: Mathematica Policy Research, Inc.

Hamilton, M., & Hamilton, S. (1997). *Learning well at work: Choices for quality.* New York: Cornell University Press.

Hart, D., Zafft, C., & Zimbrich, K. (2001). Creating access to college for all students. *The Journal for Vocational Special Needs Education, 23*(2), 19–31.

Hoerner, J., & Wehrley, J. (1995). *Work-based learning: The key to school-to-work transition.* New York: Glencoe/McGraw-Hill.

Individuals with Disabilities Education Act (IDEA) of 1990, PL 101-476, 20 U.S.C. §§ 1400 et seq.

Luecking, R. (2004). *In their own words: Employer perspectives on youth with disabilities in the workplace.* Minneapolis: University of Minnesota, Institute on Community Integration, National Center on Secondary Education and Transition.

Luecking, R. (2005). *Strategies for youth workforce programs to become employer-friendly intermediaries* (Info Brief 12[1]). Washington, DC: Institute for Educational Leadership, National Collaborative on Workforce and Disability/Youth.

Luecking, R. (2009). *The way to work: How to facilitate work experiences for youth in transition.* Baltimore: Paul H. Brookes Publishing Co.

Luecking, R., & Crane, K. (2002). *Addressing the transition needs of youth with disabilities through the WIA system.* Minneapolis: University of Minnesota, Institute on Community Integration, National Center on Secondary Education and Transition.

Luecking, R., & Fabian, E. (2001). Paid internships and employment success for youth in transition. *Career Development for Exceptional Individuals, 23,* 205–221.

Luecking, R., Fabian, E., & Tilson, G. (2004). *Working relationships: Creating career opportunities for job seekers with disabilities through employer partnerships.* Baltimore: Paul H. Brookes Publishing Co.

Luecking, R., & Gramlich, M. (2003). *Quality work-based learning and postschool employment success.* Minneapolis: University of Minnesota, Institute on Community Integration, National Center on Secondary Education and Transition.

Mank, D., Cioffi, A., & Yovanoff, P. (2003). Supported employment outcomes across a decade: Is there evidence of improvement in the quality of implementation? *Mental Retardation, 41,* 188–197.

Mount, B. (1992). *Person-centered planning: Finding directions for change using personal futures planning.* New York: Graphics Futures.

National Center on Workforce and Disability/Adult. (2005). *Customized employment: A new competitive edge.* Boston: Institute for Community Inclusion, University of Massachusetts.

National Collaborative on Workforce and Disability/Youth. (2005). *The 411 on disclosure.* Washington, DC: Institute on Educational Leadership.

National Longitudinal Transition Study-2. (2003, December). *NLTS2 data brief: Youth employment, a report from the national longitudinal transition study-2.* Retrieved August 2007, from www.ncset.org/publications/default.asp#nlts2

Pearpoint, J., O'Brien, J., & Forest, M. (1993). *PATH: A workbook for planning positive possible futures and planning alternative tomorrows with hope for schools, organizations, businesses, and families* (2nd ed.). Toronto: Inclusion Press.

Rogan, P., Luecking, R., & Grossi, T. (2007). Preparing for meaningful adult lives through school and transition experiences. In P. Walker & P. Rogan (Eds.), *Make the day matter! Promoting typical lifestyles for adults with significant disabilities.* Baltimore: Paul H. Brookes Publishing Co.

Sitlington, P., & Clark, G. (2005). *Transition education and services for students with disbilities* (4th ed.). Boston: Allyn & Bacon.

Tymchuk, A., Lakin, L.C., & Luckasson, R. (2001). *The forgotten generation: The status and challenges of adults with mild cognitive limitations in American society.* Baltimore: Paul H. Brookes Publishing Company.

U.S. General Accounting Office. (2001). *Special minimum wage program: Centers offer employment and support services to workers with disabilities, but labor should improve oversight.* Washington, DC: Author.

Wagner, M., Newman, L., Cameto, R., Garza, N., & Levine, P. (2005). *After high school: A first look at the postschool experiences of youth with disabilities. A report from the National Longitudinal Transition Study-2 (NLTS2).* Menlo Park, CA: SRI International.

Walker, P., & Rogan, P. (2007). *Make the day matter: Promoting typical lifestyles for adults with significant disabilities.* Baltimore: Paul H. Brookes Publishing Co.

Wehman, P. (2001). *Supported employment in business.* St. Augustine, FL: TRN, Inc.

Wehman, P. (2006). *Life beyond the classroom: Transition strategies for young people with disabilities* (4th ed.). Baltimore: Paul H. Brookes Publishing Co.

Wehmeyer, M., Gragoudas, S., & Shogren, K. (2006). Self-determination, student involvement, and leadership development. In P. Wehman (Ed.), *Life beyond the classroom: Transition strategies for young people with disabilities* (4th ed.). Baltimore: Paul H. Brookes Publishing Co.

미래의 전망과 과제

Meg Grigal & Debra Hart

마지막 장은 지적장애학생을 위한 중등이후교육의 수요와 공급 증가로 인해 발생할 앞으로의 쟁점들을 기술하면서 미래에 대해 생각해보고자 한다. 이 장에서는 이 새로운 학생 집단의 영향을 국가 수준과 주 수준에서 조명해보고, 다양성과 관련된 고등교육 발의안이 조정될 필요가 있는지 살펴보고, 전환법률에 미친 영향과 실제적인 모델을 알아보고자 한다. 그리고 이 장은 학생, 후속 연구, 현장에 주는 시사점으로 끝맺게 된다.

국가 수준과 주 수준에서 중등이후교육의 영향

지난 수년간 지적장애학생의 중등이후교육에 대한 지원에 관심을 보여주는 다양한 연방계획이 있었다. 연방정부는 다양한 연구의 연구비를 지원하고 있으며, 시범 모델 프로젝트는 서비스를 설립하고 이 서비스에 관한 기초자료를 수집하는 데 초점을 두고 있다. 이 책의 저자들은 지적장애학생의 중등이후교육에 대한 연구를 위해 특수교육 프로그램과로부터 연구비를 받고 있다. 초기이 많은 시범 모델과 프로젝트는 1990년대 후반에 지원을 받았다. 최근 연방정부와 주의 지원은 이 영역에 대한 인식이 증가했음을 반영한다. 2007년 미국 교육부 장관 Margaret Spellings 는 상하이에서 개최된 장애인 올림픽 국제정책 정상회담에서 다음과 같은 발표를 했다.

지금 우리는 유치원부터 고등학교 교육에 이르기까지 많은 발전을 이루어오고 있다. 다음은 대학교육이다. 특히 국제 지식경제에서 고등교육은 모든 사람에게 더욱더 중요해지고 있다. 이것이 대학교가 지적장애학생을 위한 프로그램을 개발하고 확장할 수 있도록 도와주는 보조공학센터 설립에 교육부가 150만 달러를 지원함을 발표하는 것이 기쁜 이유이다. 효과적인 대학교 교과목, 지원과 서비스, 지역사회 지원 전략에 대한 정보를 수집하고 공유함으로써 이 센터는 더 많은 학생들이 의미 있고 보상적인 대학교육을 누릴 수 있도록 도와주게 될 것이다.

2008년 10월, 교육부 산하 국립장애재활연구기관이 매사추세츠 대학교와 TransCen, Inc.(장애학생의 고용과 고용성과 향상을 위해 일하는 비정부단체)의 지역사회 통합기관을 지적장애학생 중등이후교육센터로 지정하면서 이 약속은 결실을 맺게 되었다. 이 센터는 3년 동안 연구비를 지원받을 것이며, 현 중등이후교육에 대한 자료를 수집하기 위해 조사연구를 실행하고, 지적장애학생이 포함되어 있는 3가지 유형의 자료를 분석하고(전미전환서비스종단연구-2, 재활 서비스 실행 911, 미국 지역사회조사연구), 지적장애학생의 중등이후교육을 지원하기 위한 중재와 보조공학자료를 개발하고 보급하게 될 것이다. 동시에 발달장애국은 발달장애교육대학센터(UCEDDs) 협회를 구성하기 위해 5년간 중재 발의안을 지원한다. 매사추세츠대학의 지역사회 통합기관은 7개의 UCEDD(델라웨어, 미네소타, 하와이, 사우스캐롤라이나, 테네시[밴더빌트], 오하이오, 캘리포니아)와 연계하며 협회를 이끈다. 그 협회는 학생, 가족, 고등교육기관의 직원과 함께 참여 행동 연구로 질적 연구를 수행할 것이다. 발달장애학생의 중등이후교육에 대한 경험을 기술하고, 격차를 판별하고, 그 격차를 줄이기 위한 중재와 보조공학을 제공하고, 웹사이트(www.thinkcollege.net)를 통해 자료를 보급하고, 모든 협회 소속원들의 지원망과 프로젝트의 자문단을 활용하기 위해 다양한 매체를 이용하게 될 것이다.

이 2가지 계획은 국가 수준과 지역사회 수준에서 변화를 이끌어내기 위해 고안되었다. 이 계획의 성과는 2004년 미국장애인교육개선법(PL 108-446), 1998년 노동력투자법(PL 105-220), 1973년 재활법(PL 93-112)과 같은 연방정부 법률이 지적장애학생을 포함하는 2008년 고등교육기회법(HEOA, PL 110-315)의 새로운 수정사항과 일치되도록 개정을 이끌어낼지도 모른다. 고등교육기회법은 지적장애학생의 고등교육으로의 성공적 전환을 촉진하는 시범 모델 프로그램 개발에 대한 내용을 포함한다. 또한 고등교육기회법은 그러한 시범 프로젝트의 개발과 평가를 감독하며 인가기준을 개발할 수 있는 보조공학센터의 설립을 지원한다. 그 법안은 또한 이전에는 금지되었던 중등이후교육에 등록한 학생들을 위한 재정적 보조 지원을 포함한다. 이 책의 출판이 다가오면서 고등교육기회법은 협상된 규칙 제정 과정의 완성을 기다리고 있다(고등교육기회법에 관한 더 자세한 내용은 2장 참조). 마지막으로 이러한 노력들은 후속 연구의 아젠다를 위한 탄탄한 밑거름이 되고 있다.

지적장애학생을 위한 중등이후교육의 쟁점은 비록 조용하기는 하지만 하나의 목소리를 발견했다. 이것이 의미하는 것은 무엇일까? 그러한 발의안이 주는 시사점은 주, 지역사회, 대학, 지역학교 체계에 영향을 미칠 것이다. 각각은 발의안에 의해 개발되고 지원되는 것과 이해관계가 있으며, 이들은 지적장애학생의 중등이후교육에 대한 실제, 정책, 태도에 어느 정도 관심을 가질 것인지 혹은 어느 정도 변화시키고자 하는지를 결정하게 될 것이다. 이는 현 서비스 전달 체계의 점검을 포함할 수도 있고, 단순히 현 통합의 실제(고등학교 수준에서)나 장애지원 서비스(고등교육 수준에서)를 확장하는 것일 수도 있다.

주(state)의 영향

현재 37개 주에서 250개의 중등이후교육 발의안이 지적장애학생에게 이중등록 프로그램 혹은 서비스를 제공하고 있다. 몇몇 주는 교육부를 통해서 프로그램 개발 지원 및 감독을 받고 있다. 어떤 주에서는 학교 혹은 대학이 독립적으로 프로그램을 운영하여 어떤 지원이나 감독도 받지 않고 있다. 프로그램의 수가 증가하면서 주들은 프로그램의 활동과 성과에 대한 감독을 강화할 것 같다. 지적장애학생을 위한 중등이후 프로그램 개발에 직접적으로 관여하는 주는 코네티컷이다. 2002∼2003년에 코네티컷 교육부는 5개 학교지역구에 1만 달러를 지원했다. 학교지역구는 18개월 동안 연령에 적합한 통합 환경에서 장애학생(18∼21세)의 종합 전환 프로그램이 실행될 수 있도록 계획했다. 이 프로그램들은 대학교에 기반을 두고 지적장애, 학습장애, 사회성-정서장애학생을 지원했다.

2004년 코네티컷 교육부는 그 계획을 실행한 각 학교지역구에 4만 달러를 지원했다. 그 기간 동안 개발된 몇몇 프로그램은 지금까지 실행되고 있다; 다른 프로그램들은 지속적으로 운영될 수 있게 계획되지 않아 중단되었다. 현재 코네티컷 교육부는 주립 교육자원센터와 협력하여 1년에 몇 차례 연수와 네트워크 기회를 제공함으로써 지적장애학생을 위한 대학 프로그램을 계속 지원하고 있다. 또한 코네티컷 교육부와 주립 교육자원센터는 보조공학, 훈련, 평가를 제공하기 위해 TransCen, Inc.의 중등이후교육 연구센터(PERC) 프로젝트와 협력하고 있다(1장 참조). 마지막으로 코네티컷 교육부와 주립 교육자원센터는 중등이후교육 환경과 지역사회 환경에 있는 학생들을 지원하기 위해 고용주들과 대학을 초청하여 현 프로그램을 소개하는 조찬회의를 개최한다.

캘리포니아 주는 지적장애 및 발달장애학생의 중등이후교육을 위한 인프라를 구축하기 위해 상당한 일들을 해오고 있다. 발달장애인 중등이후교육을 위한 캘리포니아협회, 중등이후교육 개방은 지적장애 및 발달장애학생을 위한 중등이후교육을 활성화하기 위해 개발된 주 단위 협회의 예이다(보충정보 10.1 참조).

현재 지적장애학생에게 중등이후교육을 제공하지 않는 주들은 관심을 끌기 위한 다양한 전략을 사용하고 있다. 예를 들면 2007년 밴더빌트 대학교(Vanderbilt University)는 지적장애학생을 위한 중등이후교육과 그들을 위한 지원을 어떻게 개시할 것인지를 논의하기 위해 전문위원회와 함께 회의를 주최했다. 전문위원회는 주 발달장애의회, 직업재활국, 정신지체 서비스부의 대표들로 구성되었다. 이 회의의 성과는 다음과 같다:

- 테네시 발달장애의회는 밴더빌트 대학교에 계획과 실행 보조금을 지급했다. 발달장애의회 이사가 보여준 리더십은 그 발의안을 지원하도록 의회를 움직였다.
- 밴더빌트 대학교의 대학원생들은 장애인과 그 가족이 중등이후교육에서 원하는 것에 대한 조사연구를 실시하고 있다.
- 밴더빌트 대학교는 지적장애 및 발달장애학생의 중등이후교육에 대한 발달장애국 중재 발의안의 파트너가 될 것이다.

보충정보 10.1
발달장애인의 중등이후교육을 위한 캘리포니아협회

발달장애인의 중등이후교육을 위한 캘리포니아협회는 발달장애 서비스 체계, 교육, 재활 분야 전문가 40명; 부모; 학생으로 구성된 주 단위 네트워크이다. 구성원은 고등교육(캘리포니아 대학, 주립대학, 커뮤니티 칼리지, 평생교육부)의 대표, 발달 서비스부와 지역 센터, 캘리포니아 교육부, 발달장애의회, 학교지역구 전환 코디네이터와 전문가들, 발달장애인의 수월성을 위한 대학센터, 캘리포니아 재활부를 포함한다. 이 협회에서는 지적장애 및 발달장애학생이 2012년까지 개인적, 사회적, 직업적, 경제적 성취를 위해 중등이후교육을 추구할 기회와 지원을 갖는다는 비전을 세웠다. 협회 구성원들은 발달장애인의 선택, 평등, 경제적 독립, 지역사회 완전 참여와 관련된 핵심 가치를 공유한다. 협회는 동료지원과 학습의 기회를 제공하며 도전, 기회, 프로그램 모델에 대해 심도 있게 토론한다. 소위원회는 전환서비스, 자료수집, 새로운 프로그램 개발, 정책, 향후 학술대회를 위해 구성되었다.

협회활동
2007년 6월, UCLA 타잔센터의 관리하에 이 협회는 대학 개방 프로젝트를 위해 캘리포니아 주 발달장애의회로부터 12개월 동안 보조금을 받았다. 이 보조금은 협회의 업무를 수행할 직원을 고용하기 위해 제공되었다. 프로젝트는 최근 캘리포니아 지역 110개 대학의 장애학생 프로그램과 서비스 사무실에 보조공학을 제공하기 위해 캘리포니아 지역의 대학 총장과 새로운 계약을 체결했다. 프로젝트는 공공정책과 시스템 변화의 촉구, 캘리포니아에서 현재 실시되고 있는 중등이후 프로그램에 대한 정보수집, 전환 프로그램과 대학이 현존하는 프로그램을 수정하고 새롭게 개발된 프로그램을 지원할 수 있도록 보조공학 제공, 캘리포니아에서 현재 실행되는 중등이후교육 프로그램에 대한 정보를 제공하는 웹사이트 및 학생, 학부모, 전문가를 위한 자료 개발을 포함한다. 현재 직원들은 직접 혹은 전화를 통해 대학교에 보조공학을 제공한다. 미래에 우리는 주제별 온라인 회의를 개최할 것이다. 몇몇 지역사회에서 직원들은 교육 분야의 전문가(특수교육 전환 전문가 혹은 코디네이터, 대학의 대표들), 재활부, 지역센터; 학생; 학부모가 함께하는 회의를 개최하여 자원의 공유, 지역사회의 강점 판별, 중등이후교육의 전략적 계획 설립을 장려한다.

영향
1. 협회의 가장 중요한 기능 중 하나는 지적장애인 및 발달장애인이 중등이후교육에 더 많이 참여할 수 있는 기회를 제공하기 위해 지역사회센터, 전문가, 부모가 사용하고 있는 전략들을 논의할 수 있는 기회를 관계자들에게 정기적으로 제공하는 것이다. 협회 구성원들은 프로그램을 변화시킬 수 있는 것에 자신감을 느끼고 부가적인 자원과 지원에 영향을 미치기 위해 협회에 참여한다고 보고하고 있다. 몇몇 지역사회에서 학부모들은 관계를 새롭게 형성하고 대학의 프로그램 개발 노력을 촉진하는 데 중요한 역할을 한다.
2. 협회 구성원들은 발달장애와 고등교육 체계 내에서의 변화를 위한 한목소리를 낸다. 협회 구성원들은 법률포럼, 소비자와 가족 구성원을 위한 중재(예: 정책개발의 파트너), 지역 학회에서 많은 발표를 한다. 지난 한 해 동안 협회의 대표자들은 캘리포니아 랜터맨 발달장애 서비스 법률의 재구성과 관련하여 정책가들에게 지침과 증거를 제공하기도 했다.*

3. 캘리포니아 고등교육 체계(특히 지역 대학들)는 대학에 가고 싶어 하는 발달장애학생들의 늘어나는 숫자와 바람에 지속적으로 영향을 받고 있다. 이미 대학들은 이 학생들에게 적절한 교수, 지원, 서비스를 제공하기 위해 보조공학을 요구하고 있다. 협회는 중등이후교육을 위한 공립기관과 주립기관의 지원 촉진에 중점을 두고 있으며, 주 전체에 퍼져 있는 기회를 판별하고, 전환과 중등이후교육 프로그램 개발을 위한 리더십을 제공하고자 한다.

올리비아 레이너, PhD
윌버트 프랜시스, MBA
타잔센터
UCLA

*Lanterman Developmental Disabilities Services Act, California Welfare and Institutions Code §§ 4500 et seq. (1969).

보충정보 10.2
라인 아이템 7061-9600: 장애학생을 위한 통합적 동시등록 프로그램

이 라인 아이템은 다음과 같다:

일반법 71B장 제1조에서 정의하는 18~22세 장애학생을 위한 동시등록 프로그램의 제공을 위해 서로 협력하고 있는 고등교육기관과 교육청에게 재정적 지원을 목적으로 하는 보조금 지원 예비 프로그램, 보조금 지원 프로그램은 중도장애를 가진 것으로 고려되며; 매사추세츠 종합 평가 시스템 시험을 통과하는 데 필요한 자격요건을 성취할 수 없는 학생에게 한정된다. 장애학생은 과목의 선수조건을 만족시킬 수 없는 학생을 위한 학점 과목과 비학점 과목의 청강, 비장애학생이 등록한 학점 과목과 비학점 과목에 등록한다. 협력 학교지역구는 학생의 등록을 돕기 위해 지원, 서비스, 교수적 조정을 제공한다; 학과는 고등교육학과와 협력하여 보조금 지원 프로그램이 시민참여 및 주립 고등교육기관의 교수(faculty) 감독을 활성화시키고, 대학과 직장에서의 성공 및 대학생활의 참여, 최소제한환경에서 무상의 적합한 공교육 제공을 지원하는 데 사용될 수 있도록 지침을 개발해야 한다.

출처: Commonwealth of Massachusetts-Executive Office of Education FY2009 예산 요약표
http://www.mass.gov/bb/gaa/fy2009/app_09/act_09/h70619600.htm

---

주 법률은 또한 고등교육에서 지적장애학생을 위한 서비스가 개발되는 데 영향을 미쳤다. 매사추세츠와 사우스캐롤라이나는 중등이후교육 발의안의 개발을 지원하기 위해 예산을 할당하는 노력을 보여주었다(보충정보 10.2 참조).

시스템 변화 모델

5장에서 언급한 것처럼 고등교육기관은 지적장애학생의 지원을 원하면서 또한 그들의 성취기준과 엄격성은 유지하고 싶어 하는 어려움에 처해 있다. 모든 학생의 필요를 어떻게 맞출 수 있을 것인가? 이는 고등교육기관이 "다양성"의 폭넓은 정의를 시도하면서 대학교에서 이미 묻고 있는 질문이다.

*Toward a Model of Inclusive Excellence and Change in Postsecondary Institutions*라는 제목의 출판물에서 Williams, Berger와 McClendon(2005)은 이 주제를 언급한다. 미국대학협회의 3개의 보고서 중 하나인 이 보고서는 다양한 양질의 발의안에 다양성을 통합함으로써 대학이 그들 조직의 다양성을 확장하도록 도와줄 수 있는 하나의 모델을 제안한다. 이 모델은 변화를 위한 청사진이 이미 그려지고 있음을 명확하게 보여준다. **통합의 수월성**은 고등교육의 변화를 지원하는 사람들에 의해 생성된 용어이다. 3개의 보고서에서 저자들이 다양성의 정의를 확장하여 장애학생도 포함시켰는지는 의문이다; 그러나 그 정의에 장애학생이 포함되었더라도 그들이 지적장애학생을 포함시키는 것까지 의도하지는 않았을 것이다. 다양성의 의미가 확장되기를 원하는 집단들이 직면한 난제는 고등교육과 성인생활에서 지적장애학생의 통합을 촉진하는 옹호자들이 직면한 것과 같을 것이다. 다양성의 정의에 장애인을 포함시켜 그 정의를 확장하기 위한 움직임은 전문가와 장애옹호단체를 중심으로 확산되고 있다(Knapp, 2007). 예를 들면 노동부 산하 장애인고용정책국(2008)은 **다양성**을 다음과 같이 정의한다.

> 다양성이 인정되고 가치 있게 여겨지는 개방적이고, 지원적이고, 반응적인 조직(기관)의 개발. 다양성은 우리가 모든 영역에서 다르다는 것으로 정의된다. 이 영역은 인종, 성별, 연령, 언어, 신체적 특성, 장애, 종교, 성적 취향, 직업을 수행하는 능력과 무관한 그 외의 차이점이다.

시스템 변화를 진전시키기 위해서는 이 움직임의 기반이 되는 문맥(상황)을 먼저 인식할 필요가 있고 그다음으로 주요 요소들의 재정의가 요구된다. 지적장애학생을 위한 중등이후교육의 추진은 확실히 특수교육으로부터 시작되었으며 부모가 가장 자주 선봉에 섰다. 지적장애학생을 지원하는 많은 부모, 교사, 행정가뿐 아니라 학생 본인들은 지적장애학생을 위한 다음 단계는 중등이후교육의 선택을 포함해야 한다고 결정했다. 이들은 현재 대다수 중등이후교육의 창시자이며 실행가이다. 흔하지는 않지만 과거보다는 더 자주 고등교육기관은 중등이후 환경에서 지적장애학생을 위한 서비스를 시작하고 있다. 종종 고등교육기관은 이 교육적 선택에 관심이 있는 부모 혹은 옹호자로 구성된 기관으로부터 재정적 지원을 받는다(2장의 사우스캐롤라이나 논의 참조). 그러나 이를 지원하는 사람들은 중등이후교육을 특수교육으로 바라보는 것을 중단하고 변화를 추구하는 시스템의 관점을 취하면서 중등이후교육을 정의하기 시작해야 한다. 유치원부터 고등학교 교육 체계와 고등교육이 이 변화에 의미 있게 협력하려면 과정 자체가 더 확장된 성인 서비스 체계와 연결되어야 하는 동시에 두 체계에서 가치 있게 여기는 성과를 제공할 필요가 있다.

지적장애학생을 위한 중등이후교육 옹호자에 의해 추구되는 성과는 대학에서 다양성을 확장하고 제도화하려는 집단들이 추구하는 성과와 비슷하거나 거의 유사하다. 두 운동은 서로 연결되어야 하고 성과를 추구하기 위해 사용되는 방법은 고등교육의 현 발의안에 맞추어 조정될 필요가 있다.

Clayton-Pederson과 Musil(2005, p. 8)은 다음과 같이 적었다:

> 교육적 혁신은 자주 판별되지만 그와 연결된 구조는 거의 감지되지 않는다. 결과적으로 이러한 혁신의 영향은 널리 퍼져 있기보다 고립되어 있다. 봄철 수선화처럼 갑자기 생겨난 너무나 많은 개별적인 다양성 발의안으로 인해 사람들은 일관성, 결합, 협력을 갈망한다. 그들은 또한 다양성과 수월성을 추구하는 통합 학교로의 충격적인 전환을 겪으면서 "올바르게 이해"하는 법을 깨닫기를 원한다.

지적장애학생을 위한 중등이후교육의 기회를 이미 변화를 위한 기반과 가속을 갖춘 운동과 연결되도록 확장하는 것은 "올바른 이해"를 추구하는 사람들의 의무이다. 그러나 변화를 추구하는 사람들과의 협력은 생각만큼 쉬운 것이 아니다. 첫째, 제안된 것을 분명히 표현하고 그것이 실행 가능함을 확립할 필요가 있다. 제안서는 장래 파트너들의 사명에 맞추어 조정될 것임을 보여주어야 하며 더 중요하게는 그 사명을 성공시켜야 한다.

　　미국대학협회의 통합 수월성 발의안(The Making Excellence Inclusive initiative)은 "기관이 학생의 바람직한 학습성과 성취의 주요 요소로 다양성을 설정하고, 그들의 의사결정 중심에 다양성과 통합을 위한 노력을 쏟도록" 돕고자 의도하였다. 그러나 지적장애학생을 포함시키기 위해 다양한 집단의 정의(현재 저소득층 1세대 학생과 다양한 인종으로 정의됨)를 확장한 것이 기관의 사명에 어떻게 영향을 미쳤는가? 그것이 논쟁을 강화시켰는가 아니면 약화시켰는가? Williams와 그의 동료들(2005)의 보고서는 고등교육 체계에서조차 개방정책을 통해 접근과 다양성을 추구하는 대학들은 그러한 정책의 실행을 선택하지 않은 대학들에 의해 "보다 뒤떨어지는" 것으로 여겨짐을 지적하였다. 대학의 본모습에 대한 전통적 기대감에 근거한 편견은 부가적인 파트너십을 지지하는 환경을 만드는 것을 더 어렵게 한다. 만약 고등교육을 대표하는 미국대학협회같은 조직의 "내부"에서 고등교육이 더 통합되어야 할 필요가 있다고 제안한다면, 이 제안은 관대한 자기평가로서 여겨지며, 그 조직의 소속원들은 변화의 필요성을 고려하도록 격려될지도 모른다. 그러나 특수교육 혹은 장애인단체와 같은 "외부인"이 똑같은 제안을 한다면 고등교육단체는 그것을 거슬리게 여기며 고등교육의 본질을 변화시키려는 시도로 받아들일 수 있다. 우리는 지적장애학생이 고등교육에 더 많이 접근할 수 있는 잠재력과 현존하는 고등교육 내의 다양성을 연결하는 다리를 만들고자 시도할 때 이 "외부인" 역학을 인식해야만 한다.

　　지적장애학생의 중등이후교육을 추구하는 사람들이 고등교육기관의 변화를 바라기는 하지만 고등교육의 현 규준이 중등학교의 개별화교육프로그램과 유사한 시스템으로 대체되어야 함을 제안하는 것은 아니다. 그러나 고등교육단체의 사람들은 초기에 그러한 관점을 취할지 모른다. Williams와 그의 동료들(2005, p. 19)은 다음과 같이 이야기한다.

　　　통합과 수월성 간의 갈등은 가치가 부가된 조직과정(organizational process)에 대한 고려 없이 학생 투입과 관련하여 수월성을 정의하는 조직이 치라는 지배적인 산업모델에만 근거하여 아무런 증거 없이 확고해지고 있다. 수월성에 대한 이러한 협소한 개념은 학생의 교육 기회 확장과 교육 환경의 변화를 제한한다.

현상유지와 다양성 확대 간의 이러한 내적갈등은 발의안과의 파트너십과 직접적
요구 사항에 대한 고등교육기관의 반응능력 모두에 영향을 미친다.

학교 체계, 학부모, 기관, 대학의 학부가 지적장애학생의 중등이후교육 접근과
지원을 증가시켜 달라고 요구할 때 이러한 요구는 대학과 고등교육기관의 조직강
령에 포함된 다양성과 연결하여 현 발의안 내에서 만들어져야 한다. 이 전략은 현
존하는 권력구조가 가치 있게 여기는 문화적 맥락 내에서 발의안을 촉진시키며, 수
용성을 촉진시키고, 궁극적으로는 발의안 성장의 촉진을 조장한다.

의사결정 위치에 있는 대표자들

어떤 경우에는 의무의 힘만이 고등교육기관 내의 다양성의 변화를 이끄는 것은 아
니다. 내부의 힘 또한 그러한 역할을 한다. 관계자, 강사, 고문, 교수, 그리고 다양
성 프로파일(인종, 성별, 성적 기호)의 요소들을 전형화할 수 있는 관리자의 위치에
있는 사람들이 그러한 발의안의 성과를 옹호할 뿐 아니라 그 성과를 입증하는 것
같다. 그러나 이것은 또한 지적장애학생을 위한 중등이후교육의 발의안에 의문을
제공한다. 인종의 다양성을 추구하는 사람들은 아프리카계 미국인 교수 혹은 학장
이 다양성의 중요성에 대한 대학교의 토론에 참여하고 개방적이길 바랄 수 있다.
그러나 대학에 있는 1명의 옹호자와 협력을 추구할 수 있기 전에 반드시 옹호자가
실제로 있어야만 한다. 지적장애학생 공동체를 위한 1차적 수준의 대표자가 있기
는 어려울 것 같다. 대신에 지적장애학생의 고등교육 참여와 지원을 추구하는 사람
들이 지적장애와 2차적으로 연결된 사람들을 찾을 필요가 있을 것이다: 부모, 자
매, 삼촌, 사촌, 이웃, 지적장애인의 친구. 이러한 연합을 판별하기는 약간 더 어렵
다. 그리고 그들이 판별되었을 때조차도 중등이후교육 지원의 혜택을 그들이 알 것
이라고 기정사실화해서는 안 된다. 그러나 그들이 서로 연결되고, 고등교육에서 의
사결정을 할 수 있는 위치에 있는 사람이 지적장애학생은 포함되어야 하고 포함될
것이라고 결정했을 때 변화는 더 잘 이루어지고 유지될 것이다. 이 관점은 매사추세
츠베이 커뮤니티 칼리지 학생처장 Elizabeth Blumberg 박사에 의해 표현되었다:

진정한 교육의 본질은 학습 기회를 제공하지 않는가? 우리는 모든 다른 사연을 가지고 학업의 장으로 온다. 우리 중 일부는 남자, 일부는 여자, 일부는 백인, 일부는 라틴계 여자, 일부는 게이, 레즈비언, 일부는 아주 젊고, 일부는 아주 나이 들고… 이곳이 우리들 사이에서 진정한 학습이 일어나는 장소이다. 우리 중 일부는 역사적 사건의 이름과 날짜를 모두 기억하는 데 성공적이고, 일부는 대학교 작문에서 문장을 쓰는 데 성공적이다.

우리는 자신의 방법과 스타일에 따라 자신의 속도에 맞추어 학습한다. 이것이 진정한 교육이다. 매사추세츠베이 커뮤니티 칼리지에서 지적장애학생을 포함한다는 것은 그들이 배우고, 그들 나이 또래의 학생과 함께 있고, 대학교를 경험할 기회를 갖는 것을 의미한다. 우리 프로그램은 학생개발부서에서 운영된다. 이것은 목적이 있다. 우리는 모두 개인적, 정서적, 학업적으로 발달할 권리를 갖고 있으며 그 기회를 가져야만 한다. 진정한 의미의 다양성은 다양한 인생을 살아온 사람들이 함께 배우고 성장할 기회를 갖는 것을 의미한다. 그리고 마침내 우리 모두는 배우고 성장한다. 이는 공동체 전체를 위한 윈-윈 역학이다.

전환법률

지적장애학생의 중등이후교육 접근에 대한 증가된 관심은 결국 전환과 관련한 교육 법률에 영향을 미칠 것이다. 미국장애인교육법을 지원하는 현행 규정은 고등교육에 계속 참여하기를 원하는 학생을 위한 계획을 교사가 개발하고 실행할 것을 요구한다. 그러나 이러한 계획들이 지적장애학생을 위해 작성되었다 하더라도 그들은 중등이후교육 기관에 참여할 것이라고 기대되지 않는 학생 수만큼이나 극히 드물다(Wagner, Newman, Cameto, Garza, & Levine, 2005). 대학교에 있는 학생을 지원하기 위한 미국장애인교육법 자금의 사용은 미국장애인교육법에 구체적으로 언급되지 않는 반면 그 쟁점은 접수된 지적사항들의 요약, 그에 대한 담당 부서의 답변, 제안된 규정과 다르게 변경된 규정에 대한 설명을 포함하는 전문에 언급되어 있다(US Department of Education, 2008).

미국 장애인교육법 마지막 규정의 전문으로부터

46668쪽

지적사항: 규정은 학교가 미국장애인교육법 Part B에 따라 제공되는 기금을 대학교의 전환 프로그램과 지역사회기반 환경에 참여하는 아동을 지원하기 위해 사용할 수 있다고 명확하게 밝혀야 한다.

논의: 우리는 몇몇 주석가들이 요구한 명확성이 규정에 첨부될 필요가 있다고 믿지 않는다. 왜냐하면 아동이 무상의 적합한 공교육을 받을 수 있도록 아동의 독특한 요구를 만족시켜줄 수 있는 특수교육과 관련서비스를 결정하는 것은 IEP팀의 몫이기 때문이다. 그러므로 만약 IEP팀이 아동의 요구가 대학교의 전환 프로그램 혹은 지역사회 환경의 참여를 통해 가장 잘 충족될 수 있다고 결정하고 아동의 개별화교육프로그램(IEP) 안에 그런 서비스를 포함시켰다면, 미국장애인교육법 Part B에 따라 제공되는 기금은 이러한 목적을 위해 이용될 수 있을 것이다.

이러한 지적사항이 대학기반 전환서비스를 실행하고자 할 때 어느 정도의 설득력을 갖는지 명확하지 않지만, 그러한 서비스를 찾고 있는 지적장애학생의 많은 부모들이 직면하는 어려움은 규정의 이 부분이 잘 알려져 있지 않고 충분히 실행되지 않고 있다는 것이다. 더 많은 서비스가 유용해지고 선택들이 확장됨에 따라 지적장애학생과 그 가족은 중등이후교육의 경험을 더 얻고자 할 것이다. 이 증가된 수요는 연방정부와 주의 IEP 기준, 전환서비스, 지역사회 수준에서의 협력관계에 확실히 큰 변화를 이끌 것이다.

지적장애학생의 다음 세대는 중등이후교육으로부터 무엇을 찾을 것인가? 학생은 자격증을 취득하는 것에 관심을 가질 것인가? 기숙사 경험에 대한 증가되는 요구가 있을 것인가? 2가지 시나리오가 모두 그럴듯하다. 학생에게 기숙사 생활을 제공하지 않는 많은 프로그램은 여름 프로그램과 휴가기간 동안의 기숙사 사용과 함께 그 옵션을 위시리스트에 적는다. 그리고 어떤 프로그램은 기숙사의 영구적 사용을 바란다. 펜실베이니아 주립대학교 라이프링크 PSU 프로그램, 조지메이슨 대학교 메이슨 라이프 프로그램, UCLA 패스웨이 프로그램과 같은 프로그램들은 기숙사, 주택 혹은 캠퍼스 근처에 거주를 포함하는 주거 유형을 개발했다. 대학생활 경험 (http://www.cleinc.net)은 비용기반 지원 체계에 의해 학생에게 특정 대학 근처에서 독립적으로 생활할 기회를 제공한다. 이 서비스는 학생의 요구를 만족시키지만 재정적 보조가 현재 유용하지 않기 때문에 비용을 감당할 수 있는 이들에게만 한정된다. 지적장애학생을 위한 중등이후교육 유형들이 지속되기 시작하면서 완전한 대학 경험의 제공은 더 도전적이 되었다. 많은 프로그램이 소규모일지라도 10~12명의 지적장애학생에게 기숙사 경험을 제공하는 것은 어려울 수 있다. 사실 1명의 학생에게도 어렵다고 입증될 수 있다. 미가의 이야기(보충정보 10.3 참조)는 다가올 일에 대한 스냅샷을 제공한다: 새로운 대학생활로부터 배우고자 하는 절박한 바람과 대학생활의 접근이라는 현재 상태를 합병하는 법. 미가의 이야기는 진보와 성장이 항상 당신이 원하는 것을 얻음을 통해 성취되는 것은 아니라는 것을 보여준다.

보충정보 10.3
막다른 골목이 아닌 우회: 기숙사에 살고자 하는 미가의 꿈

미가(Micah)는 오클랜드 대학교의 저녁 과목을 수강한 후 한 시간 반 동안 버스를 타고 밤 늦게 집에 도착했다. 그는 버스를 오래 타서 지쳤지만 지금 막 깨달은 사실에 열을 올렸다.

"만약 내가 지금 기숙사에 살고 있다면 집에 오기 위해 버스를 두 번이나 탈 필요가 없었을 거야. 수업을 마치고 캠퍼스를 가로질러 기숙사로 걸어가면 돼. 바로 집에 가서 다른 친구들과 어울릴 수 있을 거야." 그를 기다리고 있는 더 많은 이점들을 깨달으면서 그는 빙그레 웃었다. "아침에 늦잠을 잘 수 있고, 카페테리아에서 아침을 먹고 수업에 가면 돼." 그는 잠시 멈추었다가 자신감 있게 결론을 맺었다. "좋은 생각이야. 엄마, 그게 내가 원하는 거예요. 기숙사에 살고 싶어요."

그렇게 대학교의 시스템을 조용하게 변화시키면서 더 많은 문을 여는 새로운 모험이 시작되었다. 인지장애를 가지고 있는 23세의 미가는 완전통합된 학생과 시민으로서 대학교 교과목을 수강하고 대학생활을 경험하는 지적장애 성인의 새로운 물결의 일부가 되었다. 대학생으로서 그의 경험은 옵션 프로그램(Options Program)의 지원과 함께 미시간의 로체스터(Rochester)에 있는 오클랜드 대학교에서 일어났다.

지난 몇 년 동안 대학생으로 지낸 것은 무엇이 가능하고 어떤 선택이 있는지에 대한 미가의 지식을 확장해주었다. 통학생으로서 첫 번째 해에 미가는 집 이외의 다른 곳에서 살아야 할 필요성을 느끼지 못했다. 그는 기숙사가 어떤 곳인지 잘 몰랐고, 자신의 방이 아닌 곳에서 자는 것을 상상할 수 없었다. 누군가 물어보면 그는 단호하게 말했다 "언젠가는 친구들과 살기를 원해. 그러나 지금은 아니야."

선택에 관한 학습

그러나 그는 대학교 친구들과 더 많이 어울릴수록 대학생활에 대해 더 많이 배웠다. 그는 친구들이 기숙사로 걸어서 돌아가는 것을 보았다. 그는 부모님이 어깨너머로 지켜보지 않는 가운데 카페테리아에서 매일 밤 아이스크림을 무제한 먹을 수 있다는 이야기도 들었다. 그는 기숙사에 산다면 자기 나이 또래의 젊은이들에게 둘러싸여 지낼 수 있다는 것을 이해하기 시작했다. 기숙사를 구경하고 친구들을 방문하면서 그는 방의 구조, 침대의 위치, 책상 위의 컴퓨터, 카페테리아와 라운지를 이용하는 법을 보았다.

이러한 발견은 사람들에게 선택권을 주는 것(너는 집에 살래? 아니면 기숙사에 살래?)만으로 충분하지 않다는 것을 일깨워주었다. 미가는 진정한 선택을 할 수 있기 전에 가능성들에 노출되어야만 했다. 그는 자신을 위한 다양한 생활을 상상할 시간과 실제적인 경험이 필요했다. 대학생의 삶을 살면서 새로운 기회들은 시간이 지남에 따라 자연스럽게 드러났다.

그러나 장애 자녀를 가진 가족들이 알고 있는 것처럼 선택이 자동적으로 꿈을 실현시켜주지는 않는다. 당신은 자신감을 가지고 계속 앞으로 나가야 하며 기대하지 못했던 것을 기대해야 한다. 대학교 친구들과 기숙사에서 함께 살고자 하는 미가의 꿈이 대학교 정책에 부합하기 위해 많은 어려운 일이 발생했다. 캠퍼스에서의 행복한 생활이 아직 계획대로 실행되지 않았지만 그의 꿈은 계속 진행 중이다.

미가의 첫 번째 바람은 대학교 기숙사 시설에서 기숙사 입소 신청서가 승인되었다는 이메일을 받으면서 구체화되었다. 그는 2008년 1월 6일로 이사날짜를 받았다. 그는 즉시 서류작업의 다음 단계를 위해 친구에게 도움을 요청했다. 그는 우리에게 예치금 100달러를 "빌렸고" 기숙사 사무실에 서류들과 함께 그 돈을 넘겼다. 그날 밤 늦게 그는 여동생 엠마에게 음성 텍스트 전환기를 사용하여 이메일을 보냈다. 엠마는 기숙사 생활을 이미 한 학기 동안 경험하였다. "내가 다음 차례야, 엠마."라고 그는 썼다. "내가 너에게 포스터를 사준 것처럼 너도 내 기숙사 방에 포스터를 사줘야 해."

우리는 달력에 "미가의 이삿날"을 표시했고 우리는 이 새롭고 엄청난 변화를 위해 우리가 할 수 있는 최선을 다해 준비했다. 그의 자신감과 흥분은 이삿짐을 하나씩 쌀 때마다 커져갔다.

우회

몇 주 후 이른 아침, 미가의 꿈을 가로막는 메시지가 담긴 기대하지 않은 이메일이 왔고 그는 우회로로 보내졌다. 그 이메일은 "간과된 대학교 정책" 때문에 기숙사에 살 수 있는 자격이 없다는 내용이었다.

"내가 대학교에 가서 단식농성을 할 거야." 미가의 아버지는 즉각 반응했다. 우리 모두는 크게 실망했다. 우리는 기숙사로 이사하는 것이 미가에게 얼마나 중요한지 알았다. 그는 그의 꿈을 향해서 3년 이상 일했다. 그것은 그의 일부였고 그는 준비되어 있었다. 그다음 날 개인중심계획 연례 모임이 계획되었다. 그 모임은 새해의 목표와 지원을 선정하도록 돕기 위해 계획되었다. 미가는 그 모임에 대학 친구, 사범대학 부학장, 개인중심계획의 몇몇 전문가, 미가가 자원봉사하는 학생활동센터 책임자를 포함하여 15명의 사람이 참여하도록 계획했다. 그들은 대학교의 작은 교실에서 만나 피자 5판을 먹으면서 회의를 했다. 그는 모든 사람을 환영했고 미리 준비한 노트를 사용했다.

미가는 한 해 동안의 성취를 나누었는데 그것은 성 주드 병원을 위한 기금 마련, 알파 파이 오메가에 참여, 남녀연합동아리 서비스를 포함했다. 그는 자신의 성취와 강점에 대해서 그들이 본 것을 짤막하게 얘기해달라고 부탁했다. 미가의 세계가 점차 확장되어 가면서 그가 어떻게 인식되고, 지역사회에서 맡은 역할이 무엇인지를 듣는 것은 도움이 되었다. 우리는 미가가 학생회 조직에 어떤 기여를 했는지, 친구들이 그의 유머감각을 얼마나 가치 있게 생각하는지, 그가 자원봉사활동에 얼마나 책임감을 나타내는지를 들었다. 그러한 이야기들은 매일 조금씩 자녀를 떠나보내야 하는 부모인 우리를 돕는 데 중요했다. 미가의 지역사회로부터의 이야기는 그가 자신의 위치를 찾고 있는 중이며, 다른 사람과 어떻게 관계를 맺는지를 우리가 알 수 있도록 했다. 우리는 어떤 자연적 지원이 이미 준비되어 있고, 어떤 격차가 현재 그리고 장래에 발생할지를 볼 수 있었다.

학생활동센터 책임자가 미가에게 자원봉사활동에서 더 많은 도전을 필요로 한다고 이야기할 때 우리는 감사했다. 그에게 더 많은 기대를 하고 있으며 그의 기술이 향상되기를 보기 원하는 누군가가 있었다. 부모로서 우리는 미가를 위한 높은 기준을 추구하는 것이 덜 외롭다는 것을 느꼈다. 그 팀은 문제를 창조적으로 해결할 수 있었고, 미가가 배울 수 있는 몇몇 다른 과제를 판별할 수 있었다. 미가가 이러한 과제를 할 수 있도록 코치하기 위해 한 학생이 자원봉사를 했다.

친구가 생기다

그의 친구들—그중 몇몇은 미가를 안 지 단 몇 달밖에 안 되었다—은 항상 가장 중요한 자원이며 문제 해결사라는 것이 입증되었다. 몇 년에 걸쳐 우리는 어떤 계획의 모임은 미가의 일상세계와 동떨어져 있으면서 실제 해결책을 잘 찾지 못하거나 덜 관련 있는 몇몇 사람 혹은 선의의 전문가들에 의해서 주도되어서는 안 된다는 것을 배웠다.

우리가 기숙사 문제에 대해서 논의했을 때 모든 사람이 좌절하는 것을 보았다. 그러나 몇몇 학생들(미가가 고용한 개인도우미와 대학교 친구)은 암울함과 절망에 빠져 있기보다 대학교의 결정이 틀렸다는 것을 확신시키기 위해 그들이 무엇을 할 수 있는지 물었다. 한 학생은 대학교 총장에게 그 결정을 즉각 바꿔 달라는 편지를 쓰겠다고 결정했다. 다른 학생들도 그 운동에 참여했다. 미가는 편지를 수집하고 편지쓰기 캠페인에 동참할 학생들을 구하겠다고 말했다. 희망의 불씨에 불이 붙어 그 집단은 하나로 연결되었다.

그 모임 동안 나는 미가에게 일주일에 한 번 기숙사에 사는 친구 집에서 하룻밤을 보내는 것에 관심이 있는지 물어보았다. 나는 미가가 그렇게 하기를 원하는지 혹은 한 친구가 기꺼이 하겠다고 나설지를 몰랐지만 미가가 꿈을 성취하도록 도와줄 수 있는 대안적인 방법을 찾아야 한다고 느꼈다. 나는 일주일에 하룻밤이 기숙사에서 생활하는 것과 같지 않다는 것은 알았지만 꿈을 향한 우회, 작은 발걸음일지도 모른다고 생각했다. 미가는 "당연히 좋아요."라고 말했고 친구는 장소를 제공하겠다고 즉시 대답했다. "미가, 나와 같이 머무를 수 있어. 너 전에 우리 아파트에 와본 적 있으니까 그 모습은 알 거야. 언제가 제일 좋니?"

기숙사 생활의 이점에 대해 그가 처음 깨달았던 것을 기억하듯이 미가는 대답했다. "화요일 밤에 수업이 늦게까지 있으니 네 아파트에 걸어가면 돼. 화요일 저녁!"

"안 돼, 집까지 걸어올 수 없어, 미가." 친구는 제안했다. "너무 어두울 거야. 내가 수업이 끝나면 너를 데리러 갈게." "이 친구 이름이 왜 "부다"인지 이제 알겠어요." 30분도 안 되어 미가와 친구들에 의해 몇 가지 임시전략이 판별되었다. 다시 한 번, 나는 미가의 공동체—"village"—가 일하는 것을 목격했다.

실생활에서 옹호단체의 역할 배우기

일주일에 한 번 친구와 기숙사에서 보내는 것과 함께 미가는 자신과 인지장애를 가진 다른 학생들이 기숙사에 사는 것을 가로막는 결정에 적극적으로 호소했다. 그는 학생처 부처장을 만나 그 결정에 대해 상의하고 기숙사 생활의 기회를 거절하는 정책을 검토했다. 미가는 대학교 교직원 및 학생들과의 대화를 통해 그 내용을 논의하고 모임을 준비했다. 부처장이 그 결정은 바뀌지 않을 것이라고 말했지만 미가는 단념하지 않았다. 그는 오클랜드 대학교 이사회에 참여하여 그 결정을 검토해줄 것을 부탁했다. 그 모임에서 그는 말했다. "기숙사에 산다면 대학생활에 더 활동적으로 참여할 수 있을 것 같아요. 저는 교과목 수강을 위해 등록금을 내고 있어요…저는 다른 일반 대학생처럼 되기를 원해요…그것은 제가 더 독립적으로 사는 법을 배우도록 도와줄 거예요…모든 사람은 완벽한 교육을 받을 수 있어야만 하고 기숙사에서 살 수 있는 기회는 그러한 교육의 일부예요."

학생 공동체에 참여하다

학생들이 미가에게 돌아왔다. 미가가 기숙사에서 살 권리가 있다는 것을 말해주는 1,000통이 넘는 학생들의 서명이 포함된 진정서가 모였다. 학생신문인 오클랜드포스트의 편집장은 대학교 기숙시설에 살고자 하는 미가의 호소를 기사로 실었다. 미가는 미시간 보호와 옹호, 주 교육위원회 회원, 몇몇 공무원, 다양한 장애 운동가 및 학생 단체와도 접촉을 했다. 그는 다른 사람들과 함께 일하는 것과 인내의 중요성을 배우고 있다. 또한 그는 차별대우를 받는 것의 의미와 차별에 대항하는 것을 깊이 이해하게 되었다. 그는 혼자가 아니며 차별에 대항하여 싸우는 것이 이기지 못하는 싸움이라 할지라도 항상 옳은 일이라는 것을 안다. 그는 말했다. "내가 기숙사에 사는 것을 대학교에서 허락하지 않는다면 그것은 그들의 손해이다."

미가가 성인기로 접어들면서 우리가 배운 교훈

어떤 면에서 우리는 같은 교훈을 계속 실천하고 재학습하며, 미가의 20년 생애에 걸쳐 그 실천과 재학습이 이루어지고 있다.

- *미가가 성인기에 접어들면서 우리의 주요 목표는 특별히 그의 상호 의존성을 지원하고 강화하는 것이었다.* 그것에 직면하자 — 어느 누구도 완전히 독립적이지 않으며, 사실 내가 나 자신, 자녀, 이웃, 그리고 세상에 바라는 것도 아니다. 사람으로서 우리의 성공은 공동체를 구성하고 인연을 만들어가는 우리의 능력에 달려있다.
- *꿈을 꾸기 위해서 실질적인 삶을 경험해야 한다.* 미가는 기숙사 생활을 꿈꾸기 전에 수업에 참여하고 캠퍼스를 돌아다니는 대학생이 되어야 했다.
- *지원망(circles of support)은 동료를 초청하고, 그들에게 가치를 부여하고, 그들을 끌어들여야 한다.* 전문가와 부모는 그들의 이야기에 "귀를 기울이는 것"을 배워야 하며(Roman, 2003) 미가의 실제 공동체가 해결책을 찾고 지원을 제공하는 것을 허락해야 한다. 이것은 전문가의 촉진과 대화를 계속 이어가도록 도와주는 지원을 요구하나 이들이 논의를 지배해야 함을 의미하지는 않는다.
- *한 사람의 자신감은 그 능력이 공개적으로 인정되고, 높은 기대감으로 시작하여 더 높이 성취될 때 강화됨을 기억하라.* 친구들이 총장에게 편지를 쓸 것이라는 소식을 들었을 때 그는 스스로를 옹호하고 편지를 쓸 다른 친구들을 찾는 데 고무되었다. 그는 평등한 주거를 위한 캠페인에 적극적으로 동참 중이다. 그리고 전에는 시도하지 않았던 리더십 기술을 배우고 있다.
- *다양한 관점들로부터 도움과 아이디어를 얻는 것을 멈추지 마라.* 미가가 위험을 감수해야 했기 때문에 누군가가 기숙사에서 일주일에 한 번 하룻밤을 지내도록 그에게 제안할 줄 몰랐다. 그러나 문은 열렸고 계속 열려 있다! 부다가 제안했고 지금 미가는 매주 화요일에 부다와 함께 지낸다. 미가는 대학 친구들과 보내는 화요일 밤을 좋아한다.
- *대가를 지불하는 지원은 지원망을 확장하는 인연을 만들 수 있다.* 장애 분야에서 유급지원은 "나쁘고" 자연적 지원은 "좋다"라는 인식이 있다. 실제로 모든 지원은 경험과 인연을 만들고 키워가는 데 도구적 역할을 할 수 있다. 미가의 개인중심계획 모임에 많은 대학교 친구들이 참여했는데, 이는 그가 고용한 학생이 학생리더로서 미가에게 많은 사람들과 단체들을 소개해주었기 때문이기도 하다.
- *관계는 의도적이고 전략적이어야만 한다.* 많은 비장애인들은 거의 아무런 노력 없이 가는 곳마다 관계를 만들 수 있는 능력을 지닌다. 그러나 많은 장애인에게 관계는 오랜 시간에 걸쳐 길러지며 베스트 버디, 런치그룹, 동료교수처럼 매우 의도적으로 시작될 수 있고 거의 인위적이며 기계적이다. 그러나 진정한 관계는 이러한 의도적 관계 형성 전략으로부터 발전된다. 미가는 이것을 계속 경험하고

있다 — 그의 일정은 사교모임으로 가득 찼다!
- 지역사회의 사람들이 실제적인 지원, 격려, 자원을 제공할 때 부모는 양육자의 역할에서 코치 혹은 멘토의 역할로 옮겨갈 수 있다. 다른 사람들이 나타날 때까지 부모가 앉아 있을 수만은 없다.
- 우리의 자녀들은 실례를 통해서 배운다. 수년에 걸쳐 미가는 우리가 다른 사람에게 정기적으로 도움을 요청하는 것을 지켜보았다(비록 그렇게 하는 것이 쉽지는 않았다!). 우리는 다른 사람에게 다가가고, 그들을 미가의 지원망에 초청하고, 미가와 그의 꿈을 지원하기 위해 그들에게 구체적이고 실제적인 제언을 제공하는 것을 배웠다. 미가는 가족과 많은 멘토를 지켜보고 자기옹호에 대해서 배웠다. 그는 지금 이메일을 보내고 전화를 하고 그와 시간을 보낼 다른 사람을 초대한다.
- 모든 환경에서 음식을 제공하라! 이것은 설명이 필요없다.

여행은 계속된다

이 순간 아이스크림을 먹고 기숙사에 사는 것만큼 행복한 것은 없다. 미가, 가족, 동아리는 미가의 기숙사 생활을 반대하는 최근 결정을 바꾸기 위해 일하고 있다. 모임이 계획되고 전략이 고안되고 있다. 미가는 자기가 혼자가 아니라는 것을 안다. 그는 그를 돌보고 지원하는 공동체의 한 부분이다. 일방적인 거래가 아니다. 미가 역시 그의 친구들의 꿈에 관여하고 있다. 현재 그는 총학생회장 후보인 친구를 위해 활발하게 선거운동을 하고 있다.

미가는 이러한 경험 — 실망과 입증 모두 — 으로부터 많은 것을 배우고 있다. 그는 차별이 무엇처럼 느껴지는지를 배우고 있으나 또한 그의 꿈을 지원하는 다른 사람들을 옹호하고 결코 포기하지 않는 법을 배우고 있다. 비록 일주일에 하룻밤일지라도 그의 노력은 그를 부다에게로 데리고 갔다. 아마도 그것이 진정한 깨우침이다!

재니스 피알카는 미가의 어머니이다. 그녀는 또한 복지사, 연설가, 저자, 옹호가이다. 그녀의 더 많은 출판물을 읽고 그녀의 이야기에 대해 더 많이 배우고 싶다면 www.danceofpartnership.com에 방문하거나 ruaw@aol.com으로 이메일을 보내면 된다.

(추가정보의 출처: Fialka, J. *Detours, Not Dead Ends: Micah's Dream to Live in a Dorm.* In *Connections*, a publication of TASH, May/June 2008, pp. 25-27)

전환서비스를 위한 선택의 확장

중등 특수교육 서비스는 미래에 이러한 운동의 영향을 받을 것이다. 마지막 전환기 동안(18~21세) 혹은 고등학교 이후 대학생활의 경험 가능성에 대해 일찍이 알고 있는 부모와 학생은 전환과정에 참여할 것이고 그것은 완전히 새로운 길을 포함한다. 부모와 학생은 중등이후 환경에서 성공하기 위해 필요한 경험과 기술에 대한 정보를 찾을 것이다. 교사, 전환 코디네이터, 준교육자, 성인 서비스 제공자와 기관은 중등이후교육 기회에 성공적으로 접근하기 위해 필요한 기술을 미래의 학생들에게 제공하기 위해 정보를 제공받을 필요가 있다.

중등이후교육 유형이 더 널리 퍼지면서 그 분야의 전문가들이 중등이후교육에 의뢰된 학생, 그들의 준비 수준, 가장 중요하게 그들의 성과에 대한 일관된 자료를 수집하는 것은 당연하다. 다음 단계를 위해 무엇을 해야 하는지뿐 아니라 학생이 중등이후 환경으로 전환하기 전 그들에게 무슨 일이 일어났고 그들이 어떻게 더 잘 준비할 수 있을지에 관한 교훈을 분명히 배워야 한다. 우리는 무엇을 알아야 할 필요가 있는가? 14~18세의 학생에게 어느 정도의 직업훈련이 제공되어야 하는가? 중등이후교육을 성공적으로 잘 이수하도록 고등학교에서 보내는 4~8년의 기간 동안 학생의 역량 강화를 위한 기본 기술들이 제공되어야 한다. 그러나 너무나 자주 중등이후교육 환경의 관계자들은 학생들이 직업배치 혹은 대학교 교과목의 수강을 위한 기본기조차도 준비되어 있지 않다고 보고한다. 학생들은 대학교에서 성공하기 위해 모든 학생에게 너무나 필요한 자기결정기술을 지니고 있지 않다. 그들은 그들의 장애에 대한 확신이 없고, 필요한 지원을 주장해본 적이 없으며, 학업과 고용에 대해 모두는 아니지만 대부분의 결정을 다른 사람이 해주는 것에 일반적으로 익숙하다.

유망한 실제들이 더 많이 검토되고 유용해지면서 대학교 대표자들은 IEP 전환 팀에 기여자가 되어야 할지 모른다. 이중등록, 장애지원, 성인 서비스기관을 포함하는 협력은 중등이후 환경에 있는 지적장애학생의 지원이라는 부가적 옵션을 반영하기 시작할 것이다.

이러한 변화를 향해 우리가 움직이면서 우선순위 및 중등이후교육의 문맥에서 성취될 수 있는 것을 결정하는 것은 중요해질 것이다. 그러한 경험의 목표로서 7장에 서술된 기술 모두가 관련이 있다. 그러나 만약 우리가 시스템의 변화를 바란다면 우리는 지적장애학생을 위한 중등이후교육의 약속과 잠재력에 대한 부가적인 문서를 제공할 필요가 있다.

실제의 지침, 장애의 문서, 교수적 조정, 지원을 고려할 때 K-12 교육과 고등교육 사이의 역사적 단절이 있음은 분명하다. 이러한 단절은 중등이후교육을 받는 지적장애학생의 진전을 좌절시킬 잠재성이 있으므로 반드시 고쳐져야 한다. 독립 및 고용과 관련된 교수와 지원을 제공하는 대학교에서 독립생활기술, 독립생활 프로그램, 전환 프로그램은 현재 유용한 선택 유형들이며 대부분은 계획 단계에 있는 것 같다. 이 프로그램들은 중요한 기술에 중점을 두고 있으며, 학생과 그 가족을 위한 좋은 성과로 이어질 수 있다. 그러나 그들이 중등이후 접근 혹은 고등교육에 대한 것은 아니다. 그들은 학생에게 성인 학습의 옵션을 찾는 법을 교수하지 않으며, 지적장애학생을 위한 유일한 선택으로 여겨져서는 안 된다. "특수"교육이라는 이름하에 만든 과거의 실수를 반복하지 않는 것은 중요하며 우리는 성인 체계의 통합된 서비스, 특히 경쟁고용을 개발한 사람들이 직면했던 난관들을 유념해야 한다. 분리된 프로그램이나 서비스가 유치원-고등학교(K-12) 교육 체계와 성인 서비스 체계에서 더 많이 개발되어야 한다는 것을 논쟁하는 사람은 거의 없다. 법률, 정책, 실제들은 통합된 생활, 작업, 학습 환경에 있는 장애인을 지원하기 위해 계속 발전하고 있다. 그러나 우리는 고등교육이라는 새로운 학습 환경으로 접근하면서 지적장애학생을 위한 분리 체계로 되돌아가기가 너무나 쉽다. 하지만 중등이후교육 유형이 더 통합적일수록 자연적 지원은 더 유용하며, 기술이 사용될 실제 환경에서 학생들이 기술을 배울 수 있는 가능성은 더 커질 것이다.

　　종합적으로, 지적장애학생에게 중등이후교육은 학생의 고용과 진로 성과를 이상적으로 향상시키고, 자연스러운 환경에서 필요한 생활기술을 개발하는 데 기초를 제공하며, 자기계발을 제공하고, 일생에 걸쳐 더 많은 학습의 기회를 활용하는 것을 가르치는 새로운 학습 기회에 접근하는 것이다. 우리는 계속해서 평생교육의 필요성에 노출된다. 그러나 평생교육에 접근하는 데 필요한 기술을 개발할 수 있는 경험을 지적장애학생에게 제공함 없이는 우리는 헛된 약속을 위한 지원을 진술하고 있는 것이다.

　　중등이후교육 경험의 기대되는 성과를 분명하게 설명하는 것은 지적장애학생과 친숙하지 않은 사람이 그 성과를 이해하도록 돕는 데 중요하다. 지적장애학생이 대학교 캠퍼스에 있는 것을 허락하는 것은 일반적인 외부인으로부터 "좋아, 그것은 잘한 일이야."라는 말을 이끌어낸다. 그러나 대학교 관계자, 강사, 교수에게는 그들의 이해뿐 아니라 지원을 얻기 위해 이러한 경험의 목적과 성과에 대한 일관된 정보를 제공해야 한다. 다른 학생들과 마찬가지로 고등교육기관 관계자로부터의 지원은 중등이후교육에 참여한 지적장애학생의 미래 성공에 필수적이다. 그러한 목적을 전달하는 증거가 축적되면서 우리는 더 높은 수준의 수용, 지원, 그 미션과의 접속을 발견하게 될 것이다. 우리는 그 아젠다를 계획할 힘을 가진 이들과 협력해야 한다. Williams와 그의 동료들(2005, p. 16)이 더 넓은 다양성을 추구하는 이들에게 제안하는 것처럼,

> 통합의 수월성을 위해 필요한 변형의 변화와 관련하여 제안자들은 공식적 및 비공식적 권력의 근원들을 판별하고, 그들과 동조하면서 의미 있고 전략적인 방법으로 정치적 현실을 충족시켜야 한다. 공식적 권력은 이사회, 행정가, 그 밖의 권위 있는 사람들을 포함하지만 연공서열, 인종, 성별, 카리스마, 외부자원을 끌어들일 수 있는 능력, 그리고 그 외의 요소들을 기초로 비공식적 권력의 근원을 고려할 필요도 있다.

체계의 변화는 다양한 접근을 요구하며, 결과적으로 대학교 지도자뿐 아니라 교수, 강사, 스태프, 학생, 그리고 현재의 대학을 만든 모든 사람의 지원을 필요로 한다. 그 과정에서 그들은 지적장애학생에게 가치 있을 뿐 아니라 그들 자신에게 이득이 되는 것이 무엇인지 볼 수 있도록 다양한 접근과 관점을 요구할 것이다.

> 매사추세츠베이 커뮤니티 칼리지 운영위원회 발표에서 많은 교수들이 지적장애학생의 통합이 실제로 어떻게 이루어졌는지에 대해 물었다. 지적장애학생과 함께한 경험이 있는 한 교수가 말했다: "제가 테일러를 처음 만나고 수업에 그와 그의 코치가 참석했을 때 걱정이 되었습니다. 학기가 지나면서 저는 계속 깊은 인상을 받았습니다. 그는 개근하였고, 모든 과제를 해내기 위해 열심히 공부했습니다. 마지막 그룹 발표에서 저는 테일러와 함께 공부한 것이 그 수업을 더 좋게 만들었다는 것을 깨닫기 시작했습니다. … 어떤 학생들은 묻기 두려워하는 질문을 그는 했고, 하나의 공동체로 함께 공부한다는 것의 의미를 우리가 되새겨보도록 했습니다."

중등이후교육을 받는 학생의 지원은 특정 방법으로 이루어질 때 점차 합의가 이루어지는 것처럼 보인다. 우리는 협력과 동의, 합의각서에 대해 이야기하지만 우리가 정말로 요청하는 것은 다른 대학생들이 경험하는 것을 지적장애학생이 경험할 수 있도록 하는 기회이다: 사회에서 자신을 재정비할 수 있는 기회, 자기주도적 학습의

추구, 성공하고 실패할 기회, 그리고 그들이 미래에 하기 원하는 것을 배우는 경험. 대학교 수준에서의 질적 지표는 보는 사람의 눈에 달려있다. 대학교에 다니는 지적 장애학생은 다양한 경험과 그들 자신에 대한 지식을 갖게 될 것이다—그들이 좋아하고 싫어하는 것, 그들에게 주어진 시간에 하기를 원하는 것, 함께 시간을 보내기를 원하는 사람, 그들의 미래에 대한 생각. 이 성장의 시간은 대부분의 대학생들이 당연하게 여기는 것이다. 그리고 가장 최근까지 대부분의 지적장애학생은 결코 참여할 기회조차도 제공받지 못했던 것이다.

학생을 위한 시사점

지적장애학생은 중등이후교육 경험에 참여함으로써 얻을 수 있는 최고의 것을 갖고 있다; 그러나 이 경험을 옹호하고자 할 때 그들의 목소리에는 자주 귀를 기울이지 않는다. 학생은 계획, 협상, 중등이후교육을 위해 애쓰는 사람들의 어려움을 모른다. 학생은 또한 비교할 다른 것이 없기 때문에 현재 서비스에 너무나 자주 만족한다.

중등이후교육에 대한 가능성이 더 널리 수용되고 가능해지면서 지적장애학생은 중등이후교육의 접근과 관련한 보상과 책임을 더 잘 알아야 할 필요가 있다. 그들은 성인기 삶과 관련한 기대와 그들이 참여하고 있는 고등교육기관의 행동강령에 부응할 필요가 있을 것이다. 그들은 변화를 위한 촉매제만 기대해서는 안 된다. 학생들은 그들의 최선을 다할 필요가 있으며, 성인기의 삶으로 전환하면서 다른 학생에게 기대되는 것과 같은 것을 경험할 필요가 있다. 처음 길을 닦은 이들에게 고등학교에 방문하여 그들의 경험을 나누고, 다른 학생들도 시도하도록 동기를 부여해야 한다고 이야기하는 것은 쉽다. 하지만 그들이 그 일을 하기를 원하지 않는다면 그것은 학생이 해야 할 일이 아니다. 일반적으로 대학에 입학한 대부분의 학생도 자신의 경험을 나누기 위해 자신의 고등학교를 방문하지 않는다. 그것은 다른 사람의 일이다.

올바른 지원과 경험이 제공되면 지적장애학생은 중등이후교육에서 습득한 능력을 계속 지니고 그들 삶의 모든 영역에 걸쳐 그 능력을 사용해야만 한다. 학생들은 그들의 요구와 관심이 생기면 언제든지 성인 학습의 기회에 계속해서 접근해야 한다.

연구와 실제를 위한 시사점

고등교육기관 캠퍼스에서 지적장애학생을 지원하는 것의 이점은 그들이 캠퍼스에 있다는 것이 교수와 대학원생에게 부가적인 연구와 실제의 기회를 제공한다는 것이다. 그러나 이 특별한 "이점"은 지적장애학생, 가족, 강사가 그러한 경험에 참여하기 위해 그들에게 접근하는 방법에 신중해야 함을 요구한다. 우리는 연구대상자가 보호되고 있다는 것을 확신할 뿐 아니라 연구에 참여할 다양한 관계자 단체에 접근할 때 그들의 참여에 높은 수준의 경의와 감사를 계속 지녀야 한다. 우리는 전형적인 대학생의 연구 혹은 교육실습, 멘토링 및 봉사 경험의 공백을 채우기 위해 필요할 때마다 사용될 수 있는 편의 집단으로서 지적장애학생을 이용하는 것을 피해야 한다.

지적장애학생을 위한 중등이후교육 발의안에서 교육으로의 접근과 서비스 개발 을 위한 협상의 초기에 중요한 것으로 언급되는 상호 호혜는 우리가 연구를 시행할 때도 중요하다. 이 책에서 언급된 중등이후교육의 모든 유형에서 지적장애학생이 한 경험은 단일대상연구, 질적 연구의 실행과 분석, 양적 측정을 통해 참여와 성과의 다양한 수준을 확인하고자 하는 교수와 학생들에게 기회를 제공한다. 그러나 지적장애학생과 프로그램이 캠퍼스에 있기 때문에 개인 혹은 대학교의 연구의 요구를 충족시키기에 적절하다고 확신해서는 안 된다. 사람을 연구대상으로 하는 연구 계획서를 검토하는 생명윤리위원회는 지적장애학생이 어떤 식으로든 강요당하거나, 곤란함 혹은 불편함, 더 많은 꼬리표를 느끼지 않을 것임을 확인해야 한다. 만약 지적장애학생이 덜 낙인찍힐 수 있는 첫 번째 장소가 대학이라면 우리는 연구의 아젠다가 자신을 재정립하고자 하는 학생의 목표에 지원적임을 확인할 필요가 있다.

박사학위 논문의 주제로 지적장애학생을 위한 중등이후교육 관련 주제를 연구하는 많은 박사과정생들이 있다. 이는 많은 양질의 연구논문을 촉진하고 이 분야의 연구 아젠다를 확장할 수 있기에 좋은 징조이다. 어떤 경우에 그런 연구는 지적장애학생을 위한 새로운 학습 기회를 이끌 수 있다. Dedra Hafner(2008)의 최근 박사학위논문인 중등이후교육: 4년제 인문대학에서 장애인 통합의 장벽을 판별하고 충족하는 현상학적 연구(Education: Phenomenological Study On Identifying And

Addressing Barriers To Inclusion Of Individuals With Significant Disabilities At A Four-Year Liberal Arts College)는 에지우드 칼리지의 지적장애학생을 위한 통합 프로그램 개발 과정을 상세히 기술하고 있다. 또한 발달장애국립협회 발의안(Administration on Developmental Disabilities National Consortium initiative)의 일부로 대학교 장애센터협회는 이 영역의 연구를 수행하는 이들을 지원하기 위해 발달장애교육대학센터(UCEDD)와 함께 일하고 있다.

마지막으로 2004년 미국장애인교육개선법(PL 108-446)은 장애학생의 개별화교육프로그램/전환교육계획에 교육, 고용, 지역사회 생활에서의 목표를 포함시킴으로써 학교지역구에게 전환계획을 도와줄 것을 요구하며, 그러한 목표는 학생의 개별화교육프로그램 장·단기 목표 개발의 지침이 될 것을 요구한다(13조). 14조는 학교지역구에게 모든 장애학생의 학교 졸업 1년 후 중등이후 성과 자료를 수집할 것을 요구한다. 지적장애학생을 위한 중등이후교육은 학생중심적인 전환계획을 이끌고 더 나은 성과를 내기 때문에 학교지역구와 관계자들을 위한 주립 수행계획 13조와 14조는 긍정적인 시사점을 갖는다.

요약

지적장애학생을 위한 새로운 영역이 충족되고 중등이후교육의 선택으로부터 대부분 배제되었던 학생 집단이 중등이후교육에 접근할 수 있는 방법을 알아내면서 지금은 모든 학생, 가족, 전문가들에게 믿기 힘들 만큼 흥분되는 시기이다. 이 책과 이 장의 전반에 걸쳐 지적된 것처럼 여러 학문 분야는 지적장애학생을 포함하여 충분하게 그리고 전혀 지원을 받지 못하는 학생 집단에게 더 많은 중등이후교육과 지원을 제공하기 위해 도전하고 있다. 국가적 연구, 중재와 기술보조 프로젝트가 실행되고, 관련 법률이 시행되며(HEOA, 2008), 새로운 법률이 재승인되면서 미래를 위한 안목을 갖는 것은 중요해졌다. 다음은 마음에 새겨야 할 제언들이다. 하지만 이것이 미래에 대한 비전을 제한해서는 안 된다; 이러한 운동이 전진되어 가면서 이것은 단지 고려해야 할 영역으로 제공되었다:

- 중등이후교육 수료 후 학생이 받을 수 있는 자격증 개발—현 직업능력 자격증과 맞추어 조정
- 학자금 대출 상환을 위한 기준 마련—만약 학생이 경쟁고용이 되었다면 학자금 대출 상환 면제 고려. 전문 직종에 머무는 교육가들을 위한 장학금/수당의 면제를 모델로 삼을 것
- 중학생을 위한 Gear up과 같은 다른 모델들의 효과성을 연구
- 지적장애학생이 고등교육기관의 졸업식에 참여할 수 있도록 접근권 개발
- 남학생 클럽과 여학생 클럽의 참여를 포함한 캠퍼스 안팎의 통합된 주거시설에 더 많이 접근할 수 있도록 정책과 실제를 개발
- 다른 고등교육기관으로 전환할 수 있는 학점의 옵션을 지적장애학생에게 제공
- 해외에서 공부할 수 있는 기회 개발
- 데이트, 안전한 라이프스타일, 위험감수 등과 같은 사회적 지원망을 개발하도록 학생에게 도움 제공
- 학생자치회 참여 기회 제공
- 종교적 활동 참여의 기회 제공
- 동문회와 관련 활동 참여

지적장애인을 위한 중등이후교육 개발은 관계된 모든 사람들에게 이득이 된다. 학생의 자아개념은 급상승하며, 그들은 지역사회의 가치 있는 구성원이 되는 데 필요한 기술을 배운다. 교수, 중등교육 및 중등이후교육 전문가, 가족 구성원, 학생, 고용주의 태도는 바뀔 수 있다. 고등교육기관은 모든 사람의 개별적 차이를 더 잘 이해하고 수용하게 되며 모두를 포함하는 다양성의 정의를 받아들인다. 지적장애학생의 중등이후교육을 지원하는 것은 특정 환경에서 서비스를 전달하는 것에 관한 것만은 아니다; 더 중요한 것은 그것이 더 보편적으로 설계될 수 있는 지역사회의 유형에 관한 것이라는 것이다. 교육을 바라는 모든 사람에게 그것이 유용하고 접근 가능하도록 만드는 것에 관한 것이다.

이 책의 내용은 지적장애학생을 위한 중등이후교육의 토대에 대한 다양한 관점을 제공하며, 선행연구를 검토하고, 주요 참여자와 이해관계자의 경험을 나누고,

우리가 그런 경험을 실행하고 향상시키고자 하면서 배웠던 교훈을 공유한다. 그러나 우리가 아직 발견하지 못한 더 많은 것들이 있다. 몇몇 독자는 "…는 어때?"라고 묻는 반면 어떤 독자는 질문에 대한 해답을 찾을 것이다.

우리는 이 책이 지적장애학생을 위한 중등이후교육이라는 주제에 관한 많은 저서의 첫 번째이기를 바란다. 이 발달 중인 영역에 대한 우리의 현 지식기반에 여러 사람들은 기여할 수 있는 많은 잠재력을 지니고 있다. 중등이후교육의 세계는 많은 학문 영역—전환, 자기결정, 고용, 고등교육, 일반교육, 특수교육—의 결합을 제공한다. 호기심과 실제를 잇는 다리들이 더 튼튼해지고 더 자주 여행되면서 그들이 향할 곳을 볼 수 있는 우리의 능력은 더 분명해질 것이다. 우리는 단지 정답을 찾기 위해 노력하는 것이 아니라 많은 정답을 얻기 위해 애써야 하며, 이러한 경험을 더 좋고 의미 있으며, 궁극적으로 모든 사람이 볼 수 있는 긍정적 성과와 어떻게 연결시킬 수 있는지를 계속 질문해야 한다. 우리는 모든 사람이 "…는 어때?"라는 질문을 계속해서 하기를 격려한다. 미래는 오직 현 상태에 대한 끊임없는 질문으로부터 얻을 수 있다.

참고문헌

Briel, L., & Getzel, E.E. (2009). Postsecondary options for students with autism. In P. Wehman, M. Datlow Smith, & C. Schall (Eds). *Autism and the transition to adulthood: success beyond the classroom* (pp. 189-206). Baltimore: Paul H. Brookes.

Clayton-Pederson, A., & Musil, C. (2005). *Making excellence inclusive: Preparing students and campuses for an era of greater expectations.* Introduction to the series. Washington, DC: Association of American Colleges and Universities.

Hafner, D. (2008). *Inclusion in postsecondary education: Phenomenological study on identifying and addressing barriers to inclusion of individuals with significant disabilities at a four-year liberal arts college.* Doctoral Dissertation retrieved February 27, 2009, from http://innovationsnow.net/InclusionResearch.html

Higher Education Opportunity Act of 2008, Pub. L. No. 110-315, § 122 STAT 3078 (2008).

Individuals with Disabilities Education Improvement Act of 2004, PL 108-446, 20 U.S.C. §§ 1400 *et seq.*

Knapp, S. (2007). *Practical suggestions for academic unions.* Albany, NY: United University Professions. Disability Rights and Concerns Committee. Retrieved June 20, 2008, from United University Professions web site: http://www.uuphost.org/committees/disability/uup_ada.html

Lanterman Developmental Disabilities Services Act, California Welfare and Institutions Code §§ 4500 *et seq.* (1969).

Rehabilitation Act of 1973, PL 93-112, 29 U.S.C. §§ 701 *et seq.*

Roman, C.P. (2003). "It's not always easy to sit on your mouth" *Social Work with Groups,* *25* (1/2), 61–64.

U.S. Department of Education. (2008, November). The Negotiated Rulemaking Process for Title IV Regulations: Frequently Asked Questions. Retrieved November 15, 2008, from http://www.ed.gov/policy/highered/reg/hearulemaking/hea08/neg-reg-faq.html

U.S. Department of Labor, Office of Disability Policy. (2008, November). Diversity and Disabilities. Retrieved November 12, 2008, from http://www.dol.gov/odep/pubs/ek96/diverse.htm

Wagner, M., Newman, L., Cameto, R., Garza, N., & Levine, P. (2005). *After high school: A first look at the postschool experiences of youth with disabilities.* A Report from the National Longitudinal Transition Study-2 (NLTS2). Menlo Park, CA: SRI International.

Welkowitz, L., & Baker, L., (2005). *Supporting college students with Asperger's syndrome.* Mahwah, NJ: Lawrence Erlbaum Associates.

Williams, D.A., Berger, J.B., & McClendon, S.A. (2005). *Toward a model of inclusive excellence and change in postsecondary institutions.* Washington, DC: Association of American Colleges and Universities.

Workforce Investment Act of 1998, PL 105-220, 29 U.S.C. §§ 2801 *et seq.*

찾아보기

역자 소개

박승희

박승희(朴承姬, Seung Hee Park)는 이화여자대학교 교육학과를 1981년 졸업하고, 그해 도미하여 미국 뉴욕 주 시라큐스 대학교(Syracuse University)에서 특수교육학 석사 및 박사학위를 취득하였다. 1992년부터 이화여자대학교 특수교육과 교수로서 재직 중이다. 한국학술진흥재단(한국연구재단)의 지원으로 2000년에는 영국 케임브리지 대학교에서, 2008년에는 일본 도쿄가쿠게이(동경학예) 대학교에서 통합교육 관련 연구를 하였다. 관심 주제는 지적장애, 통합교육, 발달장애학생 교육과정 및 교수법, 지원고용 및 장애학이다. 대표 단독 저서 및 번역서로는 한국 장애학생 통합교육: 특수교육과 일반교육 관계 재정립, 마서즈 비니어드 섬 사람들은 수화로 말한다: 장애수용의 사회학 등이 있다. 우리나라 발달장애성인을 위한 중등이후교육 및 평생교육 프로그램의 효시격인 "발달장애인 지역사회생활 아카데미"(E-ACOLA)를 2001년에 이화여대 평생교육원에서 최초로 시작하였고, 2009년부터 이화여대에서 발달장애인 지원고용을 시작하여 현재까지 지속하고 있다.

김유리

김유리(金柔悧, Yu-Ri Kim)는 이화여자대학교 특수교육학과에서 학사와 석사과정을 마친 후 캐나다 앨버타 대학교(University of Alberta) 교육심리학과에서 특수교육 전공으로 박사학위를 취득하였다. 2011년부터 이화여자대학교 특수교육학과 교수로 재직 중이다. 관심 주제는 장애아동 학대 및 예방, 성교육, 장애인권, 장애성인 서비스 등이다.

이효정

이효정(李孝貞, Hyo Jung Lee)은 숙명여자대학교 교육심리학과를 1998년 졸업하고, 이화여자대학교 특수교육학과에서 석사과정을 마친 후 파라다이스복지재단 장애아동연구소 선임연구원을 거쳐 미국 캔자스 대학교(University of Kansas)에서 특수교육 박사학위를 취득하였다. 2010년부터 동국대학교 교육학과에 재직 중이다. 관심 주제는 자폐성 장애, 통합교육, 장애학생 학교상담, 학교폭력 등이다. 공동번역서에는 아스퍼거 패밀리가 사는 법, 특수아상담: 장애학생을 위한 학교상담, 자폐성 장애인을 위한 시각적 지원 등이 있다.

이희연

이희연(李熙姸, Heeyeon Lee)은 이화여자대학교 특수교육학과를 1997년에 졸업하고, 보스턴 칼리지(Boston College)에서 특수교육 전공으로 석사학위를 취득한 후, 미네소타 대학교(University of Minnesota) 교육심리학과에서 특수교육 전공으로 박사학위를 취득하였다. 2014년 8월부터 경인교육대학교 특수(통합)교육과 교수로 재직 중이다. 연구의 관심 주제는 지적장애 및 발달장애아동의 정서 및 사회성 발달, 통합교육, 특수교육공학 등이다.

최하영

최하영(崔夏榮, Hayoung Choi)은 이화여자대학교에서 학사와 석사학위를 받고 미국 텍사스 대학교 오스틴 캠퍼스(University of Texas at Austin)에서 특수교육 전공으로 박사학위를 받았다. 현재 한국교원대학교 상담 및 특수교육학과 교수로 재직 중이다. 특수학교 기본교육과정 중·고등학교 미술 교과용 도서 편찬 책임을 맡은 바 있으며, 자폐성 장애아동의 의사소통과 문제행동중재와 교원양성대학에서 교사교육에 관심을 가지고 연구를 수행하고 있다.

저자 소개

Meg Grigal, Ph.D.

Grigal 박사는 TransCen Inc.에서 선임연구원로서 일한다. 그곳에서 현재 중등이후교육 연구센터 (Postsecondary Education Research Center, PERC) 프로젝트의 책임연구자이고 지적장애학생을 위한 중등이후교육 센터 공동책임자이다. 그녀는 장애학생들, 그 가족들 및 전환 과정에서 그들을 지원하는 전문가들 및 옹호자들과 함께 20여 년간 일을 해왔다. 그녀는 지난 10년여 동안은 중등이후교육과 지적장애학생들에 관한 주제에 집중해왔다. 이 작업을 통해서 Grigal 박사는 지적장애학생을 위한 중등이후 환경에서 서비스의 계획, 실행 및 평가에 대해서 가족, 학교 체계 및 전체 주(state)에 자문을 제공해왔다. PERC 프로젝트의 일환으로, Grigal 박사는 중등이후 환경들에 있는 18~21세의 지적장애학생들을 지원하는 대표적인 실제에 대한 연구를 수행하고 기술적 지원을 제공한다. TransCen, Inc.에서 일하기 전에, Grigal 박사는 메릴랜드 대학교의 특수교육과에 있는 캠퍼스 내 아웃리치(On-Campus Outreach)의 책임자와 공동 책임연구자로서 일했다. 그녀는 대학과 지역사회 환경에서 중도장애 학생을 위한 전환서비스: 계획, 실행 및 평가를 위한 전략(Transition Services for Students with Significant Disabilities in College and Community Settings: Strategies for Planning, Implementation, and Evaluation)의 공동 저자이고, 전환계획, 중등이후 접근성, 자기결정, 통합 및 개인중심계획 기법의 사용 분야에서 연구를 수행하고 출판을 해왔다.

Debra Hart, M.Ed.

Hart 씨는 보스턴 매사추세츠 대학교 지역사회통합연구소에서 교육과 전환팀 책임자이다. 그녀는 장애가 있는 청년 및 성인과 통합 중등교육과 중등이후교육 및 경쟁고용을 통해 지역사회에 기여하는 한 가치 있는 구성원이 되도록 청년을 지원하는 가족들, 교수 및 전문가들과 함께 일한 경험이 25년 이상 된다. 지난 12년 동안 Hart 씨는 지적장애를 가진 청년을 포함하여 장애 청년의 중등이후교육에 대한 접근성을 창출하도록 고안된 5개의 연방연구 과제를 총괄하였다. 현재 그녀는 장애 및 재활에 관한 전미연구소(National Institute on Disability and Rehabilitation Research, NIDRR)와 발달장애국(Administration on Developmental Disabilities, ADD)에서 연구 지원을 받는 2개의 전미 중등이후교육 연구과제의 책임자이다. 이 두 프로젝트들은 함께 지적장애/발달장애 청년을 위한 중등이후교육 옵션들의 특징들과 성과들을 더 잘 이해하도록 하는 연구와 기존 발의안들(initiatives)을 향상시키는 훈련과 기술 지원을 제공하는 연구, 그리고 전국 지적/발달장애 청소년과 그 가족들을 위한 중등이후교육의 선택을 확대할 연구를 실행할 것이다.

기고자 소개

Amy Dwyre, M.S.

Dwyre 씨는 TransCen, Inc.의 선임연구원으로서 지적장애학생을 위한 기술 지원 센터를 세우고 대학-기반 전환 프로그램에 대한 자료를 수집하기 위해 특수교육 프로그램과(OSEP)에서 지원받는 중등이후교육 연구센터(PERC)의 프로젝트 코디네이터이다. 또한 Dwyre 씨는 보스턴에 있는 매사추세츠 대학교의 지역사회통합연구소와 파트너십을 맺은 지적장애인을 위한 중등이후교육센터(Center for Postsecondary Education for Individuals with Intellectual Disabilities)에서 일하고 있다. 이 센터는 연구를 수행하고 지적장애인이 통합적 중등이후교육에 대한 접근을 획득하고 성공적일 수 있도록 지원하는 유망한 실제에 관한 정보를 보급할 것이다. 이전에 그녀는 볼티모어에 있는 2년제와 4년제 칼리지와 대학교에 있는 지적장애학생을 위해 연방정부가 5년간 재정지원하는 전환 프로젝트인 볼티모어 전환 커넥션(Baltimore Transition Connection)을 협응하였고, 지역 학교 시스템, 성인 서비스 제공자들, 칼리지와 대학교들, 그리고 지역사회를 통합하였다. Dwyre 씨는 전환, 마케팅 및 직무 개발, 특수교육, 지역사회 학급 모델 및 자기결정 영역들에서 TransCen을 위한 전국적인 강사이다. 그녀는 일리노이 대학교 어바나-샴페인 캠퍼스(University of Illinois at Urbana-Champaign)에서 전환과 지원고용에 초점을 둔 재활상담에서 석사학위를 받았다.

Laura T. Eisenman, Ph.D.

Eisenman 박사는 델라웨어 대학교 사범대학의 부교수이다. 대학의 장애학 센터(Center for Disabilities Studies, CDS)를 통해서, Eisenman 박사는 간학문적인 장애학 부전공 프로그램을 협응하고 있다. 2000년 이후로 그녀는 중도장애를 가진 젊은 성인을 위한 캠퍼스 프로그램(CDS와 지역 학교지역구의 협력적 노력 결과인)에 연결 교수가 되었다. Eisenman 박사의 연구는 장애학생을 위한 성인 생활로의 전환에 초점을 맞춘다. 현재 그녀는 통합 기술 고등학교의 젊은 성인들과 교사들의 경험에 대해 연구하고 있다. 그녀의 관심은 어떻게 학교가 학생의 자기결정을 발전시켜줄 수 있는지에 대한 이해와 중도장애를 가진 젊은 성인들의 사회적 및 지역사회 경험에 대한 것을 포함한다. 그녀는 *Career Development for Exceptional Individuals*와 *Review of Disability Studies* 학술지의 편집위원이다. 그녀는 밴더빌트 대학교에서 특수교육 박사학위를 받았고 사우스플로리다 대학교-탬파(University of South Florida-Tampa)에서 재활상담으로 석사학위를 받았다.

Janice Fialka, LMSW, ACSW

Fialka 씨는 전국적으로 인정받는 연사이며, 저자이자, 청소년 건강, 부모-전문가 파트너십, 통합 및 장애 영역에서 전문성이 있는 사회복지사이다. Fialka 씨는 미시간에 있는 여러 청소년 건강센터들을 관리하였는데, 그녀가 공동 출자한 Taylor Teen Health Center를 포함한다. 현재 그녀는 (IDEA의) Michigan Part C 훈련과 기술 지원의 특수 프로젝트 훈련가이다. Fialka 씨는 숙련된 사회복지사와 두 성인 자녀인 Micah와 Emma의 어머니라는 이중적 관점으로부터 말하고 쓴다. 그녀의 두 자녀 역시 그들만의 독특한 관점으로 장애 쟁점들을 발표하고 쓴다. 인지장애를 가지고 있는 Micah는 강력한 옹호자이며 일반교육과 그의 지역사회에서 완전하게 통합되어왔다. Fialka 씨와 그녀의 남편은 대학생으로서 Micah의 경험을 기록한 상을 받은 DVD인 *Through the Same Door: Inclusion Includes College*를 공동 제작했다. 그녀는 3권의 책과 여러 논문, 1장의 CD 및 여러 편의 시를 저술했다. Fialka 씨의 웹사이트(www.danceofpartnership.com)는 부모와 전문가를 위한 매우 광범위한 자원으로 여겨진다. 그녀는 전미사회복지사협회의 미시간 지부에서 2007년 사회복지사 상을 받았다. 2009년에 Fialka 씨와 그녀의 가족은 워싱턴 D.C에서 *Family Voices Lifetime Achievement Award*를 수상했다.

Stephanie Smith Lee

Lee 씨는 전미다운증후군협회(NDSS) 전미정책센터(National Policy Center)의 선임정책 고문으로 부모, 교육자 및 고등교육기관에 장애학생을 위한 고품질 서비스를 개발하고 실행하는 것에 대해서 기술적 지원을 제공한다. Lee 씨는 2개 대학에서 새로운 모델 프로그램을 재정지원하는 사우스 캐롤라이나에서 한 체제 변화(system change) 프로젝트의 책임자이다. 그녀는 주 및 국가적 컨퍼런스와 미디어 대상으로 강연을 한다. 또한 Lee 씨는 고등교육기관에 있는 장애학생을 위한 고품질 서비스를 제공하는 주제에 대해 국회에 조언을 제공하는 한 전문가 집단을 협응한다. Lee 씨는 이전에 미국 교육부의 특수교육 프로그램과(OSEP) 책임자로 일했다.

Richard G. Luecking, Ed.D.

Luecking 박사는 장애인을 위한 교육과 고용 성과를 개선하는 데 주력하는 메릴랜드 주 록빌에 기초한 비영리기관인 TransCen, Inc.의 회장이다. Lueking 박사는 학교들, 고용 서비스 제공자들, 정부, 기업체 및 가정들 사이에 개선된 연계를 창출하여 장애 청소년들이 향상된 중등이후 고용 성과를 경험하게 한 이 기관의 첫 직원으로서 이사회에 의해 선임된 1987년 이래로 이 직책을 가지고 있다. 이 기관에 재직하는 동안, 그와 그의 TransCen 동료들은 장애인의 학교에서 직업으로 전환 및 고용과 관련된 많은 모델 시범과 연구 프로젝트들의 고안과 실행에 대해 책임을 맡고 있다. 그는 단행본 *The Way to Work: How to Facilitate Work Experiences for Youth in Transition*(Paul H. Brookes Publishing Co., 2009)을 포함하여 관련된 주제들에 대한 광범위한 출판물의 저자이다.

Karen Doneker Mancini, M.Ed.

Mancini 씨는 델라웨어 대학교의 장애지원서비스 부서의 책임자이다. Mancini 씨는 미국장애인법(Americans with Disabilities Act, ADA)에 대한 이 대학의 이행을 확실히 하는 것에 책임을 맡고 있다. 그녀는 1992년 ADA 시행 이후로 이 분야에 종사하고 있고 대학 캠퍼스에서 ADA의 효과적인 실행을 고려하는 여러 대책위원회에 참여해왔다. Mancini 씨는 조정(accommodation)을 판별하고 실행하는 것을 지원하기 위해 학생, 직원 및 가족들과 함께 일한다. 덧붙여 그녀는 장애를 가진 학생들과 직원들이 자기인식과 자기옹호를 형성해가도록 지원을 제공한다. Mancini 씨는 고등학교에서 고등교육으로의 전환에 영향을 미치는 요소들에 대하여 현재 연구하고 있다. 그녀의 관심 영역은 신체적 및 심리적 장애를 가진 학생들과 일할 때의 가족 지원에 대한 이해와 고등교육으로의 접근성을 향상시키기 위한 테크놀로지의 활용까지 확대된다. Mancini 씨는 현재 델라웨어 대학교에서 인간발달과 가족연구에서 박사학위 과정을 수행 중이다. 그녀는 델라웨어 대학교에서 교육학 석사학위를 받았다.

Maria, Paiewonsky, Ed.D.

Paiewonsky 박사는 보스턴의 매사추세츠 대학교 지역사회통합연구소의 전환 전문가이다. Paiewonsky 박사는 전환 연령의 지적장애 청년들을 위한 통합된 중등이후교육 옵션들을 포함하는 전환서비스를 개발하기 위해 여러 학교지역구들을 지원해왔다. 이 작업을 통해서, Paiewonsky 박사는 학교지역구들이 지역과 더 큰 지역의 학생 지원팀들을 활용해 파트너십을 창출하는 것, 개별적 전환지원 모델을 가지고 학생들을 준비시키기 위해 교사들을 훈련하는 것, 성인 지원과 서비스로 전환하는 데 가족들을 준비시키는 것을 보조해왔다. 이 작업 외에도, Paiewonsky 박사는 매사추세츠 교육자, 행정가 및 카운슬러들이 온라인 대학원 수준 과목들 시리즈를 통하여 전환 전문성을 개발하도록 준비시키는 데 초점을 둔 2가지 발의안을 협응해왔다. 또한 그녀는 멀티미디어와 함께 참여적 행동연구(participatory action research) 방법을 사용하여 청소년들의 전환 과정에 대한 자신의 지각과 그들의 통합된 칼리지 경험에 대해 청소년들의 의견과 피드백을 수합하는 데 그녀의 노력을 집중하고 있다.

Jerri Roach Ostergard

Ostergard 씨는 우스터 공립학교들을 위한 지역구 차원의 전환 전문가이다. 그녀는 처음에는 고등학교 특수교사로 시작해서 지난 10여 년 동안 학교 체계에서 일을 해왔다. Ostergard 씨는 중도장애 학생들을 위한 전일제 특수학급에서 일하면서 더 통합적인 교육 경험으로 청소년을 지원하는 데 초점을 맞추기 시작했다. 지난 8년간 그녀는 통합된 중등이후교육 및 고용 옵션에 접근성을 창출하는 개별적 지원 모델을 활용하여 지적장애를 가진 전환기 연령의 청소년들을 지원해왔다. 특히 Ostergard 씨는 청소년들이 통합된 지역사회기반 기회에서 성공하는 데 필요한 개별적 서비스와 지원을 개발해가도록 그녀의 개인중심계획에서의 기술을 사용해왔다. 그녀는 청소년들이 고등학교에서 성인기로 이동함에 따라 더 원활한 전환이 가능하도록 그녀의 특수교육 배경 경력과 성인 서비스에서의 지식을 결합해왔다.

Madeleine Will

Will 씨는 전미다운증후군협회(NDSS)의 전미정책센터장이다. Will 씨는 지적장애인을 위한 NDSS 전환 및 중등이후교육 발의안의 의장을 맡고 있다. 양질의 서비스를 개발하고 실행하는 데 있어서 부모, 교육자 및 고등교육기관에게 전미다운증후군협회로부터 기술적 지원이 제공된다. 전미다운증후군협회의 체제 변화 노력은 뉴저지와 사우스캐롤라이나에서 지적장애학생을 위한 모델 시범 프로젝트의 개발을 위한 재정조달을 포함한다. Will 씨는 지적장애인을 위한 대통령위원회(President's Committee for People with Intellectual Disabilities, PCPID)의 전 의장과 미국 교육부 산하 특수교육 및 재활서비스를 위한 부서(Office of Special Education and Rehabilitation Services)의 전 차관보였다.